工程经济学概论
（第3版）

Project Introduction to Economics
Third Edition

邵颖红　编著

电子工业出版社
Publishing House of Electronics Industry
北京·BEIJING

内 容 简 介

本书是同济大学"工程经济学"课程的教学成果，系统介绍了工程经济学的理论、原理、方法和应用案例。全书内容分为三部分，第一部分为工程经济学基础（第1～5章）；第二部分为工程经济学应用（第6～10章）；第三部分为工程经济学其他专题研究（第11章）。附录A给出了8个计算用附表，附录B给出了部分计算习题的参考答案。本教材体系完整，思路清晰，案例丰富，难易得当，各章按照工程经济学原理和方法的教学和应用的逻辑顺序排列，并为任课教师提供电子课件，读者可登录华信教育资源网www.hxedu.com.cn下载使用。

本书可作为高等学校工科各专业本科生、研究生和ME、MPA、MBA等专业学位课程教材，也可供从事工程经济分析的专业人士参考使用。

未经许可，不得以任何方式复制或抄袭本书之部分或全部内容。
版权所有，侵权必究。

图书在版编目(CIP)数据

工程经济学概论 / 邵颖红编著. —3版. —北京：电子工业出版社，2015.1
（华信经管创优系列）
ISBN 978-7-121-24925-9

Ⅰ. ①工… Ⅱ. ①邵… Ⅲ. ①工程经济学－高等学校－教材 Ⅳ. ①F40

中国版本图书馆CIP数据核字(2014)第274685号

策划编辑：秦淑灵
责任编辑：秦淑灵
印　　刷：北京虎彩文化传播有限公司
装　　订：北京虎彩文化传播有限公司
出版发行：电子工业出版社
　　　　　北京市海淀区万寿路173信箱　邮编：100036
开　　本：787×1092　1/16　印张：17　字数：435千字
版　　次：2003年7月第1版
　　　　　2015年1月第3版
印　　次：2022年12月第9次印刷
定　　价：35.00元

凡购买电子工业出版社的图书，如有缺损问题，请向购买书店调换。若书店售缺，请与本社发行部联系，联系及邮购电话：(010)88254888。
质量投诉请发邮件至zlts@phei.com.cn，盗版侵权举报请发邮件至dbqq@phei.com.cn。
服务热线：(010)88258888。

前　言

　　工程经济学是研究经济规律在工程问题中的应用,是研究有关工程设计与分析的效益和费用,并对此进行系统计量和评价的学科。20 世纪 80 年代初,我国引入工程经济教学后,工程经济处于蓬勃发展之中,这门学科今天在工程实践界得到广泛认可并受到重视,工程经济是在工程建设过程中所必须采用的方法,是现代工程师必须具备的知识,也是政府、民营机构中决策人员的重要工具,许多专业资格考试都把工程经济学作为重要内容。

　　人们将工程经济理解为有关工程项目决策的知识,仅供将来从事工程项目决策工作的学生学习和使用。因此,工程经济学目前在我国高校仅限于工程管理、土木工程、城市规划等专业设有该课程。实际上这是一种误解,工程经济学的研究对象不只是工程项目的经济性,而是任何产品和服务工程设计的经济性。所有未来在企业从事产品设计和在公共部门从事服务设计的工程技术人员,都应学习该课程。

　　第 3 版吸收了编著者在本领域的最新研究成果,适应了我国财税体制和会计制度变化的新要求,更新了会计基础知识、工程项目财务分析等章节,并充分运用理工科学生较强的数理基础,补充大量的运算实例来阐述理论与方法。新版保留了简明扼要、逻辑性强、注重方法的特点,更加强化了应用性和易学性。

　　本书可作为高等学校工科各专业本科生、研究生和 ME、MPA、MBA 等专业学位课程教材,也可供从事工程经济分析的专业人士参考使用。

　　本书以工程项目决策为主线,力求完整体现工程经济分析的内容和方法,重点内容是工程项目的财务分析、经济分析和风险分析,而费用效益分析和风险分析是难点。研究生可以通读全书,大专学生可略过某些较难的章节(加 * 号)。如果学生选修过经济学、管理学方面的课程,那么第 2 章也可不讲,作为参考内容由学生自学。各章附了习题,以帮助学习者加深理解、巩固所学知识,并为任课教师提供电子课件,读者可登录华信教育资源网 www.hxedu.com.cn 下载使用。

　　本书内容分为三部分:

　　第一部分为工程经济学基础(第 1～5 章);

　　第二部分为工程经济学应用(第 6～10 章);

　　第三部分为工程经济学其他专题研究(第 11 章)。

　　第 1 章主要阐述工程经济学的基本原理,用 7 个基本原则来揭示工程经济学的基本概念、思路和方法。

　　第 2 章介绍进行工程经济分析所需的经济学和财务会计基础知识,并着重说明了工程经济学研究中的一些重要的成本概念。

　　第 3 章关注的是现金流量、资金时间价值和资金等值等概念,给出了利息公式和等值计算方法。

第 4 章介绍常用的分析方案投资的经济效果和盈利性的方法，包括投资回收期、净现值、内部收益率等。

第 5 章的主要内容是第 4 章中的这些方法在比较方案时的正确选用，此外第 5 章还讨论了在分析中如何进行资本预算的问题。

本书第 3、4、5 章为读者理解书中接下来探讨的工程经济分析技术奠定了基础。

第 6 章介绍融资方案分析技术，重点是融资方案的选择和资本成本的计算，并简要介绍了项目融资的相关内容。

第 7 章主要介绍工程项目财务分析技术，包括项目直接发生的财务效益和费用识别，如何编制有关报表来考察项目的基本生存能力、盈利能力、偿债能力等财务状况，以及判别项目的财务可行性。并从应用的角度全面而实用地阐述了折旧、贷款融资、价格变化和汇率变化等对工程经济分析的影响。

第 8 章专门介绍了进行公共项目经济分析的主要技术，即费用效益分析和费用效益效果分析。其中费用效益分析是重点，包括经济效益和费用的识别和计量方法。

第 9 章主要讨论备选方案预测结果与实际结果之间的差异对工程的影响。介绍了各种分析未来收入和成本估计的不确定性的非概率方法——盈亏平衡分析和敏感性分析。解释了分析未来现金流量估计的不确定性结果的概率技术，其中包括期望值、期望效用等决策规则以及决策树方法、蒙特卡洛模拟方法。此外，还介绍了实物期权方法。

第 10 章就资产更新分析方法进行了专题讨论。一个组织经常要考虑现有资产是应该继续使用还是应该被新资产更换，以满足当前或将来的经营需要。第 9 章已阐述了解决这一问题的主要方法，即以经济寿命为依据进行更新分析。

第 11 章就价值工程技术进行专题介绍。内容包括价值工程的工作程序、功能分析、功能评价、方案创造等方法。

附录 A 给出了 8 个计算用附表，附录 B 给出了部分计算习题参考答案。

第 3 版由邵颖红编著，并执笔所有修改。很多同事对本书的修改提出了很多宝贵的意见，在本书的编写过程中也参考了国内外众多学者的著作，在此表示衷心的感谢。

同济大学经济与管理学院
邵颖红

目　　录

第1章　绪论……………………… (1)
　1.1　工程技术与经济的关系 ……… (2)
　　1.1.1　工程 ……………………… (2)
　　1.1.2　经济 ……………………… (2)
　　1.1.3　工程技术与经济 ………… (2)
　1.2　工程经济学研究的对象和
　　　　范围 ……………………………… (3)
　　1.2.1　什么是工程经济学 ……… (3)
　　1.2.2　工程经济学的产生与
　　　　　　发展 ……………………… (3)
　　1.2.3　工程经济学的研究
　　　　　　对象 ……………………… (4)
　　1.2.4　工程经济学的研究
　　　　　　内容 ……………………… (5)
　　1.2.5　工程经济学的特点 ……… (5)
　1.3　工程经济分析的基本原则 …… (6)
　1.4　工程经济分析的过程和步骤 … (8)
　本章小结 ……………………………… (9)
　习题1 ………………………………… (10)

第2章　基础知识 …………………… (11)
　2.1　管理经济学相关知识 ………… (12)
　　2.1.1　市场供求与市场
　　　　　　均衡 ……………………… (12)
　　2.1.2　需求弹性与供给
　　　　　　弹性 ……………………… (14)
　　2.1.3　需求估计与需求预测
　　　　　　…………………………… (15)
　　2.1.4　边际收益递减规律与
　　　　　　规模经济 ………………… (17)
　　2.1.5　成本、收益与利润 ……… (19)
　　2.1.6　支付意愿、消费者剩余
　　　　　　与生产者剩余 …………… (22)
　　2.1.7　市场结构与企业行为
　　　　　　…………………………… (23)
　2.2　财务会计相关知识 …………… (26)
　　2.2.1　企业投资的界定 ………… (26)
　　2.2.2　企业投资形成的资产
　　　　　　…………………………… (27)
　　2.2.3　收入、利润及税金 ……… (32)
　　2.2.4　成本与费用 ……………… (38)
　　2.2.5　负债 ……………………… (39)
　　2.2.6　所有者权益 ……………… (42)
　　2.2.7　财务报表 ………………… (43)
　本章小结 ……………………………… (47)
　习题2 ………………………………… (48)

第3章　现金流量与资金时间价值
　　　　　………………………………… (49)
　3.1　现金流量的概念与估计 ……… (50)
　　3.1.1　现金流量的概念 ………… (50)
　　3.1.2　现金流量图 ……………… (50)
　　3.1.3　正确估计现金流量 ……… (51)
　3.2　资金的时间价值 ……………… (52)
　　3.2.1　资金的时间价值概念
　　　　　　…………………………… (52)
　　3.2.2　利息的计算 ……………… (53)
　3.3　资金等值计算 ………………… (56)
　　3.3.1　资金等值的概念 ………… (56)
　　3.3.2　现金流量的五种类型
　　　　　　…………………………… (57)
　　3.3.3　资金等值的计算公式
　　　　　　…………………………… (58)
　*3.3.4　连续复利的资金等值计算
　　　　　　…………………………… (66)
　3.4　等值计算实例 ………………… (68)
　　3.4.1　计息期与支付期一致的
　　　　　　计算 ……………………… (69)
　　3.4.2　计息期短于支付期的计算…(70)

3.4.3　计息期长于支付期的
　　　　　计算 …………………（70）
本章小结 …………………………（71）
习题 3 ……………………………（71）

第 4 章　投资方案的评价指标 ……（75）
4.1　投资回收期 …………………（76）
4.2　净现值、将来值、年度等值 ……（78）
4.3　内部收益率 …………………（80）
　　4.3.1　内部收益率的定义和
　　　　　计算 …………………（80）
　*4.3.2　内部收益率的经济含义
　　　　　……………………………（82）
　*4.3.3　再投资收益率 …………（84）
　*4.3.4　修正内部收益率 ………（85）
4.4　其他辅助指标 ………………（85）
　　4.4.1　简单收益率 ……………（85）
　　4.4.2　净现值率 ………………（86）
4.5　几种评价指标的比较 ………（86）
本章小结 …………………………（87）
习题 4 ……………………………（88）

第 5 章　投资方案的比较和选择 …（90）
5.1　投资方案的相互关系与分类
　　　…………………………………（91）
　　5.1.1　方案的相关性 …………（91）
　　5.1.2　方案的分类 ……………（92）
5.2　互斥方案的比较 ……………（93）
　　5.2.1　互斥方案比较的原则
　　　　　……………………………（93）
　　5.2.2　总量分析法与增量
　　　　　分析法 …………………（93）
　　5.2.3　寿命相同的成本型互斥
　　　　　方案的比较 ……………（94）
　　5.2.4　寿命相同的投资型互斥
　　　　　方案的比较 ……………（95）
　　5.2.5　寿命不同的互斥方案的
　　　　　比较 ……………………（97）
5.3　资本预算 ……………………（99）
　　5.3.1　互斥组合法 ……………（99）
　　5.3.2　整数规划法 …………（102）

　　5.3.3　净现值率法 …………（103）
本章小结 ………………………（104）
习题 5 …………………………（105）

第 6 章　工程项目的融资分析 ……（107）
6.1　资金筹措概述 ……………（108）
　　6.1.1　投资项目筹资中的基本
　　　　　概念 …………………（108）
　　6.1.2　项目筹资的基本要求
　　　　　…………………………（110）
6.2　筹资渠道与筹资方式 ……（110）
　　6.2.1　项目资金筹措渠道 …（110）
　　6.2.2　项目资金筹集方式 …（110）
6.3　项目融资 …………………（113）
　　6.3.1　项目融资的基本特征
　　　　　…………………………（113）
　　6.3.2　项目融资的框架结构
　　　　　…………………………（113）
　　6.3.3　项目融资的参与者 …（114）
　　6.3.4　完成项目融资的阶段
　　　　　与步骤 ………………（114）
　　6.3.5　项目融资的模式 ……（115）
6.4　资本成本与融资结构 ……（117）
　　6.4.1　资本成本及其计算 …（117）
　　6.4.2　融资结构 ……………（120）
本章小结 ………………………（124）
习题 6 …………………………（124）

第 7 章　工程项目的财务分析 ……（125）
7.1　项目周期与可行性研究 …（126）
　　7.1.1　项目周期 ……………（126）
　　7.1.2　可行性研究的内容 …（126）
　　7.1.3　财务分析概念与内容
　　　　　…………………………（127）
7.2　投资项目财务效益和费用的
　　识别与估算 ………………（128）
　　7.2.1　财务效益和费用的识别
　　　　　…………………………（128）
　　7.2.2　财务效益与费用的估算
　　　　　…………………………（131）
7.3　投资项目的盈利能力分析 …（136）

7.3.1　获取利润能力 …………(137)
　　　7.3.2　项目投资盈利水平 …(139)
　7.4　财务基本生存能力和偿债能力
　　　分析 ……………………………(142)
　　　7.4.1　财务基本生存能力分析
　　　　　　………………………………(142)
　　　7.4.2　偿债能力分析 ………(144)
　7.5　折旧对财务分析的影响 ……(147)
　　　7.5.1　折旧的估算方法 ……(147)
　　　7.5.2　折旧法的比较 ………(148)
*7.6　负债对财务分析的影响 ……(151)
*7.7　财务价格的选择与通货膨胀的
　　　影响 ……………………………(154)
　　　7.7.1　财务价格 ……………(154)
　　　7.7.2　通货膨胀对盈利能力
　　　　　　分析的影响 ……………(154)
　　　7.7.3　财务分析中对财务价格
　　　　　　的选择 …………………(158)
　7.8　财务分析案例 …………………(158)
　本章小结 …………………………(166)
　习题 7 ……………………………(166)

第 8 章　工程项目的经济分析……(168)

　8.1　财务分析与经济分析 ………(169)
　8.2　费用效益分析 …………………(171)
　　　8.2.1　费用效益分析原理 …(171)
　　　8.2.2　效益和费用的识别与
　　　　　　界定 ……………………(173)
　　　8.2.3　经济效益和费用的估算
　　　　　　………………………………(176)
　　　8.2.4　费用效益分析指标 …(181)
　8.3　费用效果分析 …………………(182)
　本章小结 …………………………(186)
　习题 8 ……………………………(186)

第 9 章　投资风险分析………………(188)

　9.1　决策中的风险和不确定性 …(189)
　　　9.1.1　风险的含义 …………(189)
　　　9.1.2　风险的识别 …………(189)
　9.2　盈亏平衡分析及经营杠杆分析
　　　………………………………………(190)

　　　9.2.1　盈亏平衡分析 ………(190)
　　　9.2.2　经营杠杆分析 ………(193)
　9.3　敏感性分析 ……………………(194)
　9.4　概率分析 ………………………(196)
*9.5　决策树分析 ……………………(199)
*9.6　风险条件下投资决策模型的
　　　调整 ……………………………(206)
*9.7　应用蒙特卡洛模拟方法对项目
　　　进行不确定性分析 ……………(207)
*9.8　实物期权 ………………………(209)
　本章小结 …………………………(213)
　习题 9 ……………………………(214)

第 10 章　资产更新分析………………(216)

　10.1　资产更新的原因 ……………(217)
　10.2　更新分析考虑的因素 ………(218)
　10.3　资产的经济寿命 ……………(220)
　10.4　更新方案的比较 ……………(222)
　10.5　税后更新分析 ………………(226)
　本章小结 …………………………(229)
　习题 10 …………………………(229)

第 11 章　价值工程 ……………………(231)

　11.1　概述 …………………………(232)
　11.2　价值、功能和成本 …………(233)
　　　11.2.1　价值 …………………(233)
　　　11.2.2　功能 …………………(233)
　　　11.2.3　成本 …………………(234)
　11.3　价值工程的工作程序 ………(234)
　11.4　价值工程中的技术方法 ……(237)
　　　11.4.1　价值分析对象选择的
　　　　　　　方法 ……………………(237)
　　　11.4.2　功能评价的方法 ……(238)
　　　11.4.3　方案创造与改进的方法
　　　　　　　………………………………(241)
　　　11.4.4　方案评价与选择的方法
　　　　　　　………………………………(241)
　本章小结 …………………………(241)
　习题 11 …………………………(242)

附录 A 计算用附表 ·················（243）
    附表 1　$(F/Pi,N)$表·············（244）
    附表 2　$(P/Fi,N)$表·············（246）
    附表 3　$(F/Ai,N)$表·············（248）
    附表 4　$(A/Fi,N)$表·············（250）
    附表 5　$(P/Ai,N)$表·············（252）
    附表 6　$(A/Pi,N)$表·············（254）
    附表 7　$(A/Gi,N)$表·············（256）
    附表 8　正态分布下的累积
             概率$[N(d)]$ ···········（258）

附录 B　部分计算习题答案 ········（259）

参考文献 ·····························（264）

第1章 绪 论

学习要点

- 工程技术与经济的关系
- 工程经济学研究的主要内容和对象
- 工程经济学的理论基础和分析方法
- 工程经济学与相关学科的关系
- 工程经济分析的基本原则

1.1 工程技术与经济的关系

1.1.1 工程

工程是指运用科学知识，开发用以造福人类的、经济地使用材料和自然力的方法，如土木工程、机械工程、交通工程、化学工程、采矿工程和水利工程等。

一项工程要能被人们所接受，必须做到有效，即必须具备两个条件：一是技术上的可行性，二是经济上的合理性。在技术上无法实现的项目是不可能存在的，因为人们还没有掌握它的客观规律；而一项工程如果只讲技术可行，忽略经济合理性也同样是不能被接受的。人们发展技术、应用技术的根本目的，正是提高经济活动的合理性，这就是经济效益。因此，为了保证工程技术更好地服务于经济，最大限度地满足社会需要，就必须研究、寻找技术与经济的最佳结合点，在具体目标和条件下，获得投入产出的最大效益。

1.1.2 经济

现代汉语中所使用的"经济"一词，源于19世纪后半叶，由日本学者从英语Economy翻译而来，如无特殊说明，一般不含古汉语中"经邦济世"、"经国济民"的意思。

"经济"是一个多义词，通常有四方面的含义：

① 经济是指生产关系。经济是人类社会发展到一定阶段的社会经济制度，是生产关系的总和，是政治和思想意识等上层建筑赖以建立的基础。

② 经济是一国国民经济的总称，或指国民经济的各部门，如工业经济、农业经济、运输经济等。

③ 经济是指社会生产和再生产，即指物质资料的生产、交换、分配、消费的现象和过程。

④ 经济是指节约或节省。

在经济学中，经济的含义是从有限的资源中获得最大的利益。

1.1.3 工程技术与经济

工程技术与经济具有非常密切的关系。技术进步是经济发展的必要条件，人类社会的经济发展离不开各种技术手段的运用。而任何技术手段的运用，都必须消耗或占用人力、物力、财力等资源，需要考虑资源的合理分配，所以，在人类社会进行物质生产的活动中，经济和技术不可分割，两者相互促进又相互制约。经济发展是技术进步的动力和方向，而技术进步是推动经济发展、提高经济效益的重要条件和手段，经济发展离不开技术进步。人类社会的发展，国民经济的增长，都必须依靠技术的应用和进步。

在技术和经济的关系中，经济起决定作用。技术进步是为经济发展服务的，技术是人类进行生产活动和改善生活的手段，它的产生就具有明显的经济目的。因此，任何一种技术，在推广应用时，首先要考虑其经济效益问题。一般情况下，技术的发展会带来经济效益的提高，技术不断发展的过程也正是其经济效益不断提高的过程。随着技术的进步，人类能够用越来越少的人力、物力和时间消耗获得越来越多的产品和劳务。在这个意义上，技术和经济是统一的，技术的先进性和其经济合理性是相一致的。绝大多数先进技术具有较高的经济效益，恰恰是较高的经济效益才决定着其技术的先进性。但是，有时新技术缺少社会条件的经济适应性，与经济又是相矛盾、相对立的。例如，有的技术在发达国家的社会综合条件下是先进的，但在发展中国家，电力、运输、原料质量，特别是技术管理水平与技术工人的操作水平等方面与新技术不协调、不适应，而使新技术发挥不出应有的经济效益。此外，有的技术本身不算很先进，但在一定条件下采用时，经济效益却不错。这是因为任何技术的应用都必然受到当地、当时具体自然条件和社会条件的约束。条件不同，技术带来的经济效益也就不同。随着条件的变化，技术的经济效益也会发生变化，原来经济效益不好的技术会变得较好，原来经济效益好的技术可以发展为更好或变得不好。工程经济学的主要任务，就是研究技术和经济之间的合理关系，找出其协调发展的规律，促进技术进步和提高经济效益。

在工程中理解和应用经济原则最为重要。工程不仅仅是为了满足人们的需要而开发产品、系统和程序的实践活动，除了功能、性能，方案还应在经济上可以生存。工程决策不仅在前期的概念设计中会涉及很多有限的资源，例如时间、材料、人力、资金、自然资源等，而且在工程的整个生命周期的其他阶段（如详细设计、生产与分销、服务、废弃）也是如此，如果一个解决方案不存在赢利，方案再好也应该将它舍弃。

1.2 工程经济学研究的对象和范围

1.2.1 什么是工程经济学

工程经济学（Engineering Economics）是工程与经济的交叉学科，是研究如何有效利用资源，提高经济效益的学科。

有关工程经济学的定义有很多种，归纳起来主要有以下几种观点：

① 工程经济学是研究技术方案、技术政策、技术规划、技术措施等经济效果的学科，通过经济效益的计算以求找到最好的技术方案。
② 工程经济学是研究技术与经济的关系，以期达到技术与经济最佳结合的学科。
③ 工程经济学是研究生产、建设中各种技术经济问题的学科。
④ 工程经济学是研究技术因素与经济因素最佳结合的学科。

本书认为，工程经济学是利用经济学的理论和分析方法，研究经济规律在工程问题中的应用，具体就是研究工程项目的效益和费用，并对此进行系统计量和评价的学科。

经济学的一个基本假定是资源具有稀缺性。资源的稀缺是相对的，指与我们的需要相比，满足这些需要的东西是非常有限的。由于资源稀缺，就要对资源进行合理配置，因此，需要对各种资源配置方案进行评价，本学科的任务就在于，通过一定的判断标准选择恰当的方案。

1.2.2 工程经济学的产生与发展

工程经济学的产生已有100多年。其标志是：1887年，美国的土木工程师亚瑟·惠灵顿出版了著作《铁路布局的经济理论》。1930年,E.L.格兰特教授出版了《工程经济学原理》教科书,从而奠定了经典工程经济学的基础。1982年,J.L.里格斯出版的《工程经济学》把工程经济学的学科水平向前推进了一大步。近代工程经济学的发展侧重于用概率统计方法进行风险性、不确定性的新方法研究,以及对非经济因素的研究。

我国对工程经济学的研究和应用起步于20世纪70年代后期,其发展过程大致分为三个阶段,见表1-1。

表1-1 我国工程经济学的发展过程

时期	学科阶段	发展状况
50年代初	雏形阶段	经济分析方法阶段。经济分析方法开始应用于工程技术中
60年代初至70年代初	第一阶段	经济效果学阶段。经济分析方法在工程建设和许多领域得到广泛应用
70年代	第二阶段	停滞、涣散阶段
80年代以后	第三阶段	蓬勃发展阶段。工程经济学的原理和方法在经济建设的项目评价中得到系统、广泛的应用;学科体系、理论与方法、性质与对象的研究不断深入,形成了较完整的学科体系

现在,在项目投资决策分析、项目评估和管理中,已经广泛地应用工程经济学的原理和方法。

1.2.3 工程经济学的研究对象

工程经济学研究采用何种方法才能正确评估工程项目的经济性,才能寻求到技术与经济的最佳结合点。因此,工程经济学的研究对象是工程项目的经济绩效,即以工程项目为主体,研究各种工程技术方案的经济效益,通过对经济效益的计算,以求找到最优的工程技术方案,作为决策部门进行工程技术决策的依据。项目指投入一定资源的计算、规划和方案并可以进行分析和评价的独立单元。工程项目可以大到如三峡工程,也可以小到如某一设备的更新。

这些决策本质上是提出的设计或解决问题的方案产生的各类成本与效益或其他性能(反应时间、安全性、比重、可靠性等)之间的权衡。工程经济学的任务就是以最经济的方式做出这种权衡。例如,某水利工程带来防洪、航运等效益,但却带来环境的破坏,那么该水利工程是否该花巨资兴建呢?又如,某企业发明了一种小型装置,可使传统汽车二氧化碳排放量减少30%,那么企业是否投产该装置呢?工程经济学能够给出答案。

工程经济学在很多情况下扮演一个重要的角色:
① 为高速通道建设选择最好的设计方案。
② 为汽车装配线上的焊接操作选择最合适的自动机械。
③ 为购买还是租赁一架飞机来完成客运服务提供建议。
④ 为设备选择最佳更新方案和更新时机。

从以上例子可以看出,工程经济学应给技术因素以相当的重视。因此,工程经济学包括技术分析,同时更强调经济方面的研究,以作为工程项目决策的依据。工程师采用何种设计方案,企业是否实施一个新项目,政府是否建设一项新的公共工程,都应充分考虑工程的技术性及经济性。一个不擅长工程经济分析的工程师就不是一个合格的工程师。

1.2.4 工程经济学的研究内容

实践中经常碰到的工程经济问题主要有：
① 如何计算某方案的经济效果；
② 几个相互竞争的方案应该选择哪一个；
③ 在资金有限的情况下，应该选择哪一个方案；
④ 正在使用的技术、设备是否应该更新换代；
⑤ 公共工程项目的预期效益多大时，才能接受其建设费用；
⑥ 遵从安全而保守的行动准则，还是从事能够带来较大潜在收益的高风险活动。

据此，工程经济学研究的主要内容包括如下方面：

(1) 方案评价方法

研究方案的评价指标，以分析方案的可行性。

(2) 投资方案选择

投资项目往往具有多个方案，分析多个方案之间的关系，进行多方案选择是工程经济学研究的重要内容。

(3) 筹资分析

随着社会主义市场经济体制的建立，建设项目资金来源多元化已成为必然。因此，需要研究在市场经济体制下，如何建立筹资主体和筹资机制，怎样分析各种筹资方式的成本和风险。

(4) 财务分析

研究项目对各投资主体的贡献，从企业财务角度分析项目的可行性。

(5) 经济分析

研究项目对国民经济的贡献，从国民经济角度分析项目的可行性。

(6) 更新分析

研究资产的更新问题，做出何时更换更佳的分析。

(7) 风险和不确定性分析

任何一项经济活动，受各种不确定性因素的影响，都会使期望的目标与实际状况发生差异，可能会造成经济损失。为此，需要识别和估计风险，进行不确定性分析。

1.2.5 工程经济学的特点

工程经济学是工程技术和经济相结合的综合性边缘学科。因此，它具有边缘学科的特点，即具有综合性、系统性、可预测性和实践性等特点。工程经济学必须以自然规律为基础，但既不同于技术科学研究自然规律本身，又不同于其他经济科学研究经济规律本身，而是将经济科学作为理论指导和方法论。工程经济学的任务不是创造和发明新技术，而是对成熟的技术和新技术进行经济性分析、比较和评价，从经济的角度为技术的采用和发展提供决策依据。工程经济学也不研究经济规律，它是在尊重客观规律的前提下，对工程方案的经济效果进行分析和评价。

工程经济学具有如下特点：

① 工程经济学强调的是技术可行性基础上的经济分析。工程经济学的研究是在技术可行性研究的基础上，进行经济合理性的研究与论证工作。它为技术可行性提供经济依据，并为改进技术方案提供符合社会采纳条件的改进方案和途径。

② 工程技术的经济分析和评价与所处的客观环境关系密切。技术方案的择优过程必须受到自然环境和社会环境的客观条件制约。工程经济学是研究技术在某种特定社会经济环境下的效果的科学，是把技术问题放在社会的政治、经济与自然环境的大系统中加以综合分析、综合评价的科学。因此，工程经济学的特点之一是系统的综合评价。

③ 工程经济学是对新技术的各种可行方案的未来"差异"进行经济效果分析比较的科学。工程经济学的着眼点，除研究各方案可行性与合理性之外，还放在各方案之间的经济效果差别上，把各方案中相等的因素在具体分析中略去，以简化分析和计算。

④ 工程经济学所讨论的经济效果问题几乎都和"未来"有关。着眼于"未来"，也就是对技术政策、技术措施制定后，或技术方案被采纳后，将要带来的经济效果进行计算、分析与比较。工程经济学关心的不是某方案已经花费了多少代价，它不考虑过去发生的、在今后的决策过程中已无法控制的、已用去的那部分费用的多少，而只考虑从现在起可获得同样使用效果的各种机会或方案的经济效果。既然工程经济学讨论的是各方案未来的经济效果问题，那就意味着它们会有"不确定性因素"与"随机因素"的预测与估计，这将关系到技术效果评价的结果。因此，工程经济学是建立在预测基础上的科学。

综上所述，工程经济学具有很强的技术和经济的综合性、技术与环境的系统性、方案差异的对比性、对未来的预测性及方案的择优性等特点。

1.3 工程经济分析的基本原则

许多读者觉得工程经济学很难学，本教材总结了七项基本原则供大家参考，如果读者能在今后的学习和工作实践中始终把握这些原则，将有助于做出正确的工程经济分析。

1. 资金的时间价值原则——今天的 1 元钱比未来的 1 元钱更值钱

工程经济学中一个最基本的概念是资金具有时间价值，即今天的 1 元钱比未来的 1 元钱更值钱。投资项目的目标是为了增加财富，财富是在未来的一段时间获得的，能不能将不同时期获得的财富价值直接加总来表示方案的经济效果呢？显然不能。由于资金时间价值的存在，未来时期获得的财富价值现在看来没有那么高，需要打一个折扣，以反映其现在时刻的价值。如果不考虑资金的时间价值，就无法合理地评价项目的未来收益和成本。

2. 现金流量原则——投资收益不是会计账面数字，而是当期实际发生的现金流

衡量投资收益用的是现金流量而不是会计利润。现金流量是项目发生的实际现金的净得,而利润是会计账面数字,按"权责发生制"核算,并非手头可用的现金。

3. 增量分析原则——从增量角度进行工程经济分析

增量分析符合人们对不同事物进行选择的思维逻辑。对不同方案进行选择和比较时,应从增量角度进行分析,即考察增加投资的方案是否值得,将两个方案的比较转化为单个方案的评价问题,使问题得到简化,并容易进行。

4. 机会成本原则——排除沉没成本,计入机会成本

企业投入一些自己拥有的资源,如厂房、办公楼、设备、人工等,因为是自有要素,故企业不允许未使用它们而发生任何实际支出,但这并不意味着自有要素的使用没有成本,将楼房出租或出售给其他企业就能够取得一定的收益,这种收益构成了企业使用自有要素的机会成本。沉没成本是决策前已支出的费用或已承诺将来必须支付的费用,这些成本不因决策而变化,是与决策无关的成本。

5. 有无对比原则——有无对比而不是前后对比

"有无对比法"将有这个项目和没有这个项目时的现金流量情况进行对比;"前后对比法"将某一项目实现以前和实现以后所出现的各种效益费用情况进行对比。

6. 可比性原则——方案之间必须可比

进行比较的方案在时间上、金额上必须可比。因此,项目的效益和费用必须有相同的货币单位,并在时间上匹配。

7. 风险收益的权衡原则——额外的风险需要额外的收益进行补偿

投资任何项目都是存在风险的,因此必须考虑方案的风险和不确定性。不同项目的风险和收益是不同的,对风险和收益的权衡取决于人们对待风险的态度。但有一点是肯定的,选择高风险的项目,必须有较高的收益。

8. 采用一贯的立脚点

备选方案的未来可能产生效果,无论是经济的还是其他方面,都应该一直从同一个确定的立脚点来预测。立脚点有个人、企业、政府、国家、社会公众等,一般采用决策者(通常是项目投资者)作为立脚点。然而,对某个特定的决策所采用的立脚点一开始就应确定,在今后的描述、分析和备选方案的比较时也应一直采用。

9. 考虑所有相关的判据标准

选择一个较优的方案(做决策)需要使用一个或几个判据。在决策的过程中既应该考虑用货币单位度量的效果,也应该考虑用其他测量单位表示的效果或定性描述的效果。决策者通常会选择那些最有利于组织所有者长期利益的备选方案。在工程经济分析中,最主要的判据是与所有者的长期经济利益相关的。这基于这样的假设:所有者的可用资本将被合理分配以提供最大的货币回报。但是,人们在做决策时还想达到其他的组织目标。这些目标应该考虑,而且在选择备选方案时也应给以一定的重视。这些非货币属性和多目标就成为决策过程中附加判据的基础。

10. 重新审视决策

合适的程序有助于提高决策质量,为了使决策更有实践性,被选出的备选方案的初始预测效果应该与随后取得的实际效果进行比较分析。

一个好的决策过程也有可能产生一个结果不理想的决策。另外有些决策,即使比较成功,但实际结果与最初预测结果差别很大。总结经验教训并适时调整,是一个优秀组织的标志。

将选定方案的实际效果与其最初预测效果进行对比分析,常常被认为是不实际或不值得去做的。人们更习以为常的是,在决策过程当中没有任何反馈。组织应该建立一个制度,确保对执行的决策效果做例行后评价,并且将后评价结果用来改进今后的分析和决策制定的质量。例如,在比较备选方案时通常会犯的一个错误是,没有充分考虑到所选因素估计中的不确定性对决策的影响。只有后评价才集中关注这个组织进行工程经济分析时的薄弱环节。

1.4 工程经济分析的过程和步骤

工程经济学的应用,即应用工程经济学原理和方法框架来实现工程经济分析,得出的经济结论将接着用于工程项目决策阶段,当然,要做出决策通常还需要其他角度的评价信息。

工程经济分析作为一种评价和决策过程,必须事前有缜密的设计,执行中有正确的技巧,事后有决策的结论。唯有如此,才能避免人为的不完整和不精确,避免人力和时间的浪费。

概括地说,工程经济分析的全过程可分为以下五个阶段。

1. 问题定义

问题定义,即确定项目的前提、范围和性质,如项目目标、项目规模、投入产出物品或服务的类型,以及市场特征、项目约束条件等。

分析过程的第一个步骤(问题定义)特别重要,因为它是接下来所有分析的基础。一个问题只有被透彻地理解并清晰地描述之后,才能进行以后的分析。

这里的术语"问题"只是一般概念,它包括要求进行分析评价的所有决策情况。问题的提出通常来源于社会公众对一种产品或服务的期望。

一旦发现某个问题,就应该从一个系统的视角来加以描述。也就是说,对所处环境的界限与程度需要仔细地加以定义。这样,就可以确立问题的各个组成要素及外在的环境构成。

问题评价包括对于需求和要求的反复研究,并且,评价阶段所获得的信息可能会改变对问题的原始描述。事实上,对问题进行再定义直到达成共识可能是问题解决过程中最重要的部分!

2. 提出备选方案

经济评价程序的第二个步骤包括两项主要工作:①寻找潜在的备选方案;②对它们进行筛选,挑出其中可行的备选方案以供详细分析。这里的术语"可行的"是指,根据初步评价判断,每个挑选出来以做深入分析的备选方案满足或超出现有情况下所提出的要求。

3. 估计经济效果

工程经济分析过程的第三个步骤结合了1.3节的原则2、原则3和原则4,并且使用了工程经济学中基本的现金流量方法。在本步骤中,应对各备选方案的相关收入和成本数据进行识别、估算,并以现金流量形式表现备选方案的经济效果。

4. 选择决策判据

选择一个决策标准(分析过程的第四个步骤)反映了原则5(考虑所有相关判据)。决策者通常会选择那些符合组织所有者长期利益的备选方案。同样,经济决策判据应该反映在工程经济学研究过程中始终坚持的"统一、适合"的立脚点(原则3)。

5. 分析和比较备选方案

分析一个工程问题的经济方面(步骤5)主要是对选定做深入研究的可行方案进行基于现金流量的估计。通常需要做出很大的努力,得到对现金流量以及其他因素——例如常常发生的通货膨胀(通货紧缩)、汇率变化和管制(法律)要求——的合理、精确的预测。很明显,对未来不确定性的分析(原则6)是工程经济分析的必要组成部分。当现金流量和其他要求的估计被确定之后,备选方案就可以如原则2所要求的那样,在它们之间差别的基础上进行比较了。通常,这些差别可以用货币单位(如美元)加以量化。

6. 选择最佳备选方案

如果工程经济分析过程的前五个步骤都已很好地完成,那么选择最佳备选方案(步骤6)就只是前面所有工作的一个简单结果。因此,技术经济模型和分析技术的合理性决定了所获结果和推荐行动方案的质量。

7. 执行过程的监督与结果的后评价

最后一个步骤在对所选方案的执行结果进行收集期间或之后才可以实现。在项目的执行阶段,对项目过程进行监督将提高相关目标的实现程度,减少预期目标的可变性。步骤6同样是前面分析的后续步骤,将实际取得的结果与预期结果进行比较,目的是学习如何做更好的分析评价,后评价的反馈对任何组织经营的持续改进都具有重要性。遗憾的是,与步骤1一样,在公共项目实施实践中,这最后一个步骤常常没有坚持做或没有做好。因此,需要特别关注信息的反馈,用于正在进行的和随后的研究。

本章小结

本章首先阐述了工程技术与经济的关系。工程是指运用科学知识,开发用以造福人类、经济地使用材料和自然力的方法。

经济是指从有限的资源中获得最大的利益。工程技术的使用是为了产生经济效益,先进的工程技术并不一定具有经济合理性,不具有经济性的工程技术是不适用的,因此必须研究哪种工程技术是适用的。

工程经济学利用经济学的理论和分析方法,研究经济规律在工程问题中的应用,具体就是研究工程项目的效益和费用,并对此进行系统计量和评价。

工程经济学的研究对象则是工程项目的经济绩效。研究内容主要包括方案评价方法、投资方案选择、筹资分析、财务分析、经济分析、社会分析、风险和不确定性分析、建设项目后评估、技术选择等。

工程经济分析的基本原则有资金的时间价值原则、现金流量原则、增量分析原则、机会成本原则、有无对比原则、可比性原则、风险收益的权衡原则,这些原则将贯穿于以后的各章内容中,应仔细体会把握。

习题 1

1. 如何正确理解工程经济学的研究对象？
2. 如何正确理解工程经济学的性质和特点？
3. 工程经济学的研究内容有哪些？
4. 简述工程经济分析的基本原则。

第 2 章

基础知识

学习要点

- 经济学的基本概念：弹性、经济成本、规模收益、规模经济、生产者剩余、消费者剩余等
- 市场需求估计和需求预测方法
- 企业利润最大化的条件
- 市场结构特征
- 企业投资的定义、特点和分类
- 固定资产、无形资产、流动资产及其他资产的含义及区别
- 收入定义及分类、利润的构成及分配、税金的种类
- 成本和费用的定义及确认范围
- 负债的分类及流动、长期负债的定义及内容、所有者权益的内容
- 财务报表的构成及编制格式

2.1 管理经济学相关知识

经济学研究如何利用稀缺资源来满足人类无限的需要,解决"生产什么"、"生产多少"、"如何生产"和"为谁生产"等问题。

企业是国民经济活动的主体,企业从资金市场或政府得到资金,从劳动力市场得到劳动力,从生产资料市场得到原材料,组织产品和服务的生产,提供给生产资料市场和消费品市场;企业在市场上的销售收入减去成本得到利润,向政府缴纳税收后,还应有企业的发展基金,要有扩大再生产的能力。

经济学是以企业追求利润最大化为目标展开研究的。

2.1.1 市场供求与市场均衡

1. 需求

（1）需求的定义

需求是指在一定时期内,在各种可能的价格下,人们所愿意并且有能力购买的某种商品数量的集合。

需求(Demand)不仅仅是人的需要(Needs)、想要(Wants)或欲望(Desires),还必须有支付能力。

需求有以下3个要点:

① 与市场价格相关,需要有相应的支付能力。
② 需求只是意愿(Willing),而不等于实际购买。
③ 此变量是流量而不是存量,所以,需求与时期相关。

简单地说,需求是"在一定时期内,消费者有与价格相应的支付能力的欲望"。

影响需求的因素有商品价格、消费者收入水平、社会收入分配的平均程度、消费者嗜好的变化、人们对未来的预期等。需求函数可以表达为

$$D = f(A,B,C,\cdots,N) \tag{2-1}$$

式中,$A,B,C,\cdots,N$ 为各种影响需求的因素。若除价格外其他因素不变,则需求函数可记为

$$D = f(P) \tag{2-2}$$

（2）需求定律

在其他条件不变的情况下,商品的需求量与其价格反方向变化,即需求量随价格的上升而减少,随价格的下降而增加。需要注意的是,需求定律是指一般商品的规律,对于某些特殊商品,如炫耀性商品和部分商品,则不能用其加以解释。

（3）需求曲线及其变动

价格变动引起的需求量的变动称为需求量变动,如图2-1所示。需求量变动在图形上表现为在一条既定的需求曲线上点的位置移动。

其他因素引起的需求量的变动称为需求的变动,如图2-2所示。需求的变动在图形上表现为整条需求曲线的移动。

图 2-1 需求量变动图

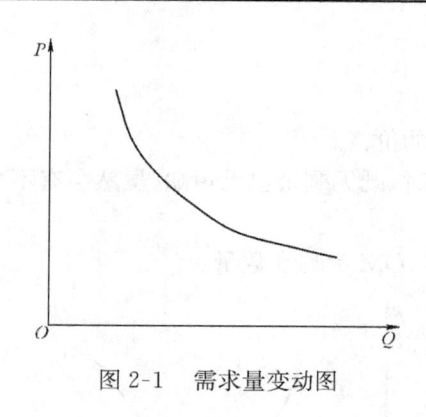

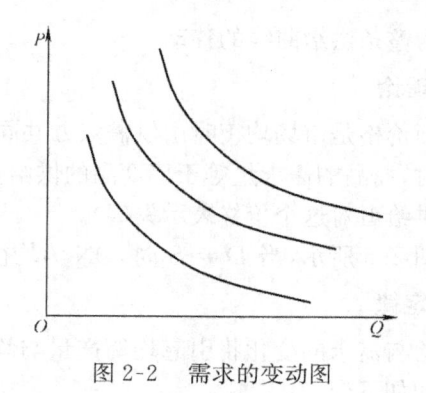

图 2-2 需求的变动图

2. 供给

(1) 供给的定义

供给是在一定时期内,在各种可能的价格下,企业愿意并且能够提供的某种商品数量的集合。

影响供给的因素有商品的价格、企业要达到的目的、现有的技术和管理水平、其他商品的价格、对未来的预期等,供给函数可表达为

$$S = f(A,B,C,\cdots,N) \tag{2-3}$$

式中,$A,B,C,\cdots,N$ 为各种影响供给的因素。若除价格外其他因素不变,则供给函数可记为

$$S = f(P) \tag{2-4}$$

(2) 供给定律

在其他条件不变的情况下,商品的供给量与其价格成同方向变化,即商品供给量随价格的上升而增加,随价格的下降而减少。

(3) 供给曲线及其变动

价格变动引起的供给量的变动称为供给量变动,如图 2-3 所示。供给量变动在图形上表现为在一条既定的供给曲线上点的位置移动。

其他因素引起的供给量的变动称为供给的变动,如图 2-4 所示。供给的变动在图形

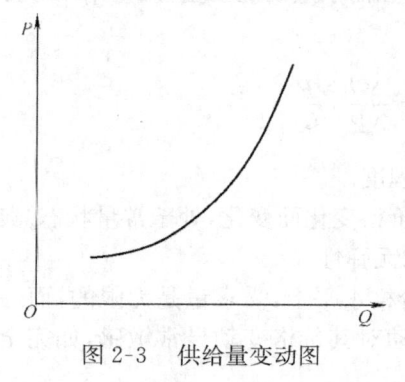

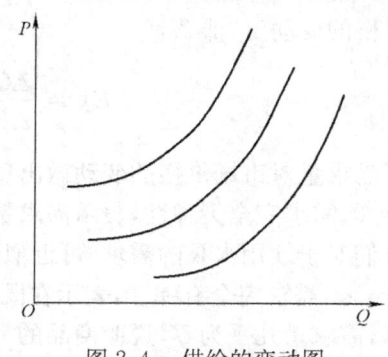

图 2-3 供给量变动图

图 2-4 供给的变动图

上表现为整条供给曲线的移动。

3. 均衡理论

均衡价格是市场均衡时由供需双方共同决定的价格。

这时,商品的需求量等于该商品的供给量;此时,既无剩余也无短缺(虽然会有不少需求者与供给者对这个价格表示失望)。

如图 2-5 所示,当 $D = S$ 时,ON 为均衡价格,OM 为均衡数量。

4. 供需定律

供给与需求的变化将引起均衡产量与均衡价格的如下变化:

① 当价格上升时,均衡需求量下降;反之则上升。

② 当价格下降时,均衡供给量下降;反之则上升。

③ 当市场出现过度需求时,价格会上升,直至达到新的均衡为止。

④ 当市场出现过度供给时,价格会下降,直至达到新的均衡为止。

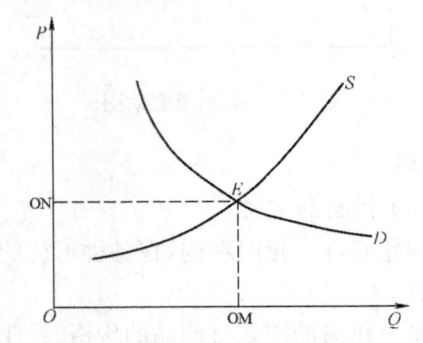

图 2-5 市场均衡时的价格与产量关系图

⑤ 在需求不变的情况下,供给增加时导致均衡价格下降,但均衡产量增加;供给减少时导致均衡价格上升,但均衡产量减少。

⑥ 在供给不变的情况下,需求增加导致均衡价格和产量同时增加;需求减少导致均衡价格和产量同时减少。

⑦ 当供求同时增加(或减少)时,均衡产量增加(或减少),但均衡价格不定。

⑧ 当供求反向变动时,均衡价格与需求变化方向相同,而均衡产量不定。

2.1.2 需求弹性与供给弹性

弹性是一个变量对另一个变量的敏感性的度量。

需求的价格弹性是以价格为自变量、需求量为因变量的弹性关系。如果用 E_d 表示需求的价格弹性系数,用 Q 和 ΔQ 分别表示需求量和需求量的变动量,用 P 和 ΔP 分别表示价格和价格的变动量,那么有

$$E_d = \frac{\Delta Q/Q}{\Delta P/P} = \frac{\Delta Q}{\Delta P} \cdot \frac{P}{Q} \tag{2-5}$$

它表明了需求量对市场价格的变动做出反应的程度。

$E_d = 0$,需求完全无弹性,表示需求量不随价格变化而变化,处于常量状态。典型的例子就是人们对于饮用水泵的需求,可近似看需求无弹性。

$E_d = \infty$,需求完全有弹性,表示在既定的价格水平上,需求量是无限的,而一旦高于既定价格,需求量几乎为零,说明商品的需求变动对其价格变动异常敏感,如完全竞争下的商品需求。

$E_d = 1$，单位需求弹性，表示需求量与价格按同一比率变动。

$0 < E_d < 1$，需求缺乏弹性，表示需求量变动的比率小于价格变动的比率。

$1 < E_d < \infty$，需求富于弹性，表示需求量变动的比率大于价格变动的比率。

供给的价格弹性是以价格为自变量、以供给量为因变量的弹性关系。如果用 E_s 表示供给的价格弹性系数，用 Q 和 ΔQ 分别表示供给量和供给量的变动量，用 P 和 ΔP 分别表示价格和价格的变动量，则有

$$E_s = \frac{\Delta Q/Q}{\Delta P/P} = \frac{\Delta Q}{\Delta P} \cdot \frac{P}{Q} \tag{2-6}$$

$E_s = 0$，供给完全无弹性，无论价格怎样变动，供给量都不会变动。

$E_s = \infty$，供给完全有弹性，表示在既定的价格水平上，供给量是无限的，而一旦高于既定价格，供给量几乎为零，说明商品的供给变动对其价格变动异常敏感。

$E_s = 1$，单位供给弹性，表示供给量与价格按同一比率变动。

$0 < E_s < 1$，供给缺乏弹性，表示供给量变动的比率小于价格变动的比率。

$1 < E_s < \infty$，供给富于弹性，表示供给量变动的比率大于价格变动的比率。

2.1.3 需求估计与需求预测

1. 需求估计

需求估计方法大致分为市场调查法和统计法。

（1）市场调查法

市场调查法就是通过对消费者进行直接调查，来估计某种产品的需求量和各个变量之间的关系。具体方法有：

① 消费者调查。对消费者进行抽样，询问他们对产品的态度。

② 消费者"诊所"(Consumer Clinics)。模拟一个市场，通过改变商品价格、产品的外包装及相关商品的价格等了解消费者对商品需求的变化。

③ 市场试验。通过试定不同价格得到消费需求信息。

（2）统计法

估计需求函数的统计方法主要是回归分析法。用回归分析法进行需求估计就是依据多组观察数据，根据最小二乘法的基本原理，找出拟合这些数据点的最佳拟合曲线，从而确定出影响需求量变化的各种因素对需求量变化的影响关系式，并用一个确定的需求函数描述出来。

使用回归分析方法估计一个需求函数包括下列步骤。

① 识别变量。需求函数表现为需求量（因变量）与几种独立变量之间的关系。建立一个统计需求模型的第一项任务就是识别出可能影响需求量的自变量。这些变量可能包括所研究商品的价格、竞争产品或替代产品的价格、人口、人均收入和广告促销支出等。我们力求预测的变量称为因变量，用于预测因变量数值的变量定义为自变量。

② 收集数据。所收集的数据分为两种：一种是时间序列数据，即针对某一个变量按时间的变化（如按月、按季或按年）收集的一系列数据；另一种是横截面数据，即在某一个

确定的时点上,针对不同的经济单位(个人或家庭)收集的数据。具体收集哪一种数据,应视研究的需要而定。

③ 确定需求模型。确定需求模型就是找出自变量与因变量之间的关系。在选择经济计量学家所估计的需求函数的具体形式时,要尽量做到能准确地反映出真实关系,这可能需要尝试多种方案和变化,才能获得因变量与自变量数据之间的最佳拟合。通过把不同时间(使用时间序列数据时)的因变量和与这个因变量有关的每一个自变量的关系画出来,就可以获得所需函数形式的线索。这种初步分析的结果常常可以表明,线性方程、对数方程、指数方程或其他转换形式中,哪一种更恰当、更可取。常用的需求函数形式有两种:线性函数和幂函数。

④ 估计模型参数。需求函数的形式确定之后,下一步就要估计方程中的参数,从而得出一个具体的需求函数。其中常用的回归分析方法是最小二乘法,具体内容可参考统计教材。实际上,人们多采用各种电子表格(Excel,Lotus)或统计软件(SAS,SPSS)等来确定参数。

2. 需求预测

需求预测方法有很多种,每一种方法都有其适用性。从方法本身的性质出发,可将预测方法分成两大类,即定性预测方法和定量预测方法。

(1) 定性预测

该方法通过分析历史资料和研究未来条件,凭借预测人员的经验和判断推理能力进行预测。可组织专家小组进行分析判断或使用德尔斐(Delphi)法等。

① 专家调查法。专家调查法采用开调查会的形式,将有关专家召集起来,向其提出要预测的问题,再经过讨论做出判断。这种方式有一定效果,但也存在一些不足,例如,与会者可能因迷信权威而使自己的意见随波逐流,或者因不愿意当面放弃其观点而固执己见。

② 德尔斐法。该方法采用寄发调查表的形式,以不记名方式征询专家对某类问题的看法,在随后进行的意见征询中,将经过整理的上一轮调查结果反馈给各位专家,让其重新考虑后再提出看法,并特别要求那些持极端意见的专家详细说明理由。经过几次反馈,大多数专家的意见趋于集中,调查者可能从中获得大量有关重大突破性事件的信息。

(2) 定量预测

根据统计数据,运用数学分析技术,建立表现变量间数量关系的模型进行预测。该方法通常又进一步划分为趋势外推法和因果预测法两类。

① 趋势外推法。常用的方法有移动平均法、指数平滑法、季节指数法、包络线趋势预测法等。

移动平均法是以假定预测期相邻的若干观察期数据与预测值存在密切关系为基础,把已知的统计数据按数据点划分为若干时段,再按数据点的顺序逐点推移,逐点求其平均值,再得出预测值的方法。其特点是,对于具有趋势变化和季节变动的统计数据,经过移动平均调整后,能够消除不规律性的变化。因此,这种方法常用于即期趋势变化和季节性变动的预测。其预测公式为

$$Y_{t+1} = \frac{(X_t + X_{t-1} + \cdots + X_{t-n+1})}{n} \tag{2-7}$$

式中，X_t 为第 t 期的实际值；Y_{t+1} 为第 $t+1$ 期的预测值；n 为确定预测值所需移动的期数。

指数平滑法在移动平均法的基础上做了一定改进。移动平均法需要一组历史数据，且数据离现在越远，其对未来的影响就越小，因而具有一定的局限性。指数平滑法只用一个平滑系数 α、一个最新的数据 X_t 和前一期的预测值 Y_t，就可以进行指数平滑预测。预测值是当期实际值和上一期预测值的不同比例之和。它主要有两个特点：一是进一步加强了观察期近期观察值对预测值的作用，对不同时间的观察值赋予不同权重，加大了近期观察值的权数，使预测值能迅速反映市场实际变化；二是对观察期所予权数有伸缩性，可取不同的平滑系数值以改变权数的变化速率。因此，运用时可选择不同的 α 值来调节时间序列观察值的修匀程度。最简单的指数平滑公式可表述为

$$Y_{t+1} = Y_t + \alpha(X_t - Y_t) \tag{2-8}$$

或

$$Y_{t+1} = \alpha X_t + (1-\alpha)Y_t \tag{2-9}$$

式中，X_t 为第 t 期的观测值；Y_t 为第 t 期的预测值；Y_{t+1} 为第 $t+1$ 期的预测值；α 为平滑系数，其取值范围为 $0 < \alpha < 1$。

采用上式进行预测时，关键在于确定 α 值，其作用是对本期（即第 t 期）的观察值与预测值之差进行适当修正。一般地，当实际观察数据波动较大时，α 值应取小一点，以便将随机干扰过滤掉；否则，可以选大一些。实际选取值应按具体情况而定。

对于初始值 Y_1，当观察数据相当多时（$\geqslant 50$），可取 $Y_1 = X_1$，因为初始值的影响将被逐步平滑掉；当观察数据较少时，可取其均值作为 Y_1 的值。

② 因果分析法。因果分析法是根据事物间的因果关系，对变量的未来变化进行预测。一般来说，它对变量变化趋势的刻画比一般的时序预测方法要精细得多。最基本的方法是回归分析法。

回归分析法是从事物变化的因果关系出发进行分析的一种预测方法，即根据实际统计数据，通过数学计算，确定变量之间相互依存的数量关系，建立合理的数学模型，以推算变量的未来值。它不仅剔除了不相关因素，并且对相关因素的紧密程度加以综合考虑，因而其预测结果的可信度明显提高。

回归分析一般按以下步骤进行：第一，借助于定性分析，确定有哪些可能的相关因素；第二，收集这些因素的统计资料；第三，应用最小二乘法等，求得各因素之间的相关系数和回归方程；第四，根据该方程进行预测，并对预测结果做可靠性分析。

2.1.4 边际收益递减规律与规模经济

1. 边际收益递减规律

边际收益递减规律（The Law of Diminishing Marginal Return）：当包括技术在内的

其他投入固定不变时,一种投入数量增加最终会达到一个临界点,在该点以后产出水平会因为这一投入的增加而减少。

理解中应特别注意几点:

① 边际收益递减规律具有独立于经济制度或其他社会条件而发生作用的普遍性或一般性。

② 边际收益递减规律的作用前提之一是"技术水平"不变,它不否认技术条件变化可能导致劳动生产率提高。

③ 边际收益递减规律表述中有"最终"两字修饰。也就是说,某一投入的边际收益并非自始至终递减,它有可能在一定范围内呈现增加趋势。

2. 规模收益

生产长期分析包含的一个重要问题是,考虑所有投入都变化时的产出变化情况。经济学家利用规模收益(又称规模报酬)概念来分析所有投入品都成比例变化时的产出变化情况。依据所有投入同比例变化时产出变化水平不同,存在三种规模收益情况。

第一种是规模收益递增,即投入的要素增加 t 倍,产出增加大于 t 倍。

在一些特殊生产过程中,规模收益递增现象可得到物理学规律的支持。例如,用金属或木材制作立方体箱子,投入是不同面积的材料,而产出是立方体的箱子;由于表面积与边长的平方成正比,体积与边长的立方成正比,故,用边长均为 1m 的材料制作,产出为 $1m^3$ 的箱子;而用边长均为 2m 的材料制作,产出箱子的体积则为 $8m^3$,获得了规模收益递增效果。

又比如,随着生产规模的扩大,有可能利用过去受资金规模限制而不能添置的新设备,如巨型吊车、性能更高的计算机等,如果这些高效设备带来的产量提高的比例大于所有投入增加的比例,也可能导致规模收益递增。

第二种是规模收益不变,即投入的要素增加 t 倍,产出也增加 t 倍。如果所有投入品有 1% 的增加正好带来产出 1% 的增加,我们就得到规模收益不变的生产函数。

可以想象,当所有投入增加 1 倍时,我们可以再建一个与原来生产系统完全相同的生产过程,于是得到相当于原先产出 2 倍的产出,而得到规模收益不变的生产函数。

第三种是规模收益递减,即投入的要素增加 t 倍,产出增加小于 t 倍。如果所有投入品的 1% 增加仅能带来小于 1% 的产出增加,我们就得到规模收益递减的生产函数。

规模收益可归于两大原因:① 投入要素的使用效率存在极限;② 管理成本的增加。当生产规模扩大时,信息处理、组织协调方面的工作量和复杂性以更快的速度增加,如果经理人员、秘书、文件和信息处理设备方面的管理投入仅仅与其他投入同比例增加,就无法胜任规模扩大后组织协调工作的需要,效率就会下降。由于这方面投入增加的幅度必须提升较高比例才能够维持产出增加一个较低比例,因而发生了规模收益递减现象。

规模收益研究的是企业的各种投入都按同一比例增加时,产出水平会有什么样的变化。

3. 规模经济与规模不经济

规模经济指随着企业规模扩大,收益增加。

产生规模经济的原因有：
① 专业化利益；
② 要素的不可分割性；
③ 生产的多样化利益；
④ 其他方面的利益。

规模不经济指随着企业规模扩大,收益反而减少。

产生规模不经济的原因有：
① 专业分工的副作用；
② 管理效率的降低。

2.1.5 成本、收益与利润

1. 成本

一般来说,成本是企业为获得生产所需要的各种资源而付出的代价。具体地,成本的含义又取决于它适用的目的。目的不同,"成本"的概念也就不同。

（1）相关成本与非相关成本

相关成本是指适合于做决策用的成本,与其相对应的成本就是非相关成本,即不适合于用做决策的成本。理性决策应包括所有相关成本,如果没有考虑进去,则有可能导致决策失误。与决策相关的成本是经济成本,而不是会计成本；是增量成本,而不是沉没成本。经济成本考虑的是机会成本、内含成本,不考虑外显成本。对成本的正确考虑至关重要,因为这关系到决策的正确性。

（2）会计成本与机会成本

会计成本是指会计人员按照税法和会计准则的要求,把与企业已发生的一切经济活动有关部门的实际支付、费用等计入成本,如实地反映企业的财务状况。会计成本又称历史成本,是企业过去所发生情况的记录。

机会成本是资源用于某种用途而没有用于其他用途的最高代价。用经济学原理来分析企业决策,采用的是机会成本概念。经济学的前提假设是资源是稀缺的。在经济活动中,为获得一定的成本所付出的代价,不仅包括经济活动本身的资源投入,还应该包括所放弃的收益。资源的稀缺性和替代性也要求将资源优化配置,即将有限的资源用在最有价值的地方,或者说,将有限的资源用在企业为此所付出代价最小的地方。这样,企业就放弃了将资源用于次优的、被放弃的其他用途而有可能得到净收入的机会。资源用于某种用途就失去了用做其他最有价值用途的收益,这种收益应计为机会成本。企业在公开市场上购买的资源用机会成本来衡量,并构成经济成本的一部分。

（3）增量成本与沉没成本

增量成本是指企业因做出某一特定的决策而引起的全部成本的变化。例如,某企业决定投产一种新产品,引进新设备、增雇工人、增加购买原材料、增加借款所引起的支出就是增量成本；而利用企业现有设备、已有资金等没有增加企业的总成本,这些就不能算作增量成本。

沉没成本指决策前已经支出的费用或已经承诺将来必须支付的费用。例如,假定某企业租用某办公房,月租金为10 000元,租期2年,现企业使用1年后不再需要该办公房,企业打算转租出去,但别人愿意出的租金为每月8 000元,该企业是否出租呢?显然,企业应该出租,出租可使企业每月增加8 000元租金,而不出租收入为0。不管出租还是不出租,该企业每月必须支付10 000元费用,该笔支出为沉没成本,它是与决策无关的成本。沉没成本一旦形成就再也不能避免。

运用总量成本进行决策时,应该把增量成本与增量收入做比较。

(4) 变动成本与固定成本

固定成本是不随产量的变动而变动的成本。变动成本则是随着产量的变动而变动的成本。例如,企业在生产过程中租用厂房和机器,每月花费100 000元,同时耗费的原材料为80 000元那么,100 000元为固定成本,80 000元为变动成本。在区分固定成本和变动成本时,必须注意的是,固定成本的固定性是有条件的,是在一定范围内,当产量的变动超过一定范围时,固定成本就会发生变动。

(5) 外显成本与内含成本

经济成本和会计成本都包括一些实际的支出,如工资、租金、原材料费用等,只是衡量的方法不一样。企业为取得生产所需的各种生产要素而发生的实际支出是外显成本。

企业所有者在经营时使用一些自己拥有的生产要素,如资本、劳动、房产等,企业不需为使用它们发生任何实际支出,企业常常会忽略掉这部分成本。但从经济学角度来看,不能忽略这部分成本,而将其称为内含成本。内含成本指企业在生产活动中使用的自有要素的价值,这种价值由机会成本来衡量。将房产出售或出租给其他企业就能够取得一定的收益,企业所有者为其他企业工作时可以得到250 000元的年工资,把自己的钱投入到其他企业可以得到30 000元红利,这些数字构成了企业使用自有要素的内含成本。

(6) 总成本、平均成本、边际成本

总成本(TC)为生产过程中所使用的每一种投入要素的成本之和,它等于固定成本总额(TFC)与变动成本总额(TVC)的总和,即

$$TC = TFC + TVC \qquad (2-10)$$

如果用 Q 来代表现行的固定成本总额所允许的产量水平,那么有以下各种成本的计算公式。

平均固定成本:
$$AFC = \frac{TFC}{Q} \qquad (2-11)$$

表示平均摊在单位产量上的固定成本。

平均变动成本:
$$AVC = \frac{TVC}{Q} \qquad (2-12)$$

表示平均摊在单位产量上的变动成本。

平均总成本:　　$$ATC = \frac{TC}{Q} = \frac{TFC}{Q} + \frac{TVC}{Q} = AFC + AVC \qquad (2-13)$$

表示平均摊在单位产量上的总成本。

边际成本：
$$MC = \frac{\Delta TC}{\Delta Q} = \frac{\Delta TFC}{\Delta Q} + \frac{\Delta TVC}{\Delta Q} = \frac{\Delta TVC}{\Delta Q} \tag{2-14}$$

表示产量变化一个单位而引起的总成本的变化。

在一定产量水平上，产量增加一个单位给总的成本带来的变化量就是边际成本。边际成本对于分析产量和成本之间的动态关系是非常重要的。如果成本函数是可微的，边际成本就是成本函数的一阶导数，即 $MC(Q) = dTC(Q)/dQ$，或者 $MC(Q) = dVC(Q)/dQ$。一般地，如果只有一种可变投入的话，边际产量递减就等价于边际成本递增。因为我们不断增加产量时，每增加一单位产品所需要增加的这种投入越来越多，这就是边际成本递增。

但是，如果可变投入有两种以上，边际产量递减就不一定蕴涵着边际成本递增。因为边际产量的定义只允许一种可变投入变动，而其他的投入都被假定为固定不变。当产量变动时，生产过程可以调节所有的可变投入来求得成本的最小化，而不必局限于只变动一种投入。由于有了较大的调节余地，因而在所有投入的边际产量都发生递减的情况下，边际成本也不一定发生递增。例如，在科布-道格拉斯生产函数中，$\alpha < 1, \beta < 1$，但 $\alpha + \beta > 1$ 时，两种投入的边际产量都是递减的，但边际收益却是递增的。在规模收益递增的情况下，边际成本递减。

边际成本最终递增是符合实际的，一是因为有边际产量递减规律，二是资源的稀缺性会造成获取成本越来越高。

此外，边际成本最终递增也不排除在一定范围内递减。因为"边干边学"、互相协作、规模报酬递增等都会使成本减少。

2. 收益

收益指企业出售产品所取得的收入，收益中包括了成本和利润。

假定产品价格(P)不变，总收益(TR)与总产量(TP)的关系为

$$TR = TP \cdot P \tag{2-15}$$

如果用 Q 来代表现行的固定成本总额所允许的产量水平，那么有以下各种收益的计算公式。

平均收益(Average Revenue, AR)：

$$AR = \frac{TR}{Q} \tag{2-16}$$

边际收益(Marginal Revenue, MR)：

$$MR = \frac{\Delta TR}{\Delta Q} \tag{2-17}$$

3. 利润

企业的经营收益减去会计成本就是会计利润。一般所说的企业利润是指会计利润，它没有考虑内含成本。企业所有自有资源的投入必须得到的最低报酬称为正常利润。正常

利润就是全部内含成本或所有要素的机会成本超过会计成本的部分。经济成本除包括外显成本外，还要包括内含成本(如对投资资本的正常利润)。企业收益减去所有经济成本后的剩余称为经济利润，即超出正常利润的部分。它们的关系如下：

$$会计成本 = 外显成本$$

$$经济成本 = 外显成本 + 内含成本 = 会计成本 + 内含成本$$

$$会计利润 = 收益 - 会计成本$$

$$经济利润 = 收益 - 经济成本$$

若经济利润 = 0，则企业获得正常利润；若经济利润 < 0，则企业存在经济意义上的亏损；若经济利润 > 0，则企业获得超额利润。

利润是总收益与总成本之差，即 $\pi(Q) = R(Q) - C(Q)$。

利润最大化是企业行为的目标。企业在一定技术条件下，寻求某个生产规模（产量）以求得到最大利润。

当利润为 $\pi(Q) = TR(Q) - TC(Q)$ 时，如果满足 $MR(Q) = MC(Q)$，则利润达到最大。$MR(Q) = MC(Q)$ 是最优解的必要条件，即目标函数 $\pi(Q) = TR(Q) - TC(Q)$ 的一阶导数为零，$d\pi(Q)/dQ = MR(Q) - MC(Q) = 0$。

2.1.6　支付意愿、消费者剩余与生产者剩余

1. 支付意愿

支付意愿(Willingness To Pay, WTP)是指消费者愿意为某一最终产品或服务支付的金额。

支付意愿反映了人们对所要消费的物品(或服务)的偏好。不能用市场价格来衡量支付意愿，因为有些个人愿意以比市场更高的价格来付款，这样，支付意愿比以市场价格支付的要大，如图2-6所示，需求曲线下的面积 ODEQ 就是消费者的支付意愿。

2. 消费者剩余

消费者购买一定数量的商品时，实际愿意支付的货币量与实际支付的货币量之间存在的差额称为消费者剩余 (Consumer Surplus)，即支付意愿与

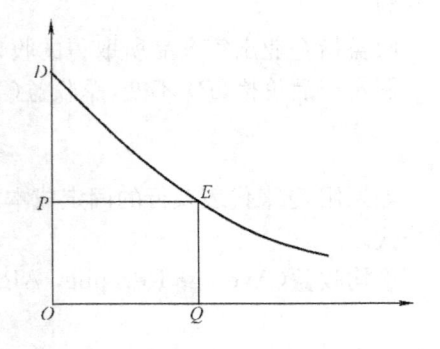

图2-6　需求曲线表示的支付意愿

实际价格之差称为消费者剩余。图2-6中长方形面积 OPEQ 就是个人在这个物品上的总开支，曲边三角形面积 PDE 就是消费者剩余。之所以存在消费者剩余，是因为需求曲线向下倾斜，意味着消费者购买的第一单位商品比最后一单位商品对他具有更大的效用和价值，他本来就愿意为第一和比较靠前的那些商品支付更多的钱，但是由于存在普遍的市场价格，他不必这样做，于是有了消费者剩余。

3. 生产者剩余

我们看到,有时在短期内,企业会发生亏损现象,但这些亏损企业仍然在经营。这主要是因为在短期内固定成本是无法避免的,无论企业生产与否都要付出。相比之下,企业生产也许会减少总成本的付出,也就是说,会减少亏损的幅度。在这种情况下,企业从生产中得到的利益可以用收益和可变成本之差来衡量,这个差额就叫做生产者剩余。

为此,我们可以给生产者剩余下一个定义:生产者因为参与市场行为而得到的额外补偿。短期生产者剩余包括短期利润加上固定成本。长期生产者剩余包括投入的生产要素所获得的增加的租金。

在长时期内,所有的成本都是可变的,因此长期的生产者剩余就是利润。

在一般的经济分析中,比较有用、直观的表达形式是用价格直线、边际成本曲线和产量直线所围成的面积来表示生产者剩余,这是因为在产品无限可分的情况下,边际成本曲线就代表了可变成本曲线。

2.1.7 市场结构与企业行为

1. 市场结构

简化一个经济系统的方式是把它分成若干个市场。一个市场包括一群企业和个人,他们在其中通过买卖交易产品和劳务来发生经济联系。为了便于分析市场,经济学家像其他领域科学家一样,首先对研究对象加以分类。分类所考虑的角度和所选择的变量不同(如可以依据信息结构和是否存在外部性来分类),其中一种分类是依据企业数目、产品标准化程度、个别企业影响价格的能力等变量。从竞争程度的角度来考虑,可将市场分为完全竞争、完全垄断、垄断竞争、寡头垄断4种类型。这4个市场的差异如表2-1所示。

表2-1 不同市场结构间的差异比较

市场类型	企业数目	产品差别	对价格的控制	进入和退出该行业
完全竞争	很多	完全无差别	完全不能控制	非常容易
完全垄断	一个	没有合适替代品的独特产品	可在很大程度上控制	非常困难
垄断竞争	较多	有一定差别	一定程度的控制	比较容易
寡头垄断	很少	有一定差别或无差别	较大程度的控制	比较困难

2. 完全竞争市场

完全竞争市场的特征:有大量相互独立的买者和卖者,产品同质,要素自由,信息充分等。

完全竞争市场中企业面临的需求曲线如图2-7所示。

企业是价格的接受者,单个企业的价格(需求曲线的高低)是由市场价格决定的;而市场价格是由整个市场的供求决定的。

完全竞争条件下企业的边际收益

$$MR = P$$

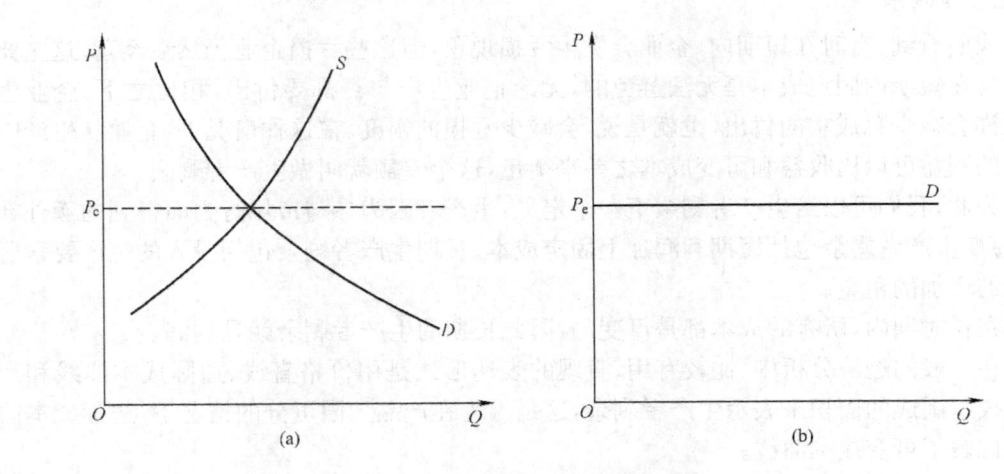

图 2-7 完全竞争市场的需求曲线

我们已经学过，企业利润最大化条件为
$$MR = MC$$
完全竞争企业利润最大化的准则为
$$MC = P$$

由于完全竞争企业是价格的接受者，无法改变产品价格，所以只能调整自己的产量；在短期内，固定投入要素不变，只能通过调整变动投入要素来改变产量，因而在不同的市场价格下，可根据利润最大化原则（$P = MC$）做出相应的决策，如图 2-8 所示。

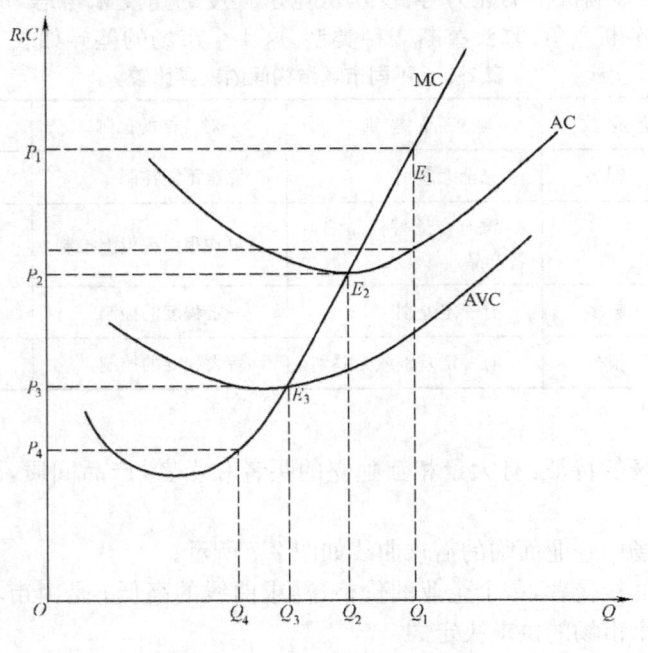

图 2-8 完全竞争企业的短期均衡

当市场价格为 P_1 时,边际收益曲线 MR 和边际成本曲线 MC 交于 E_1 点,这决定了企业的产量为 Q_1,这时企业存在经济利润。

当市场价格降到 P_2 时,边际收益曲线和边际成本曲线交于平均成本曲线的最低点 E_2,所以利润最大化产量为 Q_2,此时总收益正好等于总成本,盈亏平衡,企业获得正常利润,所有的成本都得以收回,企业可以继续经营下去。

若市场价格进一步下降,处于 AC 和 AVC 之间,则由于价格低于 AC,已经收不回全部成本,肯定是亏损的;但由于高于 AVC,还能收回部分的固定成本,而不生产的话,将亏损全部固定成本,所以此时企业不会马上停止营业。

如果市场价格进一步下降至 P_3,MR 和 MC 交于 AVC 的最低点 E_3,决定的产量为 Q_3,刚好可以收回 AVC,那么由于此时生产的结果是只收回全部变动成本,亏损全部固定成本,不生产的结果也是亏损全部固定成本,所以此时生产与不生产一样,因此 E_3 点也称为停止营业点(或关门点)。

在长期内,企业所有投入要素的数量都是可以变动的,这时,企业可以用最佳企业规模来生产利润最大化产量。

在图 2-9 中,LAC 和 LMC 分别代表企业的长期平均成本曲线和长期边际成本曲线。企业在最佳规模上组织生产意味着它在长期平均成本曲线 LAC 的最低点 E 处组织生产。价格水平为 P_0 时的水平需求曲线切 LAC 于 E 点。E 点就是完全竞争企业的长期均衡点。

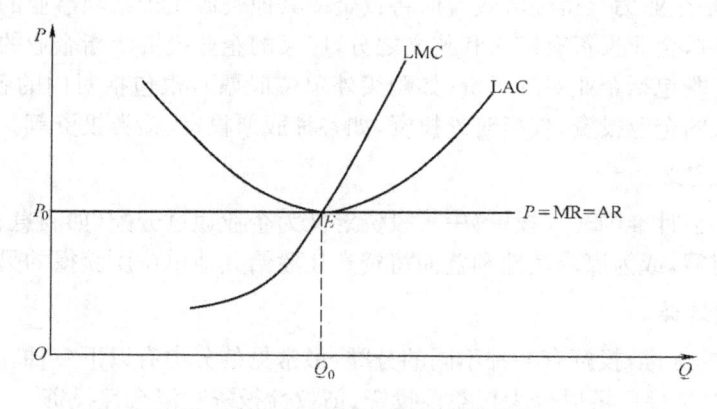

图 2-9 完全竞争企业的长期均衡

3. 完全垄断市场

完全垄断市场的特征是:市场上只有一个卖者,产品没有替代品,新企业不能进入该市场。

处于完全垄断地位的企业,无论是在长期,还是在短期内,都能够获得超过正常利润的垄断利润。

4. 垄断竞争市场

垄断竞争市场的特征是:行业内企业数量较多,企业进出行业自由,同类产品有差别。处于垄断竞争市场上的企业只在短时期内可能获得超额利润,在长时期内只能获得正常利润。

在垄断竞争市场中,企业影响价格、控制价格的能力较弱,因而会采取非价格竞争手段。

垄断竞争条件造成产品差别和品质竞争,有利于满足消费者多样化的需要和激励企业创新。

5. 寡头垄断市场

寡头垄断市场的特征是:行业内企业屈指可数,产品差别或有或无,企业间有直接的利害关系,相互依存,进入该行业不易。

寡头垄断市场情况复杂,涉及企业数目、企业间关系(独立或联合)、产品的异同、竞争对手的反应方式等问题,难以建立统一的理论模式。建立在不同企业行为假定基础上的主要市场模型有:弯折的需求曲线模型、古诺模型、卡特尔模型、价格领导模型等。

2.2 财务会计相关知识

财务会计提供关于企业财务状况(其中包括资金流转的影响)以及经营成果的信息。这里主要从企业投资的构成,企业投资形成的资产,收入、利润及税金,成本与费用,负债,所有者权益和财务报表等几个方面简单介绍财务会计的相关知识。

2.2.1 企业投资的界定

企业投资是企业为获得经济效益而将资金或其他资源用于某项事业的经济活动。

从理论上讲,企业投资有广义和狭义之分,广义的企业投资泛指企业的一切资金分配与运用行为,它既包括企业对外投资(如购买外单位股票),也包括对内的各种投资(如购置设备)。狭义的企业投资,仅指对外投资,如各种股票投资、债券投资等。

1. 企业投资的定义

我国《企业会计准则——投资》中将投资定义为企业通过分配(如利息、使用费、股利、租金)来增加财富,或为谋求其他利益而将资产让渡给其他单位所获得的另一项资产。

2. 企业投资的分类

按照不同的标准,投资有各种不同的分类,最常见的分类有以下三种。

(1) 按照投资性质可以分为权益性投资、债权性投资和混合性投资

权益性投资是指为获取被投资企业的权益或净资产所做的投资,其主要目的是为获得对被投资企业的控制权。债权性投资是指为取得被投资企业的债权所做的投资,其目的是为了获取被投资企业的、高于银行利率的利息收入,并到期回收债权本金。混合性投资指混合性证券投资,它是上述两种投资的一种组合,如购入优先股股票、可转换公司债券等。

(2) 按照投资的目的或投资期限可分为短期投资和长期投资

短期投资是指能够随时变现并且持有时间不准备超过 1 年的投资,其主要目的是为了充分利用暂时存放的剩余资金,取得高于银行存款利息的收入,赚取价差收益。长期投资是指短期投资以外的投资,其主要目的是为了积累整笔资金,以供特定用途的需要;或为了控制其他企业,对其他企业施加影响;或出于其他长期性质的目的。

(3) 按照投资对象变现能力可分为易变现的投资和不易变现的投资

易变现的投资是指能在证券市场上随时可以变现的投资,如能上市交易的各种股票、债券等有价证券投资。不易变现的投资是指不能上市交易或不能在证券市场上变现的投资,如对其他企业投入资本的投资,这类投资不能上市交易,不能随时转换为现金。

2.2.2 企业投资形成的资产

企业投资形成的资产包括固定资产、生物资产、流动资产和其他资产。

1. 固定资产

固定资产是指为生产商品、提供劳务、出租或经营管理而持有的,使用寿命超过一个会计年度的有形资产。固定资产主要是用来影响和改变劳动对象或为生产正常进行提供必要条件的劳动资料。固定资产是企业进行生产经营活动的重要物质技术基础,它标志着企业的生产能力和技术水平。

(1) 固定资产的分类

按经济用途,可分为生产经营用固定资产和非生产经营用固定资产。生产经营用固定资产是指参加生产经营过程或直接服务于生产经营过程的各种房屋、建筑物、机器、设备、工具等;非生产经营用固定资产是指不直接服务于生产经营过程的各种固定资产,如食堂、职工住宅等。

按所有权,可分为自有固定资产和融资租入固定资产。自有固定资产是指企业投资形成的固定资产和经营期间购建的固定资产,其所有权属于企业,企业可以自由支配和使用它们;一般融资租入的固定资产是企业按照协议有偿使用,所有权不属于企业的固定资产。但在我国,融资租入固定资产应视同自有固定资产进行会计处理。

按使用情况,可分为在用的、未使用的和不需用的固定资产。在用固定资产是指正在使用的各项固定资产,以及由于季节性停用或修理停用的固定资产;而未使用的房屋及建筑物由于受到自然力的影响,会发生使用价值的损耗,因此也列为使用中的固定资产;未使用的固定资产是指尚未投入使用或暂停使用的固定资产;不需用的固定资产是指不适合本企业需要,已经准备处理的固定资产。

(2) 固定资产的确认

根据我国会计制度的规定,固定资产需要同时满足下列条件才能予以确认。

第一,该固定资产包含的经济利益很可能流入企业;

第二,该固定资产的成本能够可靠计量。

只有同时满足上述两个条件后,才可确认该资产为固定资产。

(3) 固定资产的取得

固定资产的取得有不同的途径和方式,企业固定资产取得的一般方式有:购入固定资产、自制自建固定资产、以融资方式租入固定资产、接受捐赠的固定资产、盘盈的固定资产、其他单位投资转入固定资产及以旧换新取得的固定资产等。

(4) 固定资产的计价

固定资产的计价是用货币单位来计量和反映固定资产的价值,是对固定资产进行价值核算的前提。固定资产的计价标准主要有原始价值、净值和重置完全价值等。

固定资产的原始价值是指企业建造或购置某项固定资产达到可使用状态前所发生的一切合理、必要的支出。它是固定资产基本的计价基础,是新购建固定资产时采用的计价标准,也是计提折旧的依据。

固定资产的净值也称折余价值,是指固定资产原始价值减去累计折旧后的余额。它可以反映企业实际占用固定资产的金额和固定资产的新旧程度,主要用于计量盘盈、盘亏和销毁固定资产的损益等。

重置完全价值是指在当时的生产技术条件下,重新购建同样的固定资产所需要的全部支出,又称重置价值或重置成本。

(5) 固定资产的折旧

一般来说,固定资产一旦存在,就必然要发生损耗,即使不用,新资产也会变成旧资产。固定资产折旧指固定资产在使用过程中逐步损耗而逐渐转移到产品中去的价值。但在实际工作中,计提折旧是以其资产是否使用来确定的。根据我国会计制度,应计提折旧的资产包括:房屋和建筑物,不论使用与否;在用的机器设备、仪器仪表、运输车辆、工具器具等;季节性停用和大修理停用的设备;以经营租赁方式租出的固定资产;以融资租赁方式租入的固定资产;通过局部轮番大修理实现整体更新的固定资产;生产任务不足,处于半停产企业的设备。

而另一些固定资产则不计提折旧,包括未使用、不需用、封存的机器设备、仪器仪表、运输车辆、工具器具等;交付改、扩建的房屋、建筑物;以经营租赁方式租入的固定资产;基建工厂交付使用前的固定资产;已提足折旧继续使用的固定资产;提前报废的固定资产;按照规定已提取修理费的固定资产;破产、关停企业的固定资产;过去已经估价单独入账的土地。

计算折旧需要合理确定固定资产原值、折旧年限和净残值。固定资产原值为取得固定资产的原始成本,即固定资产的账面原值。固定资产净残值是指预计的固定资产报废时可以收回的残余价值扣除预计清理费用后的数额。所得税暂行条例及其实施细则规定,固定资产的净残值比例在其原值的 5% 以内,由企业自行确定;由于特殊情况,需要调整净残值比例的,应报主管财税机关备案。折旧年限根据固定资产的预计使用寿命确定,一般规定固定资产计算折旧的最低年限如下:

① 房屋、建筑物,为 20 年;
② 飞机、火车、轮船、机器、机械和其他生产设备,为 10 年;
③ 与生产经营活动有关的器具、工具、家具等,为 5 年;
④ 飞机、火车、轮船以外的运输工具,为 4 年;
⑤ 电子设备,为 3 年。

2. 生物资产

生物资产,是指有生命的动物和植物。作为一种经济资源,生物资产和其他资产一样,都是企业对其进行经营管理从而谋求资金增值的手段。生物资产与农业生产密切相关,与其他资产的形式不同,价值转化机理也不一样,因此,生物资产具有与一般资产的不同特征。

(1) 生物资产的分类

生物资产分为消耗性生物资产、生产性生物资产和公益性生物资产。消耗性生物资产，是指为出售而持有的或在将来收获为农产品的生物资产，包括生长中的大田作物、蔬菜、用材林以及存栏待售的牲畜等。生产性生物资产，是指为产出农产品、提供劳务或出租等目的而持有的生物资产，包括经济林、薪炭林、产畜和役畜等。公益性生物资产，是指以防护、环境保护为主要目的的生物资产，包括防风固沙林、水土保持林和水源涵养林等。

（2）生物资产的确认

根据我国会计制度的规定，生物资产需要同时满足下列条件才能予以确认：

① 企业因过去的交易或者事项而拥有或者控制该生物资产；

② 与该生物资产有关的经济利益或服务潜能很可能流入企业；

③ 该生物资产的成本能够可靠地计量。

（3）生物资产的计价

生物资产的计价标准主要有历史成本和公允价值等。

我国最新《企业会计准则第5号——生物资产》明确规定：生物资产应当按照成本进行初始计量，仅有确凿证据表明生物资产的公允价值能够持续可靠取得的，应当对生物资产采用公允价值计量。采用公允价值计量的，应当同时满足下列条件：

① 生物资产有活跃的交易市场；

② 能够从交易市场上取得同类或类似生物资产的市场价格及其他相关信息，从而对生物资产的公允价值做出合理估计。

（4）生物资产的折旧

生产性生物资产可计提折旧。企业应当根据生产性生物资产的性质、使用情况和有关经济利益的预期实现方式，合理确定其使用寿命、预计净残值和折旧方法。可选用的折旧方法包括年限平均法、工作量法、产量法等。生产性生物资产计算折旧的最低年限如下：

① 木类生产性生物资产，为10年；

② 畜类生产性生物资产，为3年。

3. 流动资产

流动资产是企业在生产或者业务活动过程中参加循环、周转并不断改变其形态的那部分资产。这类资产流动性很大，周转期很短，是企业可以在1年或者超过1年的一个营业时期内变现或者运用的资产。流动资产的价值表现是流动资金。

（1）流动资产组成

流动资产的内容包括货币资金，应收、预付款项及可变现的存货资产。

货币资金是指企业在生产经营活动中滞留在货币形态的那一部分资金，它是流动资产中最活跃的项目，包括现金、银行存款和其他货币资金。其他货币资金是指企业的外埠存款、银行汇票存款、银行本票存款和在途货币资金等。不能立即变现的存款不能作为货币资金。

应收、预付款项是指企业在生产经营过程中，由于资金结算上的原因和市场活动的需要而占用的各种应收、预付等款项。其中应收款项是指企业因对外销售商品、材料、供应劳务等原因应向购货单位收取的款项，包括应收票据、应收账款、其他应收款等；预付货款是指预先支付给供货单位的货款。

存货资产是指企业在生产经营过程中为销售或者耗用而储备的物资。它是在流动资产中所占比例最大的项目。其内容包括产成品、在产品、原材料、包装物、低值易耗品等。按存货所处的经营环节,可分为储备资金(如原材料)、生产资金(如在产品)、成品资金(如产成品)。

(2) 流动资产分类

流动资产的分类可以按照生产过程中的作用分类或按管理的方式分类。

① 按在生产过程中的作用分类,可分为生产领域的流动资产和流通领域的流动资产。

生产领域的流动资产是指直接为产品生产而储备的物资和在生产过程中尚未完工的产品,包括储备资金和生产资金。它是保证企业再生产顺利进行而不可缺少的资产,包括原材料、包装物、低值易耗品和在产品等。这部分资产在企业流动资产中的比重比较大,物资潜力较大,应尽可能减少储备和缩短生产过程,以加速生产资金周转。

流通领域的流动资产是指不直接用于生产过程的成品资金、结算资金和货币资金,它是保证流通过程顺利进行并尽快进入下一个生产过程的必要条件,也应尽可能加速周转。

② 按管理方式分类,可分为定额流动资产和非定额流动资产。

定额流动资产是指生产领域中的储备资金、生产资金和流通领域的成品资金。这部分资金占用数量比较稳定,可以根据生产任务和生产条件制订合理的定额,实行定额管理,所以称为定额流动资产。

非定额流动资产是指结算资金和货币资金,这部分资金由于占用数量不稳定,受外部因素的影响较大,难以确定经常的占用数额,不易确定定额,所以属于非定额流动资产。在市场经济条件下,非定额流动资产占用额扩大,风险逐步增加,应采取保护措施,促使货款回收。

企业的流动资产分类如图 2-10 所示。

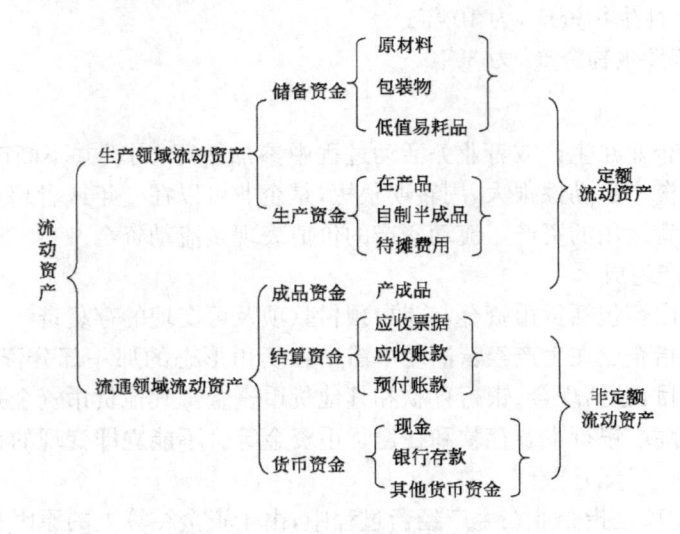

图 2-10 企业流动资产分类

4. 无形资产

无形资产是指企业拥有或者控制的没有实物形态的可辨认非货币性资产。它包括专利权、非专利技术、商标权、著作权、土地使用权、特许权等。但值得注意的是,企业自创商誉以及内部产生的品牌、报刊名等,因其成本无法明确区分,不应当确认为无形资产。

(1) 无形资产的特征

无形资产具有资产的特征,但还有着与有形资产不同的特征。

① 无实物形态,它是企业有偿使用的一种特殊权利,其实质是一种观念上的资产,没有实物形态,必须依附于其他物质实体而存在。

② 收益性,无形资产可以在多个会计期间内为企业提供经济利益,但未来的经济利益具有很大的不确定性。

③ 独占性和排他性,无形资产为特定主体所拥有,受到法律保护或自身保密性保护等,其他人难以无偿占有或使用。

(2) 无形资产的分类

企业的无形资产可以按以下两种方法进行分类:

① 按取得的渠道,可分为外购无形资产、自创无形资产、投资者投入无形资产和接受捐赠的无形资产等。

② 按使用期限,可分为有期限无形资产和无期限无形资产。有期限无形资产是指法律规定有效期限的无形资产,如专利权、商标权等;无期限无形资产是指法律没有规定有效期限的无形资产,如非专利技术等。

(3) 无形资产的计价

无形资产应按取得时的实际成本计价,具体方法如下:

① 外购的无形资产的成本,包括购买价款、进口关税和其他税费以及直接归属于使该项资产达到预定用途所发生的其他支出。

② 投资者投入的无形资产的成本,包括按照投资合同或协议约定的价值,但合同或协议约定价值不公允的除外。

③ 自行开发并按法律程序申请取得的无形资产的成本,包括按《企业会计准则》满足无形资产确认的三个条件和追加的确认条件后,至达到预定用途前所发生的支出总额。

④ 企业合并取得的和政府补助取得的无形资产的成本,按《企业会计准则》相关规定予以确定。

(4) 无形资产的摊销

企业应当在取得无形资产时分析判断其使用寿命,分为使用寿命有限的无形资产和使用寿命不确定的无形资产。

对于使用寿命有限的无形资产,企业摊销无形资产,应当自无形资产可供使用时起,至不再作为无形资产确认时止。而其所选择的摊销方法,应当反映企业预期消耗该项无形资产所产生的未来经济利益的方式。无法可靠确定消耗方式的,应当采用直线法摊销。对于使用寿命不确定的无形资产,不应予以摊销。

无形资产的使用寿命为有限的,应当估计该使用寿命的年限或者构成使用寿命的产量等类似计量单位数量;无法预见无形资产为企业带来经济利益期限的,应当视为使用寿命不确定的无形资产。使用寿命不确定的无形资产不摊销。使用寿命有限的无形资产,其应摊销金额应当在使用寿命内系统合理摊销。企业选择的无形资产摊销方法应当反映企业预期消耗该项无形资产所产生的未来经济利益。如果无形资产为企业带来的经济利益是前期多、后期少,该项无形资产的摊销则应采用加速摊销法;如果无形资产为企业带来的经济利益前期少,后期多,则该项无形资产的摊销应采用减速摊销法;如果不能确定或很难确定某项无形资产在不同会计期间给企业带来经济利益的多少,则采用平均年限摊销法。

5. 其他资产

其他资产是指固定资产、无形资产及流动资产和长期投资以外的其他资产,包括其他长期资产、递延税款借项和长期待摊费用等。

(1) 其他长期资产

指除流动资产、固定资产和无形资产以外的资产,如特准储备物资、银行冻结存款、冻结物资、涉及法律诉讼中的财产和临时设施等。

(2) 递延税款借项

指资产负债表"资产"栏内的最后一个项目,它反映公司期末尚未转销的"递延税款"账户内递延所得税费用的借方余额。

(3) 长期待摊费用

指企业已经支出,但摊销年限在1年以上的各项费用,包括开办费、租入固定资产改良支出、固定资产大修理支出等。其中,开办费是指企业筹建期间所发生的不应计入有关资产成本的各项费用,其主要内容包括:筹建期间工作人员的工资、办公费、培训费、印刷费、律师费、注册登记费、银行借款利息,以及其他不能计入固定资产和无形资产的支出。而投资人的差旅费、构成固定资产和无形资产的支出、筹建期间应计入工程成本的利息支出、汇兑损失等不得计入开办费,应由投资者负担。

应当在税法允许的范围内,合理确定其他资产的摊销年限。其他资产摊销一般采用直线法,残值为零。

2.2.3 收入、利润及税金

1. 收入的含义

我国《企业会计准则——收入》中将收入定义为:企业在日常活动中形成的、会导致所有者权益增加的、与所有者投入资本无关的经济利益的总流入。经济利益是指直接或间接流入企业的现金或现金等价物。

2. 收入的分类

收入可以有不同的分类,会计上通常有以下两种分类方式。

(1) 按收入的性质分类

根据会计准则,按照收入的性质可分为商品销售收入、劳务收入和让渡资产收入。

商品销售收入主要是指取得货币资产方式的商品销售,以及正常情况下的以商品抵偿债务的交易等。这里的商品主要包括企业为销售而生产或购进的商品,企业销售的其他存货,如原材料、包装物等也视为商品,但企业以商品进行投资、捐赠或自用时,则不作为商品销售处理。

劳务收入主要是指企业提供旅游、运输、广告、理发、饮食、咨询、代理、培训、产品安装等所获得的收入。

让渡资产收入是指企业让渡资产使用权所获得的收入，包括因他人使用本企业现金而收取的利息收入，因他人使用本企业的无形资产而形成的使用费用收入，出租固定资产取得的租金收入等。

（2）按企业经营的业务分类

根据企业经营的业务，企业的收入主要包括：主营业务收入、其他业务收入、营业外收入和投资收益。

主营业务收入是指企业在按照营业执照上规定的主营业务内容经营时所发生的收入。主营业务收入是企业利润形成的主要来源，不同企业其主营业务的表现形式有所不同。工业企业的主营业务收入是指销售产成品、自制半成品，以及提供代制、代修品等工业性劳务取得的收入。商品流通企业的基本业务收入是销售商品取得的收入。服务业的主营业务收入是指在提供劳务时所获取的收入。

其他业务收入是指企业在主营业务收入之外的其他销售或其他业务中取得的收入。它包括材料销售、技术转让、代购代销和包装物出租等业务的收入。

营业外收入是指企业在与生产经营无直接关系的经济活动中产生的各项收入。它通常是在偶发的或不曾期望的交易或有关事项中产生的收益。如固定资产盘盈、处理固定资产的净收益、资产评估增值、债务重组收益、罚款净收入等。

投资收益是指企业在从事各项对外投资活动中获取的收益。

此外，以前年度收益调增也属于收入。以前年度收益调增是指在本年度对以前年度需要调增利润的事项进行的调整，它直接表现为利润的增加。

3. 利润的构成与计算

利润是企业在一定期间生产经营活动的最终成果，是收入与费用配比相抵后的余额。如果收入大于费用，其实现的纯收益即为利润；反之，则为亏损。公司利润总额一般包括营业利润、投资净收益、补贴收入和营业外收支净额等几部分，其计算公式为

利润总额 ＝ 营业利润 ＋ 营业外收入 － 营业外支出 (2-18)

营业利润 ＝ 营业收入－营业成本－营业税金及附加－营业费用－管理费用
－财务费用－资产减值损失＋公允价值变动净收益＋投资净收益 (2-19)

营业收入＝ 主营业务收入 ＋其他业务收入 (2-20)

净利润 ＝ 利润总额 － 所得税 (2-21)

营业利润指企业从事生产经营活动所产生的利润，是企业在某一会计期间的营业收入和为实现这些营业收入所发生的费用、成本比较计算的结果，以及资本运营收益。它反映了企业的经营成果。

投资净收益，是指投资收益扣除投资损失后的数额。投资收益包括对外投资分得的利润、股利和债券利息，投资到期收回或者中途转让、出售取得款项高于账面价值的差额等。投资损失包括投资到期收回或中途转让、出售取得的款项低于账面价值的差额等。

补贴收入是指企业按国家规定取得的各种补贴，包括国家财政拨付的专项储备商品、特准储备物资、临时储备商品的补贴、亏损补贴及其他补贴收入。对于实行增值税后采取

即征即退、先征后退、先征税后返还等形式减免的增值税,企业应于收到减免的增值税时,计入补贴收入。

营业外收入是指与公司生产经营活动无直接关系的各项收入。营业外收入是企业的一种纯收入,不需要也不可能与有关费用进行配比。事实上,企业并没有为此付出代价,因此在会计核算中应严格区分营业外收入与营业收入的界限。

营业外支出是指与企业生产经营活动无直接关系的各项支出,包括固定资产盘亏、处理固定资产损失、非常损失、罚款支出、资产评估减值、债务重组损失等。营业外支出与营业外收入应当分别核算,不能以营业外支出直接冲减营业外收入,同样,也不能以营业外收入直接冲减营业外支出。

4. 利润分配

利润分配是企业根据国家有关规定和投资者的决议,对企业净利润所进行的分配。利润分配顺序和结果不仅关系到所有者的合法权益是否得到保护,还关系到企业能否长期、稳定地发展。

利润分配就是企业将实现的税后利润在投资者之间进行分配,具体表现为弥补亏损、提取法定公积金及股东之间分配利润、股利等。

企业当期实现的净利润,加上年初未分配利润或减去年初未弥补的亏损和其他转入后的余额,即为可供分配的利润。对于可供分配的利润,应按规定的程序进行分配。

公司缴纳所得税后的净利润,应按以下顺序进行分配:

① 弥补亏损。公司发生年度亏损,同时法定公积金不足以弥补以前年度亏损的,在依照规定提取法定公积金之前,应当先且当年利润弥补亏损。一年弥补不足的,可以逐年连续弥补,但最长不能超过5年。

② 提取法定公积金。按照《公司法》规定,公司分配当年税后利润时,应当提取利润的10%列入公司法定公积金。公司法定公积金累计额为公司注册资本50%以上的,可以不再提取。

③ 提取任意公积金。公司从税后利润中提取法定公积金后,经股东会或者股东大会决议,还可以从税后利润中提取任意公积金。

④ 支付股利。公司弥补亏损和提取公积金后所余税后利润,相关公司可根据《公司法》的规定进行股利分配。

企业实现的净利润扣除弥补以前年度的亏损和提取的法定公积金后,为可供投资者分配的利润。这一利润的分配顺序是:首先,支付优先股股利,企业按照利润分配方案分配给优先股股东现金股利;然后,提取任意公积金,任意公积金按照公司章程或股东会议决议提取和使用;接着,支付普通股股利,企业按照利润分配方案分配给普通股股东现金股利或企业分配给投资者利润;最后,是转为资本(或股本)的普通股股利,它是指企业按照利润分配方案以分派股票股的形式转成的资本(或股本)或企业以利润转增的资本。

可供投资者分配的利润经过上面的分配后,为未分配利润(或为未弥补亏损)。未分配利润可以留待以后年度进行分配。企业发生的亏损可以按规定由以后年度利润进行弥补。

这里需要指出的是,企业在当年无利润时,不得分配股利。股利分配的比例一般按照股东持有的比例分配,也允许股利分配比例与出资比例不同。股利分配的形式有现金股利和股票股利两种形式。

5. 税金

企业应缴税金是企业在某个会计期间内应负担、应缴纳的各种税金,这些应缴税金在未缴纳之前暂留存公司,从而形成一项短期负债。按照税收法规企业应缴纳的税金主要有:

① 收益税类,如企业所得税及农业税(有农业收入的企业应缴纳农业税);

② 流转税类,如增值税、消费税、营业税及关税;

③ 行为税类,如土地增值税、印花税、耕地占用税、固定资产投资方向调节税、城市维护建设税;

④ 资源税类,如资源税;

⑤ 财产税类,如房产税、车船使用税、土地使用税及契税等。

下面对主要税种进行介绍。

(1) 所得税

所得税是以课税为目的,对企业经营所得及其他所得进行征税。由于会计和税收对损益计算和纳税所得计算时间不同,因此对收入、费用和利润的确认和计算方法也不同,这样,按会计方法计算的税前利润与按税收法规计算的纳税所得,对同一企业、在同一会计期间经营成果的计算结果往往存在差异。

纳税人每一纳税年度的收入总额,减除不征税收入、免税收入、各项扣除以及允许弥补的以前年度亏损后的余额,为应纳所得税额,纳税人的收入总额包括:

① 销售货物收入;

② 提供劳务收入;

③ 转让财产收入;

④ 股息、红利等权益性投资收益;

⑤ 利息收入;

⑥ 租金收入;

⑦ 特许权使用费收入;

⑧ 接受捐赠收入;

⑨ 其他收入。

企业实际发生的与取得收入有关的、合理的支出,包括成本、费用、税金、损失和其他支出,准予在计算应纳税所得额时扣除。企业发生的公益性捐赠支出,在年度利润总额12%以内的部分,准予在计算应纳税所得额时扣除。

在计算应纳税所得额时,下列项目不得扣除:

① 向投资者支付的股息、红利等权益性投资收益款项;

② 企业所得税税款;

③ 税收滞纳金;

④ 罚金、罚款和被没收财物的损失;

⑤ 上述规定以外的捐赠支出;

⑥ 赞助支出;

⑦ 未经核定的准备金支出;
⑧ 与取得收入无关的其他支出。

纳税人发生年度亏损的,可以用下一纳税年度的所得弥补;下一纳税年度的所得不足弥补的,可以逐年延续弥补,但是延续弥补期最长不得超过5年。

应纳所得税额根据应纳税所得额和所得税率计算,具体公式为

$$应纳所得税额 = 应纳税所得额 \times 所得税率 \tag{2-22}$$

其中,应纳税所得额是指企业按所得税法规定的项目计算确定的收益,是计算缴纳所得税的依据;应纳所得税额是指企业按应纳税所得额和现行所得税率计算的应缴纳的所得税额。纳税人应纳税额,按应纳税所得额计算,税率为25%。

(2) 增值税

增值税是以生产、经营、进口应税商品和应税劳务的增值额作为征税对象的一种税。在我国境内销售货物或提供加工、修理劳务及进口货物的企业和个人,为增值税的纳税义务人。我国的增值税率有零税率、13%和17%。

纳税人应纳税额为当期销项税额抵扣当期进项税额后的余额,其计算公式为

$$应纳税额 = 当期销项税额 - 当期进项税额 \tag{2-23}$$

在式(2-23)中,如果当期销项税额小于当期进项税额而不足抵扣时,其不足部分可以结转下期抵扣。但对于下列项目的进项税额不得从销项税额中抵扣:购买固定资产,用于集体福利或个人消费的购进货物或应税劳务,用于非应税项目的购进货物或应税劳务,用于免税项目的购进货物和应税劳务,非正常损失的在产品、产成品所耗用的购进货物或应税劳务,非正常损失的购进货物。

纳税人进口货物,按照组成计税价格和适用税率计算应纳税额,其计算公式为

$$应纳税额 = 组成计税价格 \times 适用税率 \tag{2-24}$$

$$组成计税价格 = 关税完税价格 + 关税 + 消费税 \tag{2-25}$$

(3) 关税

关税是对进出口我国国境的货物、物品征收的一种税。关税既是国家调节进出口贸易和宏观经济的重要手段,也是中央财政收入的重要来源。关税分为进口税和出口税两类。进口税是关税中最主要的一种。进口货物的收货人、出口货物的发货人为关税的纳税义务人。

关税的计算基础是进出口货物的完税价格。一般贸易中的进口货物,将以海关审定的成交价格为基础的到岸价格作为完税价格;出口货物,将海关审定的货物售予境外的离岸价格扣除出口关税后作为完税价格。具体的进出口货物应纳关税税额的计算公式为

$$应纳税额 = 应税进出口货物数量 \times 单位货物完税价格 \times 适用税率 \tag{2-26}$$

(4) 消费税

消费税是对消费税条例规定的应税消费品按差别税率或单位税额征收的一种税。该税是我国1994年税制改革时设置的税种,是对货物征收增值税以后,再根据特定的财政或调节目的选择部分产品(主要是一些消费品)进行征收。应税产品有烟、酒及酒精、化妆品、护肤护发品、贵重首饰、鞭炮及焰火、汽油、柴油、汽车轮胎、摩托车、小汽车等11类。税率从3%到45%分为11档。2006年4月1日起我国开始执行新的消费税政策,新增高

尔夫球及球具、高档手表、游艇、木制一次性筷子、实木地板等税目。

增列成品油税目,原汽油、柴油税目作为此税目的两个子目,同时新增石脑油、溶剂油、润滑油、燃料油、航空煤油五个子目。取消"护肤护发品"税目。调整部分税目税率,现行 11 个税目中,涉及税率调整的有白酒、小汽车、摩托车、汽车轮胎几个税目。

消费税实行从价定率或从量定额的办法计算应纳税额,其计算公式为

$$从价定率计算的应纳税额 = 销售额 \times 适用税率 \tag{2-27}$$

$$从量定额计算的应纳税额 = 销售数量 \times 单位税额 \tag{2-28}$$

(5) 营业税

营业税是对提供应税劳务、转让无形资产和销售不动产的企业和个人征收的一种税。在我国境内提供应税劳务、转让无形资产和销售不动产的企业和个人为营业税的纳税义务人。

营业税的征收范围原则上可以概括为提供应税劳务、转让无形资产和销售不动产行为。应纳营业税的应税劳务具体包括交通运输业、建筑业、金融保险业、邮电通信业、文化体育业、服务业等。而加工和修理、修配不属于应纳营业税的劳务。

营业税的计税依据为营业额,包括公司提供应税劳务、转让无形资产或销售不动产向对方收取的全部价款和价外费用。其计算公式为

$$应纳税额 = 营业额 \times 税率 \tag{2-29}$$

(6) 资源税

资源税是以各种自然资源及其级差收入为课税对象的一种税。其征税范围包括原油、天然气、煤炭、其他非金属矿原矿、黑色金属矿原矿、有色金属矿原矿和盐。凡是在我国境内开采上述应税矿产品、生产盐的企业和个人为资源税的纳税人。

资源税应纳税额的计算公式为

$$应纳税额 = 销售或自用资源数量 \times 单位税额 \tag{2-30}$$

(7) 土地增值税

土地增值税是一种同时具有增值税、资源税双重特点的税种。土地增值税是以转让国有土地使用权、地上建筑物和附着物取得的增值额作为计税依据,它具有增值税的某些特点,又具有资源税的某些特点,是一种以特定的增值额作为征税依据的土地资源类税。凡是有偿转让国有土地使用权、地上建筑物及其附着物并取得收入的企业和个人,都是土地增值税的纳税义务人。

土地增值税率从 30% 到 60%,采用四级超额累进税率:

① 第一级税率适用于增值额未超过扣除项目金额的 50% 部分,税率为 30%;

② 第二级税率适用于增值额超过扣除项目金额的 50%,未超过扣除项目金额的 100% 部分,税率为 40%;

③ 第三级税率适用于增值额超过扣除项目金额的 100%,未超过扣除项目金额的 200% 部分,税率为 50%;

④ 第四级税率适用于增值额超过扣除项目金额的 200% 部分,税率为 60%。

土地增值税的基本计算公式为

$$应纳税额 = 土地增值额 \times 适用税率 \tag{2-31}$$

$$土地增值额 = 出售转让房地产的总收入 - 扣除项目金额 \qquad (2-32)$$

式中,扣除项目金额包括:取得土地使用权所支付的金额、开发土地的成本费用、新建房屋及配套设施的成本费用、与转让房地产有关的税金,以及财政部规定的其他扣除项目。

(8) 房产税

房产税是指以房产为课税对象,按照房产的评估值或房产租金收入向房产拥有企业和个人或经营人征收的一种税。房产税的纳税人是指在开征房产税地区的房产产权所有人。

房产税的计税依据是房产评估值或租金收入。房产评估值是指房产在评估时的市场价值。房产税按照房产原值一次扣除10%到30%后的余值计算缴纳。其计算公式为

$$应纳税额 = 房产原值 \times (1-10\% \sim 30\%) \times 1.2\% \qquad (2-33)$$

按照租金收入,其计算公式为

$$应纳税额 = 租金收入 \times 12\% \qquad (2-34)$$

2.2.4 成本与费用

成本是指企业为生产商品所耗费物化劳动和活劳动中必要劳动价值的货币表现。成本是经济利益的一种流出,是为了达到某个目标而发生的资源流出,同时它也是为了获得未来利益而发生的资源流出。

成本概念有广义和狭义之分。广义成本是指为了取得某项资产或达到特定目的而实际发生或应发生的耗费。狭义成本是指为了生产和取得某项产品(商品)或提供劳务而实际发生或应发生的耗费,即生产及劳务成本。这里的生产及劳务成本不仅指工业生产及劳务,也包括非工业生产及劳务。

工业企业计算成本的方法为制造成本法。其特点是,把企业全部成本费用划分为制造成本和期间费用两类。制造成本是指工业产品的生产成本,包括企业在生产经营过程中实际消耗的直接材料、直接工资、其他直接支出和制造费用。制造费用是指企业内部生产经营部门为组织和管理生产经营活动而发生的共同费用,包括管理人员的工资、各种产品共同消耗的各种材料,以及组织生产经营活动的各项耗费。

期间费用是指行政管理部门为组织和管理生产经营活动而发生的经营管理费用。它是一种按一定的期限进行汇总、直接计入当期损益的费用。按公司会计制度可将其分为管理费用、财务费用和营业费用。具体地,管理费用是指企业为组织和管理生产经营所发生的费用,包括公司行政管理部门在经营管理中发生的,或应由企业统一负担的企业经费、咨询费、诉讼费、房产税、土地使用税、无形资产和长期待摊费用摊销、开办费摊销、职工教育经费、研究开发费、提取的坏账准备金等;财务费用是指为了筹集资金而发生的各项费用,包括企业生产经营期间发生的利息收支净额、汇兑损益净额、金融机构手续费及因筹资而发生的其他财务费用;营业费用是指在销售产品、自制半成品和提供劳务等过程中所发生的各项费用及专设销售机构的各项经费,包括应由企业负担的运输费、装卸费、包装费、保险费、委托代销手续费、广告费、展览费、租赁费和销售服务费,销售部门人员工资、职工福利费、差旅费、办公费、折旧费、修理费、低值易耗品摊销及其他经费。

企业发生的与生产经营没有直接关系和关系不密切的费用(如管理费用、财务费用和销售费用)不摊入产品成本,作为当期费用直接计入当期损益。

按照费用的经济性质可分为外购材料费用、外购燃料费用、外购动力费用、工资费用及职工福利费用、折旧费用、利息支出、税金、其他支出等。

2.2.5 负债

负债是过去的交易事项形成的现时义务,履行该义务会导致经济利益流出企业。

负债按其偿付期限的长短可分为流动负债和长期负债两大类。

1. 流动负债

流动负债是将在1年或超过1年的一个营业周期内偿还的债务。它包括短期借款、应付票据、应付账款、预收账款、应付工资、应付福利费、应付股利、应缴税金、其他暂收应付款项、预提费用和1年内到期的长期借款等。

流动负债根据未来支付货币金额是否具有可确定性及确定程度,可分为应付金额可以直接确定的流动负债、应付金额取决于经营情况的流动负债和预计负债,具体如图2-11所示。

(1) 应付金额可以直接确定的流动负债

该类流动负债一旦有经济业务发生,根据合同或者契约就能确定它的金额。

短期借款是指企业向银行或其他金融机构借入的期限在1年以下的各种借款。这类借款通常是企业为维持正常生产经营所需资金或者临时性原因而借入的,如生产周转借款和临时借款。

应付票据是由出票人出票,由承兑人承诺在一定时期内支付一定款额的书面证明。应付票据按票面是否标明带息分为带息应付票据和不带息应付票据。

应付账款是企业因购买商品、材料或接受劳务等发生的应付给供应单位的款项。它与应付票据有所不同,两者虽然都是由交易引起的,都属于流动负债的性质,但应付账款是尚未结清的债务,而应付票据则是延期付款的证明,有承诺付款的票据为依据。

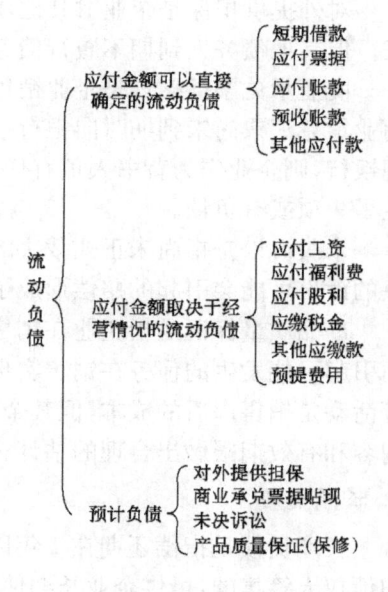

图2-11 流动负债分类

预收账款是经买卖双方协商,由购货方预先支付一部分货款给供应方而发生的一项负债。这项负债要用以后的商品、劳务等来偿还。

其他应付款是企业暂收其他单位或个人的款项,如应付租入固定资产和包装物的租金、存入保证金等。

(2) 应付金额取决于经营情况的流动负债

该类负债的应计金额不能预先直接确认,而应视企业经营情况到期末计算后才能确认。

应付工资是指企业应付给职工的工资总额。它包括各种工资、奖金、津贴等。它不包括在工资总额内发给职工的款项,如医药费、职工困难补助、退休费等。

应付福利费是按照工资总额14%的比例从成本费用中提取的。福利费主要用于职工的福利事业,如支付职工医药费,医务人员和服务人员的工资等,企业必须按规定的用途开支。

应付股利是指企业经董事会、股东大会或类似机构决议确定分配的现金股利或利润。

应缴税金是企业按国家税法规定应缴纳的各种税金,主要包括流通环节应缴的增值税、消费税和营业税及城市维护建设税、车船使用税、印花税等。这些税金的缴纳数额与当期的销售金额或其他生产经营所得有关。

其他应缴款是指企业除了应付股利、应缴税金以外的其他各种应上缴的款项。它包括教育费附加、矿产资源补偿费、应缴住房公积金等。

预提费用是指企业按照规定从成本费用中预先提取但尚未实际支出的费用,如预提租金、预提保险费、修理费及预提的借款利息等。

(3) 预计负债

预计负债是指由于可能导致损失的或有事项发生,需要企业以资产和劳务偿还的潜在债务,又称为或有负债。

对外提供担保是企业对其他债务人担保其债务责任,该担保使企业负有连带付款责任。但其他债务人到期不履行债务时,则企业需代为偿付,而形成负债。

商业承兑票据贴现是企业销售商品收到购买方承兑的商业汇票后,由于急于用款,在商业承兑汇票尚未到期时向银行贴现,如果该票据到期后,付款人不能交付足额款项给贴现银行,企业作为背书人负有代为偿付的责任。这样,在应收票据向银行贴现后,就产生了一项或有负债。

未决诉讼是指尚未正式裁决的诉讼案件,有可能使企业承担赔偿责任。这项尚未裁决的诉讼可能会引起的赔偿形成了企业的一项或有负债。

产品质量保证是指企业在销售产品时,对售出产品质量进行的担保。产品质量担保而引起可能发生的债务在销售实现的时候就成立了,虽然提供免费修理服务或更换零件等活动是销售以后的成本,但其金额在销售成立时却无法确定。一般只能根据担保书的内容和有效期限做出合理的估计,形成预计负债,在资产负债表上作为流动负债列出。

2. 长期负债

长期负债是指偿还期在 1 年以上或超过 1 年的一个经营周期以上的负债,它是企业向债权人筹集的,可供企业长期使用的一种资金。长期负债偿还期长,价款金额较大,举债目的主要是用于固定资产投资,其利息费用构成了一项公司长期性固定性支出,形成公司财务负担。

按照长期负债的筹集方式不同,长期负债主要分为长期借款、应付债券和长期应付款 3 大类。

(1) 长期借款

长期借款是指企业向金融结构和其他单位借入的,偿还期在 1 年以上或超过 1 年的一个经营周期以上的债务。企业的长期借款主要是向国家有关金融机构,如工商银行、中国银行、建设银行和农业银行借入的,还可向财务公司、投资公司等金融企业借入。

长期借款可以分为以下几类:

第一,按照借款单位不同,可分为向国家金融机构借入的借款、向国内金融企业借入的借款和向国外金融机构借入的借款。

第二，按照借款的币种不同，可分为人民币借款和外币借款两种。

第三，按照借款年限的不同，可分为中期借款和长期借款两类。中期借款是还款期在1年以上5年以下的长期借款，长期借款是指还款期在5年以上的长期借款。

第四，按照借款的用途不同，可分为用于基本建设借款、用于挖潜革新技术改造借款和用于生产经营的借款。

(2) 应付债券

应付债券是指企业为筹集长期资金而实际发行的债券及应付的利息。企业发行的债券一般由面值、利率、付息日、到期日等要素构成。

发行企业债券筹集资金拓宽了企业资金来源渠道，机动灵活地满足了企业多方面资金的需要，它的利息成本固定，可为投资者带来杠杆效应，并且有节税功能，在满足企业所需大量资金的同时并不改变投资者的权益机构，所以发行企业债券是企业乐于采用的一种筹措长期资金的方法。

企业债券的分类方法很多，主要的分类方法如下：

第一，按照债券有无担保分为抵押债券、证券担保债券和信用债券。抵押债券是由不动产或其他财产作为债券本金及利息担保品的债券；证券担保债券是将其他企业发行的股票和债券作为担保品的债券；信用债券是指不设定担保品，而完全凭借自身信用保证偿付债券本息的债券，又称无担保债券。

第二，按照可否转换为发行企业股票分为可转换债券和不可转换债券。

第三，按照记名与否分为记名债券和不记名债券。

第四，按照偿还方式不同，可分为定期还本企业债券和分期还本企业债券。定期还本债券的本金在到期日一次性清偿；分期还本债券指债券的本金在一定时期内分次偿还。

此外，还有物价指数债券和调换债券等。其中，物价指数债券是指到期日由发行公司按照物价指数折算还本金额的债券；调换债券的发行是为了取得资金，兑付到期债券本息。

(3) 长期应付款

长期应付款是指除长期借款、应付债券之外的其他长期负债。主要包括融资租赁固定资产应付款和应付补偿贸易引进国外设备款。

由于融资租赁固定资产企业事先取得了固定资产的使用权，而固定资产价款却没有支付或没有全部支付，这样对企业就构成了一项长期负债。

补偿贸易是购销双方签订补偿贸易合同，购买方从供货方引进设备，但无须支付设备价款，而是用引进设备所生产的产品，直接出口给供货方，以全部或部分抵付引进设备的价款。补偿贸易对于购货方来说，无须支付设备的价款就能获得设备的使用权，用该设备所生产的产品也有了销路。而设备的价款对企业也构成了一项长期负债。

(4) 借款费用资本化

借款费用资本化是指因借款而发生的利息、折价或溢价的摊销和辅助费用，以及因外币借款而发生的汇兑差额，在所购建固定资产达到预定可使用状态之前计入所购建固定资产的成本。

对借款费用的资本化处理，应注意以下几个问题：

第一,资本化的确认。与建造或生产某项资产直接相关的借款费用,在该项资产交付使用或完工之前应予以资本化,并计入该项资产的成本。其他借款费用在筹建期间应计入开办费,在生产经营期间计入当期损益。

第二,借款费用资本化开始的时间,应在资产支出发生时;借款费用发生时,为使资产达到其预定可使用或可销售状态所必要的准备工作正在进行中。

第三,当资产的正常建造或生产发生中断且中断期较长时,应停止该期间借款费用的资本化,将其计入当期损益或开办费,直至建造或生产重新开始。对于那些短暂的中断或使资产达到预定使用状态所必需的中断,可以不暂停借款费用资本化。

第四,当所建造的固定资产交付使用或生产的产品完工时,应停止其借款费用的资本化。

2.2.6 所有者权益

所有者权益是指所有者在企业资产中所享有的经济利益,是企业全部资产减去全部负债后的余额。包括企业投资者对企业的投入资本及在经营过程中形成的资本公积、盈余公积和未分配利润。所有者权益是投资者对企业剩余财产的一种要求权,是企业的剩余权益。

所有者权益由投入资本、资本公积、盈余公积和未分配利润4项内容构成。

(1) 投入资本

投入资本是投资者按照企业章程或合同、协议的约定实际投入企业的资本。在非股份制企业,投资者投入的资本称为实收资本。

投入资本有时和企业的注册资本在数额上并不一致,因为投入资本是投资人按照合同、协议或者企业申请书的约定实际缴入企业的出资额。投资各方认缴的出资额往往不是在认定后一次全部投入,而是根据合同规定的出资方式和出资期限,分期分批投入企业的。只有当投资各方按合同规定缴足出资额后,企业的投入资本才等于注册资本。

(2) 资本公积

资本公积是一种准资本,是所有者所共有的、非收益转化而形成的资本,是由企业外部投入的,经过一定的程序可以转增为资本。资本公积包括股本溢价、资本溢价、资本评估增值准备、接受非现金资产捐赠准备、接受现金捐赠、股权投资准备、拨款转入、外币资本折算差额等项目。资本公积各准备项目不能转增资本。

(3) 盈余公积

盈余公积是按照国家规定从税后利润中提取形成的一种积累资金。盈余公积又分为法定盈余公积和任意盈余公积。法定盈余公积和任意盈余公积可用来弥补亏损、转增资本及特殊情况下的股利分派等。

(4) 未分配利润

未分配利润是指企业留待以后年度分配的利润或待分配的利润。它是企业已经实现的利润与已分配的利润之间的差额,即未分配的净利润。它包括两层含义:这部分利润没有分配给企业投资者;这部分利润未指定用途。

2.2.7 财务报表

财务报表是综合反映企业一定时期财务状况、财务成果和财务状况变动情况的总结性书面文件。企业编制财务报表的目的是为报表使用者提供能使他们做出合理投资、贷款、经营管理和其他有关经营决策的会计信息。这些信息包括企业的财务状况、经营业绩和财务状况变动的资料。当然,财务报表的使用者不同,他们对财务报表提供信息的需求也各有侧重。企业的财务报表主要包括资产负债表、利润表、现金流量表等。

1. 资产负债表

资产负债表的内容是反映某一特定日期内企业控制的资产、承担的债务和投资人要求的权益。现行的会计制度规定,到月份终了,企业都要编制资产负债表。资产负债表是一张静态报表,它是根据"资产 = 负债 + 所有者权益"这一基本会计等式,依照一定的分类标准和一定的次序,把企业在一定日期的资产、负债和所有者权益项目予以适当排列,按照一定的编制要求编制而成的。

(1) 资产负债表的基本内容

基本内容是资产负债表的主题和核心,资产负债表为左右对称格式,左方为资产,右方为负债和所有者权益。资产总额与负债及所有者权益总额应该保持相等的平衡关系。

资产方按照资产的流动性排列,流动性强的资产排列在前,流动性弱的资产排列在后,其排列项目的顺序为:流动资产、长期投资、固定资产、无形资产、其他长期资产和递延税款借项等。

负债及所有者权益方是按照需要偿还的先后顺序排列的,先偿还的流动负债排列在前,后偿还的长期负债排列在中间,在企业解散前不需要偿还的所有者权益排列在后。其各项目的排列顺序依次为:流动负债、非流动负债、递延所得税负债、所有者权益等。

(2) 资产负债表的格式

资产负债表由表首部分、基本内容和补充资料部分组成,见表 2-2。

表 2-2 资产负债表

编制单位:　　　　　　　　　　　　年　月　日　　　　　　　　　　　　单位:元

资　　产	期末余额	年初余额	负债和所有者权益	期末余额	年初余额
流动资产:			流动负债:		
货币资金			短期借款		
交易性金融资产			交易性金融负债		
应收票据			应付票据		
应收账款			应付账款		
预付款项			预收款项		
应收利息			应付职工薪酬		
应收股利			应缴税费		
其他应收款			应付利息		

(续表)

资产	期末余额	年初余额	负债和所有者权益	期末余额	年初余额
存货			应付股利		
一年内到期的非流动资产			其他应付款		
其他流动资产			一年内到期的非流动负债		
流动资产合计			其他流动负债		
非流动资产:			流动负债合计		
可供出售金融资产			非流动负债:		
持有至到期投资			长期借款		
长期应收款			应付债券		
长期股权投资			长期应付款		
投资性房地产			专项应付款		
固定资产			预计负债		
在建工程			递延所得税负债		
工程物资			其他非流动负债		
固定资产清理			非流动负债合计		
生产性生物资产			负债合计		
油气资产			所有者权益(或股东权益):		
无形资产			实收资本(或股本)		
开发支出			资本公积		
商誉			减:库存股		
长期待摊费用			盈余公积		
递延所得税资产			未分配利润		
其他非流动资产			所有者权益(或股东权益)合计		
非流动资产合计					

2. 利润表

利润表是反映企业一定期间生产经营实现的财务成果的会计报表,其内容反映一定时期的收入、成本、费用和损失及由此计算出来的利润或亏损。

(1) 利润表的基本内容

基本内容部分是利润表的主体,在多步式利润表中,通过以下步骤计算出企业的当期净利润。

首先,从营业收入出发,减去营业成本、营业税金及附加销售费用、管理费用、财务费用资产减值损失,加上投资收益公允价值变动收益,得出营业利润。

其次,从营业利润出发,加上其他业务利润,减去营业费用、管理费用、财务费用,得出营业利润。

再次,从营业利润出发,加上营业外收入,减去营业外支出,得出利润总额。

最后,从利润总额出发,减去所得税,得出净利润或亏损。

(2) 利润表的格式

我国企业的利润表一般采用多步式，其格式如表2-3所示。

表 2-3　利润表

编制单位：　　　　　　　　　　年　月　日　　　　　　　　　单位：元

项　　　目	本 年 金 额
一、营业收入	
减：营业成本	
营业税金及附加	
销售费用	
管理费用	
财务费用	
资产减值损失	
加：公允价值变动收益(损失以"－"号填列)	
投资收益(损失以"－"号填列)	
其中：对联营企业和合营企业的投资收益	
二、营业利润(亏损以"－"号填列)	
加：营业外收入	
减：营业外支出	
其中：非流动资产处置损失	
三、利润总额(亏损总额以"－"号填列)	
减：所得税费用	
四、净利润(净亏损以"－"号填列)	
五、每股收益：	
（一）基本每股收益	
（二）稀释每股收益	

3. 现金流量表

现金流量表是反映企业一定期间内财务状况变动情况的会计报表。它是连接资产负债表和利润表的桥梁，能够揭示财务状况变动的幅度和原因。现金流量表格式见表2-4。

表 2-4　现金流量表

编制单位：　　　　　　　　　　年　月　日　　　　　　　　　单位：元

项　　　目	本 年 金 额
一、经营活动产生的现金流量：	
销售商品、提供劳务收到的现金	
收到的税费返还	
收到其他与经营活动有关的现金	
经营活动现金流入小计	

(续表)

项　目	本年金额
购买商品、接受劳务支付的现金	
支付给职工以及为职工支付的现金	
支付的各项税费	
支付其他与经营活动有关的现金	
经营活动现金流出小计	
经营活动产生的现金流量净额	
二、投资活动产生的现金流量：	
收回投资收到的现金	
取得投资收益收到的现金	
处置固定资产、无形资产和其他长期资产收回的现金净额	
处置子公司及其他营业单位收到的现金净额	
收到其他与投资活动有关的现金	
投资活动现金流入小计	
购建固定资产、无形资产和其他长期资产支付的现金	
投资支付的现金	
取得了公司及其他营业单位支付的现金净额	
支付其他与投资活动有关的现金	
投资活动现金流出小计	
投资活动产生的现金流量净额	
三、筹资活动产生的现金流量：	
吸收投资收到的现金	
取得借款收到的现金	
收到其他与筹资活动有关的现金	
筹资活动现金流入小计	
偿还债务支付的现金	
分配股利、利润或偿付利息支付的现金	
支付其他与筹资活动有关的现金	
筹资活动现金流出小计	
筹资活动产生的现金流量净额	
四、汇率变动对现金的影响	
五、现金及现金等价物净增加额	
期初现金及现金等价物余额	
期末现金及现金等价物余额	
1.将净利润调节为经营活动现金流量：	
净利润	

(续表)

项　　目	本年金额
加：资产减值准备	
固定资产折旧、油气资产折耗、生产性生物资产折旧	
无形资产摊销	
长期待摊费用摊销	
待摊费用减少（增加以"－"号填列）	
预提费用增加（减少以"－"号填列）	
处置固定资产、无形资产和其他长期资产的损失（收益以"－"号填列）	
固定资产报废损失（收益以"－"号填列）	
公允价值变动损失（收益以"－"号填列）	
财务费用（收益以"－"号填列）	
投资损失（收益以"－"号填列）	
递延所得税资产减少（增加以"－"号填列）	
递延所得税负债增加（减少以"－"号填列）	
存货的减少（增加以"－"号填列）	
经营性应收项目的减少（增加以"－"号填列）	
经营性应付项目的增加（减少以"－"号填列）	
其他	
经营活动产生的现金流量净额	
2. 不涉及现金收支的重大投资和筹资活动：	
债务转为资本	
一年内到期的可转换公司债券	
融资租入固定资产	
3. 现金及现金等价物净变动情况：	
现金的期末余额	
减：现金的期初余额	
加：现金等价物的期末余额	
减：现金等价物的期初余额	
现金及现金等价物净增加额	

本章小结

本章主要介绍与工程经济学有关的管理与经济学和财务会计方面的基本概念和知识。

经济学里企业以追求利润最大化为目标。工程经济学中这个利润不仅是现期的利润，而且是长期总利润的现值。

在市场上,当供大于求时,价格要下降。供给量减少,需求量增加,资源退出;当求大于供时,价格要上升,供给量增加,需求量减少,资源进入。价格就像一只看不见的手在指挥着资源的流动与配置。

这里介绍的需求估计和预测方法对工程经济分析是非常有用的,企业都在不确定条件下经营,准确的预测有助于消除不确定性。

收益减去成本是利润,成本有机会成本、会计成本、经济成本、内含成本、外显成本、沉没成本等概念。

利润有会计利润、正常利润和经济利润之分。

利润最大化的条件是边际收益等于边际成本。

从竞争程度角度把市场分为完全竞争、完全垄断、垄断竞争、寡头垄断 4 种类型。

财务会计将企业的投资分成长期投资和短期投资;投资形成了固定资产、无形资产、流动资产和其他资产。企业的收入包括了主营业务收入、营业外收入及其他业务的收入;相应的收入对应相应的成本形成了企业的利润;企业的成本分成制造成本和期间费用。利润需根据国家的法规规定进行分配,同时向国家缴纳一定的税金,这些税金包括所得税、增值税、营业税、消费税等主要税项。企业的负债及所有者权益总和与企业的资产相等。在这些会计项目的基础上,根据企业的具体业务可以编制企业的资产负债表、利润表及现金流量表,用来反映企业经营的财务状况及财务变动情况。

习题 2

1. 名词解释:需求的变动、供给的变动、弹性、支付意愿、消费者剩余、生产者剩余、经济成本、机会成本、沉没成本、经济利润、规模收益、规模经济。
2. 需求估计和需求预测的方法各有哪些?
3. 利润最大化的条件是什么?
4. 各种市场结构的特点是什么?
5. 什么是长期投资?它与短期投资的区别是什么?
6. 什么是无形资产,如何摊销其价值?
7. 什么是企业所得税?计算应税所得时哪些成本费用项目可以扣除?
8. 试述利润的分配程序。
9. 什么是增值税?它在核算过程中应注意些什么?
10. 什么是成本和费用?两者关系如何?
11. 什么是负债、流动负债和长期负债?
12. 什么是所有者权益?怎样对它进行分类?
13. 分别简述资产负债表、利润表、现金流量表中各项目的意义和作用,如何编制?

第 3 章 现金流量与资金时间价值

学习要点

- 现金流量、资金时间价值概念
- 单利、复利如何计息
- 将来值、现值、年值的概念及计算
- 名义利率和有效利率的关系,年有效利率的计算
- 利用利息公式进行等值计算

3.1 现金流量的概念与估计

3.1.1 现金流量的概念

明确现金流量的概念,具体估算各投资方案形成的现金流入量、现金流出量和净现金流量,是正确计算投资方案评价指标的基础,同时也是进行科学的长期投资决策的基础。

投资决策的过程就是对各种方案的投资支出和投资收益进行比较分析,以选择投资效果最佳的方案。一个完整的投资过程是从花第一笔钱开始一直到寿命期末不再有收益为止。在投资决策的前期,我们总要事先估计一个投资周期,叫做计算期或研究期。计算期的长短取决于项目的性质,或根据产品的寿命周期,或根据主要生产设备的经济寿命,或根据合资合作年限,一般取上述因素中较短者,最长不超过 20 年。从整个时间长河来看,每个时间点都有现金支出(流出)和现金收入(流入),这种现金的流入和流出称为现金流量。这里的"现金"是广义的,指各种货币资金或非货币资产的变现价值。为了方便分析,我们人为地将整个计算期分为若干期,并假定现金的流入、流出是在期末发生的。通常以 1 年为一期,即把 1 年间产生的所有流入和流出累积到年末。这种收益和费用的归集,是出于习惯,也是为了计算方便,虽然显得不够精确,但在经济分析上,这样处理已经足够准确了。

现金流量包括现金流入量、现金流出量和净现金流量 3 个具体概念。

1. 现金流入量

指在整个计算期内所发生的实际的现金流入,如销售收入、固定资产报废时的残值收入,以及项目结束时回收的流动资金。

2. 现金流出量

指在整个计算期内所发生的实际现金支出,如企业投入的自有资金、销售税金及附加、总成本费用中以现金支付的部分、所得税、借款本金支付等。

3. 净现金流量

指现金流入量和现金流出量之差。流入量大于流出量时,其值为正,反之为负。

对投资方案每年能产生的净现金流量的估计,涉及对许多变量的估计,需要企业各个部门的参与和合作。例如,销售部门负责预测销售收入;产品研发部门负责估计投资方案的资本支出,包括研制费用、厂房建筑、设备购置等;生产采购部门负责预测产品成本;财务部门则负责为各有关部门的预测建立共同的基本假设条件,如物价水平、折现率等。

3.1.2 现金流量图

一个工业项目的实施,往往要延续一段时间。在项目寿命期内,各种现金流入和现金流出的数额和发生的时间都不尽相同,为了便于分析,通常采用表格和图的形式表示特定系统在一段时间内发生的现金流量。关于现金流量表的形式和内容的阐述详见本书第 5 章,本节着重介绍现金流量图。

现金流量图如图 3-1 所示。图中的横轴是时间轴,向右延伸表示时间的延续。轴线等分成若干间隔,每一间隔代表一个时间单位,通常是"年"(在特殊情况下也可以是季或半年等)。时间轴上的点称为时点,该年的年末,同时也是下一年的年初。零时点即为第一年开始的时点。整个横轴又可看成我们所考察的"系统"。

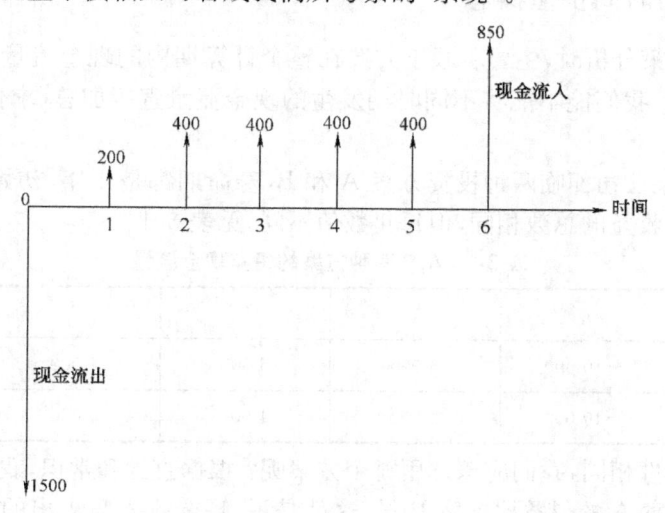

图 3-1 现金流量图

与横轴相连的垂直线,代表流入或流出这个"系统"的现金流量。垂直线的长度根据现金流量的大小按比例画出。箭头向下表示现金流出;箭头向上表示现金流入。现金流入和现金流出亦可分别称为正现金流量和负现金流量。现金流量图上还要注明每一笔现金流量的金额。

3.1.3 正确估计现金流量

正确估计与投资方案相关的现金流量,须注意以下 4 个问题:

① 与投资方案相关的现金流量是增量现金流量,即接受或拒绝某个投资方案后总现金流量的增减变动。只有那些由于采纳该项目引起的现金支出的增加额,才是该项目的现金流出;只有那些由于采纳该项目引起的现金收入的增加额,才是该项目的现金流入。

② 现金流量不是会计账面数字,而是当期实际发生的现金流。会计损益表上的税后利润是按照"权责发生制"原则确定的,而净现金流量是按照"收付实现制"原则确定的,不仅包括税后利润,还包括非现金支出的费用——折旧费和摊销费。

③ 排除沉没成本,计入机会成本。沉没成本是指那些在投资决策前已发生的支出,这部分支出不会影响投资方案的选择,现在的决策不为过去的决策承担责任,因此分析时不应包括在现金流量中。机会成本是指选择了一个投资方案,将会失去投资于其他途径的机会,其他投资机会可能取得的最大收益是实行本方案的一种代价,应计入现金流量中。

④ "有无对比"而不是"前后对比"。采用"有无对比法",将有这个项目和没有这个项目时的现金流量情况进行对比,以便弄清两者之间的差别中有哪些效益和费用确属于这个项目。

3.2 资金的时间价值

3.2.1 资金的时间价值概念

进行投资决策分析时，主要着眼于方案在整个计算期内的现金流量。在计算投资方案的经济效果时，我们能不能将不同时期发生的现金流量直接加总（求代数和）？先看下面一个例子。

【例 3-1】 某公司面临两种投资方案 A 和 B，寿命期都是 4 年，初始投资相同，均为 10 000 元。实现收益的总数相同，但每年数值不同，见表 3-1。

表 3-1　A,B 两种方案的每年现金流量　　　　　　　　　　单位：元

方案＼年末	0	1	2	3	4
A	−10 000	6 000	5 000	4 000	2 000
B	−10 000	2 000	4 000	5 000	6 000

如果其他条件相同，我们应该选用哪个方案呢？根据直觉和常识，我们会觉得方案 A 优于方案 B。方案 A 的得益比方案 B 早，这就是说，现金收入与支出的经济效益不仅与资金量的大小有关，而且与发生的时间有关。这里隐含着资金具有时间价值的观念。

资金时间价值在银行的利息中可以得到体现。如果年利率为 9%，那么今年到手的 1 元存入银行，到明年这个时候可以拿到 1.09 元，就是说，今年的 1 元等值于明年的 1.09 元，明年的 1 元相当于今年的 1/1.09=0.917 4(元)。对于资金的时间价值，可以从两个方面理解。

首先，资金随着时间的推移，其价值会增加，这种现象叫做资金增值。增值的原因是由于资金的投资和再投资。1 元钱今年到手和明年到手是不一样的，先到手的资金可以用来投资而产生新的价值，因此今年的 1 元钱比明年的 1 元钱更值钱。从投资者的角度来看，资金的增值特性使资金具有时间价值。

其次，资金一旦用于投资，就不能用于现期消费。牺牲现期消费是为了能在将来得到更多的消费，个人储蓄的动机和国家积累的目的都是如此。从消费者的角度来看，资金的时间价值体现为对放弃现期消费的损失所应做的必要补偿。

但资金时间价值与利息概念不同，影响利息大小的主要因素有：
① 投资收益率，即单位投资所能取得的收益。
② 通货膨胀因素，即对货币贬值造成的损失所应做的补偿。
③ 风险因素，即对风险的存在可能带来的损失所应做的补偿。

资金的时间价值是指经过一定时间的增值，在没有风险和通货膨胀条件下的社会平均资金利润率。在技术经济分析中，对资金时间价值的计算方法与银行利息的计算方法相同。实际上，银行利息也是一种资金时间价值的表现方式。

在经济活动中，资金的时间价值非常重要。例如，若每年投入 1 万元购买开放式基金，则计算出的若干年后的资金价值见表 3-2。

表 3-2 资金的时间价值列表　　　　　　　　　　　单位:万元

时间	10 年	20 年	30 年	40 年	50 年	100 年
5%	13.2	34.7	69.8	126.8	219.8	2 740.5
10%	17.5	63.0	180.9	486.9	1 280.3	151 575.7
15%	23.3	117.8	499.9	2 046.0	8 300.4	9 003 062.1

注意,在利率为 15% 时相比利率为 5%、10% 时拥有的财富多了很多,它显示了资金时间价值的威力。资金时间价值的重要意义在于,它明确了资金存在的时间价值,树立起使用资金是有偿的观念,有助于资源的合理配置。每个企业在投资时至少能取得社会平均利润率,否则不如投资于其他项目。

3.2.2 利息的计算

1. 利息计算的种类

如果一个人到银行存款或借款,到期会收到或支付利息。人们在生活当中所接触到的利息概念指通过银行借贷资金所付或得到的比本金多的那部分增值额;工程经济中借用利息概念来代表资金时间价值,指投资的增值部分,因此它比通常的利息概念更广义。

利息的计算取决于本金、计息期数和利率。用公式表示为

$$I = f(P, N, i) \tag{3-1}$$

式中,I 为总利息;P 为本金;N 为计息期数,即有多少个计息周期;i 为利率,即单位本金经过一个计息周期后的增值额。

计息周期是表示利息的时间单位,如年、半年、季度、月、日等,一般用年表示。利息的计算有两种:单利和复利,以下分别说明。

(1) 单利

所谓单利是指每期均按原始本金计算利息。在以单利计息的情况下,一旦利率确定,利息与时间便呈线性关系,利息与本金呈正比关系。不论计息期数为多大,每期均只有本金计息,而利息不计利息,每期计算的利息都相等。整个计算期内总利息的计算公式为

$$I = P \cdot N \cdot i \tag{3-2}$$

计息期末获得的本金和利息之和(简称本利和)为

$$F = P + I = P + P \cdot N \cdot i = P \cdot (1 + N \cdot i)$$

式中,F 是将来值,指 N 年末的本利和。

【例 3-2】 以单利方式借入一笔借款 1 000 元,利率为 6%,求利息和本利和。

解:2 年后应付利息为

$$I = 1\ 000 \times 2 \times 0.06 = 120(元)$$

2 年后的本利和为

$$F = 1\ 000 \times (1 + 2 \times 0.06) = 1\ 120(元)$$

(2) 复利

复利计息是将这期利息转为下期的本金,下期将按本利和的总额计息。在这种计息方式下,不仅本金计算利息,利息也再计利息。假设有一笔借款 P,按复利计息,则各期计算的利息及 N 期末的本利和如表 3-3 所示。

表 3-3　按复利计息的各期利息及 N 期末的本利和

年　份	年初欠款	年末应付利息	年末欠款
1	P	$P \cdot i$	$P \cdot (1+i)$
2	$P \cdot (1+i)$	$P \cdot (1+i) \cdot i$	$P \cdot (1+i)^2$
3	$P \cdot (1+i)^2$	$P \cdot (1+i)^2 \cdot i$	$P \cdot (1+i)^3$
4	$P \cdot (1+i)^3$	$P \cdot (1+i)^3 \cdot i$	$P \cdot (1+i)^4$
⋮	⋮	⋮	⋮
N	$P \cdot (1+i)^{N-1}$	$P \cdot (1+i)^{N-1} \cdot i$	$P \cdot (1+i)^N$

根据表 3-3 可得到以下公式：

$$F = P \cdot (1+i)^N$$
$$I = P \cdot (1+i)^N - P$$
(3-3)

【例 3-3】　资料同例 3-2，按复利计息，求 2 年后的利息和本利和。

解：2 年后的本利和为

$$F = 1\,000 \times (1+0.06)^2 = 1\,123.6(元)$$

2 年应付利息为

$$I = 1\,000 \times (1+0.06)^2 - 1\,000 = 123.6(元)$$

从上面两个例子中可以看出，同一笔借款，在利率相同的情况下，用复利计算出的利息金额比用单利计算出的利息金额大，当所借本金越大、利率越高、年数越多时，两者差距就越大。

(3) 单利和复利的选择

一笔存款 10 000 元，若定期存 1 年，则所得金额为 10 000＋1.98％×10 000＝10 198(元)；若定期存 2 年，则所得金额为 10 000×(1＋2.25％×2)＝10 450(元)，该笔存款是按单利还是按复利计息？

人们可能认为这是按单利计息，实际上这是一个误解。注意，2 年的利率与 1 年的利率不同，央行在确定各期利率时，考虑了复利的因素。

一笔 1 000 元的借款，借期 2 年，年利率为 10％，利息按年支付，支付的总利息为 200 元，与按单利率计算是一样的。那么是按单利计息吗？

这同样是一个误解。由于利息按年支付，上面的计算没有涉及 1 年后支付的利息 100 元在第二年的作用。若 100 元进行再投资，并按 10％ 利率计算，将产生 100×10％＝10(元)的利息。第二年末在银行拿到的总金额是 210 元，本金与利息总和为 1 210 元，这正是按复利计算 2 年后应付的本利和。

按复利计息比较符合资金运作的实际情况，因为资金时时刻刻在运行，利息也在投资再投资当中增值，所以如果没有特别说明，均按复利计息。

2. 名义利率和有效利率

利率通常是按年计息的，但有时也把每年分几次按复利计息，例如按月、按季或按半年等，当利率的时间单位与计息期不一致时，就出现了名义利率与有效利率的概念。通常所说的年利率是名义利率。

有效利率是指资金在计息期所发生的实际利率。一个计息期的有效利率 i 与一年内计息次数的乘积是年名义利率。例如,月利率 $i=1\%$,一年计息 12 次,1% 为有效利率,$1\% \times 12 = 12\%$ 为年名义利率。名义利率之间不能直接进行比较,除非它们在一年中的计息次数相同;否则,必须转化为以共同计息期间为基准的利率水平,然后再进行比较。通常以 1 年为比较基准年限,即比较年有效利率。例如,两家银行提供贷款,一家报价利率为 6%,按半年计息;另一家报价利率为 5.85%,但按月计息,请问你选择哪家银行?此时 6% 和 5.85% 都是名义利率,显然不能简单地把它们直接进行比较,需将其转化为年有效利率。

(1) 年有效利率

如果名义利率为 r,一年中计息 N 次,则每次计算利息的利率为 r/N,根据一次支付复利公式,年末本利和为

$$F = P \cdot \left(1 + \frac{r}{N}\right)^N \tag{3-4}$$

而其中利息,即本利和与本金之差为

$$P \cdot \left(1 + \frac{r}{N}\right)^N - P$$

按定义,利息与本金之比为利率,则年有效利率 i_e 为

$$i_e = \frac{P \cdot \left(1 + \frac{r}{N}\right)^N - P}{P} = \left(1 + \frac{r}{N}\right)^N - 1 \tag{3-5}$$

例如,名义利率 $r = 12\%$,一年计息 12 次,则 $i_e = (1 + 1\%)^{12} - 1 = 12.68\%$。

解决向哪一家银行借钱的问题,就是看哪一家银行具有更低的年有效利率。请看下面的两个例子。

6% 的名义利率,按半年计息,$r = 0.06, N = 2$,年有效利率为

$$i_e = \left(1 + \frac{0.06}{2}\right)^2 - 1 = 0.0609 = 6.09\%$$

5.85% 的名义利率,按月计息,$r = 0.0585, N = 12$,年有效利率为

$$i_e = \left(1 + \frac{0.0585}{12}\right)^{12} - 1 = 0.0601 = 6.01\%$$

可见应向报价年利率为 5.85% 且按月计息的银行借款。

(2) 离散复利与连续复利

一年中计息次数是有限的,称为离散复利。例如,按季度、月、日等计息的方法都是离散复利。一年中计息次数是无限的,称为连续复利。在连续复利下,年有效利率为

$$i_e = \lim_{N \to \infty} \left(1 + \frac{r}{N}\right)^N - 1$$

由于
$$\left(1+\frac{r}{N}\right)^N = \left[\left(1+\frac{r}{N}\right)^{\frac{N}{r}}\right]^r$$

而
$$\lim_{N\to\infty}\left(1+\frac{r}{N}\right)^{\frac{N}{r}} = \mathrm{e}$$

因而
$$i_\mathrm{e} = \lim_{N\to\infty}\left[\left(1+\frac{r}{N}\right)^{\frac{N}{r}}\right]^r - 1 = \mathrm{e}^r - 1 \tag{3-6}$$

式中，e 为自然对数的底，其数值为 2.718 28。连续复利为 6% 的年有效利率为

$$i_\mathrm{e} = \mathrm{e}^r - 1 = (2.718\ 28)^{0.06} - 1 = 6.183\ 7\%$$

一年中计算复利的次数越频繁，则年有效利率就越比名义利率高。表 3-4 表示了名义利率为 12% 分别按年、半年、季、月、日连续计算复利得到的相应的有效利率。

表 3-4　不同复利计算方式的有效利率

计息期	一年中的计息期数	各期的有效利率	年有效利率
年	1	12.000 0%	12.000%
半年	2	6.000 0%	12.360%
季度	4	3.000 0%	12.551%
月	12	1.000 0%	12.683%
周	52	0.230 8%	12.736%
日	365	0.032 9%	12.748%
连续	∞	0.000 0%	12.750%

就整个社会而言，资金确实在不停地运动，每时每刻都通过生产和流通在增值。从理论上讲，应采用连续复利，但实践中，利息多是按离散复利计息的，这主要是出于习惯，而且分期计息也便于理解。

3.3　资金等值计算

3.3.1　资金等值的概念

由于存在资金的时间价值，故发生在不同时点上的资金不能直接比较。即使金额相等，由于发生的时间不同，其价值并不一定相等；反之，不同时间上发生的不等金额，其资金的价值却可能相等。

资金等值是考虑了资金的时间价值的等值。将不同时点的几笔资金金额按同一收益率标准换算到同一时点，如果其数值相等，则称这几笔资金等值。

资金的等值包括 3 个因素：金额、金额发生的时间和利率。例如，在年利率为 10% 的情况下，现在的 100 元与 1 年后的 110 元等值，又与 2 年后的 121 元等值。这 3 个等值的现金流量如图 3-2 所示。

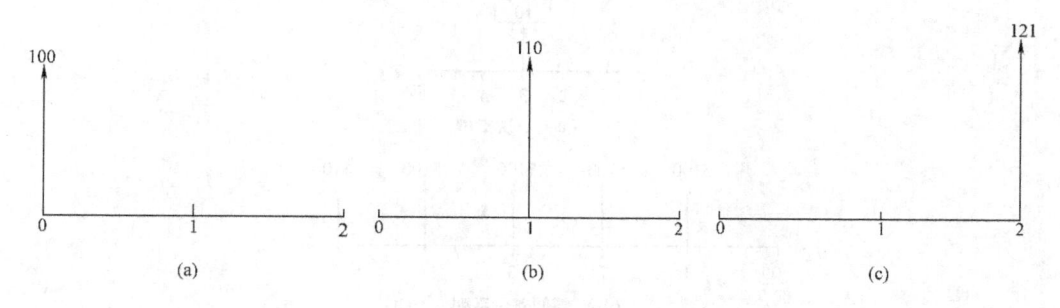

图 3-2　同一利率下不同时间的资金等值

3 个现金流量的现值在年利率 10% 的情况下均为 100 元,因此是等值的。不仅如此,如果两个现金流量是等值的,那么它们发生在任何时间的值都相等。

利用等值的概念,可以把在一个时点发生的资金金额换算成另一时点的等值金额,这一过程叫做资金等值计算,一般是计算一系列现金流量的现值、将来值和等额年值。现值计算是把将来某一时点的资金金额或一系列的资金金额换算成较早时间的等值金额,称为"折现"或"贴现"。将来时点上的资金折现后的资金金额称为"现值"。将来值计算是将任何时间发生的资金金额换算成其后某一时点的等值金额,将来某时点的资金金额称为"将来值"。等额年值计算是将任何时间发生的资金金额转换成与其等值的每期期末相等的金额。本章将采用的符号约定如下:i 为利率;N 为计息期数;P 为现值;F 为将来值;A 为等额支付系列的一次支付值。

3.3.2　现金流量的五种类型

现金流量一般可划分成五种类型:一次支付、等额支付系列、线性梯度系列、几何梯度系列、不规则系列。为了简化各种利息公式的描述,我们将采用如下符号。

(1) 一次支付。该类现金流量型式最简单,仅包括一次支付的现值和将来值的等值关系。因此,单一现金流量公式只处理两个金额:一次支付的现值 P 和将来值 F(图 3-3(a))。

(2) 等额支付系列。等额支付系列是最常见的类型,表现为定期支付一系列等额的资金,如图 3-3(b) 所示。例如,常见的分期偿还贷款合同的现金流量就属于这种类型,贷款偿还安排定期支付相等的金额(A)。等额支付系列公式解决的是 P、F 和 A 之间的等值关系。

(3) 线性梯度系列。线性梯度系列中每笔现金流量按固定的金额增加或减少(图 3-3(c))。例如一项五年贷款偿还计划,其一系列年金支付按照每年 500 元增长,就具有这一特征,它的现金流量图呈直线上升或下降。除了 P、F 和 A,公式还引入了常数 G 作为每笔现金流量的变化量。

(4) 几何梯度系列。几何梯度系列表现为,现金流量不是按固定的金额(如 500 美元)变化,而是按一定的百分比率变化。例如,某项目的五年财务计划中,一种原材料的花费预计每年增长 5%。在有关这种系列的公式中,变化率用 g 来表示。

(5) 不规则系列。不规则系列的现金流量是不规则的,没有呈现出规律性的总体型式(图 3-3(e))。

图 3-3 五种现金流量类型

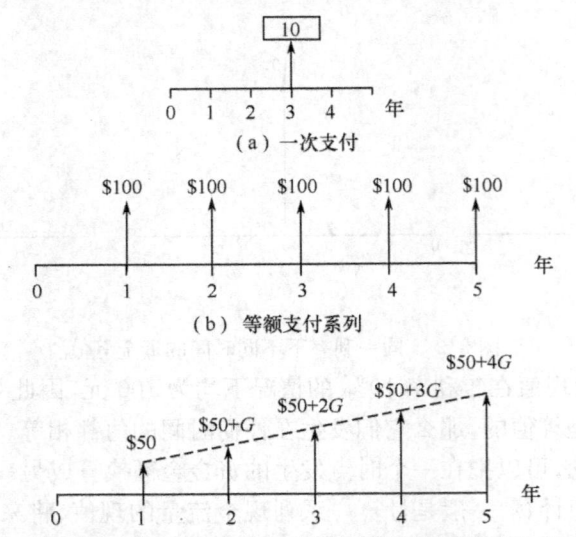

(a) 一次支付
(b) 等额支付系列
(c) 线性梯度系列，在该系列中现金流量按固定的金额 G 增加或减少
(d) 几何梯度系列，在该系列中现金流量按固定的比率 g 增加或减少
(e) 不规则系列，现金流量型式不具规律性

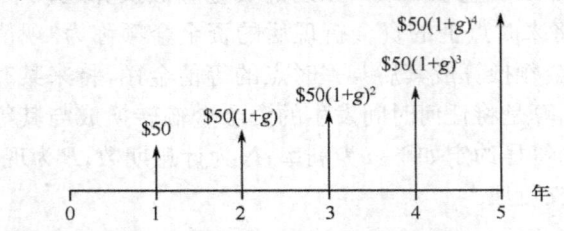

3.3.3 资金等值的计算公式

根据现金的不同支付方式，下面介绍 8 个主要的资金等值计算公式。

1. 一次支付复利公式

一次支付复利公式是计算现在时点发生的一笔资金的将来值。例如，如果有一笔资金 P 按年利率 i 进行投资，N 年后本利和应为多少？这项活动可用现金流量图（见图 3-3）表示，N 年末的将来值计算公式为

$$F = P \cdot (1+i)^N \tag{3-7}$$

式中，$(1+i)^N$ 称为一次支付复利系数，记为 $(F/Pi,N)$，这样式（3-7）可以写成

$$F = P \cdot (F/Pi,N)$$

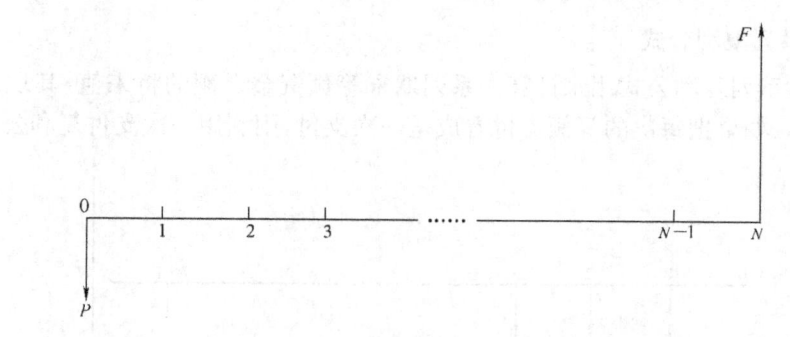

图 3-4 一次支付复利现金流量图

为了计算方便,我们可以按照不同的利率 i 和计息期数 N 计算出 $(1+i)^N$ 的值,列成一个系数表(见书后附录中的附表 1)。

【例 3-4】 某企业投资 1 000 万元,年利率为 10%,4 年后可得本利共多少?

解:在上述问题中 $P=1\,000, i=10\%, N=4$,通过复利公式求解

$$F = 1\,000 \times (1+10\%)^4 = 1\,464.1(万元)$$

也可利用书后附录中的附表 1 解出,查阅利率为 10%、期数为 4 的系数值,得到 $(F/P\ i,N) = 1.464\,1$,有

$$F = 1\,000 \times (F/P\ 10,4) = 1\,000 \times 1.464\,1 = 1\,464.1(万元)$$

通过上述公式可以得到后面的 7 个公式。

2. 一次支付现值公式

一次支付现值公式是计算将来某一时点发生的资金的现值。如果以利率 i 进行投资,N 年后收益达到 F,则需投资多少?同样可以用图 3-3 表示这项活动,此时所求的值是 P。可将式(3-7)变换成由将来值求现值的公式,得到一次支付现值公式

$$P = F \cdot \left[\frac{1}{(1+i)^N}\right] \tag{3-8}$$

式中,$1/(1+i)^N$ 称为一次支付现值系数,记为 $(P/F\ i,N)$,这样式(3-8)可表示为

$$P = F \cdot (P/F\ i,N)$$

为了计算方便,我们可以按照不同的利率 i 和计息期数 N 计算出 $1/(1+i)^N$ 的值,列成一个系数表(见书后附录中的附表 2)。

【例 3-5】 某企业对投资收益率为 10% 的项目进行投资,欲 4 年后得到 1 464.1 万元,现在应投资多少?

解:代入式(3-8),得

$$P = 1\,464.1 \times \left[\frac{1}{(1+0.10)^4}\right] = 1\,000(万元)$$

或查书后附录中的附表 2,求得

$$P = 1\,464.1 \times (P/F\ 10,4) = 1\,464.1 \times 0.683\,0 = 1\,000(万元)$$

3. 等额支付系列复利公式

等额支付系列复利公式用来计算一系列期末等额资金金额的将来值,其现金流量图如图 3-4 所示。如果把每次的等额支付看成是一次支付,则利用一次支付复利公式可得

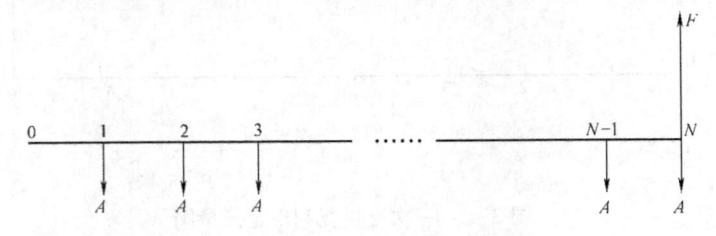

图 3-5 等额支付系列复利现金流量图

$$F = A + A \cdot (1+i) + \cdots + A \cdot (1+i)^{N-2} + A \cdot (1+i)^{N-1} \qquad (3\text{-}9)$$

等式两边同时乘以 $(1+i)$,可得

$$F \cdot (1+i) = A \cdot (1+i) + A \cdot (1+i)^2 + \cdots + A \cdot (1+i)^{N-1} + A \cdot (1+i)^N \qquad (3\text{-}10)$$

用式(3-10)减去式(3-9)

$$F \cdot (1+i) - F = -A + A \cdot (1+i)^N$$

得

$$F = A \cdot \left[\frac{(1+i)^N - 1}{i}\right] \qquad (3\text{-}11)$$

式中,$[(1+i)^N - 1]/i$ 称为等额支付系列复利系数,记为 $(F/Ai, N)$,这样式(3-11)可表示为

$$F = A \cdot (F/Ai, N)$$

为了计算方便,我们可以按照不同的利率 i 和计息期数 N 计算出 $[(1+i)^N - 1]/i$ 的值,列成一个系数表(见书后附录中的附表 3)。

【例 3-6】 某人每年将 1 000 元存入银行,若年利率为 10%,那么 5 年后有多少资金可用?

解:代入公式(3-11),求得

$$F = 1\,000 \times \frac{(1+0.10)^5 - 1}{0.10} = 6\,105.1(元)$$

或查书后附录中的附表 3 得

$$F = 1\,000 \times (F/A10, 5) = 1\,000 \times 6.105\,1 = 6\,105.1(元)$$

4. 等额支付系列积累基金公式

与式(3-11)相反,等额支付系列积累基金公式是计算将来值的等额年值。例如,为了在 N 年末能筹集到一笔钱 F,按年利率 i,从现在起连续几年每年年末必须存储多少?

将公式(3-11)变换可得

$$A = F \cdot \left[\frac{i}{(1+i)^N - 1}\right] \qquad (3\text{-}12)$$

式中,$i/[(1+i)^N - 1]$ 为等额支付系列积累基金系数,记为 $(A/Fi, N)$,这样式(3-12)可

表示为
$$A = F \cdot (A/Fi, N)$$

为了计算方便,我们可以按照不同的利率 i 和计息期数 N 计算出 $i/[(1+i)^N-1]$ 的值,列成一个系数表(见书后附录中的附表 4)。

【例 3-7】 某企业 5 年后需一次性支付 200 万元的借款,存款利率为 10%,从现在起企业每年需等额存入银行多少钱?

解:代入公式(3-12),得
$$A = 200 \times \left[\frac{0.1}{(1+0.1)^5-1}\right] = 32.75(万元)$$

或查书后附录中的附表 4,求得
$$A = 200 \times (A/F\ 10,5) = 200 \times 0.163\ 8 = 32.75(万元)$$

5. 等额支付系列现值公式

等额支付系列现值公式用来计算一系列期末等额支付金额的现值。例如,为了能在今后几年中每年年末提取相等金额 A,现在必须投资多少?这项活动可用图 3-5 表示。

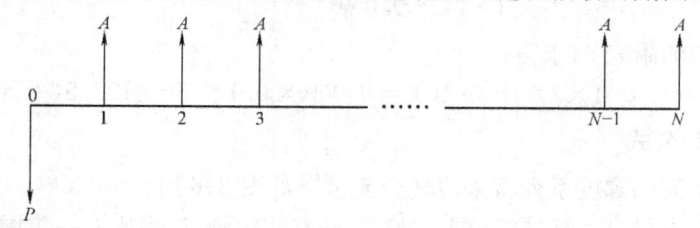

图 3-6 等额支付系列现值现金流量图

将式(3-7)代入式(3-11),得
$$P \cdot (1+i)^N = A \cdot \left[\frac{(1+i)^N-1}{i}\right]$$

两边都除以 $(1+i)^N$,得
$$P = A\left[\frac{(1+i)^N-1}{i \cdot (1+i)^N}\right] \tag{3-13}$$

式中,$[(1+i)^N-1]/[i \cdot (1+i)^N]$ 称为等额支付系列现值系数,记为 $(P/Ai,N)$。为了计算方便,我们可以按照不同的利率 i 和计息期数 N 计算出 $[(1+i)^N-1]/[i \cdot (1+i)^N]$ 的值,列成一个系数表(见书后附录中的附表 5)。

【例 3-8】 某工程项目每年获净收益 100 万元,利率为 10%,项目可用每年所获的净收益在 6 年内回收初始投资,问初始投资为多少?

解:代入公式(3-13),得
$$P = 100 \times \left[\frac{(1+0.1)^6-1}{0.1 \times (1+0.1)^6}\right] = 435.53(万元)$$

或查书后附录中的附表 5,求得
$$P = 100 \times (P/A\ 10,6) = 100 \times 4.355\ 3 = 435.53(万元)$$

6. 等额支付系列资金恢复公式

等额支付系列资金恢复公式用来计算现在时点发生的资金金额的期末等额年值。例如，某人以年利率 i 存入一项资金 P，他希望在今后 N 年内把本利和在每年年末以等额资金 A 的方式取出。将式(3-13)转换成

$$A = P \cdot \left[\frac{i \cdot (1+i)^N}{(1+i)^N - 1} \right] \tag{3-14}$$

式中，$[i \cdot (1+i)^N]/[(1+i)^N - 1]$ 为等额支付系列资金恢复系数，记为 $(A/Pi,N)$。为了计算方便，我们可以按照不同的利率 i 和计息期数 N 计算出 $[i \cdot (1+i)^N]/[(1+i)^N - 1]$ 的值，列成一个系数表(见书后附录中的附表6)。

【例 3-9】 某工程初期总投资为 1 000 万元，利率为 5%，问在 10 年内要将总投资连本带息收回，每年净收益应为多少？

解：代入公式(3-14)，得

$$A = 1\,000 \times \left[\frac{0.05 \times (1+0.05)^{10}}{(1+0.05)^{10} - 1} \right] = 129.5(万元)$$

或查书后附录中的附表6，求得

$$A = 1\,000 \times (A/P\,5,10) = 1\,000 \times 0.129\,5 = 129.5(万元)$$

7. 均匀梯度系列公式

均匀梯度系列的梯度系列将来值现金流量图如图 3-6 所示。

第一年年末支付 A_1，第二年年末支付 $A_1 + G$，以后每年都比上一年增加一笔支付 G，第 N 年年末支付 $A_1 + (N-1) \cdot G$。梯度系列的将来值 F_2 计算如下：

$$F_2 = G \cdot (F/Ai, N-1) + G \cdot (F/Ai, N-2) + \cdots + G \cdot (F/Ai, 2) + G \cdot (F/Ai, 1)$$

$$= G \cdot \left[\frac{(1+i)^{N-1} - 1}{i} \right] + G \cdot \left[\frac{(1+i)^{N-2} - 1}{i} \right] + \cdots + G \cdot \left[\frac{(1+i)^2 - 1}{i} \right]$$

$$+ G \cdot \left[\frac{(1+i)^1 - 1}{i} \right]$$

$$= \frac{G}{i} \left[(1+i)^{N-1} + (1+i)^{N-2} + \cdots + (1+i)^2 + (1+i) + (N-1) \cdot (-1) \right]$$

$$= \frac{G}{i} \left[(1+i)^{N-1} + (1+i)^{N-2} + \cdots + (1+i)^2 + (1+i) + 1 \right] - \frac{N \cdot G}{i}$$

方括号中的表达式是等额支付系列复利系数，所以

$$F_2 = \frac{G}{i} \left[\frac{(1+i)^N - 1}{i} \right] - \frac{N \cdot G}{i}$$

而与 F_2 等值的等额年值 A_2 为

$$A_2 = F_2 \cdot \left[\frac{i}{(1+i)^N - 1} \right]$$

$$= \left\{ \frac{G}{i} \left[\frac{(1+i)^N - 1}{i} \right] - \frac{N \cdot G}{i} \right\} \cdot \left[\frac{i}{(1+i)^N - 1} \right]$$

$$= \frac{G}{i} - \frac{N \cdot G}{i}(A/Fi, N)$$

$$= G \cdot \left[\frac{1}{i} - \frac{N}{i}(A/Fi, N)\right]$$

则梯度系列的等额年值

$$A = A_1 + G\left[\frac{1}{i} - \frac{N}{i}(A/Fi, N)\right] \tag{3-15}$$

式中，$(1/i) - [N \cdot (A/Fi, N)/i]$ 叫做梯度系数，用符号 $(A/Gi, N)$ 表示。可以通过 $(1/i) - (N/i) \cdot i/[(1+i)^N - 1]$ 计算求得，也可查书后附录中的附表 7 求得。

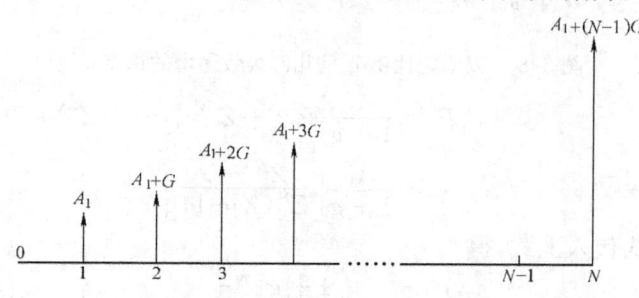

图 3-7 均匀梯度系列现金流量图

【例 3-10】 若某人第 1 年支付一笔 10 000 元的保险金，之后 9 年内每年少支付 1 000 元，若 10 年内采用等额支付的形式，则等额支付款为多少时等价于原保险计划（年利率为 8%）？

解：查书后附录中的附表 7，求得

$$A = 10\ 000 - 1\ 000 \times (A/G8, 10)$$
$$= 10\ 000 - 1\ 000 \times 3.871\ 3$$
$$= 6\ 128.7(元)$$

8. 几何梯度系列

很多工程经济相关问题，常常要涉及现金流量随时间以固定的比率增加或下降，而不是以常量（均匀梯度）变化的情况。这种现金流量模式称为几何梯度。设相邻两个周期之间支付变化的百分比为 g，第 N 次支付 A_n 与首次支付 A_1 有如下关系：

$$A_n = A_1(1+g)^{n-1} \quad (n = 1, 2, \cdots, N) \tag{3-16}$$

变量 g 可以取正，也可以取负，这取决于现金流量的类型。如果 $g > 0$，系列递增，其现金流量图如图 3-8 所示。

图 3-8 的几何梯度支付系列的现值是

$$P = \sum_{n=1}^{N} A_1(1+g)^{n-1}(1+i)^{-n}$$

将常数项 $A_1(1+g)^{-1}$ 从累加求和公式中提到式外：

$$P = \frac{A_1}{(1+g)} \sum_{n=1}^{N} \left[\frac{1+g}{1+i}\right]^n$$

设 $Z = \dfrac{1+i}{1+g}$，则

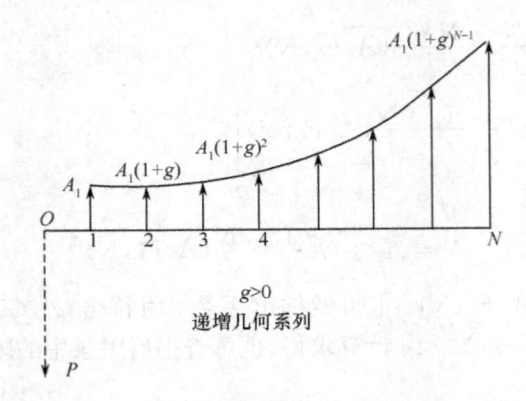

图 3-8 以固定比例 g 呈几何级数递增的梯度系列

$$P = \frac{A_1}{1+g}(Z^{-1} + Z^{-2} + \cdots + Z^{-N})$$
$$= \frac{A_1}{1+g}\left[\frac{Z^N - 1}{Z^N(Z-1)}\right]$$

将 Z 的表达式代入上式,得

$$P = \begin{cases} \dfrac{A_1}{i-g}\left[1 - \left(\dfrac{1+g}{1+i}\right)^N\right] & (i \neq g) \\ \dfrac{NA_1}{1+i} & (i = g) \end{cases} \quad (3\text{-}17)$$

或

$$P = \begin{cases} \dfrac{A_1[1 - (P/F, i, N)(F/P, g, N)]}{i - g} & (g \neq i) \\ A_1 N(P/F, i, 1) & (g = i) \end{cases} \quad (3\text{-}18)$$

$\dfrac{1-(1+g)^N(1+i)^{-1}}{i-g}$ 称为几何梯度系列现值系数,记为 $(P/A_1, g, i, N)$。特殊情况下,当 $i = g$ 时,式(3-17)变为 $P = [NA_1/(1+i)]$。

【例 3-5】 求解图 3-11 给出的几何支付系列现金流量的现值 P、年度等值 A 和将来值 F。从第 2 年开始年增长率为 20%,年利率为 25%。

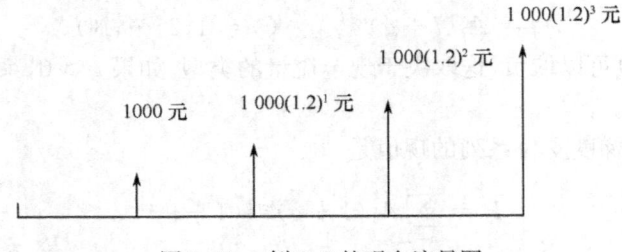

图 3-11 例 3-5 的现金流量图

解:

$$P = \frac{1\,000[1 - (P/F, 25\%, 4)(F/P, 20\%, 4)]}{0.25 - 0.20}$$

$$= \frac{1\,000}{0.05}(1-0.4096\times 2.0736)$$

$$= 20\,000 \times 0.15065$$

$$= 3\,013(元)$$

$$A = 3\,013(A/P, 25\%, 4) = 1\,275.70(元)$$

$$F = 3\,013(F/P, 25\%, 4) = 7\,355.94(元)$$

8个利息公式汇总表如表3-5所示。

表3-5 利息公式

名　　称	所求值	已知值	符　号	系　　数
一次支付复利公式	F	P	$(F/Pi,N)$	$(1+i)^N$
一次支付现值公式	P	F	$(P/Fi,N)$	$\dfrac{1}{(1+i)^N}$
等额支付系列复利公式	F	A	$(F/Ai,N)$	$\dfrac{(1+i)^N-1}{i}$
等额支付系列积累基金公式	A	F	$(A/Fi,N)$	$\dfrac{i}{(1+i)^N-1}$
等额支付系列现值公式	P	A	$(P/Ai,N)$	$\dfrac{(1+i)^N-1}{i(1+i)^N}$
等额支付系列资金恢复公式	A	P	$(A/Pi,N)$	$\dfrac{i(1+i)^N}{(1+i)^N-1}$
线性梯度系列等额支付转换公式	A	G	$(A/Gi,N)$	$\left\{\dfrac{1}{i}-\dfrac{N}{i}\left[\dfrac{i}{(1+i)^N-1}\right]\right\}$
几何梯度系列现值公式	P	A_1	$(P/A_1,g,i,N)$	$P=\begin{cases}\dfrac{A_1}{i-g}\left[1-\left(\dfrac{1+g}{1+i}\right)^N\right]\\ \dfrac{NA_1}{1+i}\end{cases}$

各系数之间存在以下关系:
(1) 倒数关系

$$(P/Fi,N) = 1/(F/Pi,N)$$

$$(P/Ai,N) = 1/(A/Pi,N)$$

$$(F/Ai,N) = 1/(A/Fi,N)$$

(2) 乘积关系

$$(F/Pi,N) \cdot (P/Ai,N) = (F/Ai,N)$$

$$(F/Ai,N) \cdot (A/Pi,N) = (F/Pi,N)$$

$$(A/Fi,N) \cdot (F/Pi,N) = (A/Pi,N)$$

(3) 特殊关系

$$(A/Fi,N) + i = (A/Pi,N)$$

9. 运用上述公式要注意的问题

① 方案的初始投资,假设发生在寿命期初。
② 寿命期内各项收入或支出,均假设发生在各期的期末。
③ 本期的期末即下一期的期初。
④ P 在计算期的期初发生。
⑤ 寿命期期末发生的本利和 F 记在第 N 期期末。
⑥ 等额支付系列 A 发生在每一期的期末。
⑦ 当问题包括 P,A 时,P 在第一期期初,A 在第一期期末发生。
⑧ 当问题包括 F,A 时,F 和 A 同时在最后一期期末发生。
⑨ 在均匀梯度系列中,第一个 G 发生在第二期期末。
⑩ i 为计息期的有效利率。

*3.3.4 连续复利的资金等值计算

有两种连续计算复利的形式:一种是对间断的现金流量应用连续复利,另一种是对连续的现金流量应用连续复利。以上涉及的现金流量都是间断的,而企业的收支是随时频繁发生的,有时需要假设现金流量发生在无限短的时间间隔里,即按连续现金流量处理。

1. 间断现金流量的连续复利计算

将 $i_r = e^r - 1$ 代入公式,结果如表 3-6 所示。

表 3-6 连续复利和间断支付的利息公式

利息公式名称	所求值	已知值	符 号	系 数
一次支付复利公式	F	P	$(F/Pr,N)$	e^{rN}
一次支付现值公式	P	F	$(P/Fr,N)$	e^{-rN}
等额支付系列复利公式	F	A	$(F/Ar,N)$	$\dfrac{e^{rN}-1}{e^r-1}$
等额支付系列积累基金公式	A	F	$(A/Fr,N)$	$\dfrac{e^r-1}{e^{rN}-1}$
等额支付系列现值公式	P	A	$(P/Ar,N)$	$\dfrac{e^{rN}-1}{e^{rN}(e^r-1)}$
等额支付系列资金恢复公式	A	P	$(A/Pr,N)$	$\dfrac{e^{rN}(e^r-1)}{e^{rN}-1}$
均匀梯度系列公式	A	G	$(A/Gr,N)$	$\dfrac{1}{e^r-1}-\dfrac{N}{e^{rN}-1}$

【例 3-11】 每年存入 1 766 元,名义利率为 6%,按连续复利计息,5 年后在账户中存有多少钱?

解:

$$F = A \cdot \frac{e^{rN}-1}{e^r-1} = 1\,766 \times \frac{e^{0.06 \times 5}-1}{e^{0.06}-1} = 9\,999 (元)$$

2. 连续现金流量的连续复利计算

设 $\overline{A}$ 表示连续支付中一个周期内各次等额支付的总量，这一连续支付持续 N 个时期，每期利率为 r，则 N 期期末的将来值为

$$F = \overline{A} \cdot \int_0^N e^{rt} dt = \overline{A} \cdot \left[\frac{e^{rN} - 1}{r} \right] \tag{3-16}$$

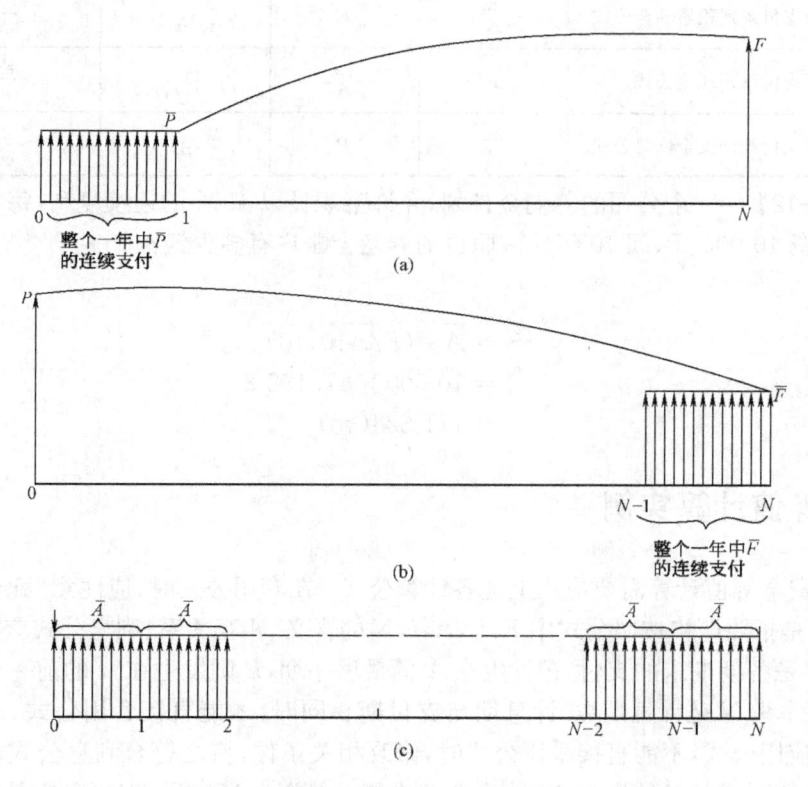

式中，$(e^{rN} - 1)/r$ 称为连续支付复利系数，记为 $(F/\overline{A}r, N)$。在终值、现值和年值三种符号上加横线，即 $\overline{F}, \overline{P}, \overline{A}$ 表示在其相应的区间中所有均匀微量支付的累计总值。如图3-7所示，$\overline{F}$ 表示在第 N 年内连续等额微量支付的累计值，$\overline{P}$ 表示在第1年内连续等额微量支付的累计值。

图 3-7 $\overline{F}, \overline{P}, \overline{A}$ 的含义

求一个周期内连续支付的将来值公式可推导如下：

$$F = \overline{P} \cdot (F/\overline{A}r, 1) \cdot (F/Pr, N-1)$$
$$= \overline{P} \cdot \left(\frac{e^r - 1}{r} \right) \cdot [e^{r(N-1)}]$$

$$= \overline{P} \cdot \left[\frac{e^{rN} \cdot (e^r - 1)}{r \cdot e^r} \right]$$

表 3-7 给出了连续现金流量的 6 个连续复利计算公式。

表 3-7　连续现金流量的连续复利计算公式

公式名称	所求值	已知值	符号	系数
连续支付复利公式	F	$\overline{P}$	$(F/\overline{P}r,N)$	$\dfrac{e^{rN} \cdot (e^r - 1)}{r \cdot e^r}$
连续支付现值公式	P	$\overline{F}$	$(P/\overline{F}r,N)$	$\dfrac{e^r - 1}{r \cdot e^{rN}}$
连续等额支付系列复利公式	F	$\overline{A}$	$(F/\overline{A}r,N)$	$\dfrac{e^{rN} - 1}{r}$
连续等额支付系列积累基金公式	$\overline{A}$	F	$(\overline{A}/Fr,N)$	$\dfrac{r}{e^{rN} - 1}$
连续等额支付系列现值公式	P	$\overline{A}$	$(P/\overline{A}r,N)$	$\dfrac{e^{rN} - 1}{r \cdot e^{rN}}$
连续等额支付系列资金恢复公式	$\overline{A}$	P	$(\overline{A}/Pr,N)$	$\dfrac{r \cdot e^{rN}}{e^{rN} - 1}$

【例 3-12】　一个公司的养老金计划,允许某职员以 10% 的连续复利,每年连续等额存入其工资 10 000 元,问 10 年后该职员的养老金账户有多少钱?

解:

$$F = \overline{A} \cdot (F/\overline{A}10,10)$$
$$= 10\ 000 \times 17.182\ 8$$
$$= 171\ 828(元)$$

3.4　等值计算实例

进行资金等值计算需要应用上述各计算公式。在套用公式时,应注意"死套活用"。所谓"死套"是指要严格按照公式中 F,P,A,i,N 的含义、相互关系、利息公式应用的条件进行套用。A 是各期期末的支付,F 发生在 A 的最后一期,P 则发生在 A 的前一期,i 是计息期的有效利率,N 是计息期数。计息期与支付期相同时,才能直接套用公式。所谓"活用"是指灵活应用公式,不能直接采用公式时,修改相关条件,使之符合利息公式。此外,应把现值、将来值看成相对的概念,"现值"并非专指一笔资金"现在"的价值,它是一个相对的概念。将 $t+k$ 个时点上发生的资金折现到第 t 个时点,所得的等值金额就是第 $t+k$ 个时点上资金金额的现值。同样的道理,将第 t 个时点上发生的资金折现到第 $t+k$ 个时点,所得的等值金额就是第 t 个时点上资金金额的将来值。当计息期与支付期不符时,灵活进行转化,使计息期与支付期一致,从而求得资金的等值。此刻最简便清晰的做法是求支付期的有效利率,公式中的 n 为支付期数,然后套相关公式。

3.4.1 计息期与支付期一致的计算

【例 3-13】 要使目前的 1 000 元与 10 年后的 2 000 元等值,年利率应为多少?

解:
$$2\,000 = 1\,000 \times (F/Pi, 10)$$
$$(F/Pi, 10) = 2$$

查书后附录中的附表 1,当 $N = 10$ 时,2 落于 $7\% \sim 8\%$ 之间。

当 $i = 7\%$ 时,$(F/P7, 10) = 1.967\,2$。

当 $i = 8\%$ 时,$(F/P8, 10) = 2.158\,9$。

用直线内插法可得
$$i = 0.07 + 0.01 \times \frac{2.000\,0 - 1.967\,2}{2.158\,9 - 1.967\,2} = 0.07 + 0.001\,7 = 7.17\%$$

【例 3-14】 某人要购买一处新居,一家银行提供 20 年期年利率为 6% 的贷款 30 万元,该人每年要支付多少?

解:$A = P \cdot (A/Pi, N) = 30 \times (A/P6, 20) = 30 \times 0.087\,2 = 2.46$(万元)

【例 3-15】 分期付款购车,每年年初付 2 万元,6 年付清。设年利率为 10%,相当于一次现金支付的购价为多少?

解:$P = A + A \cdot (P/Ai, N) = 2 + 2 \times (P/A10, 5) = 2 + 2 \times 3.791 = 9.582$(万元)

【例 3-16】 拟建立一项永久性的奖学金,每年计划颁发 10 000 元,若年利率为 10%,则现在应存入多少钱?

解:
$$P = A \cdot \left[\frac{(1+i)^N - 1}{i \cdot (1+i)^N} \right] = A \cdot \left[\frac{1 - (1+i)^{-N}}{i} \right]$$

当 $N \to \infty$ 时,$(1+i)^{-N} \to 0$,所以上式可变为
$$P = \frac{A}{i}$$

将数据代入上式得
$$P = \frac{10\,000}{10\%} = 100\,000 \text{(元)}$$

【例 3-17】 第 4 年到第 7 年每年年末有 100 元的收入,年利率为 10%,现金流量如图 3-8 所示,求与其等值的第 0 年的现值为多大?

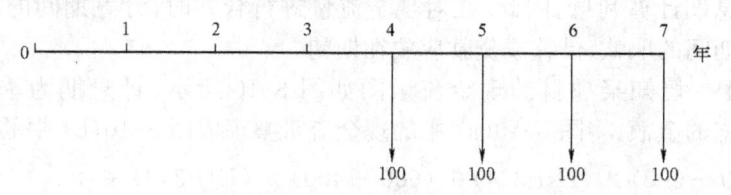

图 3-8 现金流量图

解:$P_3 = A \cdot (P/Ai, N) = 100 \times (P/A10, 4) = 100 \times 3.17 = 317$(元)

$$P_0 = P_3 \cdot (P/F10,3) = 317 \times 0.751\ 3 = 238.16(元)$$

【例 3-18】 年利率为 8%,每季度计息一次,每季度末借款 1 400 元,连续借 16 年,求与其等值的第 16 年年末的将来值为多少?

解:$F = A \cdot (F/Ai,N) = 1\ 400 \times (F/A2,64) = 178\ 604.53$(元)

3.4.2 计息期短于支付期的计算

【例 3-19】 年利率为 12%,每季度计息一次,每年年末支付 500 元,连续支付 6 年,求其第 0 年的现值为多少?

解:其现金流量如图 3-9 所示。

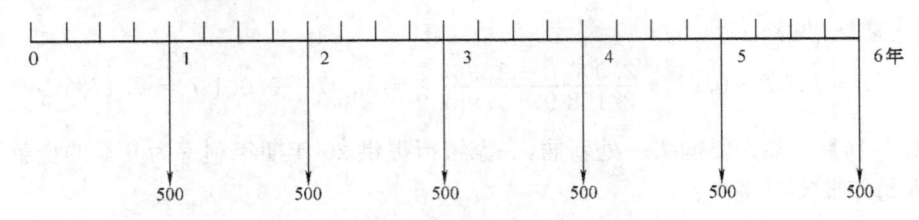

```
0        1        2        3        4        5       6年
         ↓        ↓        ↓        ↓        ↓        ↓
        500      500      500      500      500      500
```

图 3-9 现金流量图

每年向银行借一次,支付期为 1 年,计息期为一个季度,属于计息期短于支付期。由于利息按季度计算,而支付在年底,这样,计息期末不一定有支付,所以例题不能直接采用利息公式,需要进行修改,使之符合计息公式,方法是先求出支付期的有效利率,本例支付期为一年,然后以一年为基础进行计算。

$$i = \left(1 + \frac{0.12}{4}\right)^4 - 1 = 12.55\%$$

$$P = 500 \times (P/A12.55,6) = 2.024(元)$$

3.4.3 计息期长于支付期的计算

当计息期长于支付期时,有两个完全不同的假设决定了如何计算利息。一种假设为现金流量一旦发生则开始计息;另一种假设为计息期间发生的现金流量不计息,只有到计息期末才开始计息。选用哪种假设取决于所涉及的具体交易以及金融机构。一般对项目进行的工程经济分析将计息期间的现金流量视为在那段周期期末发生,这就是说,在计息期间存入的款项在该计息期不计算利息,要到下一个计息期才计算利息;在计息期间的借款或贷款,在该计息期计算利息。因此,在对现金流量进行合并时,计息期间的存款应放在期末,而在计息期间的取款、借款或贷款应放在期初。

【例 3-20】 已知某项目的现金流量图如图 3-10 所示,计息期为季度,年利率为 12%,求 1 年末的金额。将图 3-10(a)中的现金流量整理成图 3-10(b)中的现金流量。

$$F = (300 - 600) \times (F/P3,4) + (600 - 400) \times (F/P3,3) +$$
$$(200 - 300) \times (F/P3,2) + (250 - 150) \times (F/P3,1) - 180 = -302.2(元)$$

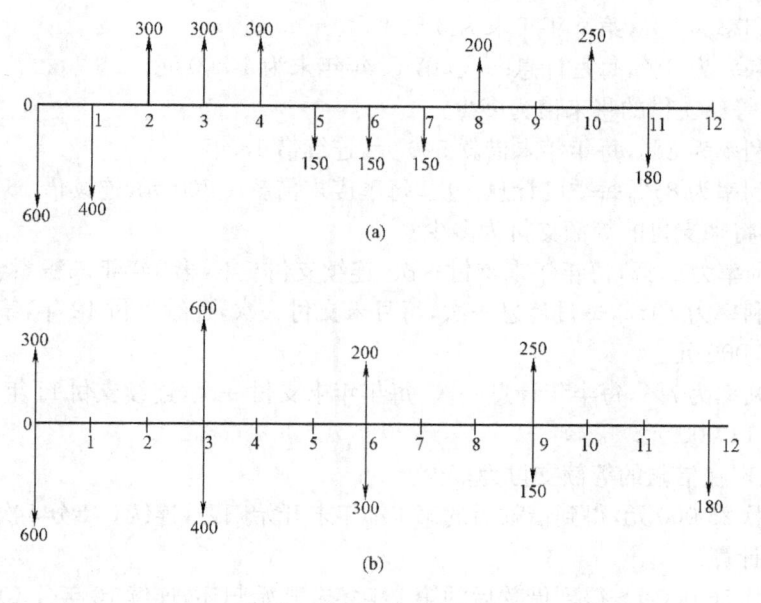

图 3-10 现金流量图

本章小结

本章所需遵循的工程经济分析的基本原则有现金流量、资金时间价值、增量分析、机会成本和有无对比等。

估计现金流量是进行工程经济分析的第一步,必须注意估计的正确性。

资金时间价值对于工程经济分析是至关重要的。遵循时间价值原则,今年的 1 元钱比明年的 1 元钱更值钱,因此发生在不同时间的现金流量不能直接相加减。

利息计算有单利和复利两种方式,但资金时间价值的计算必须采用复利方式。

有效利率和名义利率是不同的,必须将名义利率转化为有效利率进行计算。

资金等值计算是计算一系列现金流量的现值、将来值和年度等值,7 个资金等值公式是各种计算的基础,必须熟练掌握。

本章还介绍了在连续复利或连续支付下的资金等值计算。

习题 3

1. 何谓货币的时间价值?试用单利公式和复利公式表示货币的时间价值。
2. 什么是名义利率和有效利率?两者有何关系?
3. 资金等值的含义是什么?其三要素又是什么?
4. 下列现在借款的将来值为多少?
   (1) 年利率为 8%,7 000 元借款,借期为 8 年。
   (2) 年利率为 4%,每季度计息一次,5 000 元借款,借期为 20 年。
5. 下列将来支付的现值为多少?

(1) 年利率为 7%,第 9 年年末为 6 500 元。
(2) 年利率为 6%,每月计息一次,第 14 年年末为 1 800 元。

6. 下列等额支付的将来值为多少?
(1) 年利率为 8%,每年年末借款 500 元,连续借 18 年。
(2) 年利率为 8%,每季度计息一次,每季度末借款 1 700 元,连续借 15 年。

7. 下列将来支付的等额支付为多少?
(1) 年利率为 11%,每年年末支付一次,连续支付 6 年,第 8 年年末积累金额 1 600 元。
(2) 年利率为 10%,每月计息一次,每月末支付一次,连续支付 12 年,第 12 年年末积累金额为 17 000 元。
(3) 年利率为 7%,每半年计息一次,每年年末支付一次,连续支付 11 年,第 11 年年末积累金额为 14 000 元。

8. 下列现在借款的等额支付为多少?
(1) 借款 25 000 元,得到借款后的第 1 年年末开始归还,连续 5 年分 5 次还清,利息按年利率 6% 计算。
(2) 借款 56 000 元,得到借款后的第 1 年年末开始归还,连续 10 年分 10 次还清,利息按年利率 5%,每半年计息一次计算。
(3) 借款 87 000 元,得到借款后的第 1 个月月末开始归还,连续 5 年分 60 次还清,利息按年利率 7%,每月计息一次计算。

9. 下列等额支付的现值为多少?
(1) 年利率为 7%,每年年末支付 6 500 元,连续支付 6 年。
(2) 年利率为 4%,每季度末支付 1 620 元,连续支付 8 年。
(3) 年利率为 10%,每季度计息一次,每年年末支付 13 000 元,连续支付 7 年。

10. 下列梯度系列等值的年末等额支付为多少?
(1) 第 1 年年末借款 3 000 元,以后 6 年每年递增借款 200 元,按年利率 5% 计息。
(2) 第 1 年年末借款 5 000 元,以后 9 年每年递减借款 200 元,按年利率 12% 计息。
(3) 第 2 年年末借款 2 000 元,以后 9 年每年递增借款 2000 元,按年利率 8% 计息。

11. 图 3-11 是某企业经济活动的现金流量图,利用各种复利计算公式,用已知项表示未知项。
(1) 已知 F_1, F_2, A,求 P。
(2) 已知 F_1, F_2, P,求 A。

12. 年利率为 12%,每季度计息一次,每年年末支付 5 000 元,连续支付 6 年,计算其等额支付的现值是多少?

13. 某公司生产某种小型农用机械,定价为 1 000 元/台,如果不愿意马上支付 1 000 元,可以采取下述 4 种方式之一购买,若年利率为 10%,试排出各种方案的优先顺序。
(1) 立即支付 400 元,并且在 10 年内每年年末等额支付 90 元。
(2) 立即支付 100 元,并且在 10 年内每年年末等额支付 140 元。
(3) 10 年内每年年末都支付 145 元。

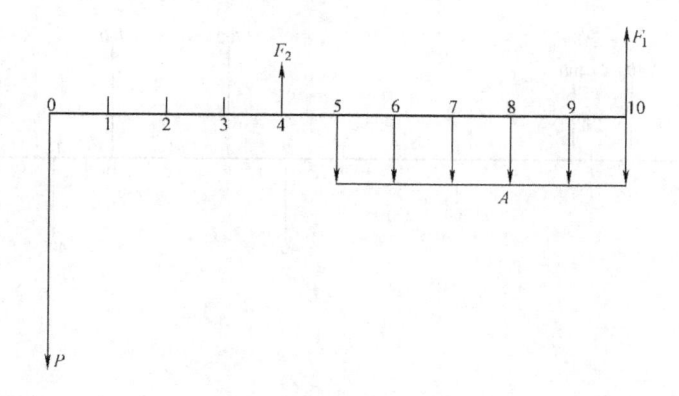

图 3-11 现金流量图

(4) 10 年内每年年初都支付 140 元。

14. 某企业与外商合资,但因企业资金短缺,外商说可以从国外贷款 1 000 万美元,年利率为 7.5%,条件是 10 年内等额偿付本息,并告知,他们已算得每年要还本 100 万美元,还利息 75 万美元。因此,每年需要还本付息 175 万美元,若同意请立即签合同,假如年利率 7.5% 是可以接受的,此合同是否该签?为做出正确的决策,请帮助计算下面几个问题:

(1) 10 年内期末等额偿付的实际数应为多少?

(2) 若按每年年末偿付 175 万美元,年利率又确为 7.5%,可以反算出期初贷款为 1 000 万美元吗?

(3) 按条件规定,年末偿付 175 万美元,则相当于支付的年利率为多少?

15. 一名学生向银行贷款上学,年利率为 5%,上学期限为 4 年,并承诺毕业后 6 年内还清全部贷款,预计每年偿还能力为 5 000 元,问该学生每年年初可从银行等额贷款多少?

16. 借款 500 万元,分 5 年等额还款(本金加利息),年利率为 12%,求每年的还本付息额、各年支付的利息和偿还的本金。

17. 某企业获得 80 万元的贷款,偿还期为 4 年,按 8% 的年利率计算,有 4 种还款方式:

(1) 每年年末还 20 万元本金和所欠的利息。

(2) 每年年末只付所欠利息,本金在第 4 年末一次还清。

(3) 在 4 年中每年年末还相等的款额。

(4) 在第 4 年年末一次还清全部本金和利息。

分别计算每年的利息、到期偿付、每年到期尚欠及 4 年总的付款额。

18. 有一人拟定了这样的储蓄计划:第 1 年年初存款 100 元,10 年中每年年末又存入 50 元,同时在第 4 年年末和第 8 年年初又再存入 100 元,在年利率 10% 的情况下,试求:

(1) 到第 10 年年末的本利和。

(2) 若到第 10 年年末不取出,年利率改为 15%,求到第 20 年年末的本利和。

19. 某企业一年中在银行存款和取款的情况如图 3-12 所示,单位为千元。假如利息按年利率 8% 计,每季度计息一次,复利计算,问年末企业一次取出存款额多少?

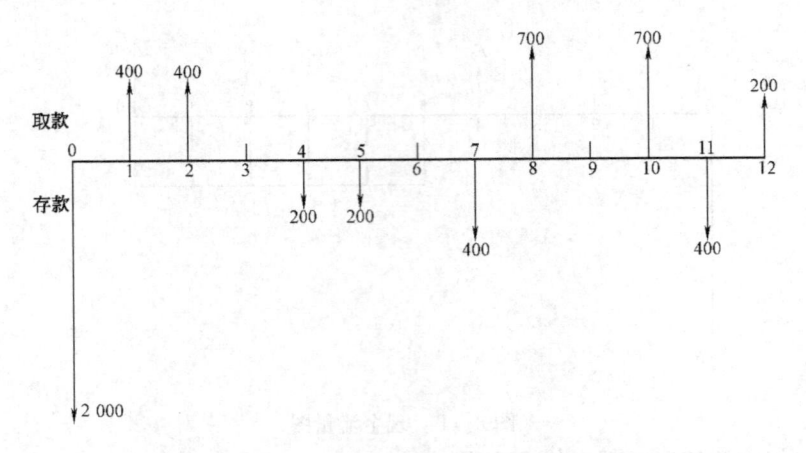

图 3-12 现金流量图

20. 求每半年向银行借款 2 400 元,连续借 8 年的等额支付的等值将来值,利息分别按如下 3 种情况计算:

(1) 年利率 8%。

(2) 年利率 8%,每半年计息一次。

(3) 年利率 8%,每季度计息一次。

21. 某公司购买一台机器设备,估计能使用 20 年,每 5 年要大修理一次,每次的修理费用为 3 000 元,现存入银行多少钱才能够支付 20 年寿命期内的大修理费用?按年利率 12%,每半年计息一次计算。

22. 企业一年内共借款 3 000 万元,支取时间在该年中均匀连续分布,利息按支取时间连续计息,年名义利率为 12%,求年末的本利和。

23. 要使企业的利润在 20 年内翻两番,按等额递增率考虑,每年递增比率为多少?

24. 有一套商品房,首付 30%,为 15 万元,其余分 5 年等额付清,每年付 7 万元,总计付 50 万元,今后年利率为 8%,如允许一次付清,可以打多大折扣?

第 4 章

投资方案的评价指标

学习要点

- 投资回收期的定义与计算
- 净现值、将来值、年度等值的定义、计算公式和评价标准
- 内部收益率的定义、经济含义、计算方法及特殊情况
- 投资利润率、投资利税率、资本金利润率、净现值率的定义及计算
- 几个评价指标的比较，投资回收期、净现值、内部收益率的共同点、优缺点、相互关系及适用情况

在第 2 章中，我们介绍了现金流量的概念，现在我们可以根据各投资方案寿命期内的现金流量来计算有关指标，以确定投资效果的好坏。这些评价指标主要有：投资回收期、会计收益率、净现值、内部收益率、净现值率和动态投资回收期等。

4.1 投资回收期

回收期是指项目原始投资回收所需要的时间。如果用 P_t 代表回收期，F_t 表示第 t 年的净现金流量，那么回收期 P_t 可以表示为

$$\sum_{t=0}^{P_t} F_t = 0 \tag{4-1}$$

式中，P_t 为各年现金流量从零年开始累计相加至总和等于零所经过的时间长度。回收期一般以年表示。

如果项目投资是在期初一次投入，当年净收益相等或基本相等，可用式(4-2)计算：

$$P_t = \frac{I}{A} \tag{4-2}$$

式中，I 为项目在期初的一次投入额；A 为各年的净现金流量。

对于各年净收益不相等的项目，投资回收期通常用累计净现金流量求出。当计算所得的回收期年份不是整数时，可以按式(4-3)求出回收期的精确值：

$$回收期 = \begin{bmatrix} 累计净现金流量开始 \\ 出现正值的年份数 \end{bmatrix} - 1 + \frac{上年累计净现金流量的绝对值}{当年净现金流量} \tag{4-3}$$

【例 4-1】 某项目的原始投资 $F_0 = -20\,000$ 元，以后各年净现金流量如下：第 1 年为 3 000 元，第 2~10 年为 5 000 元。项目计算期为 10 年，求回收期。

解： 累计净现金流量开始出现正值的年份是第 5 年，则有

$$\sum_{t=0}^{5} F_t = -20\,000 + 3\,000 + 5\,000 + 5\,000 + 5\,000 + 5\,000 = 3\,000 > 0$$

回收期 $P_t = 5 - 1 + \dfrac{2\,000}{5\,000} = 4.4$（年）。

注意，投资回收期可以从开始投资的年份算起，也可以从开始回收投资的年份算起，即从开始有正净现金流量的年份算起。例 4-1 的项目从开始投资年份算起的回收期是 4.4 年，若从开始回收的年份算起，则是 3.4 年。

当然，投资方案的回收期越短越好，作为一种判据，基准回收期 n_0 没有绝对的标准，它取决于投资项目的规模、行业的性质、资金来源的情况、投资环境的风险大小及投资者的主观期望，具体情况要具体分析。显然，重点是回收期不能长于项目的计算期，否则到计算期末，投资项目连本都收不回来。

上述回收期指标没有考虑回收期内净现金流量的具体资金时间价值，0一般称为静态投资回收期，其不考虑资金时间价值的缺陷可以采用动态投资回收期来弥补。

动态投资回收期是在基准收益率或一定折现率下，投资项目用其投资后的净收益现值回收全部投资现值所需要的时间。如果用 P_d 代表动态回收期，则

$$\sum_{t=0}^{P_d} F_t \cdot (1+i)^{-t} = 0 \qquad (4-4)$$

式中，i 为折现率。具体计算公式为

$$动态回收期 = \begin{bmatrix} 累计净现金流量折现值 \\ 开始出现正值的年份数 \end{bmatrix} - 1 + \frac{上年累计净现金流量折现值的绝对值}{当年净现金流量折现值} \qquad (4-5)$$

【例 4-2】 资料同例 4-1，求动态投资回收期。

解：按现值计算的现金流量见表 4-1。

表 4-1 动态回收期的计算　　　　　　　　　单位：元

年份	0	1	2	3	4	5	6
净现金流量	−20 000	3 000	5 000	5 000	5 000	5 000	5 000
现值流量	−20 000.0	2 777.8	4 286.7	3 969.2	3 675.1	3 402.9	3 150.8
累计净现值	−20 000.0	−17 222.2	−12 935.5	−8 966.4	−5 291.2	−1 888.3	1 262.5

$$动态回收期 = 6 - 1 + \frac{1\,888.3}{3\,150.8} = 5.6(年)$$

使用回收期方法的主要优点如下：

(1) 简单直观

回收期法计算简便，容易为一般非专业人员所理解。它告诉投资者，在此时间内可以回收全部投资，在此以后的净现金流量都是投资方案的盈利。

(2) 降低风险

由于未来净现金流量的不确定性使项目存在风险，故回收期越短，则该项投资在未来时间所冒的风险越小；回收期越长，项目所冒的风险也就越大。

(3) 减少投资对企业流动性问题的影响

进行长期投资会使企业的流动资金减少，恶化了流动比率，使企业产生流动性困难。若资金能够得到较快回收，则会较快补足营运资金，改善流动比率。

(4) 避免"过时"带来的损失

由于技术进步、市场变化等原因，投资决策时确定的技术、设备、产品会因"过时"而需要更新。投资回收期短的方案，资金可以尽快回收，从而可以减少由于"过时"而带来的不利影响。

由于有以上优点，回收期法在实际工作中有广泛应用。但它的缺点也是明显的，首先它不能反映整个项目全貌，也就是说不能考察整个项目的盈利性，在投资回收期以后的收益往往被忽略，回收期法只适于早期效益高的项目；其次它使具有战略意义的长期投资项目可能被拒绝，单一使用回收期法，容易使投资决策者产生短视行为。由于有以上缺点，回收期法只是辅助决策手段，不能作为主要的决策依据。

4.2 净现值、将来值、年度等值

1. 净现值

净现值是指未来期内各年净现金流量的现值之和。若以 NPV 符号表示净现值,则

$$\text{NPV} = \sum_{t=0}^{N} F_t \cdot (1+i)^{-t} \tag{4-6}$$

式中,i 为折现率。

【例 4-3】 资料同例 4-1,若折现率为 10%,求净现值。

$$\begin{aligned}
\text{NPV}(10) &= -20\,000 + [3\,000 + 5\,000 \times (P/A 10,9)] \cdot (P/F 10,1) \\
&= -20\,000 + (3\,000 + 5\,000 \times 5.759\,0) \times 0.909\,1 \\
&= 8\,905(元)
\end{aligned}$$

净现值表示项目达到折现率水平外盈余或亏损资金的现值价值。净现值的基准值为 0。方案可接受的评价判据是 $\text{NPV} \geqslant 0$。

【例 4-4】 净现金流量同例 4-1,求折现率为 0%,10%,12%,15%,18%,20%,25% 的净现值。

解:计算过程如表 4-2 所示。

表 4-2 不同折现率下的净现值计算

折现率(i)	Excel 计算公式(净现金流量存放于 $A1:A11$ 的区域内)	净现值(单位:元)
0%	A1+NPV(0%,A2:A11)	28 000.00
10%	A1+NPV(10%,A2:A11)	8 904.65
12%	A1+NPV(12%,A2:A11)	6 465.40
15%	A1+NPV(15%,A2:A11)	3 354.71
18%	A1+NPV(18%,A2:A11)	775.52
20%	A1+NPV(20%,A2:A11)	-704.31
25%	A1+NPV(25%,A2:A11)	-3 747.48

由表 4-2 可以看出,净现值随着折现率的变大而变小。可以把净现值看做折现率的函数,其函数曲线如图 4-1 所示,它是一条递减的曲线。

净现值指标反映了项目投资盈亏的基本情况,可以衡量出投资者对项目在经济上的基本满意度。净现值的优点是,在给定净现金流量 F_t、计算期 N 和折现率 i 的情况下,都能算出一个唯一的净现值指标值。它在理论上比其他方法更完善,在实践上也有广泛的适用性。净现值法应用的一个主要问题是如何确定折现率,由于对各项资金来源预期收益估计比较困难,故资本成本仅具有理论上的意义,因而实际应用中会受到很大的限制。

另一个主要问题是,在方案的比较上,当不同方案的投资额不同时,单纯看净现值容易忽视资金使用效率高的项目,但可以补充使用净现值率指标加以纠正。

2. 将来值

以项目计算期末为基准,把不同时间发生的净现金流量按一定的折现率计算到项目

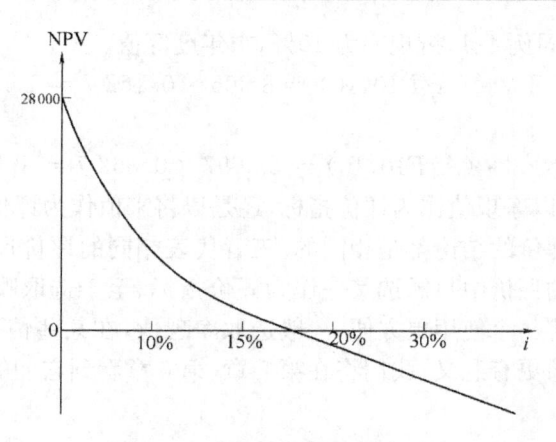

图 4-1 净现值与折现率关系图

计算期末值的代数和。若以符号 NFV 表示将来值,则

$$\text{NFV} = F_0 \cdot (1+i)^N + F_1 \cdot (1+i)^{N-1} + F_2 \cdot (1+i)^{N-2} + \cdots + F_{N-1} \cdot (1+i)^1 + F_N$$

即

$$\text{NFV} = \sum_{t=0}^{N} F_t \cdot (1+i)^{N-t} \tag{4-7}$$

或

$$\text{NFV} = \sum_{t=0}^{N} F_t \cdot (F/Pi, N-t) \tag{4-8}$$

另一种计算方法是,先把有关的现金流量折算为现值,然后再把现值换算成 N 年后的将来值,即

$$\text{NFV} = \text{NPV}(i) \cdot (F/Pi, N) \tag{4-9}$$

由式(4-9)可知,将来值等于净现值乘以一个常数。由此可见,方案用将来值评价的结论一定和净现值评价的结论相同。

【例 4-5】 资料同例 4-1,折现率为 10%,求将来值。

解：
$$\text{NFV} = -20\ 000 \times (F/P10, 10) + 3\ 000 \times (F/P10, 9) + 5\ 000 \times (F/A10, 9)$$
$$= -20\ 000 \times 2.593\ 7 + 3\ 000 \times 2.357\ 9 + 5\ 000 \times 13.579\ 5$$
$$= 23\ 097(元)$$

同样,用公式(4-9)也可求得

$$\text{NFV} = \text{NPV} \cdot (F/P10, 10) = 8\ 905 \times 2.593\ 7 = 23\ 097(元)$$

3. 年度等值

把不同时间发生的净现金流量按一定的折现率折算成与其等值的各年年末的等额支付系列,这个等额的数值称为年度等值,记为 AE。求年度等值可以先将方案的现金流量折算成净现值,再乘以等额支付系列资金恢复系数得到；也可以将方案的现金流量折算成将来值乘以等额支付系列积累基金系数得到,即

$$\text{AE} = \text{NPV} \cdot (A/Pi, N) = \text{NFV} \cdot (A/Fi, N) \tag{4-10}$$

从式(4-10)中可以看出,年度等值、净现值和将来值是成比例的,如果 NPV > 0,或 NFV > 0,则 AE > 0,年度等值具有与净现值、将来值一致的评价结论。

【例 4-6】 资料同例 4-1,折现率为 10%,求年度等值。
$$AE = NPV \cdot (A/P10, 10) = 8\,905 \times 0.162\,7 = 1\,448(元)$$
或
$$AE = NFV \cdot (A/F10, 10) = 23\,097 \times 0.062\,7 = 1\,448(元)$$

同一方案无论是以净现值作为评价指标,还是以将来值作为评价指标,或是以年度等值作为评价指标,其评价的结论都是相同的。三者代表相同的评价尺度,只是所代表的时间不同,因此在方案的评价中只需选其一作为评价指标。至于选取哪一个,取决于哪一个对于决策更有价值,哪一个使用更方便。一般选取净现值,在某些情况下现金流量的将来值、年度等值比净现值更有意义,我们将在第 5 章、第 6 章看到它们的应用。

4. 基准贴现率

由前述内容可知,在计算净现值等指标时,利率 i 是一个重要参数。在方案评价和选择中所用的这种利率称为基准贴现率,用 i_0 表示。基准贴现率定得太高,可能会使许多经济效益好的方案被拒绝;如果定得太低,则可能会接受过多的方案,其中一些经济效益并不好。基准贴现率可以理解为目标资金盈利率,有时也称为基准收益率或最低有吸引力的收益率 MARR(Minimum Attractive Rate of Return),MARR 通常由一个组织的高管在考虑了大量因素之后做出决定。主要包括以下因素:

(1) 可用于投资的资金数量以及这些资金(包括权益资金和借贷资金)的来源和成本。

(2) 可供投资项目的数量以及它们的目的。

(3) 公司存在的投资机会的风险大小,以及管理项目的短期和长期成本。

(4) 相关组织的形式(即政府、公共事业还是私人企业)。

MARR 具体确定时首先需要考虑的因素是资本成本,即保证投资有价值的要求收益率。资本成本包括债务成本(贷款利率)和权益成本(公司股东要求的收益率)。债务成本和权益成本都反映了通货膨胀的存在。因此,如果公司进行其他风险相当的投资,资本成本是能为公司所接受的最低收益率。

第二个需要考虑的因素是与项目相关的额外风险。如果项目属于正常风险范畴,资本成本可能已经反映了风险溢价。不过,对于一个高风险项目来说,还应把额外风险溢价算入资金成本。

4.3 内部收益率

4.3.1 内部收益率的定义和计算

内部收益率 IRR 被定义为净现值等于零时的贴现率,即 $NPV = \sum_{t=0}^{N} F_t \cdot (1+IRR)^{-t} = 0$ 时的 IRR。从这个定义可以看出,内部收益率所依赖的计算基础仅仅是项目的净现金流量 F_t 和项目的计算期 N。而这些数据完全是由项目方案本身(内部)所决定的。收益率"内部"两字的含义就在于此。

"净现值指标"在给定基准贴现率的情况下,所计算出的方案能够负担资本成本以后的盈利;"内部收益率"则倒过来,用来计算投资方案对所使用的资金所能支付的最高成本。内部收益率的基准值是基准贴现率 i_0,方案可取的评价判据是 IRR $\geqslant i_0$。

若 IRR $> i_0$,i_0 为企业规定的折现率(资本成本),则 NPV(i_0) > 0,说明企业的投资不仅能够回收,还能够获得盈利,因此应考虑接受该方案;

若 IRR $= i_0$,则 NPV(i_0) $= 0$,说明企业的原始投资能够回收,并恰能支付资本成本费用;

若 IRR $< i_0$,则 NPV(i_0) < 0,说明企业的原始投资可能无法回收,无法支付资本成本费用,该投资方案应拒绝。

内部收益率的计算求解较为困难,直接按定义求解时,要解一个 N 次的高次方程,一般无法解出,通常都是采用反复试算的方法。

【例 4-7】 净现金流量同例 4-1,求内部收益率。

解:按照内部收益率的定义可得

$$\mathrm{NPV} = -2\,000 + 3\,000 \times (1+i)^{-1} + 5\,000 \sum_{t=2}^{10}(1+i)^{-t} = 0$$

解方程式求 i,计算工作很复杂。一般手算时都按表 4-2 所列的方法试算。以折现率 i 从小到大逐个计算净现值,直至出现相邻两个净现值的符号相反,即 NPV$_1$(i_1) > 0,NPV$_2$(i_2) < 0 时,则内部收益率 IRR 必在(i_1, i_2)之间。当区间(i_1, i_2)不大时(一般小于 3%),可以用直线内插法求得内部收益率的近似值。

$$\mathrm{IRR} \approx i_1 + (i_2 - i_1) \times \frac{|\mathrm{NPV}_1|}{|\mathrm{NPV}_1| + |\mathrm{NPV}_2|} \tag{4-11}$$

由表 4-2 可知,当 $i_1 = 18\%$ 时,NPV$_1 = 775.52$;当 $i_2 = 20\%$ 时,NPV$_2 = -704.31$。按照这两点直线内插,则有

$$\mathrm{IRR} \approx 18\% + (20\% - 18\%) \times \frac{775.52}{775.52 + 704.31} = 19.05\%$$

我们可以利用电子表格进行精确计算,上例的 Excel 计算公式为 IRR(A1:A10),可求得精确解 19.02%。

计算内部收益率需要解一个 N 次多项式,在数学上,多项式有多个实根。目前有两条符号变化的法则可用于预测内部收益率的情况:

① 净现金流量的符号变化,正实根的个数不会超过其系数系列 F_0,F_1,F_2,…,F_{N-1},F_N 中符号变更的数目;

② 累计净现金流量的符号变化,如果累计现金流量序列开始为负,并且符号变化只有一次,那么内部收益率存在唯一正实数解。

采用内部收益率计算时,不需事先给定折现率,它是由项目本身的净现金流量所决定的。另外,这个指标直接给出项目盈利水平的相对值,便于投资者理解和做出判断,因此,这个指标在长期投资决策中得到了广泛应用。内部收益率能反映投资方案本身的盈利水平,但由于求解内部收益率的方程是 N 次方程,如果是非常规投资方案,即在项目计算期

内各年的净现金流量有时为正,有时为负,正、负号的改变超过一次以上的投资方案,往往有若干个解,这时就不能采用内部收益率作为评价指标。由于内部收益率不能在所有情况下给出唯一确定值,使其应用受到一定程度的限制。此外,内部收益率在再投资收益率的假设上存在缺陷。

*4.3.2 内部收益率的经济含义

可以从两个方面来理解内部收益率的经济含义。一种理解是从项目对所占用资金的偿付能力出发的。建设项目是一种不断通过项目获取的效益来回收所投入资金的过程。因为存在资金的时间价值,这就要求项目不仅要回收投入的资金,还要偿付资金的时间价值。资金的时间价值是按资金的占用量和占用的时间长短来计算的。单位资金被占用单位时间(通常以年为单位时间)的价值就是利率或折现率的概念,可以理解为资金占用的成本。从这个角度出发,内部收益率表示的是项目能够偿付的最大资本成本。当实际的资本成本低于内部收益率时,项目除能偿付投入的资金和资金占用的成本外还有富余。内部收益率越高,项目对资金占用的偿付能力就越高,由于计算期内项目各年占用资金的数额是不同的,一般开始占用多,后期占用少。求出的内部收益率是整个项目计算期内一个总的最大能偿付的资本成本。例如,某项目的净现金流量如图4-2所示。按定义可以求出其内部收益率IRR=10%。按以上解释,它表示项目恰好可以偿付占用资金的价格的10%。第一年占用1 000万元,按10%计算,占用的时间价值是100万元。第1年末偿付能力是400万元,其中100万元用于偿付这一年资金占用的时间价值,还有300万元用于偿付初始的资金投入,因此第2年占用的资金是700万元;第2年资金占用的时间价值将仍按10%计算,则占用的时间价值是70万元……依次类推,则计算期末时,恰好偿付完全部占用的资金和资金占用的时间价值。由此可以看出,内部收益率不是对初始投资1 000万元的偿付能力,而是对各年实际占用资金的偿付能力。

资金时间价值存在的主要原因是资金在再生产过程中的增值。单位资金在单位时间内的增值就是资金的盈利率。因此,内部收益率另一种经济含义的表述就是项目在计算期内占用资金所能达到的盈利率。仍以图4-2为例,可以说该项目的资金盈利率是10%。第1年末收益400万元中的100万元是盈利,余下的300万元偿付年初的资本投入。资金的盈利率是10%,第2年年末收益370万元中的70万元是该年占用资金(700万元)的盈利,余下300万元是偿付投入的资金。以后2年的盈利分别是40万元和20万元,偿付资金分别是200万元。因此,项目达到的盈利率始终是该年占用资金的10%,并偿付完全部的投入资金。

按以上分析,内部收益率的经济含义可表述为:项目在计算期内对占用资金所能偿付的最大资本成本,或者说,项目所占用资金在总体上的资金盈利率。

用内部收益率来反映项目的盈利水平时,要注意它只适用于纯投资的情况。所谓纯投资,是指项目在该内部收益率下始终处于占用资金的情况。形象地说,类似于图4-2(b)中的资金偿付图都位于水平线的下方。这样的内部收益率确实能反映项目的盈利水平。如图4-3所示的情况,按定义可以求出内部收益率的一个值是40%。当折现率取40%时,确实可以使净现值为零。但是,从图4-3(b)中很容易看出,该项目后两年不是处于资金占

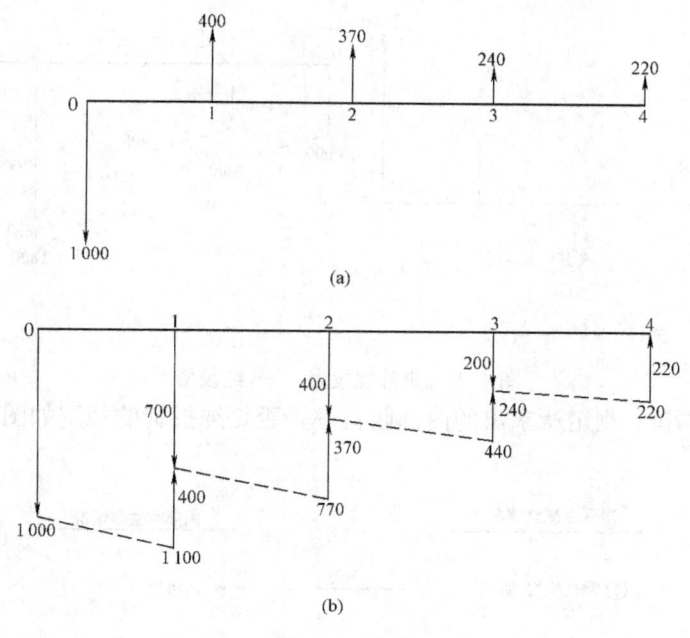

图 4-2 内部收益率的经济含义

用的情况,而是利用项目资金的情况。也就是说,要求利用项目的资金在这两年的项目之外取得 40% 的资金盈利率。我们称这种情况为非纯投资情况,或混合投资情况。使项目产生混合投资情况的内部收益率并不能真正反映项目的资金盈利水平。

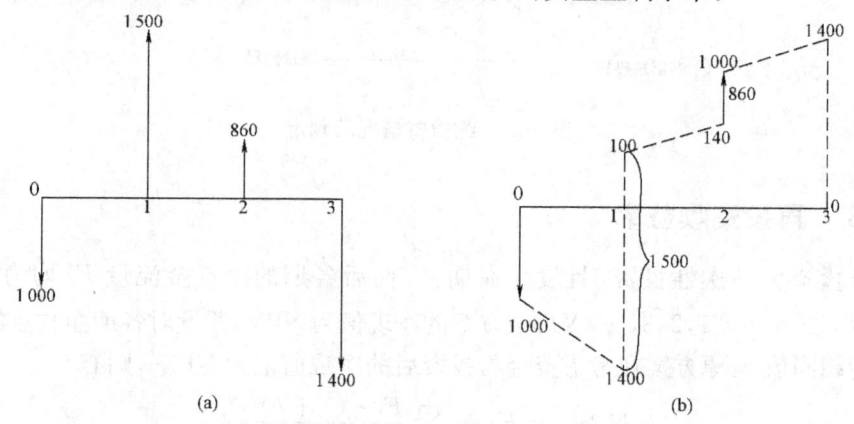

图 4-3 混合投资情况

凡是常规投资项目,求出的内部收益率一定是纯投资的情况。所谓常规投资是指初始净现金流量为负,各年全部净现金流量的代数和大于零,同时净现金流量的符号按时间序列只改变一次。图 4-2(a) 是常规投资,而图 4-3(a) 是非常规投资。非常规投资可能会出现混合投资的情况,如图 4-3 所示。但有些非常规投资的内部收益率也可能属于纯投资的情况。如图 4-4(a) 所示,显然是非常规投资,但在内部收益率 IRR = 40% 时还是属于纯投资。判定混合投资的内部收益率是否属于纯投资的情况,只能观察它是否始终处于资金占用的情况。

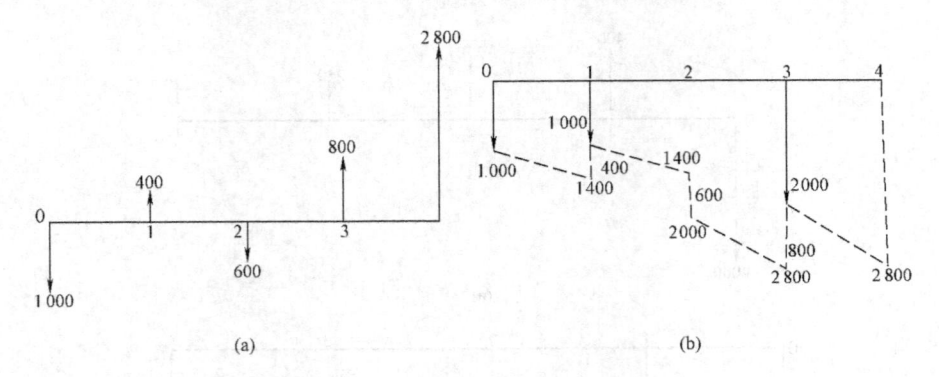

图 4-4 非常规投资——纯投资

归纳以上情况,判定所求出的内部收益率是否是纯投资的规则如图 4-5 所示,令净现金流量为 F_t。

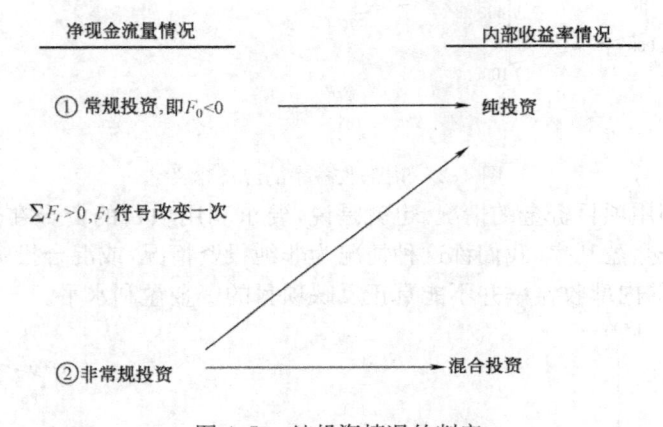

图 4-5 纯投资情况的判定

净现金流量情况 → 内部收益率情况
① 常规投资,即 $F_0<0$ → 纯投资
$\sum F_t > 0, F_t$ 符号改变一次
② 非常规投资 → 混合投资

*4.3.3 再投资收益率

假设投资为一次性投资,且发生在期初,而后各期的净现金流量 F_t 均为非负,即 $F_0 < 0, F_t \geqslant 0 \ (t=1,2,3,\cdots,N)$,该方案的净现值为 NPV,假设对各期净收益的再投资利率取为相同值 k,原方案在考虑资金再投资后的净现值记为 NPV',则有

$$\text{NPV}' = F_0 + \sum_{t=1}^{N} \frac{F_t \cdot (1+k)^{N-t}}{(1+i_0)^N}$$

若令 $k = i_0$,则

$$\text{NPV}' = F_0 + \sum_{t=1}^{N} \frac{F_t}{(1+i_0)^t} = \text{NPV}$$

若该方案的内部收益率为 IRR,考虑再投资后的净现值为 $\text{NPV}(k)$,则

$$\text{NPV}(k) = F_0 + \sum_{t=1}^{N} \frac{F_t \cdot (1+k)^{N-t}}{(1+\text{IRR})^N}$$

为使 NPV(k) = 0，需取 k = IRR。

净现值假设在项目预期期限内获得的现金流量以企业对项目所要求的收益率进行再投资，内部收益率则假设项目的再投资收益率为内部收益率本身，显然净现值法的再投资假设更符合实际。

*4.3.4 修正内部收益率

为了克服内部收益率法在再投资收益率假设方面的缺陷，人们对内部收益率法中隐含的再投资收益率假定进行了修正，假设再投资收益率为基准收益率水平，这时求得的收益率称为修正内部收益率。

假设项目预期期限中所有的现金流入都以要求的收益率作为再投资收益率直至项目终止。首先用基准收益率计算每年税后现金流入在项目期末的将来值，使项目现金流入终值的现值等于现金流出现值的贴现率，求出的贴现率即为修正内部收益率。

$$\sum_{t=0}^{N} \frac{\mathrm{CO}_t}{(1+i_0)^t} = \frac{\sum_{t=0}^{N} \mathrm{CI}_t \cdot (1+i_0)^{N-t}}{(1+\mathrm{MIRR})^N} \tag{4-12}$$

式中，CI_t 为第 t 年净现金流入；CO_t 为第 t 年净现金流出；MIRR 为修正内部收益率。

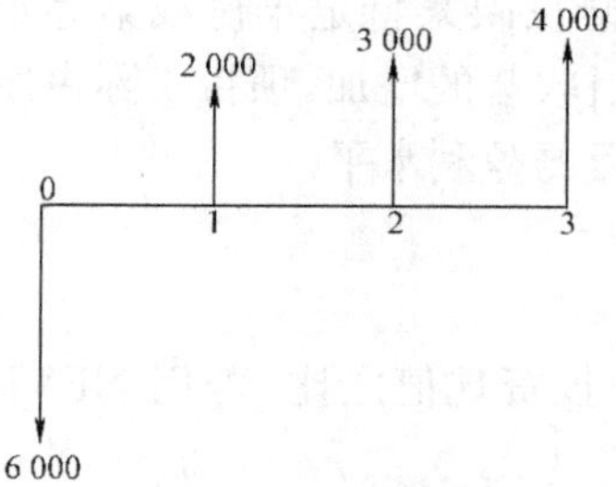

【例 4-8】 某方案各年净现金流量如图 4-6 所示，基准贴现率为 10%，求修正内部收益率。

解：$6\,000 = \dfrac{2\,000 \times (1+0.1)^2 + 3\,000 \times (1+0.1) + 4\,000}{(1+\mathrm{MIRR})^3}$

$\mathrm{MIRR} = 17.45\%$

图 4-6 净现金流量图

该方案的修正内部收益率为 17.45%，小于原来的内部收益率 20.61%。

4.4 其他辅助指标

4.4.1 简单收益率

简单收益率在计算时使用会计报表的数据，用投资收益除以投资额来计算项目的盈利水平。

常见的几种具体形式有：

$$\text{全部投资收益率} = (\text{年利润} + \text{利息})/\text{全部投资额} \tag{4-13}$$

$$\text{权益投资收益率} = \text{年利润}/\text{权益投资额} \tag{4-14}$$

$$\text{投资利税率} = (\text{年利润} + \text{税金})/\text{全部投资额} \tag{4-15}$$

$$\text{投资利润率} = \text{年利润}/\text{全部投资额} \tag{4-16}$$

以上指标与行业基准水平进行比较，若大于行业基准水平则项目可行；否则项目不被考虑。

【例 4-9】 假定某一新设备投资 8 000 元，寿命期 5 年，各年利润合计为 6 000 元，求投资利润率。

解:其投资利润率计算如下。

$$年平均利润 = 6\,000/5 = 1\,200(元)$$

$$投资利润率 = 1\,200/8\,000 = 15\%$$

计算时,式中的分母也可以使用平均投资额代替,平均投资额等于原始投资额减去残值以后的值再除以 2,这样计算的结果数值提高一倍以上,但不改变投资收益率法的性质。

使用简单收益率的理由除其计算简便、易理解外,还有以下两个主要原因:

① 保证新增投资不会逆向影响净利润。投资收益率高的项目,每一元投资带来的年利润高,从而能够增加企业的净利润。

② 有利于企业经理人员获得奖励。通常衡量投资中心经理人员工作成绩的指标是投资利润率。投资前期选用简单收益率指标来选择投资方案,有利于显示经理人员的经营业绩。

这个指标的缺点是:首先,当投资项目各年利润相差较大时,正常年的利润值将不好选择;其次,该指标不能反映项目计算期获益时间的长短,只能反映某特定年份或某些年份的盈利水平;最后,分母一般用的是项目初始投资,随着项目收益的增加,项目实际占用的资金是逐步减少的,用初始投资做分母显然低估了投资项目的盈利水平。

4.4.2 净现值率

净现值率是单位投资现值的净现值,即项目的净现值与投资现值之比,若用 NPVR 代表净现值率,I 代表投资现值,则

$$\text{NPVR} = \frac{\text{NPV}}{I} \tag{4-17}$$

若用【例 4-3】的资料数据,可计算其净现值率为

$$\text{NPVR} = \frac{8\,905}{20\,000} = 44.52\%$$

净现值率是在净现值基础上提出的,单独使用时与净现值指标是一致的,因而主要作为净现值指标的补充。净现值率的最大化,有利于资金的充分利用。

4.5 几种评价指标的比较

性质不同的投资方案评价指标可分为时间类、价值类和收益率类,如图 4-7 所示。

静态投资回收期与动态投资回收期的区别仅在于是否考虑了货币的时间价值,而年度等值和将来值与净现值具有相同的评价尺度,只是代表的时间不同而已。内部收益率在概念上与会计财务上的或静态的投资利润率有本质的不同。计算内部收益率时,用以偿付资金投入及其占用时间价值的收益包括:利润、折旧(包括余值回收)和利息。从项目总体上来说,折旧恰好偿付投入的资金;利润和利息构成资金的盈利(资金占用的时间价

值)。但是，每年的盈利和偿付资金的数额比例不一定与利润表中的利润与折旧的比例相同。以图 4-2 为例，按利润表每年的折旧是 250(按直线折旧，无残值)；每年的利润则分别是 150，120，－10，－30 万元；则常规的投资利润率分别是 15%，16%，－2%，－12%。以第 2 年为例，净现金流量是 370 万元，其中折旧是 250 万元，利润是(370－250)＝120 万元，该年资金占用的余额是(1000－250)＝750 万元。因此，该年的投资利润率是 120/750＝16%。每年的投资利润率极不相同(甚至是负的)，并不能给出项目整个计算期的资金盈利率。而内部收益率则不同，它能算出项目整个计算期内的一个资金盈利率(这个例子是 10%)，它能更全面和更综合地反映项目的盈利水平。计算时，它不拘泥于财务上定义的利润(包括利息)和折旧间的区别。

净现值率虽然也反映了资金的使用效率，但与其他收益率类指标不同，它是从净现值指标派生出来的。

在三类指标中我们选择典型的动态回收期、净现值和内部收益率三个评价指标进行比较。

这三个指标都考虑了货币的时间价值，仔细看动态回收期的公式，实质上，当给定的基准收益率刚好等于项目方案的内部收益率时，动态回收期就等于方案的寿命期，即 $P_d = N$。在一般情况下，若 $P_d < N$，则必有 $i_0 <$ IRR，因此动态回收期与内部收益率是等价的。

按照内部收益率的定义，它和净现值的关系如图 4-8 所示。从图 4-8 中可以看出，当 $i <$ IRR 时，对于所有的 i 值，净现值是正的；而当 $i >$ IRR 时，对于所有的 i 值，净现值是负的。因此在通常情况下，与净现值指标具有相一致的评价准则：当内部收益率大于贴现率时，投资方案是可取的，此时方案必有大于零的净现值。

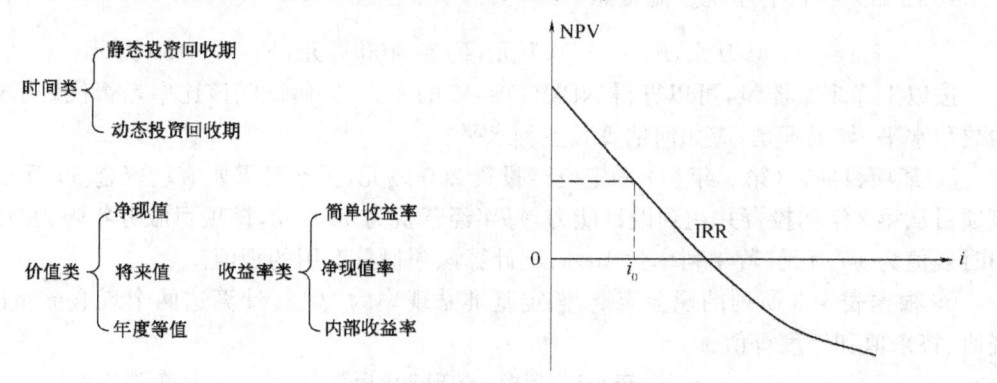

图 4-7　评价指标的分类　　　　　图 4-8　净现值与内部收益率关系图

可见常规投资下内部收益率与净现值、动态投资回收期具有一致的评价结论，当内部收益率大于基准贴现率时，净现值大于 0，动态回收期必小于计算期。

本章小结

投资回收期是最为直观和简单的分析指标。在风险较大、预测困难的情况下，投资回收期还是很重要的指标。特别对于那些市场竞争激烈、产品更新换代很快的项目,项目的远期效益显得并不很重要,也难以预测。投资回收期也许比内部收益率更利于帮助投资者做出是否要投资的决策。投资利润率或投资利税率也是一类反映项目盈利水平的指标。其优点是直观,计算简单。但该指标不反映项目计算期内占用资金的总体获利水平。

企业追求的目标是盈利的最大化,净现值就是反映净盈利的指标。内部收益率能给出盈利性的相对数值,计算时不必预先确定折现率。它能告知项目相对偏离盈利基准的远近。净现值(NPV)和内部收益率(IRR)是能比较精确地反映项目在整个计算期内盈利性水平的指标,因此一般为首选指标。

就单个常规投资项目评价而言,所有这些指标都和基准值进行比较,因此如果某个项目可行,那么这些指标得出的结论都是一致的,彼此之间不会有什么矛盾。但是不同的指标所传达的信息是不一样的,决策者不仅关心盈利的大小,也关心盈利水平的高低和资金回收时间的长短,因此在评价时需要计算各个指标。

当存在多个方案供选择的情况下,就要直接比较各个指标值,各个指标就有可能存在矛盾。具体内容在第5章介绍。

习题 4

1. 什么是投资项目的净现值?
2. 什么是投资方案的内部收益率?试述其经济含义。
3. 试述用于评价投资项目的投资回收期、净现值、内部收益率等方法的优缺点。
4. 已知某项目的净现金流量如下:

$$F_0=-100 \text{万元}, F_1=-50 \text{万元}, F_2=400 \text{万元}, F_3=-150 \text{万元}$$

按以上净现金流量,可以算得 NPV(i) = 0 的 i = 50%,试问该比率是否代表了资金的盈利水平?如果不是,应如何估算其盈利水平?

5. 某项目期初(第1年初)固定资产投资200万元,投产时需要流动资金30万元。若该项目从第2年初投资并达到设计能力,每年经营费为50万元,该项目服务年限为10年,届时残值为10万元,若年利率为10%,试计算该项目总费用的现值。

6. 根据表4-3所列的现金流量,假定基准贴现率为10%。计算这两个现金流量的净现值、将来值和年度等值。

表 4-3　习题6的现金流量表　　　　单位:万元

年末		0	1	2	3	4
方案	A	-100	50	50	50	50
	B	-100	40	40	60	60

7. 一投资方案净现金流量如图4-9所示,请对投资的利润率、投资收益率、内部收益率的大小进行排序,并说明理由。在什么情况下,三者趋于相等?

8. 2000年发行的面值为1 000元的某债券,每年可按面值的6%支取利息,5年后归

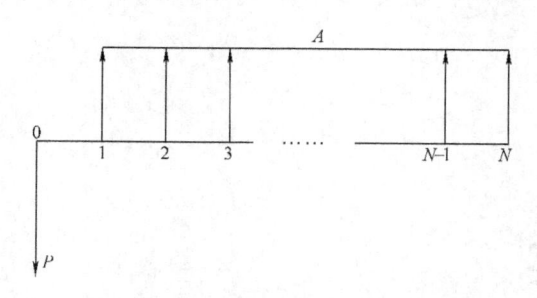

图 4-9　习题 7 的净现金流量图

还债券面值，求在发行时购买债券的内部收益率。2001 年购买这种债券的价格是 1 070 元，求 2001 年购买债券的内部收益率。

9. 王先生现在以 30 万元买进一处房产，用以出租，如果年租金收入为 3.2 万元，年物业管理费等支出为 2 000 元，预期 10 年后可以 25 万元的价格卖出。问：出售这一房产的税前内部收益率为多少？若王先生自己使用，可接受的收益水平为 8%，问：拥有该房产的等额年成本为多少？

10. 对现金流量如图 4-10 所示的投资方案，求投资回收期 n 与内部收益率 i'、建设期 M 与寿命期 N 的关系。

若基准贴现率为 12%，求平均建设期为 3 年，寿命期为 20 年的投资项目的基准回收期。

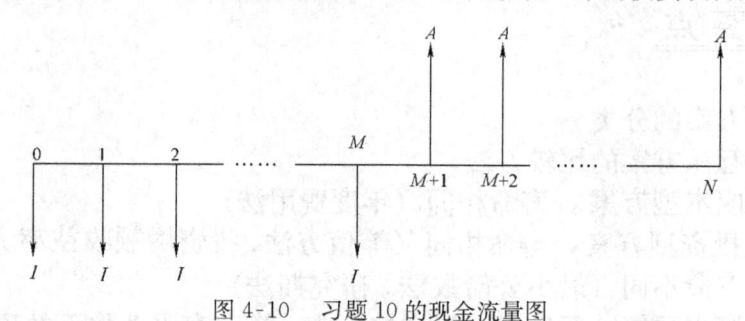

图 4-10　习题 10 的现金流量图

第 5 章

投资方案的比较和选择

学习要点

- 方案的分类
- 互斥方案的比较方法：
  成本型方案、寿命相同（年度费用法）
  投资型方案、寿命相同（等值方法、投资增额收益率方法）
  寿命不同（最小公倍数法、研究期法）
- 资本预算：互斥方案组合的形成，资金有限条件下的项目排序

第 5 章　投资方案的比较和选择

第 4 章介绍了投资方案的评价指标,对单一方案而言,只要应用上述评价指标就可决定方案的取舍。但在实践中,往往面临许多项目,每个项目又会有很多方案,这些方案或是采用不同的技术工艺和设备,或是有不同的规模和坐落位置,或是利用不同的原料和半成品等。当这些方案在技术上都可行,经济上也都合理时,经济分析的任务就是从中选择最好的方案。有限的方案中并不一定包含客观上最优的方案,但只要形成尽可能多的方案,以及在形成方案的过程中尽可能有意识地运用各种技术的和经济方面的信息,那么所选的方案就可以说是近似于最优的了。

并不是任何方案之间都是绝对可以比较的。不同方案的产出质量和数量、产出时间、费用的大小及发生的时间和方案的寿命期限都不尽相同。对这些因素的综合经济比较就需要有一定的前提条件和判别标准。

5.1　投资方案的相互关系与分类

5.1.1　方案的相关性

许多工程项目的投资方案之间,在政治、技术、经济、甚至生态平衡等方面都存在着一定的联系和影响。从经济角度看,如果一个有确定现金流量模式的项目方案被接受或被拒绝直接影响到另一个具有一定现金流量模式的项目方案被接受或被拒绝,这两个方案就是经济相关的。

影响项目方案经济相关性的因素主要有 3 种。

1. 资金的约束

无论什么样的投资主体,可用于投资的资金不可能是无限的,投资资金的限制主要有两方面的原因:一是筹集数量的限制,二是资本成本的约束。

企业按企业认为经济的价格从资本市场上得到的资金额是有限的。如图 5-1 所示,超过 C 点的供应曲线上各点都会大大增加企业的资本成本。可见,资本市场供应资金额的有限性限制了部分投资方案的资金有效性,企业必须对各种投资方案组合选择。

企业对能够使用的资金,要求其投资的收益率大于企业的资本成本率,资本费用的提高使得投资主体必须放弃收益率低于资本成本的方案,尽管这些方案是满足各类评价标准的,如图 5-2 所示。

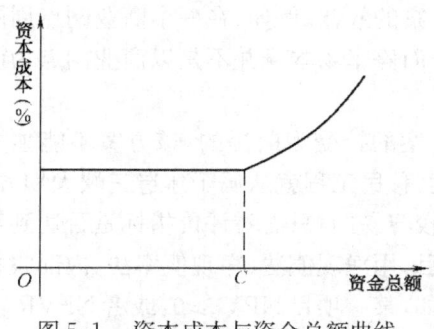

图 5-1　资本成本与资金总额曲线

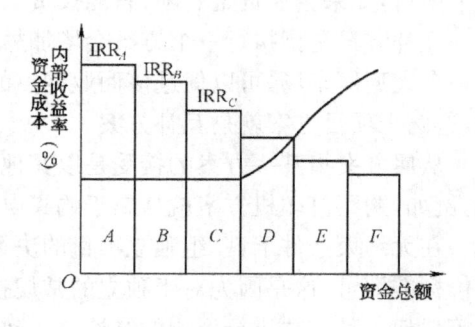

图 5-2　投资的边际性

无论以上哪种情况,都使企业的内部资金定量分配,而使一些方案受到限制。

2. 资源的限制

企业所能调动的资源是有限的,除第1条的资本有限外,其他生产要素,如土地、自然资源、企业家才能、人力资源等也都是有数量限制的。由于资源的限制导致不可能实施所有可行的项目。

3. 项目的不可分性

一个项目作为一项资产总是完整地被接受或被拒绝,不可能将一个完整的项目分成部分项目或若干个部分来执行。因此,由于资金是定量分配,接受一个大项目方案往往会自动排斥接受若干个小项目方案。

在有些情况下,一个项目由若干个相互关联的子项目组成,如果每个子项目的费用和效益相互独立,那么该项目就具有可分性,每个子项目应视为一个单独项目。

5.1.2 方案的分类

按方案相互之间的经济关系,可分为独立方案和相关方案。后者又可分为互斥方案、互补方案和从属方案。

独立方案是指在经济上互不相关的方案,即接受或放弃某个项目,并不影响其他项目的接受与否。如果两个方案不存在资本、资源的限制,这两个方案就是相互独立的,其中每一个方案都称为独立方案。例如,某企业有三个项目可供选择:一是房产项目,二是生物制药项目,三是信息工程项目。如果企业的资金等资源是充足的,那么这三个方案就是独立方案。

互斥方案是指采纳一组方案中的某一方案,必须放弃其他方案,即方案之间具有排他性。互斥关系既可指同一项目的不同备选方案,也可指不同的投资项目。同一项目的不同被选方案之间显然是互斥关系。常见的例子有:

① 项目地址应设在北京、上海还是深圳?
② 项目技术是采用日本技术,还是德国技术?
③ 设备是购买进口的,还是购买国产的?

不同的投资项目可能由于资本、资源及项目不可分的原因而成为互斥关系。如上述的三个项目,如果企业资金有限,只能投资其中的一个项目,则这三个项目是互斥关系。

互补方案是指执行一个方案会增加另一个方案的效益。例如,在一个商业网点周围建立一个大型停车场,可以促进该商业网点的繁荣,而停车场本身并不是以商业网点为前提的,这两个项目方案就是互补方案。

从属方案指某一方案的接受是以其他一些方案的接受为前提的,该方案不能独立接受。例如,购买打印机方案就从属于购买电脑方案,移民工程就从属于建造三峡大坝方案。

在无约束条件下,一组独立项目的决策是比较容易的,只需看评价指标是否达到某一评价标准即可,这是因为对于独立的常规投资项目,用净现值法、净现值率法、内部收益率法等任何一种方法进行评价的结论是一致的。例如,某一项目 NPV ≥ 0,或者 NPVR ≥ 0,或者 IRR ≥ i_0,则认为该项目是可以接受的。但如果有约束条件(比如受一定资金限制),

只能从中选择一部分项目而淘汰其他项目，这时就出现了资金合理分配的问题，一般要通过项目排队（独立项目按排序的最优组合）来优选项目。关于独立项目的无约束评价方法和评价指标已在本书第 4 章做过介绍，本章将讨论互斥方案的比较方法和资本预算方法。

按方案现金流量的分布型式，将方案区分为投资型方案和成本型方案。

成本型方案的收入不依赖于项目的选择，甚至这类项目的产出（或收益）相同。这种情况下，人们当然希望选择投入（或成本）最少的项目。例如，假设某水处理公司考虑建造一个新污水处理厂以满足某地污水处理的需求。有两个备选方案均能满足上述要求。无论选择哪个方案，水处理公司向用户收取的水费相同。唯一的区别是污水处理成本。比较这两个成本方案时，人们关心的是哪个污水处理技术的成本更低。

投资型方案为具有初始资本投入，通过增量收入、节约成本等产生正现金流量的方案。投资型方案与成本型方案相反，投资型方案的收入取决于方案的选择，它不限定项目的投入额和产出额，因此应选择的是有最大净收益（产出－投入）的项目。例如，一家电视制造商计划生产大屏幕彩电，有两种高清显示器的选择。但由于产能的限制，公司目前只能生产其中的一种。两种产品不同的生产流程导致生产成本存在很大差异。由于市场价格和潜在销售量不同，两种产品带来的收入也不相同。这种情况下，如果采用 NPW 判据，应该选择能带来更高净现值的产品。

5.2 互斥方案的比较

5.2.1 互斥方案比较的原则

进行互斥方案比较，必须明确以下 3 点原则：

① 可比性原则。两个互斥方案必须具有可比性。备选方案之间的差异可能多种多样，可比性原则要求将这些差异的任何经济影响包括到备选方案的估计现金流量中，并在共同分析期间比较不同方案，否则就可能选择错误的方案。

② 增量分析原则。对现金流量的差额进行评价，考察追加投资在经济上是否合算，如果增量收益超过增量费用，那么增加投资的方案是值得的。例如，有两个方案 A 和 B，方案 A 比方案 B 投资金额大，方案 A 是否好于方案 B，就要看增加的投资是否有利。

③ 选择正确的评价指标。增量分析无论用哪一个评价指标都能得出正确的结论，这时，就可以按照一般净现金流量，采用第 4 章介绍的净现值、内部收益率等指标。如果这些指标大于基准值，我们就认为投资大的方案 A 优于投资小的方案 B。如果不用增量分析法，则需要合理选用适合的评价指标。

5.2.2 总量分析法与增量分析法

对各个互斥方案单独进行评价，然后通过比较各个结果做出决策的方法称为总量分析法。第 4 章已介绍过各个评价指标及判据准则，例如应用总量分析法计算每个方案的净现值，然后选择净现值最高的方案。需要注意的是，这一方法只有在采用净现值、将来值及年度等值判据时才有效。

增量分析法关注方案之间的差异,对增量投资进行分析。如果增量投资是可接受的,则选择投资大的方案,否则选择投资小的方案。一般用投资大的方案减去投资小的方案,形成常规投资的增量现金流,应用增量分析指标考察经济效果。增量分析指标主要有以下两个。

(1) 增额投资净现值

增额投资净现值(ΔNPV)指两个方案净现金流量差额的净现值。比选原则为:

若 $\Delta NPV \geqslant 0$,则选投资大的方案;

若 $\Delta NPV < 0$,则选投资小的方案。

(2) 增额投资内部收益率

增额投资内部收益率(ΔIRR)指两个互斥方案的差额投资净现值等于零时的折现率。比选原则为:

若 $\Delta IRR \geqslant i_0$,则投资大的方案为优;

若 $\Delta IRR < i_0$,则投资小的方案为优。

增量分析法将两个方案的比选问题转化为一个方案的评价问题,从而可以利用第4章介绍的指标进行评价,增量分析的结论显然是准确可靠的。

5.2.3 寿命相同的成本型互斥方案的比较

先考虑两个使用寿命完全相同的成本型工程技术方案的比较,这是费用的比较问题。当一个方案的一次投资和经常性费用都小于另一方案时,不言自明,前者优于后者,不存在比较问题。经常碰到的问题是:方案 2 的一次投资费用 K_2 大于方案 1 的一次投资费用 K_1,而经常性费用 C_2 要小于 C_1,由于投资和经常性费用的支出时间不同,就不能简单地用绝对的费用节省来判定方案的好坏。采用增量分析方法,看方案 2 比方案 1 是否有利的准则是,看方案 2 多花的投资 K_2-K_1 是否能通过经常性费用的节省 C_2-C_1 在规定的时间内回收回来,或者看方案 2 多花的投资 K_2-K_1 是否能通过经常性费用的节省 C_2-C_1 在预定的期限内达到要求的收益水平(见图 5-3)。

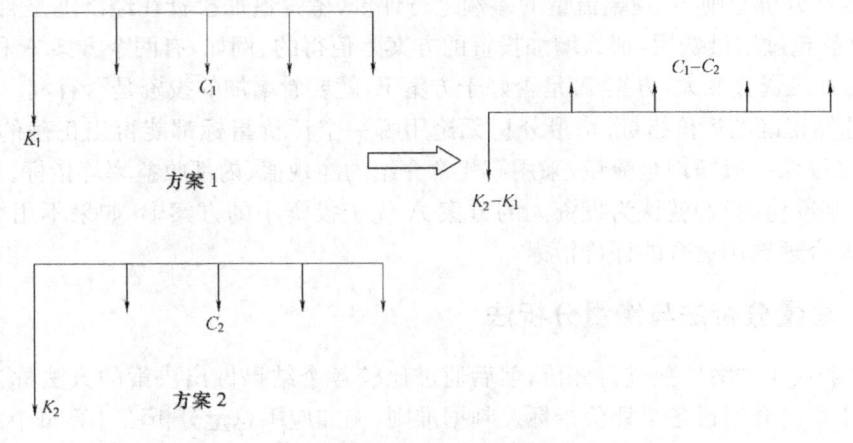

图 5-3 产出相同、寿命相同的互斥方案的比较

通过投资大的方案每年所节省的经常性费用能否达到要求的收益率水平,可采用价

值类指标(增额投资净现值等)或收益类指标(增额投资内部收益率等)。

若选用增额投资年度等值判据,这个判据大于 0 时说明投资大的方案好,那么

$$(C_1 - C_2) - (A/Pi_0, N)(K_2 - K_1) > 0$$

整理上式得

$$C_2 + (A/Pi_0, N)K_2 < C_1 + (A/Pi_0, N)K_1 \tag{5-2}$$

式(5-2)左右两边的表达式分别为方案 1 和方案 2 的年度等值,由于考虑的现金流量均是方案的费用,故一般称该年度等值为年度费用。

方案 2 优于方案 1,表明方案 2 的年度费用小于方案 1;反之亦然。我们可以采用总量分析法直接计算互斥方案的年度费用,哪个方案年度费用小,哪个方案就是最好的方案。一般地,方案 j 的第 t 年投资或经常性费用用统一的符号 C_{jt} 来表示,有

$$\min(AC_j) = \min\left\{\left[\sum_{t=0}^{N} C_{jt} \cdot (1+i_0)^{-t}\right] \cdot (A/Pi_0, N)\right\} \tag{5-3}$$

年度费用最小的方案就是最优的方案。

【例 5-1】 某厂需要一部机器,使用期为 3 年,购买价格为 77 662 元,在其使用期终了时预期残值为 25 000 元,同样的机器每年可花 32 000 元租得,基准收益率为 20%,问:租还是买?

解:计算各个方案的年度费用
$$AC_1 = 77\ 662 \times (A/P20, 3) - 25\ 000 \times (A/F20, 3) = 30\ 000(元)$$
$$AC_2 = 32\ 000(元)$$

由计算结果可知,应选择买机器。

5.2.4 寿命相同的投资型互斥方案的比较

如果产出的质量相同,仅数量不同,则可用单位产出的费用来比较方案的经济性。例如,电厂的每千瓦小时的成本、住宅建筑的每平方米造价等。在一般情况下,不同方案的产出质量是不同的,不同行业和部门的工程项目方案的性质也完全不同,为使方案之间具有可比性,最常用的方法是,用货币统一度量各方案的产出和费用,利用增量分析法进行分析比较。按投资大小将方案排队,首先选择投资最小的方案作为基准,然后看追加投资在经济上是否合算。

下面举例说明如何比较几个相互排斥的方案。

【例 5-2】 现有三个互斥的投资方案,其费用数据见表 5-1,试进行方案比较。

表 5-1 各方案投资费用数据表　　　　　　　　　　单位:万元

方案 年末	A_0	A_1	A_2	A_3
0	0	−5 000	−8 000	−10 000
1~10	0	1 400	1 900	2 500

解：

第一步，先将方案按照初始投资的顺序排列，如表 5-1 所示。A_0 为全不投资方案，有时所有互斥方案均不可行，因此我们把全不投资也作为一个方案。

第二步，选择初始投资最少的方案作为临时最优方案，这里选定全不投资方案作为临时最优方案。

第三步，选择初始投资较高的方案作为竞赛方案，计算两个方案的现金流量之差。这里选择 A_1 作为竞赛方案，假定 $i_0 = 15\%$，计算所选定的评价指标为

$$\Delta \text{NPV}_{A_1-A_0} = -5\,000 + 1\,400 \times \sum_{t=1}^{10}(1+15\%)^{-t} = 2\,026.32(万元)$$

$$\Delta \text{IRR}_{A_1-A_0} = 25.0\%$$

如增额现金流量的净现值大于零，或者内部收益率大于基准收益率，说明竞赛方案优于临时最优方案，所以应把临时最优方案 A_0 划掉而将竞赛方案 A_1 作为临时最优方案。否则，划掉竞赛方案，临时最优方案维持不变。

第四步，把上述步骤反复进行下去，直到所有方案比较完毕，可以找到最后的最优方案。现在，以 A_1 为临时最优方案，将 A_2 作为竞赛方案，计算方案 A_2 和方案 A_1 两个现金流量的差的净现值或内部收益率。

$$\Delta \text{NPV}_{A_2-A_1} = -3\,000 + 500 \times \sum_{t=1}^{10}(1+15\%)^{-t} = -490.60(万元)$$

$$\Delta \text{IRR}_{A_2-A_1} = 10.5\%$$

净现值为负，内部收益率小于15%，说明方案 A_2 较差，将之舍弃，方案 A_1 仍为临时最优方案。再将 A_3 作为竞赛方案，计算方案 A_3 和方案 A_1 两个现金流量之差的净现值或内部收益率。

$$\text{NPV}_{A_3-A_1} = -5\,000 + 1\,100 \times \sum_{t=1}^{10}(1+15\%)^{-t} = 520.68(万元)$$

$$\text{IRR}_{A_3-A_1} = 17.6\%$$

由于净现值大于零，或内部收益率大于15%，所以 A_3 优于 A_1，即 A_3 为最后的最优方案。

从上述例子可以看出，采用增额投资净现值法和增额投资内部收益率法比较其结论是一致的。容易证明，按方案净现值的大小直接比较也可以得到完全相同的结论。证明如下：

$$\begin{aligned}
\text{NPV}_B - \text{NPV}_A &= \sum_{t=0}^{N} F_{B_t} \cdot (1+i)^{-t} - \sum_{t=0}^{N} F_{A_t} \cdot (1+i)^{-t} \\
&= F_{B_0} - F_{A_0} + F_{B_1} \cdot (1+i)^{-1} - F_{A_1} \cdot (1+i)^{-1} + \cdots \\
&\quad + F_{B_N} \cdot (1+i)^{-N} - F_{A_N}(1+i)^{-N} \\
&= F_{(B-A)_0} - F_{(B-A)_1} \cdot (1+i)^{-1} + \cdots + F_{(B-A)_N} \cdot (1+i)^{-N} \\
&= \sum_{t=0}^{N} F_{(B-A)_t} \cdot (1+i)^{-t} \\
&= \Delta \text{NPV}_{B-A}
\end{aligned}$$

若 $NPV_{B-A} > 0$,则有 $NPV_B > NPV_A$,反之亦然。

因此,可以方便地采用总量分析法直接用净现值的大小进行比较。仍然采用上述例子,根据各个方案的现金流量计算的净现值如表 5-2 所示,同样得出 A_3 为最优方案。

但是不能直接使用内部收益率法,直接使用内部收益率会导致不一致的结论(见表 5-2)。

表 5-2　方案的净现值和内部收益率比较　　　　　　　单位:万元

方　案	净　现　值	优　序	内部收益率	优　序
A_0	0	4	15%	4
A_1	2 026.32	2	25%	1
A_2	1 535.72	3	19.9%	3
A_3	2 547.00	1	21.9%	2

仍然采用上述例子,根据各个方案的现金流量计算的内部收益率值如表 5-2 所示,A_1 方案的内部收益率最大,但选择该方案不能选出净现值最大的方案。这是因为 $i'_{A_1} > i'_{A_3}$,并不一定有 $i'_{A_1-A_3} > 15\%$(基准收益率),由于企业的目标一般是使企业价值最大化,所以一定要用投资增额内部收益率,而不能直接用内部收益率进行比较。

投资回收期指标不反映项目在投资回收期后的收支情况,也不能区别有相同投资回收期但现金流量分布不同的方案,因此一般不采用。

5.2.5　寿命不同的互斥方案的比较

相互比较的两个方案必须具有可比性,当两个方案寿命不同时,这两个方案就不能直接比较,否则可能是不公平的,因此必须加以处理,使两者的寿命期相同。通常有两种处理方法:最小公倍数法和研究期法。

1. 最小公倍数法

取各方案寿命的最小公倍数作为各方案的共同寿命,在此期间,各方案的投资、收入支出等额实施,直到最小公倍数的寿命期末为止。例如,两个方案分别有 4 年、6 年的寿命期,最小公倍数就是 12 年,方案 1 反复实施 3 次,方案 2 反复实施 2 次。当最小公倍数较小时,这种重置的假设是合理的,但当最小公倍数很大时,由于技术进步,这种假设就不符合实际了。

【例 5-3】 有两个方案 A 和 B,方案 A 原始投资费用为 2 300 万元,经济寿命为 3 年,寿命期内年运行费用比 B 多 250 万元,寿命期末无残值;方案 B 原始投资费用比方案 A 多 900 万元,经济寿命为 4 年,寿命期末残值为 400 万元。基准贴现率为 15%,比较两个方案的优劣。

解:方案 A 寿命期为 3 年,方案 B 寿命期为 4 年,最小公倍数为 12 年,所以方案 A 重置 4 次,方案 B 重置 3 次,现金流量如表 5-3 所示。

表 5-3 重置后现金流量表　　　　　　　　　　　　　单位：万元

年　末	方　案　A	方　案　B
0	−2 300	−3 200
1	−250	
2	−250	
3	−250　　−2 300	
4	−250	400　　−3 200
5	−250	
6	−250　　−2 300	
7	−250	
8	−250	400　　−3 200
9	−250　　−2 300	
10	−250	
11	−250	
12	−250	400

采用净现值作为判据,计算如下：

$$NPV_A = -2\,300 - 2\,300 \times (P/F15,3) - 2\,300 \times (P/F15,6)$$
$$- 2\,300 \times (P/F15,9) - 250 \times (P/A15,12) = -6\,819(万元)$$
$$NPV_B = -3\,200 - 2\,800 \times (P/F15,4) - 2\,800 \times (P/F15,8)$$
$$+ 400 \times (P/F15,12) = -5\,612(万元)$$

在 12 年的寿命期内,方案 B 的费用现值(5 612 万元)小于方案 A(6 819 万元),因此方案 B 优于方案 A。

采用年度费用作为判据,计算如下：

方案 A 第一次实施的年度费用为

$$AC_A = 2\,300 \times (A/P15,3) + 250 = 1\,257.4(万元)$$

方案 A 第二次实施的年度费用为

$$AC_A = 2\,300 \times (A/P15,3) + 250 = 1\,257.4(万元)$$

方案 A 第三次实施的年度费用为

$$AC_A = 2\,300 \times (A/P15,3) + 250 = 1\,257.4(万元)$$

注意,方案 A 第二次、第三次实施的年度费用与第一次实施的值完全相同,因此没有必要计算第二次之后实施的值,只需计算一次实施的值就行了。

$$AC_B = 3\,200 \times (A/P15,4) - 400 \times (A/F15,4) = 1\,040.84(万元)$$

所以方案 B 优于方案 A。

从上面的例子可以看出,使用现值判据必须采用最小公倍数法。例如,两个方案寿命期分别为 10 年和 13 年,必须在共同的寿命期限 130 年内应用现值法。用年度等值作为判据,只需对方案的第一个寿命期的年度等值做出比较,完全避开了寿命不等问题。

2. 研究期法

研究期法是指对不等寿命的方案指定一个计划期作为各方案的共同寿命。研究期通常是取所有竞争方案的最短寿命,该方法假定在研究期末处理掉所有资产,因此必须估计残值。如果能够准确地估计残值,该方法将比最小公倍数法更合理。但通常估计各方案资产的将来市场价值是非常困难的,变通的做法是计算最低残值,然后判断资产的市场价值是高于还是低于该最低残值,据此选择可取方案。

【例 5-4】 资料同例 5-3,请用研究期法进行比选。

解:选 2 年为研究期,假定残值为 0。

$$NPV_A = -2\,300 - 250 \times (P/A15,2) = -2\,707(万元)$$

$$NPV_B = -3\,200(万元)$$

确定 B 的残值 F 使 $NPV_B = NPV_A$,有

$$2\,707 = 3\,200 - F \cdot (P/F15,2)$$

$$F = 652(万元)$$

即当 B 的残值比 A 大 652 万元时,B 比 A 可取。

5.3 资本预算

企业中需要投资的项目很多,其中许多项目经过评价,可能都能达到最低期望盈利率的要求,都属于有利的投资机会;但是,企业所筹集的资金毕竟是有限的,不可能采用所有经济上可行的项目,这时就存在着如何最佳分配资金的问题。在资金有限的条件下,如何选择最合理、最有利的投资方向和投资项目,然后将资金在优选项目中进行合理分配,使有限的资金获得更大的经济效益,这就是资本预算问题。

企业通常会有很多投资方案,一般地,全部入选项目组的资金需要量与实际的资金可提供量不一致。例如,有 3 个投资方案,其现金流量如表 5-4 所示,假如企业仅有 600 万元,很显然如果接受方案 A,就必须放弃方案 B 和 C;如果接受 B 和 C,就必然放弃 A。

表 5-4 各方案现金流量表　　　　　　　　　　　　单位:万元

年末 方案	0	1	2	3
A	−500	200	200	200
B	−200	100	100	100
C	−350	160	160	160

由于项目的不可分性(即一个项目只能作为一个整体而被接受或放弃),决策不能按项目 IRR 或 NPV 从大到小顺序排列后进行取舍。可用的方法主要有 3 种:互斥组合法、整数规划法。

5.3.1 互斥组合法

互斥组合法就是在资金限量条件下,选择一组不突破资金限额而经济效益又最大的互斥组合投资项目作为分配资金的对象。当存在多个投资项目时,不论其相互关系如何,都可以把它们组成许多互斥组合,并按净现值、年度等值等指标计算各互斥组合的经济效益,在

不突破资金限额的条件下,选取经济效益最大的一组投资项目作为分配资金的对象。

其具体实现步骤是:

① 形成所有可能的互斥方案组合,把所有的项目组合全部列举出来,每个组合都代表一个满足约束条件的相互排斥的项目组合中的一个方案。

② 按各方案组合的投资从小到大排列起来。

③ 在总的初始投资小于投资限额的方案组合中,按互斥方案的比选原则选择最优的方案组合。

本章之前所介绍的各种投资经济效益评价方法都适用于直接对互斥项目进行评选。所以,当若干项目之间存在非互斥关系时,有时需要把它们转换为一系列互斥的组合项目(简称互斥组合),以便利用前述各种方法对项目进行评价。所谓互斥组合是指每一组合中包括数目不等的项目,组合与组合之间存在互斥关系。下面举例说明怎样根据投资项目的原有关系把它们转换为一系列互斥组合。

1. 独立项目的互斥组合

当项目 A,B,C 为独立项目时,可把它们转换成如表 5-5 所示的 8 种互斥组合。表中数字"1"与"0"分别表示某一互斥组合内是否包括某项目,"1"表示组合内有该项目,"0"表示无该项目。

表 5-5　3 个独立项目的互斥组合

序号	组合方案 A	组合方案 B	组合方案 C	组合内的方案
1	0	0	0	无
2	1	0	0	A
3	0	1	0	B
4	0	0	1	C
5	1	1	0	A,B
6	1	0	1	A,C
7	0	1	1	B,C
8	1	1	1	A,B,C

2. 互斥项目的互斥组合

若项目 A,B,C 为互斥项目,则它们可构成如表 5-6 所示的 4 种互斥组合。

表 5-6　3 个互斥项目的互斥组合

序号	组合方案 A	组合方案 B	组合方案 C	组合内的方案
1	0	0	0	无
2	1	0	0	A
3	0	1	0	B
4	0	0	1	C

3. 依存项目的互斥组合

若项目 A,B,C 之间,C 依存于 A 与 B,B 依存于 A,则它们可构成如表 5-7 所示的 4 种互斥组合。

表 5-7　3 个依存项目的互斥组合

序号	组合方案 A	组合方案 B	组合方案 C	组合内的方案
1	0	0	0	无
2	1	0	0	A
3	1	1	0	A,B
4	1	1	1	A,B,C

4. 多种关系项目的互斥组合

若项目 X,Y 为独立项目,X 由两个互斥项目 X1 与 X2 组成,Y 由两个互斥项目 Y1 与 Y2 组成,则它们可构成如表 5-8 所示的 9 种互斥组合。

表 5-8　多种关系项目的互斥组合

序号	X1	X2	Y1	Y2	组合内的方案
1	0	0	0	0	无
2	1	0	0	0	X1
3	0	1	0	0	X2
4	0	0	1	0	Y1
5	0	0	0	1	Y2
6	1	0	1	0	X,Y1
7	1	0	0	1	X1,Y2
8	0	1	1	0	X2,Y1
9	0	1	0	1	X2,Y2

又如,若 A1,A2,B1,B2,D 五个项目中,A1 与 A2、B1 与 B2 互斥,B1 与 B2 依存于 A2,D 依存于 B1,则它们可构成如表 5-9 所示的 6 种互斥组合。

表 5-9　多种关系项目的互斥组合

序号	A1	A2	B1	B2	D	组合中的项目
1	0	0	0	0	0	无
2	1	0	0	0	0	A1
3	0	1	0	0	0	A2
4	0	1	1	0	0	A2,B1
5	0	1	0	1	0	A2,B2
6	0	1	1	0	1	A2,B1,D

可组成的互斥组合数 N 可用下面的公式计算:

$$N = \prod (M_j + 1) = (M_1 + 1) \cdot (M_2 + 1) \cdot (M_3 + 1) \cdot \cdots \cdot (M_S + 1) \quad (5-4)$$

式中，S 为独立项目数；M_j 为第 j 个独立项目组所包括的互斥项目数。

【例 5-5】 有 A，B，C，D 四类独立项目，每类中又包括若干互斥项目：

A：A1，A2，A3，A4，A5，A6
B：B1，B2，B3
C：C1，C2，C3，C4
D：D1，D2

求可组成的互斥组合数 N。

解：互斥组合数 N 为

$$N = (6+1) \times (3+1) \times (4+1) \times (2+1) = 420$$

例如，对于表 5-4 中的 3 个相互独立的投资方案，可以组合成如表 5-10 所示的 8 个相互排斥的方案组合。如果投资限额为 600 万元，则只能在方案组合 1，2，3，4，7 中选择一个。按净现值比较法，若基准折现率 $i = 15\%$，则由表 5-10 可知，组合方案 7 最好，即方案 B 和方案 C 的组合最好。

表 5-10 投资方案组合 单位：万元

相互排斥的方案组合	组合方案 X_A	X_B	X_C	年末 0	1	2	3	净现值 ($i=15\%$)
1	0	0	0	0	0	0	0	0
2	1	0	0	−500	200	200	200	−43.4
3	0	1	0	−200	100	100	100	28.3
4	0	0	1	−350	160	160	160	15.3
5	1	1	0	−700	300	300	300	
6	1	0	1	−850	360	360	360	
7	0	1	1	−550	260	260	260	43.6
8	1	1	1	−1 050	460	460	460	

互斥组合法的优点是简单明了，但它只适用于备选项目很少的情况。当备选项目增多时，互斥组合数目很大，计算工作量就会很大。互斥组合法在理论上是可行的，但要求寿命相同，由例 5-5 看到，3 个方案的工作量就如此之大，100 个方案通常是无法实现的。

5.3.2 整数规划法

对于投资项目较多的资金分配问题，可以运用整数规划模型和计算机来解决。应用整数规划法解决资金分配问题的数学模型如下：设以净现值最大为目标，则其目标函数为

$$\max Z = \sum_{j=1}^{n} \text{NPV}_j \cdot x_j \quad (5-5)$$

式中，NPV_j 为第 j 个投资项目的净现值；x_j 为决策变量，其取值为 1 或 0。x_j 取值为 1，表示第 j 个投资项目被接受；x_j 取值为 0，表示第 j 个投资项目被舍弃，$j = 1, 2, \cdots, n$。

上述目标函数的约束条件分为两类：一类是计划期的资金限额；另一类是投资项目之

间的相互关系。

（1）资金约束条件

$$\sum_{j=1}^{n} I_j \cdot x_j \leqslant I \tag{5-6}$$

式中，I 为允许的最大现金支出；I_j 为第 j 个项目的现金支出（如投资额或年度经营支出）。

（2）项目相互关系约束条件

① 若多个项目间存在互斥关系，设其决策变量分别为 $x_1, x_2, \cdots, x_n$，则它们有如下关系式：

$$x_1 + x_2 + x_3 + \cdots + x_n \leqslant 1 \tag{5-7}$$

② 若某一项目对另一项目有依存关系，设其决策变量分别为 x_1, x_2，则 x_1 与 x_2 有如下关系式：

$$x_1 \leqslant x_2 \tag{5-8}$$

【例 5-6】 设有 7 个方案，各方案的收益现值、投资现值如表 5-11 所示，假定资金总额为 50 万元，请选出最优方案。

表 5-11　各方案的收益现值、投资现值　　　　　　　　单位：万元

方　案	收益现值	初始投资	净　现　值
1	150	30	120
2	45	30	15
3	40	10	30
4	24	20	4
5	17	9	8
6	10	5	5
7	8	1	7

解：根据式(5-5)和式(5-6)列出整数规划模型如下：

$$\max Z = \sum_{j=1}^{n} \mathrm{NPV}_j \cdot x_j = 120x_1 + 15x_2 + 30x_3 + 4x_4 + 8x_5 + 5x_6 + 7x_7$$

$$30x_1 + 30x_2 + 10x_3 + 20x_4 + 9x_5 + 5x_6 + 1x_7 \leqslant 50$$

$$(0 \leqslant x_j \leqslant 1; x_j = 0, 1; j = 1, 2, \cdots, 7)$$

整数规划法解出的方案是 7，1，3，5。

方案 7，1，3，5 的净现值总和为

$$\sum \mathrm{NPV} = 7 + 120 + 30 + 8 = 165(万元)$$

方案 7，1，3，5 的投资额总和为

$$\sum I = 1 + 30 + 10 + 9 = 50(万元)$$

5.3.3　净现值率法

净现值率法是一种在计划期资金限额内先选择净现值率大的投资项目，直到资金限额分完为止的项目选择方法。其具体做法是：把能满足最低期望盈利率的投资项目按净现

值率由大到小顺序排列,优先将资金分配给净现值率最大的项目,直到全部资金分配完为止。净现值率法应用简单,一般能求得投资经济效益较大的项目组合,但不一定能取得最优的项目组合。

【例 5-7】 资料同例 5-6,请用净现值率法进行选择。各方案的净现值、净现值率见表 5-12。

表 5-12　各方案的净现值、净现值率　　　　　　　　单位:万元

方　案	收益现值	初始投资	净　现　值	净现值率
1	150	30	120	4
2	45	30	15	0.5
3	40	10	30	3
4	24	20	4	0.2
5	17	9	8	0.9
6	10	5	5	1
7	8	1	7	7

净现值率法解出的方案是 7,1,3,6。

方案 7,1,3,6 的净现值总和为

$$\sum \text{NPV} = 7 + 120 + 30 + 5 = 162(万元)$$

方案 7,1,3,6 的投资总和为

$$\sum I = 1 + 30 + 10 + 5 = 40(万元)$$

按净现值率排序只是一种近似的方法,并不能在所有情况下都得出正确的结论。当每个项目的初始投资相对于投资总限额相对较小时,一般有比较可靠的结论。

本章小结

本章所涉及的工程经济分析的基本原则有:资金时间价值、可比性和增量分析等原则。

前述投资方案的比较优选方法是最基本的应用评价指标的方法。在一般情况下,各种方法具有一致的结论,但当项目方案的计算期不同或项目方案原始投资规模不同时,分别使用净现值法、内部收益率法,其结论可能会不一致。在有资金约束的条件下,不管方案间是互斥的还是独立的,它们的解法都一样,即把所有满足约束条件的方案组合都列出来,然后进行排序。所谓的资金效率性指标——内部收益率及同类指标都不能解决资金预算问题。总之,在应用评价方法对方案进行比选时,不仅要注意保持各方案的可比性,将不可比的方案按照一定规则转化为可比方案,而且要注意选用恰当的评价判据。

习题 5

1. 试区别方案之间的关系。
2. 互斥投资方案选择比较的原则是什么？
3. 在投资方案的评价和选择中，只要方案的内部收益率大于基准贴现率，方案就是可取的，这个结论对吗？为什么？
4. 有 A，B，C，D 共 4 个投资项目，现金流量如表 5-14 所示。

表 5-14　第 4 题各项目现金流量表　　　　　　　　　　单位：万元

项目/年末	0	1	2
A	-1 000	1 400	0
B	-2 000	1 940	720
C	-1 000	490	1 050
D	-2 000	300	2 600

（1）当基准贴现率为 10% 时，请分别用内部收益率、净现值、净现值率的大小对项目进行排序。

（2）如果 A，B，C，D 为互斥方案，选择哪个项目？

（3）如果 A，B，C，D 为独立方案，分别用净现值、净现值率选择项目，并进行分析。

a. 当无资金限制时；

b. 资金限制为 2 000 万元时；

c. 资金限制为 3 000 万元时；

d. 资金限制为 4 000 万元时；

e. 资金限制为 5 000 万元时。

5. 互斥的两个方案 A 和 B，各年的净现金流量如表 5-15 所示，试问：基准收益率在什么范围内可选择方案 A（两个方案一定要选一个，且只能选一个）？

表 5-15　习题 5 中各年净现金流量表　　　　　　　　　单位：万元

方案	0	1	2	3~6	7
A	-1 200	-800	600	每年 370	550
B	-1 200	-800	100	每年 410	1 000

6. 现有 6 个独立的投资项目，如表 5-16 所示，资金预算为 37 000 万元，试选择最优的方案组合。

表 5-16　第 6 题中投资项目数据表　　　　　　　　　　单位：万元

方案	寿命(年)	初始投资	年净收益
A	4	6 000	2 500
B	5	8 000	2 690
C	6	11 000	3 280
D	10	13 000	2 610
E	9	15 000	2 950
F	3	22 000	9 930

7. 现有两种可选择的方案 A 和 B，其有关资料如表 5-17 所示，它们的寿命期相同，都是 5 年，基准贴现率为 8%，试用净现值法选择最优方案。

表 5-17　第 7 题中投资方案数据表　　　　　　　　　　单位：万元

方案/项目	投　资	年　收　入	年　支　出	残　值
A	10 000	5 000	2 200	2 000
B	12 500	7 000	4 300	3 000

8. 某项目有 3 个方案 A,B,C，均能满足同样的需要，计算期为 5 年，其费用数据如表 5-18 所示，基准贴现率为 10%，试用费用现值法确定最优方案。

表 5-18　第 8 题中各方案费用数据表　　　　　　　　　单位：万元

方　案	总投资（第 0 年末）	年　费　用
A	200	80
B	300	50
C	500	20

9. 有 3 个互斥的投资方案 A,B 和 C，寿命期均为 10 年，各方案的初始投资和年净收益如表 5-19 所示，贴现率为 10%，试选择最佳方案。

表 5-19　第 9 题中各方案初始投资和年净收益表　　　单位：万元

方　案	初始投资	年净收益
A	−170	46
B	−260	58
C	−300	65

第 6 章

工程项目的融资分析

学习要点

- 资金筹措的种类
- 资金筹措渠道及筹措方式
- 项目融资的概念
- 资本成本的概念和计算
- 融资结构

6.1 资金筹措概述

6.1.1 投资项目筹资中的基本概念

资金筹措又称融资,是以一定的渠道为某种特定活动筹集所需资金的各种活动的总称。在工程项目经济分析中,融资是为项目投资而进行的资金筹措行为或资金来源方式。资金筹措的种类一般有以下几种。

1. 按照融资的期限,可分为长期融资和短期融资

长期融资是指企业因购建固定资产、无形资产或进行长期投资等资金需求而筹集的、使用期限在1年以上的融资。长期融资通常采用吸收直接投资、发行股票、发行长期债券或进行长期借款等方式进行融资。

短期融资是指企业因季节性或临时性资金需求而筹集的、使用期限在1年以内的融资。短期融资一般通过商业信用、短期借款和商业票据等方式进行融资。

2. 按照融资的性质,可分为权益融资和负债融资

权益融资是指以所有者身份投入非负债性资金的方式进行的融资。权益融资形成企业的"所有者权益"和项目的"资本金"。权益融资在我国项目资金筹措中具有强制性。

权益融资的特点是:

(1) 权益融资筹措的资金具有永久性特点,无到期日,不需归还。项目资本金是保证项目法人对资本的最低需求,是维持项目法人长期稳定发展的基本前提。

(2) 没有固定的按期还本付息压力。股利的支付与否和支付多少,视项目投产运营后的实际经营效果而定,因此项目法人的财务负担相对较小,融资风险较小。

(3) 权益融资是负债融资的基础。权益融资是项目法人最基本的资金来源。它体现着项目法人的实力,是其他融资方式的基础,尤其可为债权人提供保障,增强公司的举债能力。

负债融资是指通过负债方式筹集各种债务资金的融资形式。负债融资是工程项目资金筹措的重要形式。

负债融资的特点主要体现在:

(1) 筹集的资金在使用上具有时间限制,必须按期偿还。

(2) 无论项目法人今后经营效果好坏,均需要固定支付债务利息,从而形成项目法人今后固定的财务负担。

(3) 资金成本一般比权益融资低,且不会分散对项目未来权益的控制权。

根据工程项目负债融资所依托的信用基础的不同,负债融资可分为国家主权信用融资、企业信用融资和项目融资3种。

3. 按照风险承担的程度,可分为冒险型筹资类型、适中型筹资类型、保守型筹资类型

(1) 冒险型筹资类型

如图6-1所示,在冒险型筹资类型中,一部分长期资产由短期资金融通。

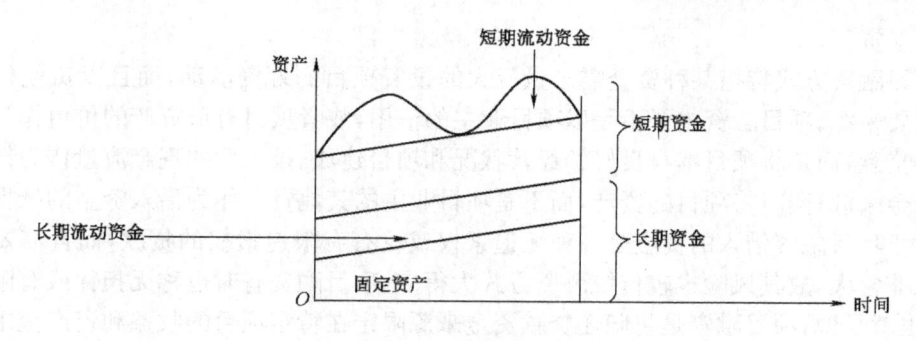

图 6-1　冒险型筹资类型

(2) 适中型筹资类型

如图 6-2 所示，在适中型筹资类型中，固定资产及长期流动资产所需的资金均由长期资金安排。短期资金只投入短期流动资产。

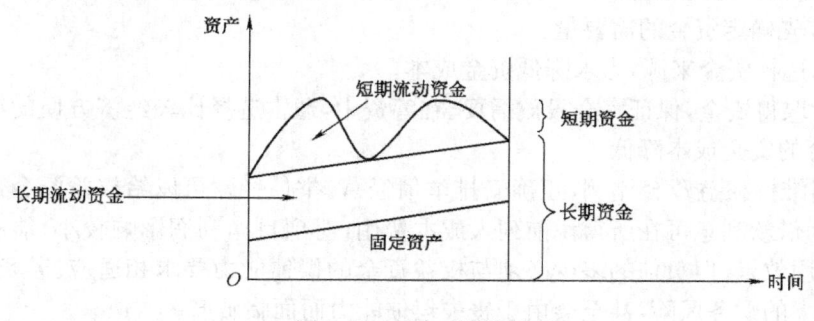

图 6-2　适中型筹资类型

(3) 保守型筹资类型

如图 6-3 所示，在保守型筹资类型中，长期资产和短期流动资产的一部分采用长期资金来融通。

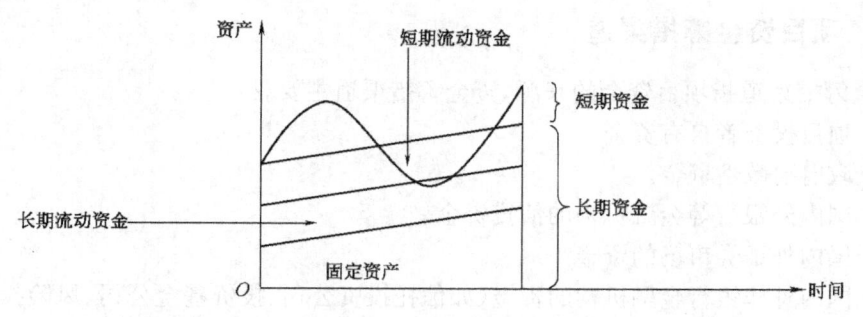

图 6-3　保守型筹资类型

若筹资类型的安全性高、风险低，则资产的收益率相对较低；反之，则收益率高。企业采取何种筹资类型，需根据具体情况进行分析比较，并最终取决于管理者对风险的厌恶程度及对收益与风险的权衡抉择。

4. 按照不同的融资结构安排，可分为传统融资方式和项目融资方式

传统融资方式是指投资项目的业主利用其自身的资信能力为主体安排的融资，也称为公司融资。

项目融资方式特指某种资金需求量巨大的投资项目的筹资活动,而且以负债作为资金的主要来源。项目融资主要不是以项目业主的信用,或者项目有形资产的价值作为担保来获得贷款,而是将项目本身良好的经营状况和项目建成、投入后的现金流量作为偿还债务的资金来源;同时将项目的资产,而不是项目业主的其他资产作为借入资金的抵押。

由于项目融资借入的资金是一种无追索权或仅有有限追索权的贷款,而且需要的资金量又非常大,故其风险也较传统融资方式大得多。项目融资有时也称无担保或有限担保贷款,也就是说,项目融资是将归还贷款资金来源限定在特定项目的收益和资产范围之内的融资方式。

6.1.2 项目筹资的基本要求

① 合理确定资金需要量,力求提高筹资效果。无论通过什么渠道、采取什么方式筹集资金,都应首先确定资金的需要量。

② 认真选择资金来源,力求降低资金成本。

③ 适时取得资金,保证资金投放需要。在筹资中,通常选择比较经济方便的渠道和方式,以使综合的资金成本降低。

④ 适当维持权益资金比例,正确安排举债经营。举债经营可以给权益资金带来一定的好处,因为借款利息可在所得税前列入成本费用,对项目净利润影响较小,能够提高权益资金的使用效果。但负债的多少必须与权益资金的偿债能力要求相适应。若负债过多,则会发生较大的财务风险,甚至会由于丧失偿债能力而面临破产。

6.2 筹资渠道与筹资方式

6.2.1 项目资金筹措渠道

资金筹措渠道指项目资金的来源。资金筹措渠道主要有:
(1) 项目投资者自有资金。
(2) 政府财政性资金。
(3) 国内外银行等金融机构的信贷资金。
(4) 国内外证券市场的资金。
(5) 国内外非银行金融机构的资金(如信托投资公司、投资基金公司、风险投资公司、保险公司、租赁公司等机构的资金)。
(6) 外国政府、企业、团体、个人等的资金。

6.2.2 项目资金筹集方式

资金筹集方式指取得资金的具体形式,按资金来源性质不同主要分为权益融资方式、负债融资方式两大类,还有一类是准权益融资方式。

1. 权益融资方式

权益融资,是通过投入权益资金的融资形式。权益资金是全体股东认缴的出资额,通过投入权益资金,股东取得对企业的所有权、控制权、收益权。股东投入的权益资金,形成项目资本金,一般股东按照所投入的资本比例分享投资收益。

(1) 普通股融资。

普通股是公司资本构成中最基本、最主要的股份。是项目法人通过发行股票从证券市场筹集的资金。

普通股融资与其他融资方式相比,具有如下优点:① 筹措的资本具有永久性,没有到期日,不需归还。② 发行普通股筹资没有固定的股利负担。③ 发行普通股筹集的资本是公司最基本的资金来源,它反映了公司的实力,可作为其他融资方式的基础,尤其可为债权人提供保障,增强公司的举债能力。④ 由于普通股的预期收益较高,并可在一定程度上抵消通货膨胀的影响,因此普通股筹资容易吸收资金。

运用股票筹措资本也存在以下一些缺点:① 从投资者的角度讲,投资于股票,风险较高,相应地要求有较高的投资报酬率。② 对于筹资公司来讲,股利从税后利润中支付,不像债券利息那样作为费用从税前支付。③ 股票的发行费用一般也高于其他证券。

(2) 政府投资机构直接投资。在很多情况下,政府部门并不直接投资公共项目,而是以政府投资公司的形式参与投资项目。投资公司依其股东(政府)的意愿对项目进行投资、管理,它作为独立的市场主体对项目投入资本金,从而在项目融资的活动中以发起人的身份出现。

(3) 企事业单位直接投资,主要来自国家授权投资企业提供的资金,以及国内外企业、事业单位入股的资金。

(4) 财政直接投资,主要来自各级政府财政预算内资金、预算外资金及各种专项建设基金。

(5) 产业投资基金。产业投资基金在融资渠道上都是广开渠道,吸收各方面投资的,既包括政府提供的资金的,如财政优惠贷款、政府担保贷款、政府采购资金等,也包括民间资本,如退休基金、养老基金、企业、银行控股公司、保险公司、捐赠基金、富有的家庭或个人等。我国目前的产业投资基金仍处于刚起步的发展阶段,但国家已有相关政策出台,引导产业基金的扩大发展,产业投资基金将逐步成为公共项目融资的重要渠道之一。

(6) 外商直接投资。

① 举办中外合资经营企业

中外合资经营企业是由中国投资者和外国投资者共同出资、共同经营、共负盈亏、共担风险的企业,它的组织形式是有限责任公司。目前,合资经营企业还不能发行投票,而采用股权形式,按合资经营各方的投资比例分担盈亏。

② 举办中外合作经营企业

国际上通常将合作经营企业分为两类:一类是"股权式合作经营企业",另一类是"契约式合作经营企业"。

③ 利用外商直接投资的优缺点分析

利用外商直接投资具有以下优点:一是通过吸收投资所筹集的资金属于自有资金,能增强企业或项目的信誉和借款能力，对扩大经营规模、壮大项目实力具有重要作用；二是能直接获取投资者的先进设备和先进技术，尽快形成生产能力，有利于尽快开拓市场；三是根据项目建成投产后的实际盈亏状况向投资者支付报酬，建成运营的企业无固定的财务负担，故财务风险较小。

利用外商直接投资具有以下缺点：一是吸收投资支付的资金成本较高；二是吸收投资容易分散企业的控制权。

(7) 优先股。

优先股是股份公司发行的在分配剩余时比普通股具有优先权的股份；也是一种没有期限的有权凭证，不需要还本，可以先于普通股获得股息，但股息是固定的。一般没有选举权和被选举权，对股份公司的重大经营无投票权，但在某些情况下可享有投票权。

2. 负债融资方式

负债融资，是以负债方式筹集各种债务资金的融资形式。目前，国内负债资金筹集方式主要有以下几种。

(1) 商业性银行贷款。

① 国内商业银行贷款。

我国制度规定，申请商业性贷款应具备的基本条件为：产品有市场，生产经营有效益，不挤占、挪用信贷资金，恪守信用，等等。

② 国际商业银行贷款。

国际商业银行贷款的提供方式有两种：一种是小额贷款，由一家商业银行独自贷款；另一种是金额较大，由几家甚至几十家商业银行组成银团贷放，又称"辛迪加贷款"。为了分散贷款风险，对数额较大的贷款，大多采用后一种做法。

③ 国际出口信贷。

出口信贷以出口国政府为后盾，通过银行对出口贸易提供信贷。

(2) 政策性贷款

① 国家政策性银行贷款。

国家政策性银行贷款指我国政策性银行，如国家开发银行、中国进出口银行、中国农业发展银行提供的贷款。

② 外国政府贷款。

外国政府贷款指外国政府向发展中国家提供的长期优惠性贷款。

③ 国际金融组织贷款。

国际金融组织贷款主要指国际货币基金组织、世界银行、国际开发协会、国际金融公司、亚洲开发银行等组织提供的贷款。

(3) 债券

① 主要类型。

债券是一种在发行公司全部偿付之前，必须逐期向持有者支付定额利息的证券。债券有许多种类型：

- 国内公司（企业）债券。债券融资是建设项目筹集资金的主要形式之一。
- 可转换债券。指在规定期限内的任何时候，债券持有人都可以按照发行合同指定的条件把所持债券转换成发行企业的股票的一种债券。
- 海外债券融资。海外债券是由一国政府、金融机构、企业或国际组织,为筹措资金而在国外证券市场上发行的、以某种货币为面值的债券。海外债券也称国际债券,包括外国债券和欧洲债券。
- 海外可转换债券。指向国外发行的可转换债券。

② 债券融资的优缺点。

债券融资方式有以下优点:资金成本低,保证公司的控制权,具有财务杠杆的正效应。

债券融资有以下缺点:融资风险高,限制条件多,筹资有限。

(4) 国债。利用国债资金的项目称为国债项目,国债资金一般用于基础设施建设。

(5) 股东贷款。股东贷款指公司的股东对公司提供的贷款。

(6) 融资租赁。融资租赁指出租人购买承租人选定的资产,享有资产所有权,并将资产出租给承租人,是一种承租人在一定期限内有偿使用,具有融资、融物双重职能的租赁方式。这种租赁方式与经营租赁不同,实际上转移了与一项资产所有权有关的大部分风险和报酬。通常由承租人选定需要的设备,由出租人购置后租赁给承租人使用,承租人向出租人支付租金,承租人租赁的设备按照固定资产计提折旧,租赁期满,承租人具有优先购买权,一般由承租人以事先约定的很低的价格购买设备的所有权。

6.3 项目融资

6.3.1 项目融资的基本特征

① 项目导向。项目导向主要依赖于项目的现金流量和资产,而不依赖于项目的投资者或发起人的资信。

② 有限追索。追索指在借款人未按期偿还债务时,贷款人要求借款人用除抵押资产之外的其他资产偿还债务的权利。在某种意义上,贷款人对项目借款人的追索形式和程度,是区分项目融资和传统形式融资的重要标志。

③ 风险分担。为了实现项目融资的有限追索,对于与项目有关的各种风险要素,需要以某种形式在项目投资者(借款人)、与项目开发有直接或间接利益关系的其他参与者和贷款人之间进行分担。

④ 非公司负债型融资。非公司负债型融资是指项目的债务不表现在项目投资者(即实际借款人)的公司资产负债表中的一种融资形式。

⑤ 信用结构多样化。在项目融资中,用于支持贷款的信用结构的安排是灵活、多样的。

⑥ 融资成本较高。与传统的融资方式比较,项目融资中存在的一个主要问题是,相对筹资成本较高,组织融资需要的时间较长。

6.3.2 项目融资的框架结构

项目融资由 4 个基本模块组成:

(1) 项目的投资结构

投资结构即项目的资产所有权结构,是指项目的投资者与项目资产者之间的法律合作关系。

(2) 项目的融资结构

融资结构是项目融资的核心部分。项目的投资者在确定投资结构问题上达成一致意见后,接下来的重要工作就是设计和选择合适的融资结构,以实现投资者在融资方面的目标要求。

(3) 项目的资金结构

资金结构设计用于决定在项目中股本资金、准股本资金和债务资金的形式、相互之间的比例关系,以及相应的来源。资金结构是由投资结构和融资结构决定的,但反过来又会影响到整体项目融资结构的设计。

(4) 项目的信用保证结构

对于银行和其他债权人而言,项目融资的安全性来自两个方面:一方面来自项目本身的经济强度;另一方面来自项目之外的各种直接或间接的担保。

6.3.3 项目融资的参与者

项目融资的参与者包括:
① 项目的直接主办人。
② 项目的实际投资者。
③ 项目的贷款银行。
④ 项目产品的购买者/项目设施的使用者。
⑤ 项目建设的工程公司/承包公司。
⑥ 项目融资顾问。
⑦ 有关政府机构。
⑧ 法律/税务顾问。

6.3.4 完成项目融资的阶段与步骤

从项目的投资决策算起,到选择项目融资的方式为项目筹集资金,一直到最后完成该项目融资,大致可分为以下5个阶段。

(1) 投资决策分析

从严格意义上讲,这一阶段也可以不属于项目融资所包括的范围。任何一个投资项目,都需要经过相当周密的投资决策分析。然而,一旦做出投资决策,接下来的重要工作就是确定项目的投资结构,它与将要选择的融资结构和资金来源有着密切的关系。

(2) 融资决策分析

在这一阶段,项目投资者将决定采用何种融资方式为项目筹集资金。

(3) 融资结构分析

设计项目融资结构的一个重要步骤是完成对项目的分析评估。

(4) 融资谈判

在初步确定了项目融资方案之后,融资顾问将有选择地向商业银行或其他一些金融机构发出参加项目融资的建议书,组织贷款银团,着手起草项目融资的有关文件。

(5) 项目融资的执行

在正式签署项目融资的法律文件之后,融资的组织安排工作就结束了,项目融资将进入执行阶段。

6.3.5 项目融资的模式

项目融资模式是项目融资整体结构组成中的核心部分。设计项目的融资模式,需要与项目投资结构的设计同步考虑,并在项目的投资结构确定下来之后,进一步细化完成融资模式的设计工作。严格地讲,很少有两个项目融资的模式是完全一样的,这是由项目在工业性质、投资结构等方面的差异,以及投资者对项目的信用支持、融资战略等方面的不同考虑所造成的。然而,无论一个项目的融资模式如何复杂,结构怎样变化,实际上融资模式中总是包含着一些具有共性的问题,并存在着一些基本的结构特征。这些问题和特征是投资者在选择和设计项目融资模式时必须加以注意的。

(1) 如何实现有限追索

实现融资对项目投资者的有限追索,是设计项目融资模式的一个最基本的原则。追索的形式和追索的程度,取决于贷款银行对一个项目的风险评价及项目融资结构的设计。

(2) 如何分担项目风险

保证投资者不承担项目的全部风险责任是项目融资模式设计的第二条基本原则,其核心要求是,如何在投资者、贷款银行以及其他与项目利益有关的第三方之间有效地划分项目的风险。

(3) 如何利用项目的税务亏损来降低投资和融资成本

世界上多数国家的税法都对企业税务亏损的结转问题有所规定(即税务亏损可以转到以后若干年使用,以冲抵公司的所得税),但是这种税务亏损的结转不是无限期的(个别国家例外),短的只有 3～5 年,长的也只有 10 年左右时间。

(4) 如何有效地利用财务杠杆

任何项目的投资,包括采用项目融资安排资金的项目,都需要项目投资者注入一定的股本资金,作为对项目开发的支持。投资者股本资金的注入,完全可以考虑以担保存款、信用证担保等非传统形式来完成,投资者据此减少股本资金的投入,更多地利用财务杠杆来实现项目融资的目标要求。

(5) 如何处理项目融资与市场安排之间的关系

项目融资与市场安排之间的关系具有两层含义。首先,长期的市场安排是实现有限追索项目融资的一个信用保证基础,没有这个基础,项目融资是很难组织起来的;其次,以合理的市场价格从投资项目中获取产品,是很大一部分投资者从事投资活动的主要动机。

(6) 如何结合投资者的近期融资战略和远期融资战略

大型工程的项目融资一般都是 7～10 年的中长期贷款,近些年最长的甚至可以达到 20 年左右。有的投资者愿意接受这种长期的融资安排,但是有的投资者在考虑采用项目融资时不是出于融资目的,而是有其他的考虑,其融资战略是短期的,投资者需要尽可能把近期融资与远期融资结合起来,放松银行对投资者的种种限制,降低融资成本。

(7) 如何实现投资者非公司负债型融资的要求

实现非公司负债型融资(即公司资产负债表外的融资),是一些投资者选用项目融资的原因。

当前,具有代表性的融资模式有以下几种:

(1) 投资者直接安排融资的模式

由项目投资者直接安排项目的融资,并且直接承担起融资安排中相应的责任和义务,可以说是结构上最简单的一种项目融资模式。

(2) 投资者通过项目公司安排融资的模式

为了减少投资者在项目中的直接风险,在非公司型合资结构、合伙制结构甚至公司型合资结构中,项目的投资者经常建立一个单一目的项目子公司,作为投资载体,以该项目子公司的名义与其他投资者组成合资结构并安排融资。

(3) 以"设施使用协议"为基础融资模式(Tolling Agreement)

利用"设施使用协议"安排项目融资,其成败的关键是项目设施的使用者能否提供一个强有力的具有"无论提货与否均需付款"性质的承诺。这个承诺要求项目设施的使用者在融资期间定期向设施的提供者支付一定数量的预先确定下来的项目设备使用费。这种承诺是无条件的,不管项目设施的使用者是否真正利用了项目设施所提供的服务。在项目融资中,这种无条件承诺的合约权益将被转让给提供贷款的银行,通常再加上项目投资者的完工担保,就构成项目信用保证结构的主要组成部分。

(4) 以"杠杆租赁"为基础融资模式(Leveraged Leasing)

以杠杆租赁为基础组织起来的项目融资模式,是指在项目投资者的要求和安排下,由杠杆租赁结构中的资产出租人融资购买项目的资产,然后租赁给承租人(项目投资者)的一种融资结构。资产出租人和融资贷款银行的收入以及信用保证主要来自结构中的税务好处、租赁费用、项目的资产以及对项目现金流量的控制。

(5) 以"生产支付"为基础融资模式(Production Payment)

生产支付是项目融资的早期形式之一,一个生产支付的融资安排建立在,由贷款银行购买某一特定矿产资源储量的全部或部分未来销售收入的权益的基础上。在这一安排中提供融资的主要偿债资金来源。因此,生产支付是通过直接拥有项目的产品和销售收入,而不是通过抵押或权益转让的方式来实现融资的信用保证。

(6) BOT 融资

BOT 是英文 Build-Operate-Transfer 的简称,即"建设一经营一移交"。典型的 BOT 形式,是政府同私营部门(在我国表现为外商投资机构)的项目公司签订合同,由项目公司融资和建设基础设施项目。项目公司在协议期内拥有、运营和维护该设施,通过收取使用费或服务费用回收投资,并取得合理利润。协议期满后,该设施的所有权无偿移交给政府。BOT 方式主要用于发展收费公路、发电厂、铁路、废水处理设施和城市地铁等基础设施。

(7) ABS 融资

ABS 融资是在 BOT 融资的基础上发展起来的一种证券化的项目融资方式。它和

BOT融资一样，同属于项目融资的范畴，ABS是英文Asset-backed-Securitization的缩写。它是以项目所属的资产为支撑的证券化融资方式，即它是以项目所拥有的资产为基础，以项目资产可以带来的预期收益为保证，通过在资本市场发行债券来募集资金的一种项目融资方式。

6.4 资本成本与融资结构

6.4.1 资本成本及其计算

1. 资本成本的概念

长期投资决策的原理是增加投资支出，直到最后一单位投资的边际回报等于资本的边际成本。

在工程项目投资决策中，确定资本成本是一项非常重要的工作。因为资本成本就是评价投资方案所用的贴现率。此外，资本成本也是选择资金来源的依据，企业最佳的资本结构应使企业的资本成本最低。企业的资金来源可分为两类：一类是债务资金，包括金融机构贷款和发行债券等；另一类是投资者的自有资金，包括发行普通股和企业自己的留存收益等。

资本成本就是企业筹集资金和使用资金的代价。这一代价由两部分组成：资金筹集成本和资金使用成本，也可称为资金筹集费(F)和资金占用费(D)两部分。企业必须给投资者支付投资报酬，付给债权人利息。

2. 资本成本的计算

资本成本可用绝对数表示，也可用相对数表示。为便于分析比较，资本成本一般用相对数表示，称为资本成本率。其一般计算公式为

$$K = \frac{D}{P-F} \quad \text{或} \quad K = \frac{D}{P \cdot (1-f)} \tag{6-3}$$

式中，K为资本成本率（一般通称为资本成本）；P为筹集资金总额；D为使用费；F为筹资费；f为筹资费用率（即筹资费占筹集资金总额的比率）。

资本成本是选择资金来源、拟定筹资方案的主要依据，也是评价工程项目可行性的主要经济指标。

3. 债务资本成本

债务资本成本根据利率水平、利率计算方式（固定利率或浮动利率）、计息方式（单利或复利）、还本和付息方式、宽限期和偿还期等不同而计算结果有所不同，由于债务利息计入税前成本费用，可以起到抵税的作用，含筹资费用的税后债务资金成本是使下式成立的i_d：

$$P_0(1-\rho_d) = \sum_{t=1}^{n} \frac{F_t + I_t \cdot (1-\tau)}{(1+i_d)^t} \tag{6-4}$$

式中，P_0为债券发行价格或借款额，即债务当前的市值；I_t为债务年利息，其中债券年利息为面值×票面利率；ρ_d为债务资金筹资费率；n为债务期限，通常以年表示；τ为所得税

税率。

【例6-1】 某公司发行面值为500万元的10年期长期债券,票面利率为12%,每年支付一次利息,发行费用占发行价格的5%。若公司所得税税率为25%,试计算该债券之资金成本。

解:根据式(6-4)得

$$500(1-5\%) = \sum_{t=1}^{10} \frac{500 + 500 \times 12\% \times (1-25\%)}{(1+i_d)^t}$$

应用计算内部收益率的公式解得

$$i_d = 9.81\%。$$

在不考虑债务筹资费用的情况下,每期支付利息,最后一期还本的债务资金成本为:

$$i_d = (1-\tau) \cdot r_d \tag{6-5}$$

式中,r_d 为债务利率;τ 为所得税税率。

在考虑筹资费用的情况下,每期支付利息,最后一期还本的债务资金成本可按照下式大致计算:

$$i_d \approx \frac{r_d(1-\tau)}{1-\rho_d} \tag{6-6}$$

4. 权益资本成本

(1) 优先股成本。优先权是公司在筹资时对优先股认购人给以某些优惠条件的承诺。优先股的优先权主要表现在优先于普通股分得股利。企业一般都非常重视首先支付优先股利,否则企业不能支付普通股利。

与负债利息的支付不同,优先股的股利不能在税前扣除,因而在计算优先股成本时无须经过税赋的调整。优先股成本的计算公式为

$$K_P = \frac{D_P}{P_P \cdot (1-f_p)} \quad \text{或} \quad K_P = \frac{P_P \cdot i}{P_P \cdot (1-f_p)} = \frac{i}{1-f_p} \tag{6-12}$$

式中,K_P 为优先股成本率;D_P 为优先股每年股息;P_P 为优先股票面值;i 为股息率;f_p 为优先股筹资费用率。

(2) 普通股成本。普通股成本属权益融资成本。权益资金的资金占用费是向股东分派的股利,而股利是以所得税后净利支付的,不能抵减所得税,所以权益融资成本与前述两种债务融资成本的显著不同在于,计算时不扣除所得税的影响。计算普通股成本,常用的方法有"评价法"和"资本资产定价模型法"。

① 评价法。普通股的价值等于企业所能带来的未来收益的现值。一般而言,未来收益为投资者所获得的股利和售出股票的未来市值。

$$V_0 \cdot (1-f_c) = \sum_{t=1}^{n} \left[\frac{D_t}{(1+K_c)^t} + \frac{V_n}{(1+K_c)^t} \right] \tag{6-13}$$

式中,K_c 为普通股成本;V_0 为股票发行价;V_n 为第 n 年末股票价值;D_t 为 t 年股利;f_c 为普通股筹资费用率。

若每年股利不变,且投资者无限期持有股票,则

$$K_c = \frac{D}{V_0 \cdot (1-f_c)} \tag{6-14}$$

若股利第一年为 D_1，以后每年增长为 g，则普通股成本为

$$K_c = \frac{D_1}{V_0 \cdot (1-f_c)} + g \tag{6-15}$$

② 资本资产定价模型法。按照资本资产定价模型法，普通股成本的计算公式为

$$K_c = R_c = R_F + \beta \cdot (R_m - R_F) \tag{6-16}$$

式中，R_c 为普通股成本；R_F 为无风险报酬率；R_m 为平均风险股票必要报酬率；β 为股票的贝塔系数。

（3）留存盈余成本。留存盈余是指企业未以股利等形式发放给投资者而保留在企业的那部分盈利，即经营所得净收益的积余，包括盈余公积和未分配利润。

留存盈余是所得税后形成的，其所有权属于股东，实质上相当于股东对公司的追加投资。股东将留存盈余留用于公司，是想从中获取投资报酬，所以留存盈余也有融资成本，即股东失去的向外投资的机会成本。它与普通股成本的计算基本相同，只是不考虑筹资费用。留存盈余成本的计算方法不止一种，按照"股票收益率加增长率"的方法，留存收益成本公式为

$$K_e = \begin{cases} \dfrac{D}{V_0} & \text{股利每年保持不变} \\ \dfrac{D_1}{V_0} + g & \text{股利每年增长为 } g \end{cases} \tag{6-18}$$

【例 6-2】 某公司现有留存收益 3 000 万元，预计当年股利率为 10%，同时估计未来股利每年递增 4%，该公司为扩大生产规模，准备再筹资 2 000 万元，有两种选择：

（1）增发 2 000 万元普通股，发行费率为 5%。
（2）2 000 万元作为留存收益资本化。

解：
（1）发行普通股成本为

$$K_c = \frac{D_1}{V_0 \cdot (1-f_c)} + g = \frac{2\,000 \times 10\% \times (1+4\%)}{2\,000 \times (1-5\%)} + 4\% = 14.94\%$$

（2）留存收益成本为

$$K_e = \frac{D_1}{V_0} + g = \frac{2\,000 \times 10\% \times (1+4\%)}{2\,000} + 4\% = 14.4\%$$

5. 综合资本成本

项目的资金筹措一般采用多种融资方式。从不同来源取得的资金，其成本各不相同。由于条件制约，项目不可能只从某种低成本的来源筹集资金，而是各种筹资方案的有机组合。因此，为了对整个项目的融资方案进行筹资决策，在计算各种融资方式个别资本成本的基础上，还要计算整个融资方案的综合融资成本（总资本成本），以反映建设项目的整个融资方案的融资成本状况。综合资本成本一般是以各种资金占全部资金的比重为权数，对个别资本成本进行加权平均确定的，故而又称加权平均资本成本。其计算公式为

$$K_w = \sum_{j=1}^{n} K_j \cdot W_j$$

式中，K_w 为综合资本成本；K_j 为第 j 种个别融资成本；W_j 为第 j 种个别资金占全部资金的比重（权数）。

在实际计算综合资本成本时，可分为 3 个步骤进行：第一步，先计算个别资本成本；第二步，计算各资金来源在全部资金中的比重；第三步，利用上述公式计算出综合资本成本。

【例 6-3】 某公司资本结构中债务资本和权益资本的比例为 40%∶60%，企业拟从内部筹资 900 万元，成本占 14%，另向银行借款筹资 600 万元，利率为 6%。所得税税率为 25%。试计算该企业加权平均的资本成本。

解：加权平均的资本成本为
$$K_w = 14\% \times 0.6 + 6\% \times (1 - 25\%) \times 0.4 = 10.2\%$$

6. 决定资本成本高低的因素

① 总体经济环境。总体经济环境决定了整个经济中资本的供给和需求，以及预期通货膨胀的水平。

② 证券市场条件影响证券投资的风险。证券市场条件包括证券在市场中的流动难易程度和价格波动程度。

③ 企业内部的经营和融资状况。主要指营业风险和财务风险的大小。营业风险是企业投资决策的结果，表现在资产收益率的变动上；财务风险是企业筹资决策的结果，表现在普通股收益率的变动上。如果企业的营业风险和财务风险大，投资者便会有较高的收益率要求。

④ 融资规模是影响企业资本成本的另一个因素。若企业的融资规模较大，则资本成本较高。

6.4.2 融资结构

融资结构是项目资金筹措方案中各种资金来源的构成及比例关系。习惯上，将负债融资和权益融资的结构比例称为融资结构。

1. 有关法规对融资结构比例的限制

因为融资结构比例直接影响项目投产运营后项目法人的财务结构和资产质量，并对项目的盈利能力和清偿能力产生较大影响，因此我国有关项目投资管理法规对项目资本金比例的最低限额做出了明确规定。

（1）有关国内投资建设项目资本金比例的规定

我国有关项目投资管理法规对项目资本金比例的最低限额做出了明确规定。资本金比例的计算基数是项目的建设投资与铺底流动资金之和。铺底流动资金按照全部流动资金的 30% 计算。国家规定了不同行业项目的资本金最低比例，2009 年的规定如下：

钢铁、电解铝项目，最低资本金比例为 40%。

水泥项目，最低资本金比例为 35%。

煤炭、电石、铁合金、烧碱、焦炭、黄磷、玉米深加工、机场、港口、沿海及内河航运项目，最低资本金比例为 30%。

铁路、公路、城市轨道交通、化肥（钾肥除外）项目，最低资本金比例为25%。

保障性住房和普通商品住房项目的最低资本金比例为20%，其他房地产开发项目的最低资本金比例为30%。

其他项目的最低资本金比例为20%。

(2) 有关外商投资项目资本金比例的有关规定

根据《中华人民共和国中外合资经营企业法》和国家工商行政管理局《关于中外合资经营企业注册资本与投资总额比例的暂行规定》中的有关规定，中外合资经营项目资本金是为设立合资企业在工商登记管理机关登记注册的资本总额，是合资各方认缴的出资额之和。注册资本占投资总额（包括建设投资、建设期利息和全部流动资金）的最低比例要求是：① 总投资额在300万美元以下（含300万美元）的，其注册资本至少应占投资总额的70%；② 总投资额在300万美元以上至1 000万美元（含1 000万美元）的，其注册资本至少应占投资总额的50%，其中投资总额在420万美元以下的，注册资本不得低于210万美元；③ 总投资额在1 000万美元至3 000万美元（含3 000万美元）之间的，其注册资本至少应占投资总额的40%，其中投资总额在1250万美元以下的，注册资本不得低于500万美元；④ 总投资额在3 000万美元以上的，其注册资本至少应占投资总额的1/3，其中投资总额在3 600万美元以下的，注册资本不得低于1 200万美元。

2. 最佳融资结构的财务分析

1) 财务结构与资本结构

财务结构是公司资产负债表右边所有内容的组合结构。而资本结构是指公司各种长期资金筹集来源的构成和比例关系。在通常情况下，公司的资本结构由长期债务资本和权益资本构成，如图6-4所示。

在财务结构设计中，必须考虑以下两个问题：

(1) 公司资金来源的期限结构应该为多长？即资产期限与融资期限匹配的问题。

(2) 在长期资金中，各种资金之间的比例关系应如何确定？

资本结构设计与管理的目标是调整公司长期资金来源的构成，寻求在公司融资组合中既能满足加权资本成本最低，同时又能保证实现公司价值最大化的最优资本结构。

根据现代财务管理理论，融资的最佳结构比例，应该是使项目投产运营后企业的总体资金结构达到最优，即企业的总体价值最大，资本成本最低，如图6-5所示。

2) 资本结构管理的基本工具

(1) 融资的每股收益分析。判断资本结构合理与否，其一般方法是用每股盈余的变化来衡量，即能提高每股盈余的资本结构是合理的，反之则不够合理。每股盈余的高低受资本结构和企业经营规模等多种因素的影响。通过每股盈余分析，可以判断某项投资计划是单一采用负债融资还是采用股权融资更为有利。

每股盈余分析是利用每股盈余的无差别点进行的。所谓每股盈余的无差别点，是指每股盈余不受融资方式影响的销售水平。根据每股盈余无差别点可以分析判断在什么样的销售水平下适于采用何种资本结构。

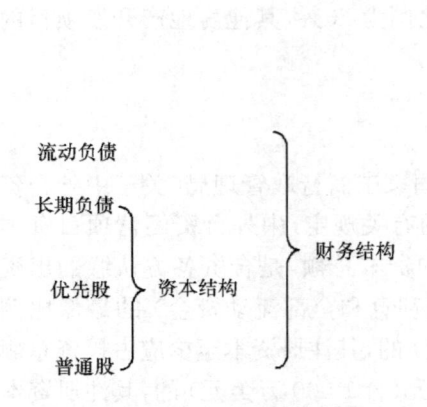

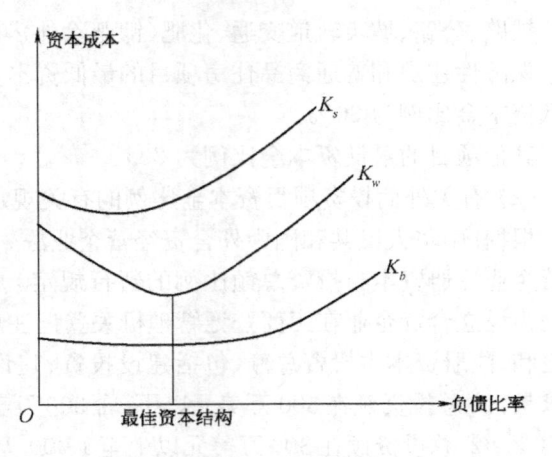

图 6-4 财务结构与资本结构　　　　图 6-5 最佳资本结构

每股盈余无差别点可以通过计算得出。每股盈余的计算公式为

$$\text{EPS} = \frac{(S-\text{VC}-F-I)\cdot(1-T)}{N} = \frac{(\text{EBIT}-I)\cdot(1-T)}{N} \tag{6-19}$$

式中,S 为销售额;VC 为变动成本;F 为固定成本;I 为债券利息;T 为所得税率;N 为流通在外的普通股股数;EBIT 为息税前利润。

在每股盈余无差别点上,无论采用负债融资,还是采用股权融资,每股盈余都是相等的。若以 EPS_1 代表采用负债融资情况下的每股盈余,以 EPS_2 代表采用权益融资方式下的每股盈余,则当 $\text{EPS}_1 = \text{EPS}_2$ 时,有

$$\frac{(S_1-\text{VC}_1-F_1-I_1)\cdot(1-T)}{N_1} = \frac{(S_2-\text{VC}_2-F_2-I_2)\cdot(1-T)}{N_2}$$

在每股盈余无差别点上 $S_1 = S_2$,则

$$\frac{(S-\text{VC}_1-F_1-I_1)\cdot(1-T)}{N_1} = \frac{(S-\text{VC}_2-F_2-I_2)\cdot(1-T)}{N_2}$$

通过求解上述方程式,就可以求出每股盈余无差别点处的销售额 S。当企业改扩建后的销售额大于每股盈余无差别点的销售额时,采用负债融资可以提高每股盈余。反之,当企业改扩建后的销售额小于每股盈余无差别点的销售额时,采用股权融资可以提高每股盈余。

【**例 6-4**】 某公司原有资本 700 万元,其中债务资本为 200 万元(每年负担利息 24 万元),普通股资本 500 万元(发行普通股 10 万股,每股面值 50 元)。由于扩大业务,需追加筹资 300 万元,其筹资方式有以下两种。

① 全部发行普通股:增发 6 万股,每股面值 50 元;

② 全部筹借长期债务:债务利率仍为 12%,利息 36 万元。

公司的变动成本率为 60%,固定成本为 180 万元,所得税率为 33%。求每股盈余无差别点。

解:

$$[(S-0.6\times S-180-24)\times(1-33\%)]/(10+6)$$

= [(S－0.6×S－180－60)×(1－33%)]/10

S = 750(万元)

EPS = [(750－0.6×750－180－24)×(1－33%)]/16 = 4.02(万元)

(2) 最佳资本结构——企业价值分析。

以每股盈余的高低作为衡量标准对筹资方式进行选择，其缺陷在于没有考虑风险因素。从根本上讲，财务管理的目标在于追求公司价值的最大化或股价的最大化。然而，只有在风险不变的情况下，每股盈余的增长才会直接导致股价的上升。实际上，经常是随着每股盈余的增长，风险也随之增加。如果每股盈余的增长不足以补偿风险增加所需的报酬，尽管每股盈余有所增加，但股价仍然会下降。

对于股份有限公司，公司的总价值 V 应该等于其股票的总价值 S 与债券价值 B 之和，即

$$V = S + B$$

为简化计算，设债券的市场价值等于它的面值，股票的市场价值通过式(6-20)计算：

$$S = \frac{(EBIT － I) \cdot (1 － T)}{K_s} \tag{6-20}$$

式中，$EBIT$ 为息前税前盈余；I 为年利息额；T 为公司所得税率；K_s 为权益资本的成本。

【例 6-5】 某公司年息前税前盈余为 500 万元，资金全部由普通股资本组成，股票账面价值为 2 000 万元，所得税率为 40%。该公司认为，目前的资本结构不够合理，准备用发行债券购回部分股票的办法予以调整。经咨询调查，目前的债务利率和权益准备的成本情况如表 6-2 和表 6-3 所示。计算结果表明应发行 600 万元债券。

表 6-2　不同债务水平对公司债务资本成本和权益资本成本的影响

债券的市场价值（百万元）	税前债务资本成本 K_b	股票 β 值	无风险报酬率 R_F	平均风险股票必要报酬率 R_m	权益资本成本 K_s
0	—	1.20	10%	14%	14.8%
2	10%	1.25	10%	14%	15.0%
4	10%	1.30	10%	14%	15.2%
6	12%	1.40	10%	14%	15.6%
8	14%	1.55	10%	14%	16.2%
10	16%	2.10	10%	14%	18.4%

表 6-3　公司市场价值和资本成本

债券市场价值 B（百万元）	股票市场价值 S（百万元）	公司市场价值（百万元）	税前债务资本成本 K_b	权益资本成本 K_s	加权平均资本成本 K_w
0	20.27	20.27	—	14.8%	14.80%
2	19.20	21.20	10%	15.0%	14.19%
4	18.16	22.16	10%	15.2%	13.54%
6	16.46	22.46	12%	15.6%	13.33%
8	14.37	22.37	14%	16.2%	13.39%
10	11.09	21.09	16%	18.2%	14.26%

本章小结

工程项目投资资金的筹集方式有很多种,按照融资的期限可分为长期融资和短期融资;按照融资的性质可分为权益融资和负债融资;按照负债融资的信用基础可分为主权信用融资、企业信用融资和项目融资;按照融资的来源不同可分为境内融资和利用外汇等方式。

与传统的融资方式相比较,项目融资具有鲜明的特性,主要体现在项目导向性、有限追索性、风险分组性、非公司负债型融资、信用结构多样化,以及融资成本比较高等方面。

项目融资由 4 个基本模块组成,即项目的投资结构、项目的融资结构、项目的资金结构和项目的信用保证结构。完整的项目融资过程共分 5 个阶段:投资决策分析阶段、融资决策分析阶段、融资结构分析阶段、融资谈判和项目融资的执行阶段。

资本成本是指企业为筹集和使用资金所付出的代价,它由两部分组成:资金筹集成本和现金使用成本。

资本成本的计算分为个别资本成本的计算和综合资本成本的计算。

融资结构是项目资金筹措方案中各种资金来源的构成及其比例关系。由于融资结构比例直接影响工程投产运营后项目法人的财务结构和资产质量,并对项目的盈利能力和清偿能力产生较大影响,因此我国对资本金的最低限额进行了严格规定。

最佳融资结构的财务分析包括每股盈余分析和企业价值分析。

企业的最佳融资方案是指使企业达到最佳资本结构、筹资成本最低,又使企业所面临的筹资风险最小的方案。

习题 6

1. 名词解释:

项目融资　长期融资　权益融资　负债融资　主权信用融资　债券融资
股票融资　BOT　ABS　杠杆系数　资本成本

2. 某企业生产 A 产品,固定成本为 600 万元,变动成本率为 40%,当企业的销售额分别为 4 000 万元、2 000 万元、1 000 万元时,其经营杠杆系数为多少?

3. 某企业账面反映的长期资金共 5 000 万元,其中长期借款 1 000 万元,应付长期债券 500 万元,普通股 2 500 万元,保留盈余 1 000 万元;其成本率分别为 6.7%、9.17%、11.26%、11%,求该企业的加权平均资本成本。

4. 某公司普通股目前市价为 28 元,估计年增长率为 8%,本年发放股利为 0.8 元,求其留存收益成本。如果市场无风险报酬率为 10%,平均风险股票必要报酬率为 14%,某公司普通股 β 值为 1.2,其留存收益的成本又为多少?若公司新发行普通股,筹资费用率为股票市价的 10%,求其新发行普通股的成本。

5. 某企业取得 5 年期长期借款 2 000 万元,年利率为 10%,每年付息一次,到期一次还本,筹资费用率为 0.5%,企业所得税率为 33%,求该项长期借款的资本成本。

第 7 章

工程项目的财务分析

学 习 要 点

- 投资和投资收益的识别
- 建设投资、流动资金、投资收益的估算
- 总成本费用与经营成本的区别
- 全部投资和权益资金的现金流量表、损益表的编制，盈利能力评价指标
- 财务计划现金流量表，资产负债表的编制，清偿能力指标的计算
- 折旧的计算，不同折旧方法对税后现金流量的影响
- 借款偿还的不同计算方法及对税后现金流量的影响，财务杠杆
- 固定价、时价、实价的含义，财务分析中对通货膨胀的处理

本章及以后章节主要讲述工程项目投资及运营过程中涉及的工程项目经济分析的有关内容。工程项目经济分析包括财务分析和经济分析两个方面，正确把握上述内容必须首先了解项目周期和可行性研究的内容及一些基本概念。

7.1 项目周期与可行性研究

7.1.1 项目周期

我国的项目周期是指基本建设项目管理程序，主要包括7个阶段，各阶段及其产生的报告如下：

① 立项阶段，即项目选择阶段，包括项目建议书及其评估。
② 评估阶段，即项目可行性分析阶段，包括可行性研究报告及有关批准文件。
③ 设计阶段，包括项目的初步设计、工程实施计划和工期安排等。
④ 开工阶段，包括施工准备、谈判、开工报告及其批准文件。
⑤ 施工阶段，包括工程详细设计、建筑施工、设备采购和安装。
⑥ 完工阶段，包括竣工验收、竣工报告及其批准文件。
⑦ 运行阶段，从投产到正式生产，达到项目的设计能力，产生项目后评价报告。

从以上项目周期来看，项目前评估（Appraisal）位于项目周期的开始，是在项目建议书和可行性研究阶段进行的。它在项目开工前对拟建项目的必要性进行分析，论证项目实施的社会经济条件和状况，为建设项目方案的比选、决策提供科学、可靠的依据。项目后评价（Evaluation）则位于项目周期的最后一个阶段，是在项目运行一段时间后对已实施的项目进行的全面综合评价，分析项目实施的实际经济效果和影响力。以论证项目的持续能力和最初决策的合理性，为以后的决策提供经验教训。

7.1.2 可行性研究的内容

决策是否向一个项目投资，就要对项目进行可行性研究。可行性研究是工程项目投资决策前对工程项目的一切有关因素进行综合的、全面的调查和技术经济研究，从而得出该项目是否可行的科学分析方法。一项好的可行性研究，应向投资决策者推荐技术经济的最佳方案。可行性研究的主要内容有以下几方面。

（1）总论
① 项目提出的背景（改扩建项目要说明企业现有概况）、投资的必要性和经济意义。
② 研究工作的依据和范围。

（2）需求预测和拟建规模
① 国内外需求情况的预测。
② 国内现有工厂生产能力的估计。
③ 销售预测、价格分析、产品竞争能力以及进入国际市场的前景分析。
④ 拟建项目的规模、产品方案和发展方向的技术经济比较和分析。

(3) 自然资源、原材料、燃料及公用设施情况
① 资源储量、品位及开采、利用条件。
② 原料、燃料、辅助材料的种类、数量、来源和供应可能性。
③ 公用设施的数量、供应方式和供应条件。
(4) 建厂条件和产品方案
① 地理位置、气象、水文、地质、地形条件和社会经济现状。
② 交通、运输及水、电、气的现状和发展趋势。
③ 厂址比较与选择意见。
(5) 设计方案
① 项目的构成范围、技术来源、生产方法、主要技术工艺和设备选型方案的比较。
② 应引进技术设备的来源国别、设备的国内外分交和与外商合作制造的设想。
③ 全厂布置方案的初步选择和土建工作量估算。
④ 辅助设施和场内外交通方案。
(6) 环境保护
(7) 企业组织、劳动定员和人员培训
(8) 实施进度的建议
(9) 投资估算和资金筹措
① 建设投资估算。
② 流动资金估算。
③ 确定资金来源、筹措方式及贷款偿付方式。
(10) 财务分析、国民经济分析和社会分析

7.1.3 财务分析概念与内容

财务分析是根据国家现行财税制度和价格体系,分析、计算项目直接发生的财务效益和费用,编制有关报表,计算评价指标,考察项目的基本生存能力、盈利能力、偿债能力等财务状况,判别项目的财务可行性,明确项目对财务主体的价值贡献,为投资者的投资决策提供依据。

项目在财务上的生存能力取决于项目的财务效益和费用的大小及其在时间上的分布状况。项目生存能力、盈利能力、偿债能力等财务状况,是通过财务报表以及计算相应的评价指标来进行判断的。因此,为判别项目的财务可行性所进行的财务分析应该包括以下内容:

① 财务效益和费用的识别。进行财务分析,首先必须明确哪些是项目的效益、哪些是项目的费用,从而据以判断哪些是项目的投资费用,哪些是项目的投资收益。

② 财务效益和费用的计算。根据识别的财务效益和费用,估算项目的投资费用和投资收益的大小。财务效益和费用的计算要客观、准确,其计算口径要对应一致。计算效益和费用时,项目产出物和投入物价格的选用必须有充分的依据,项目财务评价使用财务价格,即以现行价格体系为基础的预测价格,且根据不同情况考虑价格的变动因素。

③ 财务报表的编制。在项目财务效益和费用的识别与计算的基础上,可着手编制项目的财务报表,包括基本报表和辅助报表。为分析项目的基本生存能力需编制的主要报

表为财务计划现金流量表；为分析项目的盈利能力需编制的主要报表为现金流量表和利润表以及相应的辅助报表；为分析项目的偿债能力编制的主要报表为资产负债表和借款偿还计划表等。

④ 财务评价指标的计算与评价。根据上述财务报表计算出各财务分析指标。通过与评价标准或基准值的对比分析，即可对项目的生存能力、盈利能力、偿债能力等做出评价，判别项目的财务可行性。财务评价的盈利能力分析要计算财务净现值、财务内部收益率、投资回收期等主要评价指标。根据项目的特点及实际需要，也可计算全部投资收益率、权益投资收益率和经济增加值等指标。

整个财务分析的过程如图 7-1 所示。

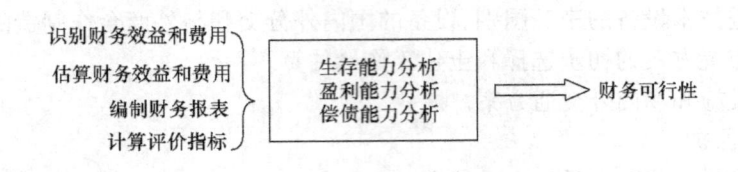

图 7-1 财务分析过程

7.2 投资项目财务效益和费用的识别与估算

要识别费用和收益，首先必须明确所计算费用、收益的范围。一个项目的投资可能不仅涉及所在的厂区，而且牵涉厂外运输、能源等公共设施；除了用于直接生产的厂房、设备外，还可能用到辅助设施；除了有物料、燃料的直接消耗外，还可能有其他间接消耗或损失；项目建成后，除了为本企业提供收益外，还可能对社会有利。由于财务分析以企业盈利为标准，正确识别项目的财务效益和费用应以项目为界，以项目的直接收入和支出为目标，所以在判断费用、收益的计算范围时，只计入企业的支出和收入。那些虽由项目实施所引起、但不为企业所支付或获取的费用及收益则不是项目的财务效益和费用，应不予计算。

在进行财务分析时，必须逐一识别费用项和收益项，必须对每一个投资项目的费用、收益进行具体分析。这里仅对工业投资项目常见的费用和收益项做出分析。

7.2.1 财务效益和费用的识别

1. 财务效益的识别

企业财务效益主要由以下两部分组成：

（1）销售收入

这是企业获得收入的主要形式。企业生产经营阶段的主要收入来源是销售收入，它是指企业销售产品或者提供劳务等取得的收入。

（2）资产回收

寿命期末可回收的固定资产余值和可回收的流动资金应视为收入。

2. 财务费用的识别

(1) 固定资产投资。

(2) 无形资产投资。

(3) 其他资产投资。

(4) 流动资金。

(5) 增值税。

(6) 营业税金及附加。营业税金及附加指消费税、营业税、城市维护建设税、资源税和教育费附加等，其计算口径应与营业收入口径相对应，即凡需从营业收入中支付的税金均需列入；凡不由营业收入支付的税金均不列入。

(7) 成本费用。指项目生产运营支出的各种费用。

(8) 所得税。

3. 投资与投资收益

投资者最关心的是，能不能通过投资该项目赚到钱，因此从上述财务效益和财务费用中识别出投资费用和投资收益是重要的，即需要确定要做哪些投资，哪些收益可以看做对投资的回收和投资者的盈余。

(1) 投资

项目的总投资包括建设投资、流动资金和借款费用，建设投资按形成资产法分类，由固定资产费用、无形资产费用、其他资产费用和预备费用四部分构成。建设投资按概算法分类，由工程费用、工程建设其他费用和预备费用三部分构成。工程费用又由建筑工程费、设备购置费和安装工程费构成；工程建设其他费用内容较多，且随行业和项目的不同而有所区别；预备费用包括基本预备费和涨价预备费。借款费用指建设期利息和融资手续费。

项目建设投资构成如图7-2所示。

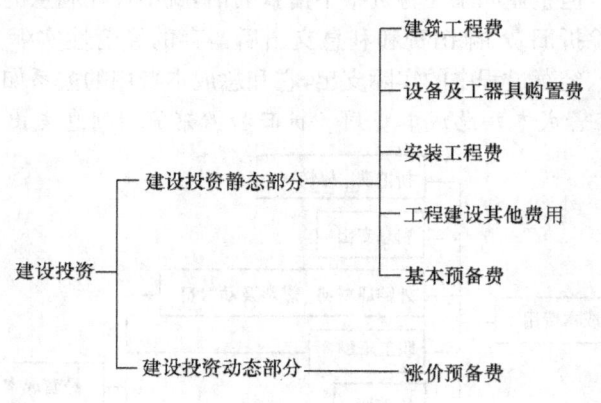

图7-2 项目建设投资构成

(2) 投资收益

由于资金来源不同，项目的投资收益分为全部投资收益、权益投资收益和投资各方投

资收益。全部投资收益指项目投资获得的所有资金(包括所有投资者的出资和债务资金)的投资回报,其计算方法为

全部投资收益＝营业收入＋资产回收－营业税金及附加－增值税－经营成本－所得税

经营成本与会计中的总成本费用是不一样的。经营成本是为进行经济分析从总成本费用中分离出来的一种费用。现行的财务会计制度是按成本项目进行成本和费用核算的,由若干个相对独立的成本中心或费用中心分别核算制造成本(为简化计算,在项目分析时,假定当期生产的全部销售成本就等于制造成本)、营业费用和管理费用,同一投入要素分别在不同的项目中加以记录和核算。这种核算方法的优点是简化了核算过程,便于成本核算的管理。其缺点是看不清各种投入要素的比例。特别要指出的是,有些成本和费用要素在性质上与一般的投入要素不同,在投资分析中要做特殊的处理。为此,有必要按成本要素列出总成本费用,如图7-3所示,计算公式为

$$\text{全部成本费用}=\text{外购原材料、燃料及动力费}+\text{工资及福利费}+\text{修理费}+ \\ \text{折旧费}+\text{摊销费}+\text{利息支出}+\text{其他费用} \tag{7-1}$$

这里的折旧费既包括生产成本制造费用中的折旧费和矿山维护费,也包括管理费用和营业费用中的折旧费。工资及福利费和外购原材料、燃料动力费也是如此。

折旧是固定资产价值转移到产品中的部分,是成本的组成部分,似乎应作为费用计入成本,但由于设备和原材料不同,它不是一次随产品销售而消失,而是在产品的一次次销售中将其补偿基金储存起来,到折旧期满,原投资方可得到回收。

可见,折旧并没有从项目系统中流出,而是保留在系统内。在按年计算成本费用、利润和所得税时,显然应把它们看做成本费用的组成部分。但是,从项目的整个投资周期看,固定资产、无形资产和递延资产的投资都已作为一次性的支出,如果再把折旧和摊销看做支出,就会发生重复计算。在现行财务会计制度下,实行的是税后还贷,借款的本金(包括融资租赁的租赁费)要用税后利润和折旧来归还,而生产经营期的利息可计入财务费用。利息支出虽是一种实际支出,但企业如果在融资中不借款的话,就不存在利息的支出。根据上述理由,将总成本费用剔除折旧费、摊销费和利息支出后留存的经营性实际支出定义为经营成本。经营成本是生产、经营过程中的实际支出,它和总成本费用的关系如下:

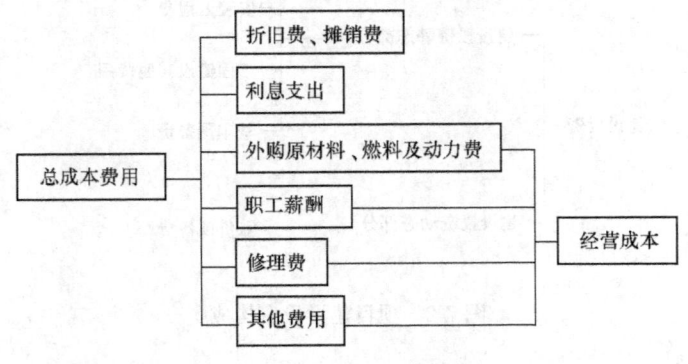

$$\text{经营成本}=\text{总成本费用}-\text{折旧和摊销费}-\text{利息支出} \tag{7-2}$$

图7-3 总成本费用与经营成本构成

会计收益(税后利润)与投资收益也是不同的。投资收益是按照"收付实现制"核算的,税后利润是按照"权责发生制"核算的,不是企业实际得到的现金,折旧摊销从每年的销售收入中减去,减少了会计利润。但折旧摊销本身不是现金流,如果假定销售收入全部是现金收入,则计算的税后利润是投资收益的一部分,折旧摊销也是投资收益的一部分,在考察全部投资(包括所有投资者的出资及债务资金)的回报时,利息无疑也是投资收益的组成部分,因此也不能把它看做支出。因此全部投资收益又可表示为

$$全部投资收益=税后利润+折旧+摊销+利息支出 \tag{7-3}$$

权益投资收益是指投资者权益资金的投资回报,即所有投资者出资中形成权益部分的投资回报。当考察权益资金的投资回报时,利息归债权人所有,并要从以上全部收益中扣除借款本金的偿还。这时,权益资金投资回报的来源为

$$权益资金投资收益=营业收入+资产回收-营业税金及附加-增值税-经营成本-\\所得税-借款利息支出和本金偿还 \tag{7-4}$$

或

$$权益资金投资收益=税后利润+折旧+摊销-借款本金偿还 \tag{7-5}$$

投资各方投资收益是指各投资者出资部分的投资回报。各投资者获得的是股利分配、资产处置收益分配等收入。

7.2.2 财务效益与费用的估算

1. 建设投资的估算

在投资决策的不同阶段,如投资机会研究阶段、项目建议书和可行性研究阶段,所具备的条件和掌握的资料不同,投资估算的方法和准确程度也不相同。目前有以下几种常用方法:

(1) 详估法

这是一种以国家和地方编制的概算定额为依据,以单位工程为计量单位来估算建设投资的方法。

① 建筑工程费估算。我国现行建筑安装工程费用按照费用构成要素划分为人工费、材料费、施工机具使用费、企业管理费、利润、规费和税金,其中人工费、材料费、施工机具使用费、企业管理费和利润包含在分部分项工程费、措施项目费、其他项目费中。建筑安装工程费按照工程造价形成由分部分项工程费、措施项目费、其他项目费、规费、税金组成,分部分项工程费、措施项目费、其他项目费包含人工费、材料费、施工机具使用费、企业管理费和利润。

② 设备及工器具购置费估算。设备及工器具购置费包括设备购置费、工器具购置费、现场制作非标准设备费、生产用家具购置费和相应的运杂费。对于价值高的设备应按单台(套)估算购置费,价值较小的设备可按类估算。国内设备和进口设备的设备购置费应分别估算。

国内设备购置费为设备出厂价加运杂费。设备运杂费主要包括运输费、装卸费和仓库保管费等,运杂费可按设备出厂价的一定百分比计算。

进口设备购置费由进口设备货价、进口从属费用及国内运杂费组成。进口设备货价

按交货地点和方式的不同,分为离岸价(FOB)与到岸价(CIF)两种价格。进口从属费用包括国外运费、国外运输保险费、进口关税、进口环节增值税、外贸手续费、银行财务费和海关监管手续费。国内运杂费包括运输费、装卸费和运输保险费等。

进口设备按离岸价计价时,应计算设备运抵我国口岸的国外运费和国外运输保险费,得出到岸价。计算公式为

$$\text{进口设备到岸价} = \text{离岸价} + \text{国外运费} + \text{国外运输保险费} \tag{7-6}$$

其中,国外运费=离岸价×运费率 或 国外运费=单位运价×运量;国外运输保险费=(离岸价+国外运费)×国外保险费率。

进口设备的其他几项从属费用通常按下面的公式估算:

$$\text{进口关税} = \text{进口设备到岸价} \times \text{人民币外汇牌价} \times \text{进口关税率} \tag{7-7}$$

$$\text{进口环节增值税} = (\text{进口设备到岸价} \times \text{人民币外汇牌价} + \text{进口关税} + \text{消费税}) \times \text{增值税率} \tag{7-8}$$

$$\text{外贸手续费} = \text{进口设备到岸价} \times \text{人民币外汇牌价} \times \text{外贸手续费率} \tag{7-9}$$

$$\text{银行财务费} = \text{进口设备货价} \times \text{人民币外汇牌价} \times \text{银行财务费率} \tag{7-10}$$

$$\text{海关监管手续费} = \text{进口设备到岸价} \times \text{人民币外汇牌价} \times \text{海关监管手续费率} \tag{7-11}$$

海关监管手续费是指海关对发生减免进口税或实行保税的进口设备实施监管和提供服务所收取的服务费。

工器具购置费一般按设备费的一定比例计取。

③ 安装工程费估算。需要安装的设备应估算安装工程费,其中包括各种机电设备装配和安装工程费用,与设备相连的工作台、梯子及其装设工程费用,附属于被安装设备的管线敷设工程费用;安装设备的绝缘、保温、防腐等工程费用;单体试运转和联动无负荷试运转费用等。

安装工程费通常按行业或专门机构发布的安装工程定额、取费标准和指标估算投资。具体可按安装费率、每吨设备安装费或每单位安装实物工程量的费用来估算,即

$$\text{安装工程费} = \text{设备原价} \times \text{安装费率}$$

$$\text{安装工程费} = \text{设备吨位} \times \text{每吨安装费}$$

$$\text{安装工程费} = \text{安装实物工程量} \times \text{安装费用指标} \tag{7-12}$$

④ 工程建设其他费用估算。工程建设其他费用包括土地使用费、建设单位管理费、勘察设计费、研究试验费、建设单位临时设施费、工程建设监理费、工程保险费和生产职工培训费等,有规定的按规定标准计算,无规定的按实际可能发生的费用估算。

⑤ 基本预备费估算。基本预备费是指在项目实施中可能发生难以预料的支出,需要事先预留的费用,又称工程建设不可预见费,主要指设计变更及施工过程中可能增加工程量的费用。基本预备费以建筑工程费、设备及工器具购置费以及安装工程费及工程建设其他费用之和为计算基数,乘以基本预备费率计算。

⑥ 涨价预备费估算。涨价预备费是对建设工期较长的项目,由于在建设期内可能发生材料、设备、人工等价格上涨引起投资增加,需要事先预留的费用,亦称价格变动不可预见费。涨价预备费以建筑工程费、设备及工器具购置费以及安装工程费之和为计算基数。计算公式为

$$PC = \sum_{t=1}^{n} I_t \cdot [(1+f)^{m+t} - 1] \tag{7-13}$$

式中，PC 为涨价预备费；I_t 为第 t 年的建筑工程费、设备及工器具购置费以及安装工程费之和；m 为估算年到建设开始年的年数；f 为年价格上涨指数；n 为建设期。

以上 6 项费用的总和即为整个建设投资的估算总额。

项目竣工后，建筑工程费、安装工程费、设备购置费形成固定资产；工程建设其他费用分别形成固定资产、无形资产和其他资产；基本预备费和涨价预备费按各项资产所占比例分别计入各项资产当中。

(2) 生产能力指数法

生产能力指数法是根据已建成的、性质类似的工程或装置的实际投资额和生产能力，按拟建项目的生产能力，推算出拟建项目的投资。一般来说，生产能力增加 1 倍，投资不会也增加 1 倍，往往是小于 1 的倍数。根据行业的不同，可以找到这种指数关系。用公式表示为

$$I_c = I_r \cdot \left(\frac{D_c}{D_r}\right)^m \cdot \phi \tag{7-14}$$

式中，I_c，I_r 分别为拟建和已建工程或装置的投资额；D_c，D_r 分别为拟建和已建工程或装置的生产能力；ϕ 为因建设地点和时间的不同而给出的调整系数；m 为投资生产能力指数。

若规模相差不大，D_c/D_r 位于 0.5～2 之间，m 近似为 1。若规模相差比较大，拟建项目的扩大要靠增大设备规模来达到时，m 取 0.6～0.7；若靠增加相同规格设备的数量达到时，m 取 0.8～0.9。

【例 7-1】 已知生产流程相似的、年生产能力为 10 万吨的化工装置，两年前建成的建设投资为 2 500 万元。拟建装置年生产能力设计为 50 万吨，一年以后建成。根据过去这种装置的大量数据得出投资生产能力指数 $m = 0.72$，这几年设备与物资的价格上涨率平均为 7% 左右，试估算拟建装置的投资费用。

解：由于两个装置建成时间相隔 3 年，物价上涨的调整系数可按 $(1+0.07)^3$ 估计，将有关数据代入式(7-15)可得

$$I_c = 2\,500 \times \left(\frac{50}{10}\right)^{0.72} \times (1+0.07)^3 = 9\,758 \text{（万元）}$$

(3) 设备费用推算法

以拟建项目或装置的设备费为基数，根据已建成的同类项目或装置的建筑安装费和其他工程费用等占设备价值的百分比，求出相应的建筑安装及其他有关费用，其总和即为项目或装置的投资。公式为

$$I_c = E \cdot (1 + \phi_1 \cdot m_1 + \phi_2 \cdot m_2 + \phi_3 \cdot m_3) \tag{7-15}$$

式中，I_c 为拟建工程的投资额；E 为拟建工程的设备购置费；m_1，m_2，m_3 分别为建筑工程、安装工程和其他费用占设备费用的百分比；ϕ_1，ϕ_2，ϕ_3 为相应的调整系数。

(4) 造价指标估算法

对于一般工业与民用建筑工程，可以按每平方米的建筑面积造价指标来估算投资。根据各种具体的投资估算指标，进行单位工程投资的估算。投资估算指标的形式较多，根据

这些投资估算指标,乘以所需的面积、体积、容量等,就可以求出相应的土建工程、给排水工程、照明工程、采暖工程、变配电工程等各单位工程的投资。在此基础上,可汇总成每一单项的投资。此外,再估算出工程建设其他费用及预备费,即可求得建设投资总额。

投资估算的方法很多,应根据项目的具体特点、当时掌握的资料和研究深度选择合适的方法,并力求估算准确。通常,希望投资项目决策前的估算误差在10%以内。

2. 流动资金的估算

(1) 扩大指标估算法

按照流动资金占某种费用基数的比率来估算。一般常用的费用基数有销售收入、经营成本、总成本费用和建设投资。该算法简便易行,适用于项目初选阶段。

(2) 流动资金分项详细估算法

分项详细估算法是对构成流动资金的各项流动资产和流动负债分别进行估算,得出本年需要的流动资金,再减去上年已注入的流动资金,就得到本年流动资金的增加额。当项目已达到正常的生产运行水平后,流动资金就可以不再投入。计算公式如下:

$$流动资金 = 流动资产 - 流动负债 \tag{7-16}$$

$$流动资产 = 现金 + 应收账款 + 存货 \tag{7-17}$$

$$流动负债 = 应付账款 \tag{7-18}$$

$$流动资金本年增加额 = 本年流动资金 - 上年流动资金 \tag{7-19}$$

估算的具体步骤是,首先确定某项流动资产对应的年成本费用,确定这种流动资金的最低周转天数,计算各类流动资产和流动负债的年周转次数,然后再分项估算占用资金额。周转次数 = 360/最低周转天数;该项流动资产资金占用额 = 对应的年成本费用/周转次数。

以现金为例,对应的年成本费用主要是年工资及福利费和其他费用,计算公式如下:

现金需要额 = (年工资及福利费 + 年其他费用)/周转次数

$$\begin{aligned}年其他费用 =\ &制造费用 + 管理费用 + 销售费用 - (以上三项费用中所含的工资及福\\&利费、折旧费、摊销费、修理费)\end{aligned} \tag{7-20}$$

在估算一般工业项目的流动资产时,具有以下对应关系:

流动资产和流动负债各项构成估算

流动资产/流动负债	对应的年成本费用
应收账款	年经营成本
存货	
其中:外购原材料、燃料	年外购原材料、燃料费
在产品	年外购原材料、燃料及动力费 + 年工资及福利费 + 年修理费 + 年其他制造费用
产成品	年经营成本 - 营业费用
现金	年工资及福利费 + 年其他费用

流动负债中的应付账款也按同样方法估算,对应的是年外购原材料、燃料及动力费,这种流动负债可以看做一种自动提供的资金来源,流动资产扣除这一部分就是应该投入

的流动资金。

3. 投资收益的估算

（1）营业收入估算

营业收入（包括提供服务的收入）由销售量和价格两个要素决定。计算公式为

$$营业收入 = 产品销售量 \times 销售价格。 \tag{7-21}$$

产品销售量根据项目的生产能力来测算，项目生产能力取决于项目的市场调查和预测分析，即取决于市场对产品的需求量。假设项目生产的产品全部都能销售出去，不考虑库存，即销售量就是生产量，则该项目的年销售量为

$$年销售量 = 项目设计生产能力 \times 生产能力利用率（生产负荷\%） \tag{7-22}$$

对于增加产量的项目，如果价格不变，会直接导致营业收入的增加，如果销售量增加后价格下降，则需按降价后的价格计算。当投资的目的在于提高质量时，如果价格随之提高，则按提价后的价格计算收入；如果不提价，则没有收入的增加。

（2）营业税金及附加估算

参见第 2 章。

（3）增值税估算

当拟建项目产出和投入采用不含增值税价格时，不需估计增值税；当拟建项目采用含增值税价格时，需估计其费用数额，具体参见第 2 章。

（4）经营成本估算

经营成本是总成本费用中剔除折旧费、摊销费和利息支出后的全部经常性成本费用支出。

① 外购原材料、燃料及动力费

包括生产经营过程中外购的原材料、辅助材料、备品配件、半成品、燃料、动力、包装物及其他材料。估算中，可按由各年生产负荷算出的各项消耗数量乘以单价得到，也可按销售产品价值中的内含比例估算。

② 职工薪酬

职工薪酬包括直接从事生产人员、管理人员和销售部门人员的职工工资、奖金、津贴和补贴，职工福利费，医疗保险费、养老保险费、失业保险费、工伤保险费等社会保险费，住房公积金，工会经费和职工教育经费。按企业定员人数乘以各类人员年平均薪酬水平得到估算数。确定各类职工的年平均薪酬水平应考虑项目性质、行业特点、项目所在地职工薪酬水平等因素。职工福利费可按工资总额的 14% 估算，主要用于职工医疗、职工困难补助以及其他福利性开支。工会经费按照职工工资总额的 2% 估算；职工教育经费按照职工工资总额的 1.5% 估算。

③ 修理费

包括生产单位、行政管理部门和销售部门发生的修理费用。一般可按固定资产原值（扣除）所含的建设期利息的一定比例估算。

④ 其他费用

其他费用是指总成本费用中剔除上述成本费用及折旧费、摊销费和利息支出后的费用，包括制造费用、管理费用和营业费用中的办公费、差旅费、运输费、保险费、工会经费、职工教育经费、土地使用费、技术转让费、咨询费、业务招待费、坏账损失和在成本费用中

列支的税金、租赁费(非融资租赁)、广告费、销售服务费用等。

列入成本和费用中的税金有房产税、车船使用税、土地使用税和印花税等。

工会经费按照职工工资总额的 2% 估算；职工教育经费按照职工工资总额的 1.5% 估算；业务招待费按销售净额的 5‰~1% 估算，不能突破。

(5) 折旧摊销估算

折旧的估算参见本章 7.4 节。摊销的估算参见 2.2.2 节。

4. 利息估算

借款利息估算包括建设投资借款利息、流动资金借款利息和短期借款利息的估算，在估算建设投资借款利息时，由于建设期利息计入总投资，所以需要单独估算。计算建设期利息时，为了简化计算，通常假定借款均在每年的年中支付，因此当年借款按半年计息，计算公式为：

$$建设期每年应计利息 = (年初借款累计 + 当年借款额/2) \times 年利率$$

建设期借款利息按各项资产所占比例分别计入各项资产当中。

5. 所得税的估算

所得税应根据应纳税所得额进行估算。企业发生的年度亏损，可以用下一年度的税前利润等弥补；下一年度利润不足弥补的，可以在 5 年内延续弥补，按弥补以后的应纳税所得额计算所得税。估算公式为

$$所得税 = 应纳税所得额 \times 所得税税率 \tag{7-23}$$

$$应纳税所得额 = 收入总额 - 准予扣除项目金额 \tag{7-24}$$

【例 7-2】 预计某项目 2011 年亏损 1 000 万元，2012 年预计利润总额为 100 万元，2013—2017 年每年预计利润总额为 200 万元，所得税税率为 25%，估算各年所得税及税后利润。

解：估算过程见表 7-1。

表 7-1 所得税估算表　　　　　　　　　　　　单位：万元

年份	2011	2012	2013	2014	2015	2016	2017
利润总额	-1 000	100	200	200	200	200	200
弥补亏损	0	100	200	200	200	200	0
应纳税所得额	0	0	0	0	0	0	200
所得税	0	0	0	0	0	0	50
税后利润	-1 000	100	200	200	200	200	150

7.3　投资项目的盈利能力分析

财务盈利能力分析是财务评价的主要内容，它分析项目的投资能否从项目的收益中回收并获得一定的利润，它在财务现金流量表的基础上计算内部收益率等指标，以得出项目盈利能力水平的结论。盈利能力分析采用的主要评价指标如下：

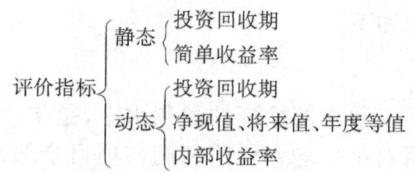

$$\text{评价指标} \begin{cases} \text{静态} \begin{cases} \text{投资回收期} \\ \text{简单收益率} \end{cases} \\ \text{动态} \begin{cases} \text{投资回收期} \\ \text{净现值、将来值、年度等值} \\ \text{内部收益率} \end{cases} \end{cases}$$

上述指标在第 4 章都已介绍过。

在进行财务分析时，需分两方面考察经济效果。一方面，考察项目获取利润的能力，另一方面，考察项目投资的盈利水平。这又分成两个步骤：第一步，把所有的出资者（全部投资者和债权人）包括在内，研究全部投资的盈利能力，这种分析称为全部投资的财务盈利能力分析；第二步，研究权益投资的盈利能力，也称为权益资金财务盈利能力分析。

7.3.1 获取利润能力

衡量企业获取利润能力时应编制利润表，然后根据该表计算投资利润率、投资利税率、经济增加值等指标。工程项目财务分析中的利润表（如表 7-2 所示）与会计制度中规定的利润表有所不同。财务分析主要预测建设项目投资的经济效益，对某些收支不必考虑或不可能预测，如营业利润中的投资收益不属于本项目投资的效益，不必考虑，资产减值损失、公允价值变动收益、营业外收入和营业外支出也无法预测，所以在财务分析中取消了这几项内容。在财务分析中假定当期产品当期就销售出去，因此产品营业成本就等于产品制造成本，并将销售费用、管理费用、财务费用与产品营业成本合称为总成本费用，这样，财务分析中利润总额计算可简化为：利润总额 = 营业收入 − 总成本费用 − 营业税金及附加。为计算所得税，加入弥补以前年度亏损，以调整利润总额。企业缴纳所得税后的利润基本上都可以看做投资者的所得，但投资者真正能拿到的现金形式的分配利润还要从税后利润中扣减相应部分。

在借款本金还清以前，必要时要用税后利润偿还借款本金，再分配利润。利润及利润分配表的内容及形式见表 7-2。为计算相应指标，利润计算公式如下。

① 利润总额是企业本期取得的全部利润之和。是对项目全部经营绩效的核算。

$$\text{利润总额} = \text{营业收入} - \text{总成本费用} - \text{营业税金及附加} \tag{7-25}$$

② 净利润是指扣除所得税后的利润，是对项目实际财务成果的核算。

$$\text{净利润} = \text{利润总额} - \text{所得税} \tag{7-26}$$

③ 息税前利润是不考虑债务与税收的情况下，企业本期取得的利润。

$$\text{息税前利润(EBIT)} = \text{净利润} + \text{利息支出} + \text{所得税} \tag{7-27}$$

④ 税后净营业利润等于税后净利润加上利息支出部分，即公司的销售收入减去除利息支出以外的全部经营成本和费用（包括所得税）后的净值。因此，税后净营业利润实际上是在不涉及资本结构的情况下，公司经营所获得的税后利润，即全部资本的税后投资收益，反映了公司资产的盈利能力。

$$\text{税后净营业利润} = \text{净利润} + \text{利息支出} \tag{7-28}$$

⑤ 息税折旧摊销前利润是企业本期取得的经营利润。用于反映项目当期的现金流量和可供还款的利润。

根据利润表计算的指标如下。

1. 全部投资收益率(ROI)

全部投资收益率(ROI)表示全部投资的盈利水平,是指项目达到设计能力后,正常年份的年息税前利润或运营期内年平均息税前利润与项目全部投资的比率,计算公式为:

表 7-2　利润与利润分配表　　　　　　　单位:万元

序号	项目	合计	计算期					
			1	2	3	4	…	n
1	营业收入							
2	营业税金及附加							
3	总成本费用							
4	补贴收入							
5	利润总额(1−2−3+4)							
6	弥补以前年度亏损							
7	应纳税所得额(5−6)							
8	所得税							
9	净利润(5−8)							
10	期初未分配利润							
11	可供分配的利润(9+10)							
12	提取法定盈余公积金							
13	可供投资者分配的利润(11−12)							
14	应付优先股股利							
15	提取任意盈余公积金							
16	应付普通股股利(13−14−15)							
17	各投资方利润分配:							
	其中:××方							
	××方							
18	未分配利润(13−14−15−17)							
19	息税前利润(利润总额+利息支出)							
20	息税折旧摊销前利润(息税前利润+折旧+摊销)							

$$\text{全部投资收益率} = \frac{\text{年息税前利润}}{\text{项目总投资}} \times 100\% \qquad (7\text{-}29)$$

全部投资收益率高于或等于设定的基准全部投资收益率,表明项目盈利能力能够满足要求。

2. 权益投资收益率(ROE)

权益投资收益率(ROE)表示权益投资的盈利水平,是指项目达到设计能力后正常年份的年净利润或运营期内的年平均净利润与权益资金的比率,计算公式为:

$$权益投资收益率 = \frac{年净利润}{权益资金} \times 100\% \tag{7-30}$$

权益投资收益率高于或等于同行业的净资产收益率(权益净利率)参考值,或设定的基准权益投资收益率,表明项目的盈利能力能够满足要求。

3. 经济增加值

经济增加值(Economic Value Added,EVA)是特定年度税后净营业利润(NOPAT)与当年税后资本成本之间的差额。这种方法正在得到越来越多的关注与运用。简要地说,经济增加值的另一种表述是"资本回报与资本成本之间的差额",我们将每年的经济增加值定义为:

$$\begin{aligned}(EVA)_k &= (税后净营业利润)_k - (产生利润的资本成本)_k \\ &= NOPAT_k - i \cdot BV_{k-1}\end{aligned} \tag{7-31}$$

式中,k 为年度序列($1 \leqslant k \leqslant N$);$i$ 为加权平均资本成本;BV_{k-1} 为期初账面价值;N 为研究期。

EVA 是对真正"经济"利润的评价,或者说,是表示净营业利润与投资者用同样资本投资其他项目的最低回报相比,超出或低于后者的量值,考察项目是否"有效使用资本"和"为权益投资者创造价值"的能力。

7.3.2 项目投资盈利水平

项目投资盈利水平分析,就是考察项目的投资回报水平,包括全部投资盈利能力分析和权益投资盈利能力分析。

1. 全部投资盈利能力

项目的全部投资包括投资者出资部分和债务资金(包括借款、债券发行收入和融资租赁)的投资。对应的投资收益是

$$投资收益 = 营业收入 + 资产回收 - 经营成本 - 营业税金及附加 - 所得税 \tag{7-32}$$

在研究全部投资的盈利能力时,首先要编制出全部投资现金流量表,然后根据此表计算投资回收期、净现值和内部收益率等。财务基准收益率可选取融资的加权平均资本成本。

全部投资财务现金流量表(见表 7-3)是从所有出资者角度出发的现金流出和现金流入的汇总,全部投资包括直接投资者出资的部分,也包括间接投资者(如债权人)出资的贷款。该表把用于投资的债务资金,也看做现金流出;把利息和借款的偿还则看做投资的回收,由此来考察项目本身所具有的财务效果。

按照惯例,表 7-3 中的年份指的是该年年末。"0"指第一年年初。当年的现金流入减去

当年的现金流出就得到当年的净现金流量。显然,建设期或计算期开始的几年,净现金流量是负的,它们代表投资资金的支出;生产经营期的净现金流量一般是正的,它们表示投资的收益,主要指税后利润、折旧费、摊销费和利息支出等。在计算期的最后一年(即第 n 年)还有资产回收的现金流入。

仔细分析表 7-3 可以看出,除所得税一项外,其他现金流量都不受融资方案的影响,只取决于项目本身。为了使考察项目不受融资方案影响的结果,可采用税前指标,为投资者和债权人(可认为是间接投资者)提供最基本的信息,帮助他们决定是否值得投资(或贷款),为各个融资方案(不论其资金来源和利息为多少)间的比较建立共同的基础。

表 7-3　全部投资财务现金流量表　　　　　　单位:万元

序号	项目	合计	计算期					
			1	2	3	4	…	n
1	现金流入							
1.1	营业收入							
1.2	回收固定资产余值							
1.3	回收流动资金							
1.4	其他现金流入							
2	现金流出							
2.1	建设投资(不含建设期利息)							
2.2	流动资金							
2.3	经营成本							
2.4	营业税金及附加							
2.5	增值税							
2.6	所得税							
2.7	其他现金流出							
3	净现金流量(1-2)							
4	累计净现金流量							

2. 权益投资盈利能力

权益投资盈利能力是研究投资者出资部分的投资收益。全部投资盈利能力反映的是全部投资者在该项目上的盈利性,投资中包括投资者的出资部分,也包括负债资金。为了知道投资者出资部分的投资效果,有必要列出权益投资财务现金流量表(见表 7-4),按权益投资财务现金流量表计算 NPV、IRR 等指标。财务基准收益率可选取投资者的 MARR。

权益投资财务现金流量表仍然是从项目角度来编制的,其资金的流入、流出情况是以项目为边界的,只是考察对象由全部投资变成了权益投资,它与全部投资现金流量表的主要区别表现在对借贷资金的处理上。其编制原则是:站在项目财务的角度考察各项资金的收入和支出。对于贷款来说,企业从银行取得贷款是资金收入,用于项目建设是资金支出,偿还贷款本利也是资金支出。不难看出,企业对贷款的真正支出只是偿还贷款本利。

第 7 章 工程项目的财务分析

与表 7-3 不同的是,现金流出的投资中只包括权益投资,同时增加了借款的本金偿还和利息支付。从表 7-3 中把借款的投资(假定全部投资减去权益投资就是借款数)去掉,再去掉债权人的收益(利息收入和本金收回),就得到表 7-4。

权益投资盈利能力反映投资者本身的盈利能力,它给投资者提供盈利所能达到水平的明确信息。

表 7-4 权益投资财务现金流量表　　　　　　　　　　单位:万元

序 号	项 目	合 计	计 算 期					
			1	2	3	4	…	n
1	现金流入							
1.1	营业收入							
1.2	回收固定资产余值							
1.3	回收流动资金							
1.4	其他现金流入							
2	现金流出							
2.1	权益投资							
2.2	借款本金偿还							
2.3	借款利息支付							
2.4	经营成本							
2.5	营业税金及附加							
2.6	增值税							
2.7	所得税							
2.8	其他现金流出							
3	净现金流量(1—2)							
4	累计净现金流量							

权益投资盈利能力分析考察项目权益投资的盈利性,为了进一步确定各个投资者出资部分的投资效果,有必要列出投资各方的财务现金流量表(见表 7-5)。按投资各方的财务现金流量表计算 NPV,IRR 等指标。财务基准收益率可选取各个投资者的 MARR。

表 7-5 投资各方财务现金流量表　　　　　　　　　　单位:万元

序 号	项 目	合 计	计 算 期					
			1	2	3	4	…	n
1	现金流入							
1.1	股利分配							
1.2	资产处置收益分配							
1.3	租赁费收入							
1.4	技术转让收入							
1.5	其他现金流入							
2	现金流出							
2.1	股权投资							
2.2	租赁资产支出							
2.3	其他现金流出							
3	净现金流量(1—2)							

投资各方财务现金流量表是从各个投资者角度编制的,反映各个投资者资金的流入、流出情况,因此资金的流入是投资者获得的股利分配、资产处置收益分配等收入,现金流出是投资者的股权投资。

7.4 财务基本生存能力和偿债能力分析

7.4.1 财务基本生存能力分析

只考虑项目的盈利性是不够的,还必须对资金在时间上进行安排,以满足项目对资金的需要。虽然有些项目的投资盈利水平很高,但资金筹措不足,资金到位迟缓,应收账款收不上来,汇率和利率变化,影响项目的正常运行,产生损失。为了使项目得以顺利实施,资金筹措方案应保证资金的平衡,并保证有足够的资金偿还债务。财务基本生存能力分析是通过考察项目计算期内各年的投资活动、融资活动和经营活动所产生的各项现金流入和流出,针对项目在实施和运行期间是否有足够的净现金流量以维持正常生产运营而进行的一种分析,以满足项目实施与运转的需要,保证项目寿命期内资金运行的可行性。

资金流入的时间必须和投资及经营上的各项支出同时发生,否则就可能发生资金短缺或没有能力偿债,不得不使用成本较高的短期资金,造成建设期延长、生产陷入困境等问题。一般来说,在生产经营初期,项目产量低于生产能力,成本费用高,资金流入较少,又能需要偿还借款,此时资金平衡最为困难,有必要逐年甚至逐季逐月地予以平衡。

项目的资金安排必须使每期(年、月或季)资金保证项目的正常运转,即每期的资金来源加上上期的结余必须足以支付本期的资金使用需要。否则,即使项目的经济效果很好,也无法实施。财务生存能力分析需要编制财务计划现金流量表。财务计划现金流量表的编制要充分考虑融资主体所采用的折旧政策、具体的融资方案、执行的税收政策,还本付息计划、股利支付计划等因素,编制一个能够真正反映融资主体今后实际将要发生的财务计划现金流量的表,这与财务会计制度中"现金流量表"的概念是一致的,其主要目的是要反映融资主体真实的现金流量计划,分析其财务可持续性及出现现金支付风险的可能性。

编制财务计划现金流量表需要分析项目计算期内基于财务主体完整的现金流量,如投资活动的现金流量,包括项目建设投资、期末资产回收、流动资金投入、流动资金回收等引起的现金流量;筹资活动的现金流量,即权益融资和债务融资现金流量,包括各种权益资金、债务资金的筹措、借款还本付息、股本分红等引起的现金流量;经营活动的现金流量,包括销售及营业收入、经营成本支出、所得税支出等引起的各种现金流量,报表的最后结果是计算出各年的净现金流量(盈余资金)和累计净现金流量(累计盈余资金)。表7-6给出的盈余资金表示当年现金流入多于现金流出的数额。当盈余资金为负值时,表示该年资金的短缺数。在建设期,盈余资金(短缺)表示当年投资者的出资额加上借款或其他债务来源多于(少于)投资的数额。作为资金的平衡,并不需要每年的盈余资金不出现负值,而要求从投资开始至各年累计的盈余资金大于零。即项目具有基本财务生存能力的要求是:

各年的"累计盈余资金"≥0

这就要求投资项目在进行过程中的任何时刻都有够用的"钱",否则,项目将无法进行下去。当在某一时刻累计盈余资金小于零时,通常采取的做法是,借短期贷款以补当期资金来源的不足,即要在此之前增加借款。但是,如果某一期或数期资金缺口较大,需借贷的短期贷款数额也较大,银行往往要重新考虑对该项目贷款的可能性,甚至拒绝大笔的短期借款。当这种情况发生时,项目的投资者就要另筹资金,或增加权益投资,或延缓(减少)利润分配,或设法与债务人协商延缓还款时间。当这些措施都无效时,即便投资盈利能力很好,也还要重新考虑投资项目的可行性,或者修改项目计划,或者重新制定项目方案,甚至放弃项目的投资。

财务计划现金流量表与用于盈利性分析的投资(包括全部投资和权益投资)现金流量表(参见表7-3和表7-4)有本质的不同。前者从项目的资金平衡出发,反映了项目的财务流量,体现的是项目资金可利用的所有资金来源。后者是从项目的出资者角度出发,反映了项目建设和经营的现金流量,体现的是投资的盈利性。

表7-6 项目财务计划现金流量表 (单位:万元)

序号	项目	合计	计算期					
			0	1	2	3	4	…	n
1	营运活动现金流量								
1.1	现金流入								
1.1.1	营业收入								
1.2	现金流出								
1.2.1	营业税金及附加								
1.2.2	经营成本								
1.2.3	所得税								
2	投资活动现金流量								
2.1	现金流入								
2.1.1	回收资产余值								
2.1.2	回收流动资金								
2.2	现金流出								
2.2.1	建设投资								
2.2.2	流动资金								
3	债务融资活动现金流量								
3.1	现金流入								
3.1.1	借款								
3.2	现金流出								
3.2.1	借款利息支付								
3.2.2	借款本金偿还								
4	权益融资活动现金流量								
4.1	现金流入								
4.1.1	权益资金								
4.2	现金流出								
4.2.1	应付股利								
5	盈余资金								
6	累计盈余资金								

7.4.2 偿债能力分析

在企业项目投资中,债务资金是重要的资金来源。就企业而言,自然要考察项目的融资政策及所面临的财务风险,关心自身偿还债务的能力;就债权人来说,则要关心借出的资金能否如期收回本息。因此,偿债分析是财务分析中的一项重要内容。

1. 根据资产负债表计算的指标

资产负债表综合反映项目计算期内各年末资产、负债和所有者权益的增减变化及对应关系,以考察项目资产、负债、所有者权益的结构是否合理,用以计算资产负债率、流动比率及速动比率,并进行清偿能力分析。

资产负债表(见表 7-7)和前面提到的现金流量表、利润表、财务计划现金流量表的根本区别在于,前者记录的是存量而后者是流量。所谓存量是指某一时刻的累计值,而流量反映的是某一时段发生的流量值。资产负债表中的基本恒等关系是

$$资产 = 负债 + 所有者权益 \tag{7-33}$$

表 7-7 资产负债表　　　　　　　　　　单位:万元

序号	项目	合计	计算期 1	2	3	4	…	n
1	资产							
1.1	流动资产总额							
1.1.1	应收账款							
1.1.2	存货							
1.1.3	现金							
1.1.4	累计盈余资金							
1.2	在建工程							
1.3	固定资产净值							
1.4	无形及其他资产净值							
2	负债与所有者权益							
2.1	流动负债总额							
2.1.1	应付账款							
2.1.2	短期借款							
2.2	建设投资借款							
2.3	流动资金借款							
2.4	所有者权益							
2.4.1	权益资金							
2.4.2	资本公积金							
2.4.3	累计盈余公积金							
2.4.4	累计未分配利润							
	资产负债率							
	流动比率							
	速动比率							

表中各项的数字都是指各年年末的存量。资产负债表可以由财务计划现金流量表、利润表、投资及折旧估算表中的有关数据计算存量而得到。

企业拥有的资产是偿还债务的保障,通过分析债务在资产中所占的比例,可了解企业偿还债务的能力,主要有以下3项指标。

(1) 流动比率

$$流动比率 = \frac{流动资产总额}{流动负债总额} = \frac{流动资产+累计盈余资金}{流动负债+短期借款} \quad (7-34)$$

该指标可以反映项目偿付流动负债的能力。流动比率表明企业能在短期内转化成现金的资产,对需要在短期内偿还负债的一种保障程度。比率越高,债权人的安全系数越高。流动比率太低,企业缺乏短期偿债能力;流动比例太高,短期偿债能力过强,负债利用不足,流动资产会闲置。一般流动比率取值在1.2~2.0较合适,具体视行业的特点、项目流动资产的构成、流动负债的性质而定。由于流动资产中含有存货,在短期内不易变现,有必要补充第二个指标。

(2) 速动比率

$$速动比率 = \frac{流动资产总额-存货}{流动负债总额} = \frac{流动资产-存货+累计盈余资金}{流动负债+短期借款} \quad (7-35)$$

该指标可以反映项目快速偿付流动负债的能力。速动比率是企业各个时刻用可以立即变现的货币资金偿付流动负债能力的指标。速动比率越高,则在短时间内偿还短期负债的能力越强。速动资产指流动资产中变现最快的部分,通常以流动资产总额减去存货后的余额计算。速动比率能更好地反映企业的短期偿债能力。速动比率应不小于1.0~1.2。

(3) 资产负债率

$$资产负债率 = \frac{负债总额}{资产总额} \quad (7-36)$$

该指标可以反映项目在各时间点上的负债程度及综合偿还债务的能力。

资产负债率表示在资产总额中有多少资产是通过借债而得的,反映企业的总体偿债能力,衡量企业在清算时保护债权人利益的程度。这一比率越低,则偿债能力越强。

从债权人角度考虑,负债率越低,项目财务风险越小,企业偿债能力越强。从投资人角度考虑,投资者关心的是,资产报酬率是否超过借款利率。若超过,则企业可通过举债经营用有限资本取得企业控制权,获得杠杆利益。从项目角度考虑,既要实现项目盈利,又要顾及项目企业的财务风险,资产负债率在0.5左右比较合适。

2. 根据借款偿还计划表计算的指标

借款偿还计划表反映项目计算期内各年借款和还本付息的情况,以及偿债的资金来源。通常,企业偿还国内贷款的资金来源有:利润、折旧和摊销、其他收入等。可根据企业逐年利润、折旧和其他收入计算出每年可用于还款的资金数额。

根据借款偿还计划表(见表7-8),可计算出借款偿还期、利息备付率、偿债备付率等指标,以此来评价项目借款偿还能力。

(1) 借款偿还期

有些项目的资金筹措方案并没有具体规定偿还贷款的时间和方式,贷款部门很希望知道项目能偿还贷款的最短时间,这就有必要计算投资借款的偿还期。最常见的是计算建设投资借款的偿还期。

借款偿还期是指以项目投产后获得的可用于还本付息的资金,还清借款本息所需的时间,一般以年为单位。计算借款偿还期的关键,是要明确项目可用于还款的来源,尽可能做到偿还的来源与偿还的对象相一致,借款的本金由税后的利润加上折旧来归还。项目的建设投资借款的利息和流动资金的利息一样,可以计入总成本费用,因此税后利润和折旧只用来还本就可以了。由于每年的利息取决于年初的欠款余额,而利润的计算又取决于利息的大小,因此,利润的计算和利息的计算无法独立进行。计算借款偿还期可以按表7-8进行。这项指标可由借款偿还计划表推算,不足整年的部分可用内插法计算。从开始借款年份算起的偿还期的详细计算公式是:

$$借款偿还期 = 借款偿还后开始出现盈余年份 - 开始借款年份 + 当年偿还借款额/当年可用于还款的资金额 \tag{7-37}$$

计算出的借款偿还期如果小于贷款机构所规定的期限,则表明企业有足够的偿还能力;如果计算出的借款偿还期大于银行规定的还款期限,则说明企业还款能力不足。当这种情况出现时,要进行分析,并在财务上,甚至在技术方案及投资计划上采取措施,直至偿债能力与银行的限定期一致。

借款偿还期指标旨在计算最大偿还能力,适用于尽快还款的项目,不适用于已约定借款偿还期限的项目。对于已约定借款偿还期限的项目,应采用利息备付率和偿债备付率指标分析项目的偿债能力。

(2) 利息备付率

利息备付率是指项目在借款偿还期内,各年可用于支付利息的税息前利润与当期应付利息费用的比值,即

$$利息备付率 = 税息前利润 / 当期应付利息费用 \tag{7-38}$$

其中,税息前利润=利润总额+计入总成本费用的利息费用。当期应付利息是指计入总成本费用的全部利息。

利息备付率可以按年计算,也可以按整个借款期计算。利息备付率表示项目的利润相对利息支付的倍数,反映了项目偿付利息的能力。利息备付率应大于2,否则,表示付息能力保障程度不足。

(3) 偿债备付率

偿债备付率是指项目在借款偿还期内,各年可用于还本付息的资金与当期应还本付息金额的比值,即

$$偿债备付率 = 可用于还本付息的资金/当期应还本付息金额 \tag{7-39}$$

可用于还本付息的资金包括可用于还款的折旧和摊销、在成本中列支的利息费用,以及可用于还款的利润等。当期应还本付息金额包括当期应还贷款本金及计入成本的利息。

偿债备付率可以按年计算,也可以按整个借款期计算。偿债备付率表示可用于还本付息的资金作为偿还借款本息保证的倍率。偿债备付率在正常情况下应大于1。当指标小于1时,表示当年资金来源不足以偿付当期债务,需要通过短期借款偿付已到期债务。

表 7-8　借款偿还计划表　　　　　　　　　　单位:万元

序号	项目	合计	计算期 1	2	3	4	…	n
1	借款							
1.1	年初本息余额							
1.2	本年借款							
1.3	本年应计利息							
1.4	本年还本付息							
	其中:还本							
	付息							
1.5	年末本息余额							
2	还本资金来源							
2.1	当年可用于还本的未分配利润							
2.2	当年可用于还本的折旧和摊销							
2.3	以前年度结余可用于还本资金							
2.4	用于还本的短期借款							
2.5	可用于还款的其他资金							

7.5　折旧对财务分析的影响

在投资项目的现金流量表中,折旧并不构成现金流出。但折旧是总成本费用的重要组成部分,直接影响所得税的数量,从而影响财务分析的结果。所得税对项目来说是一笔较大的费用,不考虑所得税的财务分析是无意义的。

7.5.1　折旧的估算方法

固定资产的折旧方法可以分为两大类:一般折旧法和加速折旧法。

1. 一般折旧法(包括直线折旧法和工作量法)

直线折旧法(也称平均年限法)是将固定资产平均分摊于预计使用年限的折旧方法,又称为平均年限法。该方法的最大优点是,计算简单,容易理解。直线折旧法的计算公式为

$$年折旧率 = (1 - 预计净残值率)/折旧年限$$

$$年折旧额 = 年折旧率 \times 固定资产原值$$

或

$$年折旧额 = (固定资产原值 - 残值)/折旧年限 \tag{7-40}$$

工作量法是根据实际工作量计提折旧额的一种方法,工作量可以是产量、行驶里程或工时数。这种方法是直线折旧法的一种改进,在各期使用固定资产的时间或产量不均衡时,采用此方法更加符合配比原则。计算公式如下:

$$每一工作量折旧额 = (固定资产原值 - 预计净残值)/规定的总工作量$$

$$年折旧额 = 年工作量 \times 每一工作量折旧额 \tag{7-41}$$

2. 加速折旧法(包括双倍余额递减法和年数总和法)

双倍余额递减法是在不考虑固定资产残值的情况下,按双倍直线折旧率和固定资产净值来计算折旧的方法。计算公式如下:

$$年折旧率 = 2/折旧年限$$
$$年折旧额 = 固定资产账面净值 \times 年折旧率 \tag{7-42}$$

采用此方法,应当在其固定资产折旧年限到期前两年内,将固定资产净值扣除预计净残值后的净额平均摊销。

年数总和法是将固定资产的原值减去残值后的净额乘以一个逐年递减的分数来计算每年的折旧额。计算公式如下:

$$年折旧率 = (折旧年限 - 已使用年数) / [折旧年限 \times (折旧年限 + 1)/2]$$
$$年折旧额 = (固定资产原值 - 预计净残值) \times 年折旧率 \tag{7-43}$$

固定资产的折旧额的计算一般采用直线折旧法;企业中专业车队的客、货运汽车和大型设备的折旧额计算可以采用工作量法;在国民经济中具有重要地位、技术进步快的电子生产企业、船舶工业企业、生产"母机"的机械企业、飞机制造企业、汽车制造企业、化工生产企业和医药生产企业,以及其他经财政部批准的特殊行业的企业,其机器设备的折旧额计算可以采用双倍余额递减法或年数总和法。

【例 7-3】 某项资产原值为 50 000 元,预计使用年限为 5 年,预计净残值为 2 000 元,分别用直线折旧法、双倍余额递减法、年数总和法求其折旧额。

解:计算过程和结果见表 7-9。

表 7-9　折旧额计算表　　　　　　　　　　　　　　　单位:元

年限	直线折旧法 折旧率	直线折旧法 年折旧额	双倍余额递减法 折旧率	双倍余额递减法 净残值	双倍余额递减法 年折旧额	年数总和法 折旧率	年数总和法 年折旧额
1	19.2%	9 600	40%	50 000	20 000	5/15	16 000
2	19.2%	9 600	40%	30 000	12 000	4/15	12 800
3	19.2%	9 600	40%	18 000	7 200	3/15	9 600
4	19.2%	9 600	40%	10 800	4 400	2/15	6 400
5	19.2%	9 600	40%	6 400	4 400	1/15	3 200

7.5.2　折旧法的比较

采用加速折旧法,提高了折旧率,从而加速补偿固定资产的损耗,提前摊销固定资产折旧额。不过,从总量来看,其折旧总额没有因加速折旧而改变,改变的只是折旧额计入成本费用的时间。由于折旧是所得税的一项重要扣除项目,加速折旧虽没有改变折旧期内的应纳税所得额和应纳税额的总量,但改变了所得税计入现金流出的时间。根据货币时间价值原理,加速折旧使资金的回收速度阶段性地加快,使纳税人应纳税额在前期减少,在后期增加,因而实际上推迟了缴纳税款的时间,等于向政府取得了一笔无须支付利息的贷款。因此,准予采用加速折旧法,实际上是国家给予的一种特殊的缓税或延期纳税优惠。

【例 7-4】 某企业购置新设备一台,需投资 50 万元,预计寿命为 5 年,按直线折旧法计提折旧,第 5 年年末残值为 20 万元,销售收入扣除销售税金、经营成本后的税前净收入为每年 19 万元,投资额中有 10 万元为银行贷款,利率为 10%。借款合同规定,还款期限为 5 年,每年付清利息,并等额还本。折现率为 12%,按年数总和法,每年折旧额为多少?与直线折旧法相比,哪种折旧方式对企业有利?所得税税率为 25%。

解:

(1) 折旧计算

由直线折旧法可得,年折旧额 = (50－20)/5 = 6(万元)。

年数总和法各年折旧额计算见表 7-10。

表 7-10　年数总和法各年折旧额计算表　　　　　　　　单位:万元

项　目 \ 折旧年序	1	2	3	4	5
年折旧率	5/15	4/15	3/15	2/15	1/15
年折旧额	10	8	6	4	2

(2) 利息计算

各年利息计算见表 7-11。

表 7-11　各年利息计算表　　　　　　　　单位:万元

年份	1	2	3	4	5
年初欠款	10	8	6	4	2
当年利息支付	1	0.8	0.6	0.4	0.2
当年还本	2	2	2	2	2
年末尚欠	8	6	4	2	0

(3) 采用直线折旧法的财务分析结果

直线折旧法所得税计算见表 7-12。

表 7-12　直线折旧法所得税计算表　　　　　　　　单位:万元

年份	1	2	3	4	5	合　计
税前净收入	19.00	19.00	19.00	19.00	19.00	95.00
利息支付	1.00	0.80	0.60	0.40	0.20	3.00
折旧	6.00	6.00	6.00	6.00	6.00	30.00
税前利润	12.00	12.20	12.40	12.60	12.80	62.00
所得税	3.00	3.05	3.10	3.15	3.20	15.50
所得税现值	2.68	2.43	2.21	2.00	1.82	11.13

直线折旧法税后现金流量计算见表 7-13。

表 7-13　直线折旧法税后现金流量计算表　　　　　单位：万元

年份	0	1	2	3	4	5
现金流入						
税前净收入	0.00	19.00	19.00	19.00	19.00	19.00
残值回收						20.00
借款	10.00					
现金流出						
设备投资	50.00					
所得税		3.00	3.05	3.10	3.15	3.20
本金偿还		2.00	2.00	2.00	2.00	2.00
利息支付		1.00	0.80	0.60	0.40	0.20
净现金流量	−40.00	13.00	13.15	13.30	13.45	33.60

根据表 7-13 计算的净现值为 19.17 万元。

(4) 采用年数总和法的财务分析结果

年数总和法所得税计算见表 7-14。

表 7-14　年数总和法所得税计算表　　　　　单位：万元

年份	1	2	3	4	5	合　计
税前净收入	19.00	19.00	19.00	19.00	19.00	95.00
利息支付	1.00	0.80	0.60	0.40	0.20	3.00
折旧	10.00	8.00	6.00	4.00	2.00	30.00
税前利润	8.00	10.20	12.40	14.60	16.80	62.00
所得税	2.00	2.55	3.10	3.65	4.20	15.50
所得税现值	1.79	2.03	2.21	2.32	2.38	10.73

年数总和法税后现金流量计算见表 7-15。

表 7-15　年数总和法税后现金流量计算表　　　　　单位：万元

年份	0	1	2	3	4	5
现金流入						
税前净收入	0.00	19.00	19.00	19.00	19.00	19.00
残值回收						20.00
借款	10.00					
现金流出						
设备投资	50.00					
所得税		2.00	2.55	3.10	3.65	4.20
本金偿还		2.00	2.00	2.00	2.00	2.00
利息支付		1.00	0.80	0.60	0.40	0.20
净现金流量	−40.00	14.00	13.65	13.30	12.95	32.60

根据表 7-15 计算的净现值为 19.57 万元。

用直线法和年数总和法进行折旧计算时，同一资产的纳税额，两种方法的缴纳税款相同，但纳税的现值不同，税后现金流量也不同。用年数总和法支付的税额总现值较少，与直线法相比,其差额为0.4万元。年数总和法税后的净现值比直线折旧法大0.4万元。因此年数总和法对企业有利。

*7.6 负债对财务分析的影响

利息也是总成本费用中的一项重要支出,利息的大小影响所得税,并进一步影响项目的税后现金流量,本金的偿还对权益资金现金流量而言是一笔数额较大的流出,因此有必要分析负债对财务分析的影响。

1. 财务杠杆原理

在项目投资的资金构成中,借款的多少直接影响财务分析的结果,下面举例说明。

【例7-5】 资料同例7-4,如果投资全部是权益资金,现金流量如表7-16所示,则IRR=24.1%。

表7-16 现金流量表　　　　　　　　　单位:万元

年份	0	1	2	3	4	5
现金流入						
税前净收入	0.00	19.00	19.00	19.00	19.00	19.00
残值回收						20.00
借款	0.00					
现金流出						
设备投资	50.00					
所得税		3.25	3.25	3.25	3.25	3.25
本金偿还		0.00	0.00	0.00	0.00	0.00
利息支付		0.00	0.00	0.00	0.00	0.00
净现金流量	−50.00	15.75	15.75	15.75	15.75	35.75

如果投资的20%为借款,借款条件是1年以后开始归还,分5年等额还款,现金流量表见表7-17,则IRR=27.2%。

表7-17 现金流量表　　　　　　　　　单位:万元

年份	0	1	2	3	4	5
现金流入						
税前净收入	0.00	19.00	19.00	19.00	19.00	19.00
残值回收						20.00
借款	10.00					
现金流出						
设备投资	50.00					
所得税		3.00	3.05	3.10	3.15	3.20
本金偿还		2.00	2.00	2.00	2.00	2.00
利息支付		1.00	0.80	0.60	0.40	0.20
净现金流量	−40.00	13.00	13.15	13.30	13.45	33.60

如果50%是借款,现金流量表见表7-18,则IRR=35.6%。

表 7-18　现金流量表　　　　　　　　　　　　单位：万元

年份	0	1	2	3	4	5
现金流入						
税前净收入	0.00	19.00	19.00	19.00	19.00	19.00
残值回收						20.00
借款	25.00					
现金流出						
设备投资	50.00					
所得税		2.63	2.75	2.88	3.00	3.13
本金偿还		5.00	5.00	5.00	5.00	5.00
利息支付		2.50	2.00	1.50	1.00	0.50
净现金流量	−25.00	8.88	9.25	9.63	10.00	30.38

如果 80% 是借款，现金流量表见表 7-19，则 IRR＝60.6%。

表 7-19　现金流量表　　　　　　　　　　　　单位：万元

年份	0	1	2	3	4	5
现金流入						
税前净收入	0.00	19.00	19.00	19.00	19.00	19.00
残值回收						20.00
借款	40.00					
现金流出						
设备投资	50.00					
所得税		2.25	2.45	2.65	2.85	3.05
本金偿还		8.00	8.00	8.00	8.00	8.00
利息支付		4.00	3.20	2.40	1.60	0.80
净现金流量	−10.00	4.75	5.35	5.95	6.55	27.15

结论：当全部投资的内部收益率大于借款利率时，权益投资内部收益率大于全部投资内部收益率；且借款比例越高，则权益投资内部收益率越高。

一般来说，只要全部投资的内部收益率高于借款利率，则增加借款比例可以提高权益投资的内部收益率。权益投资的盈利一部分来自项目，另一部分来自贷款者。人们把这种现象叫做财务杠杆（Leverage）。在这种情况下，投资者会尽可能地减少权益投资的出资额，把余下的权益投资投向类似的项目，使整个权益投资的盈利能力提高。即使在全部投资的内部收益率与借款利率相同的情况下，增加借款比例对直接投资者还是有利的。这是因为建设期借款利息可以形成资产的原值，提高了折旧额；在生产经营期，借款利息可以当期损益（财务费用），这都可以减少所得税的支出，使权益投资的盈利水平提高。但是企业负债比率越大，企业的财务风险也就越大。当借款利率高于全部投资的内部收益率时，提高借款比例，则会大大降低权益投资的收益率。不合理地利用财务杠杆，将会降低企业的偿债能力，恶化项目的财务状况，因此投资者需要注意合理运用财务杠杆。

当然，投资者利用杠杆原理有一定的限度。首先，政策和法规对负债的比例是有所限制的，例如机场港口、煤炭项目，其权益资金比例为 30% 及以上（参见第 6 章）。

2. 偿还方式对财务分析的影响

国内外贷款的还款方式有许多种，主要有：

① 等额利息法。每期付息额相等，期中不还本金，最后一期归还本金和当期利息。

② 等额还本法。每期还相等的本金和相应的利息。

③ 等额还款法。每期偿还本利额相等。

④ 一次性偿付法。最后一期偿还本利。

⑤ 偿债基金法。每期偿还贷款利息，同时向银行存入一笔等额现金，到期末存款正好偿付贷款本金。

⑥ "气球法"。期中任意偿还本利，到期末全部还清。

还款方式不同，权益投资现金流量表也不同，因而权益投资效果指标也不同。企业要通过分析，选择有利的还款方式。

【例 7-6】 资料同例 7-4，如改为每年等额还本付息（即还款额加上利息为一固定值），则哪种还款方式对企业有利？

等额还本的利息计算和现金流量计算见表 7-11 和表 7-13。

等额还款的利息计算和现金流量计算分别见表 7-20 和表 7-21。

表 7-20　等额还款利息计算表　　　　　　　　　　　　单位：万元

年份	1	2	3	4	5
年初欠款	10	8.36	6.56	4.58	2.40
当年利息支付	1.00	0.84	0.66	0.46	0.24
当年还本	1.64	1.80	1.98	2.18	2.40
年末尚欠	8.36	6.56	4.58	2.40	0.00

表 7-21　等额还款现金流量计算表　　　　　　　　　　单位：万元

年份	0	1	2	3	4	5
现金流入						
税前净收入	0.00	19.00	19.00	19.00	19.00	19.00
残值回收						20.00
借款	10.00					
现金流出						
设备投资	50.00					
所得税		3.00	3.04	3.09	3.14	3.19
本金偿还		1.64	1.80	1.98	2.18	2.40
利息支付		1.00	0.84	0.66	0.46	0.24
净现金流量	−40.00	13.36	13.32	13.28	13.23	33.17

根据表 7-21 计算的净现值为 19.23 万元。

等额还款法支付利息总计 3.19 万元，等额还本法支付利息总计 3.00 万元。但不能由此认为等额还本法对投资者而言比等额还款法为优。选择何种还款方式不能由利息标准来判断，而是由企业的期望收益率来决定。当折现率为 12% 时，等额还款法与等额还本法的净现值相差不大；当折现率提高到 15% 时，等额还本法的净现值为 14.39 万元，等额还款法的净现值为 14.48 万元,等额还款法的净现值提高了 0.09 万元,明显有利。因此可以得出结论,当企业的期望收益率比较高时,采用等额还款法对企业更为有利。

*7.7 财务价格的选择与通货膨胀的影响

7.7.1 财务价格

财务分析是对拟建项目未来的效益与费用进行分析,应采用预测价格。预测价格应考虑价格的变动因素,影响价格变动的因素主要有两种:各种产品相对价格变动和价格总水平变动。相对价格是指商品间的价格比例关系。相对价格变动是指商品物价相对水平的变化。引起相对价格变动的因素很多,例如供给需求变化和价格政策变化和劳动生产率变化等。价格总水平变动是指通货膨胀或者通货紧缩。据此可将财务价格分成三种:

(1) 固定价(Constant Price)

这是指不考虑价格相对变动和总水平变动的价格。以基年的价格水平来表示。不管什么时间,价格保持不变。

(2) 时价(Current Price)

既考虑价格相对变动,又考虑价格总水平变动因素时的变动价格。即任何时候的当时价格均以当时的价格水平表示。以基年的价格为基础,根据预计的价格上涨率可以分别求出货物在任何一年的时价。

(3) 实价(Real Price)

考虑价格相对变动,但不考虑价格总水平变动因素时的变动价格。当相对价格因素保持不变时,实价等于固定价格。可以从实价中扣除物价总水平变化的影响来求得实价。

【例 7-7】 设某项目产品当前的价格为 102 元,预测今后 5 年的物价指数和时价如表 7-22 所示,分别按固定价、时价和实价估算该产品今后的价格。

解:按时价、实价、固定价估算的产品价格见表 7-22。

表 7-22 按时价、实价、固定价估算的产品价格 单位:元

年份	0	1	2	3	4	5
物价指数	100	109	116	122	141	166
时价	102	122	122	168	168	168
实价	102	112	105	137	119	101
固定价	102	102	102	102	102	102

显然,物价相对水平的变化要在价格的预测中加以考虑。一般情况下,价格总水平的变化是指通货膨胀。通货膨胀将加大项目收支两方面的货币名义值,故对项目的财务分析会产生很大的影响。至于如何影响财务评价结论,则要做具体分析。

7.7.2 通货膨胀对盈利能力分析的影响

在通货膨胀下,分别按以上三种价格进行财务分析,结果是不同的。

1. 按固定价格计算

按固定价格测算,是不考虑通货膨胀的,也就是假定不存在通货膨胀,按眼下的价格水平预测现金流量。

【例 7-8】 资料同例 7-4,若借款占 50%,利率固定,通货膨胀率为 5%,列出有关的数据和指标,分析通货膨胀的影响。

解:按固定价格估算的结果见表 7-23 和表 7-24。

表 7-23　全部投资现金流量表　　　　　　　　　　　单位:元

年份	0	1	2	3	4	5
现金流入						
税前净收入	0.00	19.00	19.00	19.00	19.00	19.00
残值回收						20.00
现金流出						
设备投资	50.00					
所得税		2.63	2.75	2.88	3.00	3.13
净现金流量	−50.00	16.38	16.25	16.13	16.00	35.88

据表 7-23 计算,IRR=25.1%。

表 7-24　权益投资现金流量表　　　　　　　　　　　单位:元

年份	0	1	2	3	4	5
现金流入						
税前净收入	0.00	19.00	19.00	19.00	19.00	19.00
残值回收						20.00
借款	25.00					
现金流出						
设备投资	50.00					
所得税		2.63	2.75	2.88	3.00	3.13
本金偿还		5.00	5.00	5.00	5.00	5.00
利息支付		2.50	2.00	1.50	1.00	0.50
净现金流量	−25.00	8.88	9.25	9.63	10.00	30.38

据表 7-24 计算,IRR=35.6%。

按固定价格测算,避开了预测通货膨胀的难题,但计算出来的结果不能反映方案的实际盈利水平。

2. 按时价计算

考虑通货膨胀,按时价(Current Price)预测现金流量和存量。它可以按当前(基准年)价格水平的估计数值乘以该年预测的物价指数算出当前价格。如果预测的物价指数正确,按时价计算的数值会与将来实际要发生的票面数值相一致。按时价计算的盈利性指标(内部收益率)包含了通货膨胀因素,有时难以将它与基准值进行比较,一种方法是调整基准值,使其包含通货膨胀因素;另一种方法是剔除内部收益率中的通货膨胀因素。

方法一:设基准收益率(实际基准收益率)为 i_0,通货膨胀率为 f,通货膨胀下的基准

收益率(名义基准收益率)为 i_f，则有

$$1+i_f = (1+i_0) \cdot (1+f)$$
$$i_f = i_0 + f + i_0 \cdot f \tag{7-44}$$

近似地，可以用 $i_0 + f$ 表示名义基准收益率。

方法二：设按时价测算出来的内部收益率(名义内部收益率)为 IRR_f，剔除通货膨胀影响的内部收益率(实际内部收益率)为 IRR_r，则有

$$1+IRR_f = (1+IRR_r) \cdot (1+f)$$
$$IRR_f = IRR_r + f + IRR_r \cdot f$$

近似地，可以用 $IRR_f - f$ 来表示方案的实际内部收益率。

在判断项目的盈利能力时，名义内部收益率需与名义基准收益率进行比较，实际内部收益率需与实际基准收益率进行比较。

在全部投资现金流量表中，所得税是唯一受通货膨胀间接影响的科目，由于成本中的折旧、摊销和固定利率下的利息等科目的数值一般不随物价指数而上升，所以上述方法适用于税前分析。在税后分析时，应纳税所得额和所得税额将因通货膨胀而增加，从而使各年税后净现金流量实际值减少，进而使税后实际内部收益率降低。通货膨胀率愈高，税后内部收益率的名义值愈大，而实际值愈小。因此有必要按实价测算方案的效果。

【例 7-8】 按时价估算，其结果见表 7-25 和表 7-26。

表 7-25　全部投资的现金流量表　　　　　　　单位：元

年份	0	1	2	3	4	5
现金流入						
税前净收入	0.00	19.95	20.95	21.99	23.09	24.25
残值回收						20.00
现金流出						
设备投资	50.00					
所得税		2.86	3.24	3.62	4.02	4.44
净现金流量	-50.00	17.09	17.71	18.37	19.07	39.81

据表 7-25 计算，IRR=29.4%。

表 7-26　权益投资现金流量表　　　　　　　单位：元

年份	0	1	2	3	4	5
现金流入						
税前净收入	0.00	19.95	20.95	21.99	23.09	24.25
残值回收						20.00
借款	25.00					
现金流出						
设备投资	50.00					
所得税		2.86	3.24	3.62	4.02	4.4
本金偿还		5.00	5.00	5.00	5.00	5.00
利息支付		2.50	2.00	1.50	1.00	0.50
净现金流量	-25.00	9.59	10.71	11.87	13.07	34.31

据表 7-26 计算，IRR=42.7%。

3. 按实价测算

考虑通货膨胀，按基准年的不变价格(Constant Price)计算现金流量和存量的有关数值。它们可以按时价算得相应数值，然后除以物价指数而得到。盈利性指标将告诉我们投资者盈利水平的实际值，其中不含通货膨胀因素。

按实价测算的结果可与按固定价测算的结果相比较，从中可以看出通货膨胀对投资者盈利水平的实质性影响。

【例 7-8】 按实价估算的结果见表 7-27 和表 7-28。

表 7-27　全部投资现金流量表　　　　　　　　　　　　单位：元

年份	0	1	2	3	4	5
现金流入						
税前净收入	0.00	19.00	19.00	19.00	19.00	19.00
残值回收						15.67
现金流出						
设备投资	50.00					
所得税		2.73	2.94	3.13	3.31	3.48
净现金流量	−50.00	16.27	16.06	15.87	15.69	31.19

据表 7-27 计算，IRR=23.3%。

表 7-28　权益投资现金流量表　　　　　　　　　　　　单位：元

年份	0	1	2	3	4	5
现金流入						
税前净收入	0.00	19.00	19.00	19.00	19.00	19.00
残值回收						15.67
借款	25.00					
现金流出						
设备投资	50.00					
所得税		2.73	2.94	3.13	3.31	3.48
本金偿还		4.76	4.54	4.32	4.11	3.92
利息支付		2.38	1.81	1.30	0.82	0.39
净现金流量	−25.00	9.13	9.71	10.25	10.75	26.88

据表 7-28 计算，IRR=35.9%。

从以上计算结果可以看出，按时价测算的内部收益率明显高于按固定价测算的内部收益率，但它含有通货膨胀因素，很难说明问题。比较按实价测算的内部收益率与按固定价测算的内部收益率可以看出，在通货膨胀下，全部投资的盈利性对投资者不利，权益投资的盈利性对投资者有利。这是因为在通货膨胀时，按实价计算的数值将比固定价格的值小，这间接地使得所得税值变大，使实价的净现金流量的盈利性指标低于固定价格的情况。对权益投资现金流量中借款的本息偿还来说，在固定利率下，这部分流出按不变价格也将变小,使盈利性指标升高。按浮动利率考察对投资者也是不利的。

一般来说,在固定的所得税率和会计制度下,通货膨胀对政府财政收入有利,对投资者(或企业)不利;在固定利率下,对贷款者不利,对投资者(借款者)有利。因此,在这种情况下,银行要求按浮动利率结算;投资者(企业)要求降低所得税率,或加快折旧,或对资产进行重估。

7.7.3 财务分析中对财务价格的选择

从理论上讲,投资盈利分析应采用实价。采用实价排除了通货膨胀对货币值的影响,消除了因考虑通货膨胀而产生的虚高的盈利水平,能够反映投资的真实盈利能力。

从理论上讲,获取利润能力分析和清偿能力分析应采用时价。项目的收入和支出都是受通货膨胀影响的,如果不以时价估算,将不能反映企业的实际利润,也不能保证资金在时间上的平衡,借款的偿还同样受通货膨胀的影响。我国项目评价中采用的借款利率一般是银行现行的贷款利率,而现行利率水平都是考虑了通货膨胀因素的。如果不考虑通货膨胀因素,势必使计算口径不一致,从而导致项目获取利润能力分析和清偿能力分析不符合实际。

采用上述做法需要预测两套价格,计算两组数据,并对项目计算期内的通货膨胀率进行长期的预测,难度很大,工作量也很大。目前,一种折中的做法是:建设期内估计基本预备费,并估计每年不同的物价指数,测算涨价预备费,因此建筑材料和设备等投入品,可采用一个固定的价格计算投资费用,其价格不必变动;在生产经营期内,各年采用价格均以建设期末物价总水平为基础,并考虑生产经营期内相对价格的变化。这种做法的理由是:首先,建设期是近期的,物价水平上涨率容易估计,而投产期以后的价格难以预测。其次,按时价计算的投资需要量往往是借款数量和财务收支平衡计算的主要依据,这是投资者、政府和银行最为关心的。最后,建设期主要是现金流出,投产以后才有净现金流入,适当放大前者,稳定后者,使盈利性水平不致含水分太多。这样进行盈利能力分析,除建设期所采用只考虑相对价格变动因素的预测价格外,所计算财务内部收益率等盈利性指标基本上不含通货膨胀因素,但上述计算结果与按实价计算的结果不会相差很大,大致反映了方案的盈利水平。进行获取利润能力分析和偿债能力分析时,如果预测计算期内不存在较为严重的通货膨胀,上述做法的误差也不会太大。

7.8 财务分析案例

为了清楚理解财务分析的过程和做法,本节给出一个简化的案例。

某项目研究期为15年,其中建设期为3年,第4年开始投产,第5年达到生产能力。建设投资总额为10 000万元,分3年投入,如表7-29所示。

表7-29 建设投资 单位:万元

年份	1	2	3	合计
投资额	3 125	4 375	2 500	10 000

流动资金总额为3 000万元,在第3年末投入。权益投资总额为5 000万元,资本成

本为12%,分年投资情况见表7-30。

表7-30　权益投资分年投资额　　　　　　　　　　单位:万元

年　　份	1	2	3	合　　计
权益投资	1 875	1 875	1 250	5 000

权益投资与建设投资总额之间的差额通过向建设银行借款来获得,年利率为8%,银行给予3年的宽限期(只计息,不付息),第4年投产后开始还贷,每年付清利息并分10年等额偿还建设期利息资本化后的全部借款本金。整个研究期内的流动资金从银行借款,年利率为8%。

销售收入、销售税金及附加和经营成本的预测值如表7-31所示,其他支出忽略不计。

表7-31　销售收入、销售税金及附加和经营成本预测　　　　单位:万元

年　份 内　容	4	5	6	…	15
销售收入	6 300	9 000	9 000	…	9 000
销售税金及附加	360	540	540	…	540
经营成本	4 200	6 000	6 000	…	6 000

公司所得税率为25%,按当年税后利润的10%提取盈余公积金,余下部分全部作为应付利润分配。借款本金还款来源为折旧和摊销,不够再用税后利润补还。请进行该项目的财务分析。

解:

(1) 借款需要量及综合资本成本的计算(见表7-32)

表7-32　借款需要量计算表　　　　　　　　　　　单位:万元

年　份	1	2	3	4	合　计
建设投资总额	3 125	4 375	2 500		10 000
流动资金				3 000	3 000
其中权益投资	1 875	1 875	1 250		5 000
借款需要量	1 250	2 500	1 250	3 000	8 000

综合资本成本 = 8% × (1−25%) × 50% + 12% × 50% = 9.00%

(2) 建设投资借款建设期利息计算

假定每年借款发生在年中,当年借款额只计一半利息,第4年初累计的欠款即为利息资本化后的总本金。建设期利息计算见表7-33。

表7-33　建设期利息计算表　　　　　　　　　　　单位:万元

年　份	1	2	3	4	附　注
年初欠款	0	1 300	4 004	5 624	建设期利息总计 624
当年借款	1 250	2 500	1 250		
当年利息	50	204	370		
年末欠款累计	1 300	4 004	5 624		

(3) 固定资产折旧计算

平均折旧年限为15年,残值率为5%。建设期利息计入固定资产原值内,第15年回收固定资产余值为2 550万元,具体见表7-34。

表7-34　折旧与摊销计算表　　　　　　　单位:万元

年　　份	4	5	6	7	8	9	10	11	12	13	14	15
年初固定资产	10 624	9 951	9 279	8 606	7 933	7 260	6 587	5 914	5 241	4 568	3 896	3 223
当年折旧额	673	673	673	673	673	673	673	673	673	673	673	673
年末净资产额	9 951	9 279	8 606	7 933	7 260	6 587	5 914	5 241	4 568	3 896	3 223	2 550

(4) 建设投资还款计划与利息计算

根据与银行商定的条件,第4年开始支付每年的利息并偿还本金的1/10,10年内还清,见表7-35。

表7-35　借款偿还计划表　　　　　　　单位:万元

年　　份	1	2	3	4	5	6	7	8	9	10	11	12	13
年初本息余额	0	1 300	4 004	5 624	5 062	4 499	3 937	3 375	2 812	2 250	1 687	1 125	562
本年借款	1 250	2 500	1 250										
本年应计利息	50	204	370										
本年还本付息				1 012	967	922	877	832	787	742	697	652	607
其中:付息				450	405	360	315	270	225	180	135	90	45
还本				562	562	562	562	562	562	562	562	562	562
年末本息余额	1 300	4 004	5 624	5 062	4 499	3 937	3 375	2 812	2 250	1 687	1 125	562	0
还本资金来源													
当年可用于还本的折旧和摊销				673	673	673	673	673	673	673	673	673	673
当年可用于还本的未分配利润				0	0	0	0	0	0	0	0	0	0

(5) 利润与所得税计算

根据销售收入和所有成本费用之差计算利润,所得税税率为25%。利润的分配按以下原则进行:按当年税后利润的10%提取盈余公积金,余下部分全部作为应付利润分配,如果年折旧费不足以归还借款的本金,则先归还借款本金后再分配利润。见表7-36。根据表7-36,计算得到全部投资收益率为17.87%,第5年权益投资收益率为17.14%,第5年经济增加值为307万元。

表 7-36　利润及利润分配表　　　　　　　单位：万元

序号	年份	4	5	6	7	8	9	10	11	12	13	14	15
1	营业收入	6 300	9 000	9 000	9 000	9 000	9 000	9 000	9 000	9 000	9 000	9 000	9 000
2	营业税金及附加	360	540	540	540	540	540	540	540	540	540	540	540
3	总成本费用	5 563	7 318	7 273	7 228	7 183	7 138	7 093	7 048	7 003	6 958	6 913	6 913
3.1	经营成本	4 200	6 000	6 000	6 000	6 000	6 000	6 000	6 000	6 000	6 000	6 000	6 000
3.2	折旧与摊销	673	673	673	673	673	673	673	673	673	673	673	673
3.3	利息支付	690	645	600	555	510	465	420	375	330	285	240	240
3.3.1	建设投资借款利息	450	405	360	315	270	225	180	135	90	45	0	0
3.3.2	流动资金利息	240	240	240	240	240	240	240	240	240	240	240	240
4	增值税												
5	利润总额	377	1 142	1 187	1 232	1 277	1 322	1 367	1 412	1 457	1 502	1 547	1 547
6	弥补以前年度亏损												
7	应纳税所得额	377	1 142	1 187	1 232	1 277	1 322	1 367	1 412	1 457	1 502	1 547	1 547
8	所得税	94	286	297	308	319	331	342	353	364	376	387	387
9	净利润	283	857	890	924	958	992	1 025	1 059	1 093	1 127	1 160	1 160
10	期初未分配利润	0	0	0	0	0	0	0	0	0	0	0	0
11	可供分配利润	283	857	890	924	958	992	1 025	1 059	1 093	1 127	1 160	1 160
12	提取法定盈余公积金	28	86	89	92	96	99	103	106	109	113	116	116
13	可供投资者分配利润	255	771	801	832	862	892	923	953	984	1 014	1 044	1 044
14	应付优先股股利	0	0	0	0	0	0	0	0	0	0	0	0
15	提取任意盈余公积金	0	0	0	0	0	0	0	0	0	0	0	0
16	应付普通股股利	255	771	801	832	862	892	923	953	984	1 014	1 044	1 044
17	未分配利润	0	0	0	0	0	0	0	0	0	0	0	0
18	息税前利润	1 067	1 787	1 787	1 787	1 787	1 787	1 787	1 787	1 787	1 787	1 787	1 787
19	税后净营业利润	973	1 502	1 490	1 479	1 468	1 457	1 445	1 434	1 423	1 412	1 400	1 400
20	息税折旧摊销前利润	1 740	2 460	2 460	2 460	2 460	2 460	2 460	2 460	2 460	2 460	2 460	2 460
21	累计未分配利润	0	0	0	0	0	0	0	0	0	0	0	0

(6) 全部投资现金流量指标的计算

全部投资现金流量表见表 7-37。根据表的最后一行数据，计算得到全部投资的内部收益率为 11.85%，以综合资本成本为折现率，计算净现值为 2 154 万元。

(7) 权益投资现金流量指标的计算

根据表 7-38 的计算，权益投资的内部收益率为 15.3%，以 12% 为折现率，净现值为 1 014 万元。

(8) 财务计划现金流量表

财务计划现金流量表的预测见表 7-39，从表中可知，各年盈余资金均大于等于零。该项目资金平衡不存在问题。

表 7-37　全部投资现金流量表

单位：万元

序号	年份	1	2	3	4	5	6	7	8	9	10	11	12	13	14	15
1	现金流入	0	0	0	6 300	9 000	9 000	9 000	9 000	9 000	9 000	9 000	9 000	9 000	9 000	14 550
1.1	营业收入				6 300	9 000	9 000	9 000	9 000	9 000	9 000	9 000	9 000	9 000	9 000	9 000
1.2	回收固定资产余值															2 550
1.3	回收流动资金															3 000
1.4	其他现金流入															
2	现金流出	3 125	4 375	5 500	4 654	6 826	6 837	6 848	6 859	6 871	6 882	6 893	6 904	6 916	6 927	6 927
2.1	建设投资	3 125	4 375	2 500												
2.2	流动资金			3 000												
2.3	经营成本				4 200	6 000	6 000	6 000	6 000	6 000	6 000	6 000	6 000	6 000	6 000	6 000
2.4	营业税金及附加				360	540	540	540	540	540	540	540	540	540	540	540
2.5	增值税															
2.6	所得税				94	286	297	308	319	331	342	353	364	376	387	387
2.7	其他现金流出															
3	净现金流量	−3 125	−4 375	−5 500	1 646	2 174	2 163	2 152	2 141	2 129	2 118	2 107	2 096	2 084	2 073	7 623
4	累计净现金流量	−3 125	−7 500	−13 000	−11 354	−9 180	−7 017	−4 865	−2 724	−595	1 524	3 631	5 726	7 811	9 884	17 507

表 7-38　权益投资现金流量表

单位：万元

序号	年份	1	2	3	4	5	6	7	8	9	10	11	12	13	14	15
1	现金流入	0	0	0	6 300	9 000	9 000	9 000	9 000	9 000	9 000	9 000	9 000	9 000	9 000	14 550
1.1	营业收入				6 300	9 000	9 000	9 000	9 000	9 000	9 000	9 000	9 000	9 000	9 000	9 000
1.2	回收固定资产余值															2 550
1.3	回收流动资金															3 000
1.4	其他现金流入															
2	现金流出	1 875	1 875	1 250	5 907	8 033	7 999	7 965	7 932	7 898	7 864	7 830	7 797	7 763	7 167	10 167
2.1	权益资金	1 875	1 875	1 250	0	0	0	0	0	0	0	0	0	0	0	0
2.2	借款本金偿还	0	0	0	562	562	562	562	562	562	562	562	562	562	0	0
2.3	借款利息支付	0	0	0	690	645	600	555	510	465	420	375	330	285	240	240
2.4	经营成本				4 200	6 000	6 000	6 000	6 000	6 000	6 000	6 000	6 000	6 000	6 000	6 000
2.5	营业税金及附加				−360	540	540	540	540	540	540	540	540	540	540	540
2.6	增值税				94	286	297	308	319	331	342	353	364	376	387	387
2.7	所得税				393	967	1 001	1 035	1 068	1 102	1 136	1 170	1 203	1 237	1 833	4 383
3	净现金流量	−1 875	−1 875	−1 250	−4 607	−3 640	−2 639	−1 604	−536	566	1 702	2 872	4 075	5 312	7 145	11 528
4	累计净现金流量	−1 875	−3 750	−5 000												

表 7-39 财务计划现金流量表

单位：万元

序号	年份	1	2	3	4	5	6	7	8	9	10	11	12	13	14	15
1	经营活动净现金流量	0	0	0	1 646	2 174	2 163	2 152	2 141	2 129	2 118	2 107	2 096	2 084	2 073	2 073
1.1	现金流入				6 300	9 000	9 000	9 000	9 000	9 000	9 000	9 000	9 000	9 000	9 000	9 000
1.1.1	营业收入				6 300	9 000	9 000	9 000	9 000	9 000	9 000	9 000	9 000	9 000	9 000	9 000
1.1.2	增值税销项税额															
1.1.3	其他流入															
1.2	现金流出				4 654	6 826	6 837	6 848	6 859	6 871	6 882	6 893	6 904	6 916	6 927	6 927
1.2.1	经营成本				4 200	6 000	6 000	6 000	6 000	6 000	6 000	6 000	6 000	6 000	6 000	6 000
1.2.2	增值税进项税额															
1.2.3	营业税金及附加				360	540	540	540	540	540	540	540	540	540	540	540
1.2.4	增值税															
1.2.5	所得税				94	286	297	308	319	331	342	353	364	376	387	387
2	投资活动净现金流量	−3 125	−4 375	−5 500												
2.1	现金流入															
2.2	现金流出	3 125	4 375	5 500												
2.2.1	建设投资	3 125	4 375	2 500												
2.2.2	流动资金	0	0	3 000												
2.2.3	其他流出															
3	筹资活动净现金流量	3 125	4 375	5 500	−1 507	−1 978	−1 964	−1 949	−1 934	−1 920	−1 905	−1 891	−1 876	−1 861	−1 284	−1 284
3.1	现金流入	3 125	4 375	5 500												
3.1.1	权益资金投入	1 875	1 875	1 250												
3.1.2	建设投资借款	1 250	2 500	1 250												
3.1.3	营运资金借款	0	0	3 000												
3.1.4	短期借款															
3.2	现金流出	0	0	0	1 507	1 978	1 964	1 949	1 934	1 920	1 905	1 891	1 876	1 861	1 284	1 284
3.2.1	各种利息支出				690	645	600	555	510	465	420	375	330	285	240	240
3.2.2	偿还债务本金				562	562	562	562	562	562	562	562	562	562	0	0
3.2.3	应付利润				255	771	801	832	862	892	923	953	984	1 014	1 044	1 044
3.2.4	其他流出															
4	净现金流量	0	0	0	139	196	199	203	206	210	213	216	220	223	789	789
5	累计盈余资金	0	0	0	139	335	534	737	943	1 153	1 366	1 582	1 802	2 025	2 814	3 603

表7-40 资产负债表

单位:万元

序号	年份	1	2	3	4	5	6	7	8	9	10	11	12	13	14	15
1	资产	3 175	7 754	13 624	13 090	12 613	12 140	11 670	11 203	10 740	10 280	9 824	9 371	8 921	9 037	9 153
1.1	流动资产总额	0	0	3 000	3 139	3 335	3 534	3 737	3 943	4 153	4 366	4 582	4 802	5 025	5 814	6 603
1.1.1	流动资产	0	0	3 000	3 000	3 000	3 000	3 000	3 000	3 000	3 000	3 000	3 000	3 000	3 000	3 000
1.1.2	累计盈余资金	0	0	0	139	335	534	737	943	1 153	1 366	1 582	1 802	2 025	2 814	3 603
1.2	在建工程	3 175	7 754	10 624												
1.3	固定资产净值				9 951	9 279	8 606	7 933	7 260	6 587	5 914	5 241	4 568	3 896	3 223	2 550
1.4	无形资产净值		0	0	0	0	0	0	0	0	0	0	0	0	0	0
1.5	其他资产净值		0	0	0	0	0	0	0	0	0	0	0	0	0	0
2	负债与所有者权益	3 175	7 754	13 624	13 090	12 613	12 140	11 670	11 203	10 740	10 280	9 824	9 371	8 921	9 037	9 153
2.1	流动负债总额	0	0	0	0	0	0	0	0	0	0	0	0	0	0	0
2.1.1	短期借款															
2.1.2	应付账款															
2.2	建设投资借款	1 300	4 004	5 624	5 062	4 499	3 937	3 375	2 812	2 250	1 687	1 125	562	0		
2.3	流动资金借款			3 000	3 000	3 000	3 000	3 000	3 000	3 000	3 000	3 000	3 000	3 000	3 000	3 000
2.4	负债小计	1 300	4 004	8 624	8 062	7 499	6 937	6 375	5 812	5 250	4 687	4 125	3 562	3 000	3 000	3 000
2.4	所有者权益	1 875	3 750	5 000	5 028	5 114	5 203	5 295	5 391	5 490	5 593	5 699	5 808	5 921	6 037	6 153
2.4.1	资本金	1 875	3 750	5 000	5 000	5 000	5 000	5 000	5 000	5 000	5 000	5 000	5 000	5 000	5 000	5 000
2.4.2	累计盈余公积金				28	114	203	295	391	490	593	699	808	921	1 037	1 153
2.4.4	累计未分配利润				0	0	0	0	0	0	0	0	0	0	0	0
	资产负债率	0.409	0.516	0.633	0.616	0.595	0.571	0.546	0.519	0.489	0.456	0.420	0.380	0.336	0.332	0.328

(9) 资产负债表计算

资产负债表的预测见表 7-40，从计算指标可知，该项目负债比率最高为 61.5%，资本结构较为合理。负债比率在建设期末和生产期初比较高，而此时的流动比率比较低，应注意此时的资金平衡。

本章小结

本章介绍了财务分析的有关内容，研究了影响财务分析结果的一些相关因素。

在投资项目财务效益与费用的识别中，应注意识别投资和投资收益，特别地，项目的投资收益与会计利润、经营成本与总成本费用是不同的概念，应注意区分。

在估算财务效益和费用时，应注意选用合适的估算方法。

完整的投资项目的盈利能力需从不同角度进行分析，需要编制全部投资、权益投资、投资各方现金流量表和利润表；计算盈利能力评价指标时应注意选用合适的基准值。

投资项目的生存能力分析和偿债能力分析，分析需编制财务计划现金流量表、资金负债表和借款偿还计划表，并计算相应指标。

在投资项目财务分析中，如果不考虑所得税的影响，则对投资决策没有太大意义。因此需要分析折旧、借款、通货膨胀等对财务分析结果的影响，从而可以对项目所选用的不同折旧方法、利用财务杠杆的程度和选用不同的借款偿还方法等提出建议。

习题 7

1. 什么是财务杠杆原理？在设计融资方案时，如何利用财务杠杆原理？
2. 全部投资和权益投资的回报来源各是什么？
3. 在市场经济下，应如何判断在投资项目的全部现金流量基础上得到的盈利性指标的可行性？
4. 在进行投资项目的财务分析时，应如何处理通货膨胀问题？
5. 在进行投资项目的财务分析时，如何处理增值税、城乡建设维护税和教育费附加？是如何估计的？
6. 试分析工业项目生产经营期内某一时期的税后利润与净现金流量之间可能出现的差异。
7. 回答下列折旧问题：
(1) 折旧中固定资产残值率的大小对投资项目税后财务盈利率的影响。
(2) 固定资产折旧的速度对投资项目税后财务盈利率的影响。
8. 某项目的固定资产原值为 1 500 万元，若折旧年限为 8 年，残值率为 3%，试分别用直线折旧法、年数总和法、双倍余额递减法计算各年的折旧额。
9. 某一机械设备的资产原值为 2 500 万元，折旧年限为 10 年，净残值率为 5%，试分别按直线折旧法、双倍余额递减法、年数总和法计算折旧额。
10. 某工程项目的寿命期为 8 年，期初投资 160 万元，年销售收入为 110 万元，年折旧费用为 20 万元,营业税金为 5 万元,年经营成本为 60 万元,所得税税率为 25%,不考虑固定资产的残值。试计算该工程项目的年净现金流量。

11. 已知生产工具流程相似,年生产能力为 20 万吨的机械设备,3 年前建成的固定资产投资为 8 750 万元。拟装设备的年设计生产能力为 30 万吨,2 年建成。投资生产能力指数为 0.72,近几年原材料的价格上涨率为 9% 左右。试用生产能力指数法估算拟装生产能力为 20 万吨的机械设备的投资费用。

12. 全部投资的净现金流量如图 7-4 所示,如果初始投资的 60% 是向银行贷款,贷款的条件是:1 年后开始归还,分 5 年等额还款,年利率为 10%,求全部投资和权益投资的内部收益率。

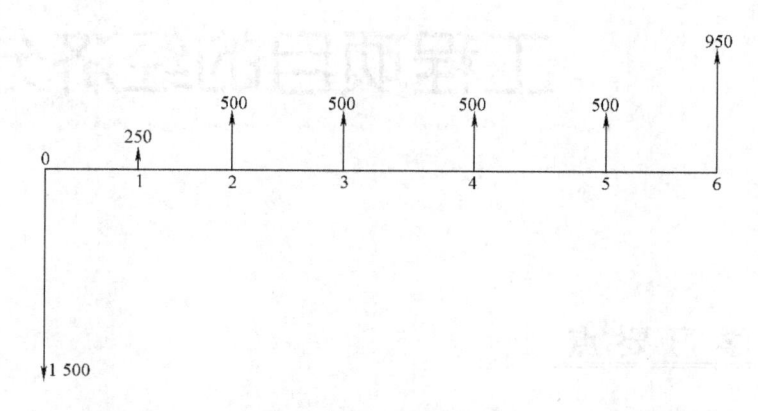

图 7-4 全部投资的净现金流量

13. 自己根据具体投资项目的财务状况,分析该项目的投资收益、盈利能力和清偿能力。

第 8 章

工程项目的经济分析

学习要点

- 财务分析、经济分析的概念与区别
- 费用效果分析原理
- 经济效益和经济费用的识别与估算
- 影子价格概念、各类影子价格的计算方法
- 费用效益分析指标
- 费用效果分析

项目经济分析是按照资源合理配置的原则,从国家整体角度考察项目的效益和费用,通过计算项目对国民经济的净贡献,评价项目的经济合理性。

项目经济分析是把工程项目摆在国民经济这个大系统中来分析项目从国民经济中所吸取的投入,以及项目产出对国民经济这个大系统的经济目标的影响,从而选择对国民经济目标最有利的项目或方案,使全社会可用于投资的有限资源能够合理配置和有效利用,使国民经济能够持续稳定地发展。

8.1 财务分析与经济分析

经济分析与财务分析有许多不同之处,下面通过分析两者的区别来阐述经济分析的内容。

(1) 评价角度与目标不同

财务分析是站在项目自身的角度,衡量和计算一个投资项目为企业带来的利益,评价项目在财务上是否有利可图;而经济分析是站在国民经济整体的角度,计算和分析投资项目为国民经济所创造的效益和所做出的贡献,评价项目在经济上的合理性。在某种程度上,前者主要为企业的投资决策提供依据,后者则是为政府的宏观投资决策提供依据。社会分析站在社会整体的角度,分析项目对社会目标的贡献,社会目标主要指经济增长、收入分配、就业、环境和技术进步等。

(2) 费用和效益的含义和范围划分不同

财务分析以项目为界,以项目给企业带来的直接收入和企业为该项目的支出确定项目的财务效益和费用,所以在判断费用、收益的计算范围时只计入企业的支出和收入。那些虽由项目实施所引起但不为企业所支付或获取的费用及收益则不是项目的财务效益和费用,不予计算。经济分析以整个国家的经济为边界,以项目给国家带来的效益和项目消耗国家资源的多少来考察项目的效益和费用。只要是项目在客观上引起的效益和费用,不管最终由谁来获得和支付,均作为投资项目的效益和费用。因此,同一个投资项目,尽管其创造的效益客观上是一样的,但是采用财务分析方法和经济分析方法,其计算结果有所不同,在某些情况下,结论也会有差异,在分析中具体反映出来就是资金流量不同。

(3) 使用价格不同

财务分析中采用现实预测的市场价格,因为其评价结果要求能反映项目实际发生的情况,国民经济分析采用的是一种人为确定的、反映资源合理运用的价格,即影子价格。

(4) 使用的参数不同

所谓评价参数,主要指汇率、利率、折现率等。进行财务分析时,上述各参数根据不同行业的不同企业,以及企业条件、企业环境自行选定。而进行经济分析时,上述各项均采用国家统一测定的通用参数。

经济分析与财务分析都是分析项目的经济利益,两者的主要区别在于,评价的出发点或角度不同。财务分析主要从投资者或项目本身的角度出发,经济分析则是从整个国家的角度出发。从原则上说,资源的配置应从国家利益出发追求其合理性。因此,当财务分析与经济分析结论不一致时,应以经济分析的结论为主。一般来说,财务分析与经济分析结论均可行的项目,应予通过。经济分析结论不可行的项目应予否定,对某些国计民生急需的项目,如其经济分析合理,而财务分析不可行,应重新考虑方案,必要时也可向主管部门提出采取相应经济优惠措施的建议,使项目具有财务上的生存能力。

财务分析和经济分析主要从经济可行性方面判断一个项目的好与坏,以经济收益水平的高低决定项目的取舍。但是一个项目的实施,不仅会对经济产生影响,还会影响社会、环境、政治等各个方面,一个经济上可行的项目有可能在社会环境上不可行,甚至产生负面效益,因此对项目进行社会分析是十分必要的。进行社会分析体现了人文观点,分析项目的受益者和受损者,可以有效地调动人们参与项目的积极性,使项目有助于人自身的发展。

项目经济分析使用的主要方法有费用效益分析(Cost Benefit Analysis)、费用效果分析(Cost Effectiveness Analysis)等,其基本原则与前几章没有什么不同,只是强调项目的所得是指项目的社会效益而不是财务分析中的投资收益,项目的所失是指社会的费用而不是财务的支出。但应用这些方法得出的结论,有可能与财务分析结论不一致。

财务分析与经济分析不一致的原因是因为存在市场失灵。市场失灵是指市场在资源配置上的低效率。市场本身不是万能的,存在自身无法克服的缺陷,从而不能实现资源配置的最优效率。概括地说,市场失灵主要有以下几个原因。

(1) 外部性

市场是通过价格的变化来影响企业和消费者的经济利益和决策的,但是现实中存在一种情况,不通过价格变动发生的直接作用于他人的经济利益,这种情况在经济学里称为外部性。例如,企业新建一条通向主干道的路,它对所在社区的经济发展产生积极的影响,但这种影响并不体现在企业内部计算的效益之中。又如,企业排放出污水,污染环境,造成了他人的利益损害,但它并不计入企业的成本。

外部性的存在,使价格机制不能传递出为获得效率的正确信息,因而竞争企业的利润最大化行为不能自动导致资源的有效配置,产生市场失灵,这为政府干预提供了理由。

(2) 垄断

各种形式的垄断导致市场失灵。在垄断条件下,企业为取得垄断利润,制定高价格,产量少于有效率的产出水平,损害社会福利。

(3) 公共物品

市场机制对于私人物品的生产有效,但不能有效提供公共物品(Public Goods),它不能使公共物品的生产达到最优水平。公共物品(如国防、公共设施、环境保护等)是由两个以上的群体共同享用的,它与私人物品不同的特点主要是,一个人消费这种产品不影响其他任何消费者的消费。市场在处理公共物品时存在缺陷,例如国防,一个人在享用国防安全时,这个国家的其他任何人也在同时享用,而且难以杜绝任何一个国民享受提供给他的安全防卫。因此,每个人都想别人付费自己免费享用,结果是谁都不生产,供给量为零。市场方式的配置不能实现公共物品的有效率的生产,因此必须由政府参与资源配置过程,提供社会需要的公共物品。

(4) 分配不公平

市场机制不能解决收入分配不公问题。它能较好地解决效率问题,却不能解决公平问题。市场机制容易产生分配的不公平,由于教育、禀赋等原因,一些人获得较多,而另一些人获得较少。

由于存在上述市场失灵,因此存在相应的政府干预。对由政府参与决策和投资的项目,只靠财务分析不能反映社会福利角度的项目效果,因此需要对项目做经济分析。特别是对下列项目,有必要用费用效益分析或费用效果分析方法做经济分析,以得出符合国家和社会利益的结论。

① 公共项目和一般的社会事业项目。这些项目具有较大的社会效益,需要由政府负责组织投资,如防洪、治沙、国防建设、城市道桥、教育、卫生保健等项目。

② 外部效果较为显著的项目,如农业、水利、通信和环境治理项目等。

③ 主要产出品价格受政府控制的项目,主要是基础设施项目,如供水、供电、供气等项目。

④ 主要投入产出品受关税与非关税保护的项目。

⑤ 关注弱势群体的项目,如扶贫、增加就业项目。

⑥ 其他关系国计民生的大型项目。

8.2 费用效益分析

8.2.1 费用效益分析原理

一个公共项目的实施通常都会改变初始的经济状态和社会福利水平,如果一个公共项目实施的结果可以改善经济状态,增进社会福利,则该项目就值得实施,否则就不值得。现在的问题是,根据什么标准来比较两个状态?西方福利经济学研究经济项目对于个人或集团的福利水平的影响,因而提供了确定经济状态好坏的标准。20世纪初,意大利经济学家帕累托提出了判断经济状态好坏的标准,即帕累托优性准则。

在两种社会经济状态A与B比较的情况下,如果至少有一个人认为经济状态A比经济状态B好,而且没有任何一个人认为状态B比状态A好,则从社会的观点看,认为状态A优于状态B。

一个给定的项目总会使一些人受损,而使另一些人得益,根据帕累托标准,没有任何一个项目可以划定为使全社会受益,所以根据该标准无法进行项目评价。

潜在的帕累托准则是1939年由卡尔多和希克斯从帕累托那里发展过来的,因而被称为卡尔多-希克斯标准。设经济从状态B转变到状态A,一部分人得益,另一部分人受损。如果得益的人能够补偿受损的人,从而在补偿之后,没有一个人会比在状态B中更坏,则认为从社会的观点看,状态A优于状态B。潜在的帕累托准则构成了传统的费用效益分析的基础:如果某项目的实施使社会所得(效益)补偿了社会所失(费用),那么该项目的实施是对社会的改进。但由于补偿是潜在的而非实际的,潜在的帕累托准则实际上没有考虑收入分配问题,即不管谁损失,谁得益。

费用效益分析接受了潜在的帕累托准则,社会的效益和费用是社会成员的效益和费用的加总。个人的效益以个别人对物品的支付意愿来衡量。

费用效益分析对费用的定义是与效益的定义相一致的,即把费用定义为效益的"牺牲"。项目的任何资源投入都可以看做其他可能产生的效益的牺牲。如果投入品不用做此用途,那么作为其他用途将可以产生多大的效益?把这种有机会得到的效益看做所研究项目的费用,这就是机会成本的概念。因为费用效益分析本身就是经济效率的分析方法,采用机会成本的概念有助于寻求最有效的资源分配。

1844年,法国工程师杜比特(Jules Dupuit)发表了题为《公共工程项目效用的测算》的论文。在该文中,杜比特提出消费者剩余的概念,并采用支付意愿来度量公共工程的效益。

图8-1给出了桥建成后每年的交通需求曲线。纵坐标为过桥费,横坐标为过桥车次。假定公用事业局能借到的资金年利息率是5%,桥可以无限期地用下去,经常性费用可忽略不计。现在假定每车次收费0.50元,估计每年有200万车次通过,那么每年的收益是100万元,使用年数是无穷大,年息为5%,总的收益现值是2 000万元。如果建桥费大于这个数,按照私人投资者的观点就不应该建这座桥,杜比特当时极力反对这种算法。他认为,站在整个社会的立场,建桥后对整个社会带来的效益应该是需求曲线下面的面积。只要不引起过桥时的交通拥挤,应该免费开放,这样可使通过的车次最多,而此时每年的效益(为过桥者所得)为1/2×1.00×400=200(万元)。按年息5%计,现值为4 000万元。因此,只要桥的通过能力可达每年400万次,其建桥费小于4 000万元都是应该建造的。这个例子说明了费用效益分析与财务分析的重大区别。按照企业收益最大的原则,过桥费应定在0.50元,此时收益最大(100万元),但总效益(WTP)只有1/2×(1.00+0.50)×200=150万元。其中100万元表现为企业(公用事业局)的效益,另外50万元为消费者剩余。按照效益最大的原则,过桥费不收,每年效益200万元,此时企业收益为零,效益全部表现为消费者剩余。只有在下列情况下,公用事业局才应该收费:① 为了限制桥上车辆的通过数量;② 当局要通过这种方法回收资金。假定决定收费0.25元,此时桥的每年总效益表现为两部分:第一部分是政府的票价收入,为0.25×300=75(万元);第二部分是过桥者的消费者剩余,为1/2×0.75×300=112.5(万元),总计效益为187.5万元。

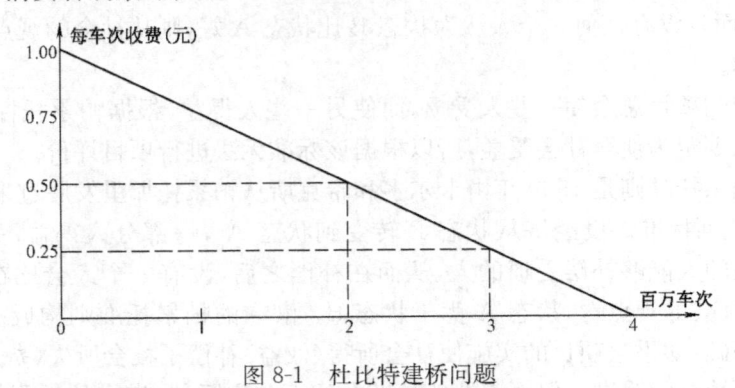

图8-1 杜比特建桥问题

支付意愿和消费者剩余的计算涉及对需求曲线的估计。这实际上是很难做到的。好在我们在现实生活中通常不必精确地计算支付意愿的具体数值,而只要对其变动做出一些估计。这些概念可以帮助我们在现实的经济生活中选择恰当的数据,或在这些实际数据上做一些处理,使其尽可能地满足要求。

在通常情况下,项目提供的产品或服务原来就已经存在,项目实施只是增加同类的产品或服务,因此,其效益只是新增的支付意愿。当实际观察到的价格正好是原来的边际效益时,那么可以用价格作为计算效益的基础。以图 8-2 为例,原来已有的产品供应量是 Q_0,项目投产后,新增产量为 ΔQ,则总供应量为 $Q_1 = Q_0 + \Delta Q$,新增效益就是面积 $E_0 Q_0 Q_1 E_1$。当 ΔQ 不大时,可以认为需求曲线 $E_0 E_1$ 近似为直线,新增效益 ΔB 可表示为

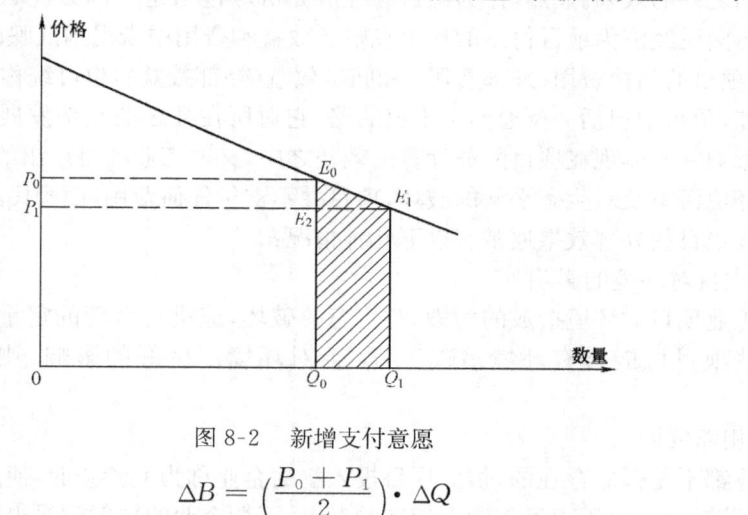

图 8-2 新增支付意愿

$$\Delta B = \left(\frac{P_0 + P_1}{2}\right) \cdot \Delta Q \tag{8-1}$$

式中,P_0 与 P_1 表示产品发生增量前后的价格。

这样做的前提是,这些价格反映两种情况下的边际效益(边际支付意愿)。当 ΔQ 很小时,或者需求的价格弹性很大时,效益可以近似地等于收益,即 $\Delta B = P_1 \cdot \Delta Q$。

消费者剩余就是图 8-2 中区域 $P_0 E_0 E_2 P_1$ 与 $E_0 E_1 E_2$ 的面积之和。区域 $P_0 E_0 E_2 P_1$ 代表因为价格下降使消费者节约的支出,等于价格之间的差额乘以原价格下的销售量。但消费者剩余增加(区域 $P_0 E_0 E_2 P_1$),同时生产者损失了这一块收益,两项抵消,消费者节约的支出并没有给社会带来净效益,因此,社会获得的效益仅是 $E_0 Q_0 Q_1 E_1$ 的面积。如果产品原先是从国外进口,而该项目的目的是用国内生产的产品替代进口产品,那么区域 $P_0 E_0 E_2 P_1$ 的面积也可以代表国家得到的净效益。在这种情况下,社会得到的效益是区域 $P_0 E_0 E_2 P_1$ 和 $E_0 Q_0 Q_1 E_1$ 的面积之和。

8.2.2 效益和费用的识别与界定

效益和费用的识别与界定也需根据有无对比原则,追溯出项目方案在建设和运营过程中对社会经济的最终影响。计为效益的情况有:增加消费者消费、享用或各种愿意支付之满足,或降低人们费用或支出,或替代其他项目产出而节省的社会费用,或减少资源耗费而节约的成本。计为费用的情况有:增加社会资源的耗用或占用,或挤占消费者消费、享用,或减少各种愿意支付之满足,等等。

对于由项目的产出和投入引起的相对价格变化或供求变化而产生的派生效果,在计算了产出和投入的效益与费用后,不应重复计算。

识别经济效益和经济费用是比较困难的一件事,除了直接识别和估计外,有些项目也可从财务效益和费用的预测基础上着手,并做一些调整:增加和剔除一些费用和效益。

1. 增加的效益费用

(1) 间接效益和间接费用

项目除了产生直接的、主要的效益和费用外,还会产生一些间接的、在项目投资主体收支范围之外的效果。显然,作为项目的经济分析应包括这一部分。项目对国民经济做出的贡献与国民经济为项目付出的代价在财务效益和费用中未得到反映的那部分效益和费用,就是项目的间接费用(外部费用)和间接效益(外部效益),也可统称为外部效果。

例如,项目中包括一条通向主干道的路,它对所在社区的经济发展产生积极的影响,但这种影响并不体现在项目财务计算的效益之中。又如工业项目产出的废水、废气和废渣引起的环境污染及对生态平衡的破坏,项目并不支付任何费用,而国民经济付出了代价。

工程项目的外部效果通常有以下几种情况:

① 项目对环境的影响

如工业项目对环境造成的污染,对生态的破坏,应进行合理的定量计算和定性分析。当然有些项目可能含有环境治理工程,会对环境产生好的影响,则应计算项目的外部效果。

② 相邻效果

企业都不是孤立存在的,供应项目投入物的企业称为上游企业,使用项目产出物的企业称为下游企业。由于项目实施而带来的对上、下游企业的辐射效果也应计入项目的外部效果中。如项目的实施将促进其上游企业的发展,同时提供的新产品也会促进下游企业的发展。

实践经验表明,对这类效果不应估计过大,特别要防止盲目夸大这类效果。只有同时具备下列情况者才予以考虑:

- 这些相邻部门的生产能力或资源确实是闲置的。
- 这些闲置的生产能力或资源得到利用之后,不会影响本部门或其他部门的产出。如当闲置的设备开动后,占用了能源,而使其他行业减产,这种利用闲置设备的相邻效果并不存在,至少要打折扣。
- 除了建设该工程项目外,并无其他途径来利用上述的闲置生产能力和资源;否则,在评价和比较项目方案时,不应该因这种相邻效果而厚此薄彼。

同时具备以上条件的情况是不多的,因此,对这类相邻效果不应过分强调。

另一类应当特别注意的问题是关于相关项目的建设问题。例如,在某地要建一个煤矿,非得在附近建个电厂不可。如果这个电厂主要是为煤矿服务的,那么应考虑将电厂作为煤矿项目的一个部分。通常对这种关系密切的综合项目群体,如石油化工联合企业等,应扩大项目定义的范围,做整体的评价,这样一来,相邻效果就自然消失了。

③ 技术扩散效果

即由于某个项目率先采用了先进技术而带动了整个行业,甚至是全社会的技术推广。

(2) 消费者剩余

在有些情况下,一个项目不仅能够增加产品或服务的产出量,而且还可以降低消费者购买它们的价格。当一个项目降低了其产出物的价格时,就会有更多的消费者购买同样的产品,而原先的消费者现在支付较低的价格就可以购买同样的产品。按新的较低价格估算效益,会低估该项目对社会福利所做的贡献。如果该项目所创造的效益等于新数量与新价格的乘积,那么,这一估计值就忽略了消费者剩余。原则上讲,增加的消费者剩余应视为该项目效益的一部分。由项目所引起的直接产出物消费者剩余的减少是项目的经济费用。

2. 剔除的效益费用

在财务分析的费用流量中,一些支出并不代表经济费用,而仅仅是将资源的支配权从社会的一个群体转移到另一个群体。例如,税收与补贴就是转移支付,而非经济费用。

当从项目实体的角度考察项目时,税收与补贴等会影响项目的效益和费用。然而,当从社会的角度考察项目时,旨在财富分配的直接税和补贴、国内贷款还款和利息支付、国内保险费和赔付以及应收应付款项等都未造成资源的实际耗费或增加,因此不能作为项目的费用或效益,它们只是国民经济内部各部门之间的转移支付,都是应剔除的流量。

(1) 国内利息支付与本金偿还

财务费用是企业损益表中的重要组成部分。国内还本付息,即利息支付与本金偿还,必然导致现金支出,这部分费用在经济与全部投资财务分析中均忽略不计。在这两种分析中,撇开融资方式来评价项目的效果才是最重要的。在经济分析中不考虑还本付息的另外一个理由是,还本付息并不导致资源的消耗,只是资源从付款人向收款人的转移。此外建设期利息不管是否资本化,均应剔除。

(2) 税金

项目支付的各种税金包括消费税、增值税、资源税和关税等,在财务分析中是一笔重要的支出。从国家财政来说是一项收入。这是企业与国家之间的一项资金转移。对那些构成商品价格的流转税,如消费税和增值税等,构成了消费者支付的价格(含税),因此,在计量效益和费用时,凡按消费者支付意愿(或消费者剩余)的增加或减少来计算效益和费用的应包括这些税;凡按资源耗费或占用节省来计算效益和费用的,应剔除这些税。那些为控制过度使用或消费的政策性税收,应看做社会资源耗用的代价,如资源税、土地税费,即将开征的能源税、排污税和燃油税等,可作为计量费用的组成部分。

(3) 补贴

包括出口补贴和价格补贴等。补贴虽然增加了拟建项目的财务收益,但是这部分收入,企业并没有为社会提供等值的资源,而是国家从国民收入中批出一部分资金转给了企业。所以,国家以各种形式给予的补贴,都不能算是社会收益。

(4) 折旧

会计上的折旧是收入里提出的一部分,与实际资源的消耗无关。在经济分析时已把固定资产投资所消耗的资源作为项目的投资成本,所以这部分固定资产在会计上提取的折旧,就不能作为社会资本。

(5) 钱币(Pecuniary)效益和费用

钱币效益和费用的产生是因为相对价格发生了变化,而这种变化是由经济上公共服务的供给和资源需求模式的变化造成的。一部分人的所得(或所失)的增加是由于其他人的所得(或所失)减少的缘故。这种变化不影响社会净效益和净费用发生变化。应注意剔除项目的钱币效益。

【例 8-1】 一个高等教育项目的费用效益识别。

效益：

  毕业生的增量收入

  间接效益(犯罪率降低,出生率下降)

费用：

  投资费用(房屋建筑、设备等费用)

  经常性费用(维护费用、经常性耗材、培训、教师工资等)

  放弃的收入

  剔除的效益费用(来自政府的转移支付、社会捐赠和学杂费等)

【例 8-2】 一个政府出资修建的高速公路项目的费用效益 识别。

效益：

  车辆和人员通行时间的额外节省

  车辆耗油和其他耗费的额外节省

  间接效益(增加行车安全性,减少车祸损失；促进邻近地区经济往来和经济发展)

费用：

  投资费用(包括建筑工程费、勘察、设计成本、居民搬迁费、土地征用费等)

  经常性费用(道路维修养护费用、管理费用)

  间接费用[增加空气污染和邻近居民的噪声污染；给公路两侧居民相互通行增加不便(时间与费用增加)]

  剔除的效益费用(车辆通行缴费收入、增加公路沿线的房地产价值)

8.2.3　经济效益和费用的估算

8.2.3.1　估算原理

  对于具有市场价值的费用和效益,应该以市场价格为基准进行估算,因为市场价格通常可以反映货物或劳务的机会成本。具体来说,对于费用,应该以相应的机会成本来评估,不考虑沉没成本、折旧及不反映资源消耗的税收等。对于效益,应该以真实的市场价格或估计的市场价格为估算起点。但是当市场存在垄断或者由于税收或补贴而严重失灵的时候,就需要做出一些调整。

  对于不具有市场价格的费用和效益,可以采用支付意愿法或接受补偿意愿法来评估其经济价值。其中支付意愿法又包括显示偏好法和陈述偏好法。效益和费用计算的价格均为预测价格,其中不考虑价格总水平的变化。

  影子价格是能够真实反映项目投入物和产出物真实经济价值的计算价格,也称为计算价格或经济价格。适用于没有市场价格或者价格不能反映货物的真正稀缺价值的情况。

  影子价格的概念是 20 世纪 30 年代末、40 年代初由荷兰数理经济学、计量经济学创始人之一詹思·丁伯恩和苏联数学家、经济学家、诺贝尔经济学奖获得者康托罗维奇分别提出来的。

影子价格反映在项目的产出上,是一种消费者"支付意愿"。消费者愿意支付的价格,只有在供求完全均等时,市场价格才代表愿付价格。影子价格反映在项目的投入上,是资源不投入该项目,而投在其他经济活动中所能带来的效益。也就是项目的投入是以放弃了本来可以得到的效益为代价的,即支付意愿的牺牲。根据"支付意愿"的原则确定经济价格以后,就可以测算出拟建项目要求经济整体支付的代价和为经济整体提供的效益,从而得出拟建项目的投资真正能给社会带来多少国民收入增加额或纯收入增加额。

在估算有市场价值的货物的影子价格时,通常采用的做法是把项目的投入物和产出物分为外贸货物、非外贸货物和特殊投入物三类。

外贸货物指项目生产或使用将直接或间接地影响国家进出口的货物。包括直接进出口的货物,间接减少出口、增加进口的投入物,以及替代进口、间接增加出口的产出物。

非外贸货物指其生产或使用不影响国家进出口的货物。包括天然非外贸货物,如建筑、国内运输、商业及其他基础设施的产品和服务;由于地理位置所限,国内运费过高而不能进行外贸的货物;受国际、国内贸易的限制不能外贸的货物等。

特殊投入物指劳动力、土地和自然资源等。

8.2.3.2 可外贸货物的影子价格

项目可外贸的产出或投入货物,因国内市场价格扭曲,其财务收入或支出不能反映项目效益和费用时,可以用同类货物的进出口平价作为影子价格来计算经济效益和费用。

进口平价(Import Parity Price)是用来衡量在自由贸易条件下货物或服务进口和国内生产无差别,国内生产者不得不接受其在国内市场销售的价格。出口平价(Export Parity Price)是用来衡量在自由贸易条件下国内生产者出口和在国内市场销售无差别,不得不接受在国内市场销售的货物或服务的价格。计算项目主要投入物和产出物的进出口平价的意义在于:如果这些货物存在进出口的可能性,那么,作为一类有效率的价格,国内价格应与进出口平价取齐。

1. 项目进出口平价的具体计算公式

(1) 产出物

对于产出物确定的是出厂经济价格。

① 可出口产品(可外销产品)

$$出口平价 = 离岸价格 \times 影子汇率 - 项目至口岸的物流费用 \tag{8-2}$$

② 可进口产品(内销产品,可顶替进口)

$$进口平价 = 进口货物的到岸价 \times 影子汇率 + 口岸至市场的物流费用 - 项目至市场的物流费用 \tag{8-3}$$

(2) 投入物

对于投入物确定的是到厂经济价格。

① 可进口产品

$$进口平价 = 到岸价格 \times 影子汇率 + 口岸至项目的物流费用 \tag{8-4}$$

② 可出口（国内产品，减少出口）

$$出口平价 = 离岸价格 \times 影子汇率 - 出售厂家至口岸的物流费用 + 出售厂家至项目的物流费用 \tag{8-5}$$

影子汇率，是指单位外汇的经济价值，不同于外汇的官方汇率，由于存在贸易限制、税收和垄断，即使汇率不受管制，影子汇率仍稍高于外汇牌价。实践中，大多采用以外汇牌价乘以影子汇率换算系数得到影子汇率的方法，影子汇率换算系数是影子汇率与官方汇率的比值，它的取值应当由国家有关部门统一发布。当前我国的影子汇率换算系数定为 1.04。

【例 8-3】 假定煤在离新建煤矿最近的某口岸的离岸价格为每吨 100 美元；汇率按 7.50 元计算。新建煤矿项目所在地到最近口岸的运距为 300 公里，铁路运价为每吨公里 9.05 分。其他物流费用按口岸价格的 6% 计算，出口关税税率为 5%。

解：根据公式(5-19)计算煤的出口平价如下：

$$100 \times 7.5 - (300 \times 0.095) - 100 \times 7.5 \times 6\% = 677.85 (元/吨)$$

而相应的财务价格为：$677.85 - 100 \times 7.5 \times 5\% = 640.35 (元/吨)$

故出口煤的经济价值为 677.85 元/吨。

如果货物对进出口均有影响，那么货物的影子价格是它的需求价格（进口平价）和供给价格（出口平价）的加权平均。大部分项目对于产出物或投入物的价格水平不会产生影响。

2. 进出口价格弹性的考虑

以上计算假定口岸价格具有充分弹性，不因项目的进出口而变化，这点在多数场合是成立的：毕竟一个项目对国际市场的影响具有边际性。但是，当某种货物进出口占国际市场的份额较大时，为稳妥起见，要考虑进出口增量对价格的影响。

若项目的产出是供出口，同时，我国的出口份额又较大，而这种产出物的需求价格弹性较小，那么增加出口有可能使口岸价格下降，这不仅使项目的出口收益比预期的少，同时也会使原有出口的收益下降。因此，从国家角度，项目产出的经济效益不仅要顾及本项目的出口收益，还要顾及国家整个出口的收益。如果知道对我国出口的价格需求弹性 ε，项目产出出口的量为 ΔQ，那么这部分产出的效益可表示为：

$$\Delta B \approx p^e (1 + \frac{1}{\varepsilon}) \Delta Q \tag{8-6}$$

从式(8-6)中可以看出，当 ε 很小时（指绝对值），出口的效益增量很小，甚至有可能是负值！这点既不同于出口的项目财务收益，也不同于供应国内的经济效益。

同样道理，当进口货物的供应弹性较小时，项目大量投入这类货物会推动口岸价格的上升。这种投入的经济费用不仅是项目为此而付的支出，还应包括国家原有进口的这类货物因进口价格上升而付出的费用。

8.2.3.3　不可外贸货物的影子价格

不可外贸货物的经济价格和财务价格之间的差异是由于国内扭曲，如流转税和补贴、垄断、政府的价格管制以及不根据成本来定价，以及生产要素不能根据经济价值来定价等。不可外贸货物的经济价格可以市场价格的基础上确定,并对扭曲进行调整。

1. 不可外贸产出物

因为不可外贸货物的市场仅处于国内,对于大型的非边际项目就可能会对产出的供给和平均生产成本产生重大的影响。因此,一个较大的生产非贸易货物的项目可能会同时影响供给价格和需求价格。在许多案例中,有项目时的价格不同于无项目时的价格。非增量生产和增量生产的范围取决于与财务价格的变动相联系的需求弹性和供给弹性。

不可外贸产出物影子价格的计算如下:

(1) 增加国内供应数量,满足国内需求者,产出物按需求价格,即有项目和无项目时,新增消费者由于产出物而获得的支付意愿的平均值(此影子价格包括所有间接税收,但是剔除补贴)。

(2) 替代其他企业的产出。某种货物的国内市场原已饱和,项目产出这种货物并不能有效地增加国内供给,只是在挤占其他生产同业产品企业的市场份额,使这些企业减产甚至停产。在这种情况下,产出品的经济价格为供给价格,即被项目所替代的其他产出的供给成本。

2. 不可外贸投入物

不可外贸投入物影子价格的计算分以下两种情况:

(1) 项目的投入品通过市场增加供给来满足,它采用供给价格,即增加供给的边际经济费用。如果是通过原有企业的挖潜来增加供应,则项目所需某种投入物,只要发挥原有生产能力即可满足供应,不必新增投资。此时,边际经济费用为可变成本。项目所需的投入物必须通过投资扩大生产规模,才能满足项目需求,此时的边际经济费用包括资本投资。

(2) 项目需要的某种投入物,原有生产能力无法满足,又不可能新增生产能力,只有去挤占其他用户的用量才能得到。此时的经济价格根据需求价格来确定。

为清楚起见,不可外贸货物的影子价格以表 8-1 示出。

表 8-1 不可外贸货物的影子价格

	情 况	经济价格	定 价 基 础
产出物	增加国内供应	需求价格	市场价格(含流转税)
	替代其他企业的产出	供给价格	市场价格 − 流转税 − 利润 − 折旧
投入物	原有企业挖潜来供应	供给价格	市场价格 − 流转税 − 利润 − 折旧
	新增生产能力来增加供应	供给价格	市场价格 − 流转税 − 利润
	挤占其他用户	需求价格	市场价格(含流转税)

正如可外贸货物和劳务一样,不可外贸产出或投入物对市场同时具有增量和非增量影响,经济价格也是通过计算非增量和增量产出(或投入)的供给价格和需求价格的加权平均值来求得的。权重取决于非增量产出(或投入)和增量产出(或投入)的水平。

8.2.3.4 特殊投入物的影子价格

项目的特殊投入物是指项目在建设、生产运营中使用的劳动力、土地和自然资源等。项目使用这些特殊投入物所发生的国民经济费用,应分别采用下列方法确定其影子价格。

(1) 土地影子价格

土地影子价格反映土地用于该拟建项目后,不能再用于其他目的所放弃的国民经济效益,以及国民经济为其增加的资源消耗。土地影子价格按农用土地和城镇土地分别计算。

① 农用土地影子价格是指项目占用农用土地后国家放弃的收益,由土地的机会成本和占用该土地而引起的新增资源消耗两部分构成。土地机会成本按项目占用土地后国家放弃的该土地最佳可替代用途的净效益计算。计算占用土地在整个占用期内逐年净收益的现值之和,作为土地费用计入项目建设投资中。土地影子价格中新增资源消耗一般包括拆迁费用和劳动力安置费用。

农用土地影子价格可从机会成本和新增资源消耗两方面计算,也可在财务评价中土地费用的基础上调整计算。后一种具体做法如表 8-2 所示。属于机会成本性质的费用,如土地补偿费、青苗补偿费等,按机会成本的计算方法调整计算;属于新增资源消耗的费用,如拆迁费用、剩余劳动力安置费用、养老保险费用等,按影子价格调整计算;属于转移支付的费用,如粮食开发基金、耕地占用税等,应予以剔除,见表 8-2。

② 城镇土地影子价格通常按市场价格计算,主要包括土地出让金、征地费、拆迁安置补偿费等。

表 8-2 农用土地影子价格的计算

土地的财务费用	性质	土地影子费用计算方法
土地补偿费 青苗补偿费	机会成本	按土地影子费用计算方法另行计算
剩余劳动力安置费 养老保险费 拆迁费用	新增资源消耗	换算成按影子价格计算的费用
粮食开发基金 耕地占用税	转移支付	不计为费用

(2) 劳动力影子价格

影子工资反映国民经济为项目使用劳动力所付出的真实代价,由劳动力机会成本和劳动力转移而引起的新增资源耗费两部分构成。劳动力机会成本是指劳动力如果不就业于拟建项目而从事于其他生产经营活动所创造的最大效益。它与劳动力的技术熟练程度和供求状况(过剩与稀缺)有关,技术越熟练,稀缺程度越高,其机会成本越高,反之越低。新增资源耗费是指项目使用劳动力后,由于劳动者就业或者迁移而增加的城市管理费用和城市交通等基础设施投资费用。

$$\text{影子工资} = \text{劳动力的边际产出} + \text{劳动力就业或转移而引起的社会资源消耗} + \text{投资用于消费而产生的贬值} \tag{8-12}$$

影子工资可通过财务分析时所用的工资与福利费之和乘以影子工资换算系数求得。影子工资换算系数由国家统一测定发布。

(3) 自然资源影子价格

各种自然资源是一种特殊的投入物,项目使用的矿产资源、水资源、森林资源等都是对国家资源的占用和消耗。矿产等不可再生自然资源的影子价格按资源的机会成本计算,水和森林等可再生自然资源的影子价格按资源再生费用计算。

8.2.3.5 无形效果的度量方法

几乎所有的投资项目都有一类难以直接量化的效益和费用,这些效益和费用缺乏市场价格,甚至缺乏实物计量单位,一般称之为无形费用和无形收益,统称为无形效果,如人身安全、人身舒适、公共交通的便利、收入分配公平、健康、风景优美等。这些无形效果是真实存在的,有时是项目非常重要的效益,需要加以仔细识别和估计,如交通工程、水利工程、抗震工程,人身安全是这些工程效果的一个重要方面,我们不可避免地要涉及生命的"价值"问题,我们无法也不应该计算一条性命值多少钱。

由于不存在相应的市场和价格,无形效果一般很难赋予货币价值。长期以来,经济学家一直在试图寻找使用货币单位估价无形效果的方法,在不存在市场时,有两种主要的方法可以提供对无形效果的货币测量尺度。

第一种是显示偏好方法。有些效果,尽管不存在直接的市场价格,但这些无形效果价值根植于某些在市场交换的、可以观察到的价格之中,显示偏好法就是一类把这些无形效果的价值"剥离"出来的技术,如隐含价格法、旅行费用法、规避行为和保卫性开支(治理或恢复成本)法等。显示偏好法(RPM)的共同特征就是,通过对实际行为(特别是实际市场的购买行为)的观察来衡量非市场影响的价值。以不动产市场为例,房子可在不动产市场上进行交易,影响买卖决策的一个重要因素就是空气污染环境状况、噪声状况以及周围环境的美观与否等。这就暗示了通过分析房产市场,可以推断出环境设施服务的价值。另一个例子是,我们可以通过观察人们去原始自然景区旅游的偏好程序,来推测他们对于环境物品的估价。

第二种方法是陈述偏好方法,即通过提取出个人对于某些形式的问卷的回答来"创造"出一个需求市场。最基本的,个人会被直接问及他们的支付意愿与接受意愿。只要他们的回答值得信赖(尽管可能会存在一些可接受的少量小错误),并能反映出市场存在时他们的估价,那么这种方法便可提供信息的丰富来源。

当无形效果是项目的主要效果或不容忽视的重要效果时,经济分析人员首先应该努力尝试用货币形态计量无形效果;难以货币化的,应当尽力采用非货币单位进行计量,如项目的就业人数、受教育的人数、受益于劳动条件改善的人数等。对于不能量化的无形效果,如建筑物的美学价值、自然风景和文物古迹的保护效果等,则应尽量通过文字、图形、图表的方式给以定性描述。

8.2.4 费用效益分析指标

项目经济分析的目的就在于评估支出的费用是否值得,项目所产生的效益应证明这些费用是正当的。

1. 经济净现值

经济净现值(ENPV)是反映建设项目对国民经济净贡献的绝对指标,是建设项目按照社会折现率将计算期内各年的经济净效益流量折现到建设期期初的现值之和。若 B 表示项目的效益流量，C 表示项目的费用流量，则计算公式为：

$$\text{ENPV} = \sum_{t=0}^{n} B_t(1+i_s)^{-t} - \sum_{t=0}^{n} C_t(1+i_s)^{-t} \tag{8-7}$$

项目经济净现值等于或大于零，表示资源配置的效率达到或超过所要求的水平。经济净现值越大，表示项目所带来的经济净效益越大。

社会折现率（i_s）表示社会对资金时间价值的估量，即社会对投资项目占有资金所要求达到的最低盈利标准。各类投资项目的经济分析可采用有关机构统一发布的社会折现率，作为计算经济净现值的折现率。社会折现率可作为经济内部收益率的判别标准。目前社会折现率取值为 8%。

2. 效益费用比

费用效益分析的结果除了通过上述净现值指标反映出来以外，还可以利用效益费用比。净现值指标仅能反映出折现后效益费用值代数和的大小，不能衡量效益与费用之间的相互比例，需引用效益费用比指标。

效益费用比有两种计算方法：

$$\text{效益} - \text{费用比} = \frac{\text{PVB}}{\text{PVC}} \tag{8-8}$$

或

$$\text{净效益} - \text{费用比} = \frac{\text{PVB} - \text{PVC}}{\text{PVC}} = \frac{\text{PVB}}{\text{PVC}} - 1 \tag{8-9}$$

式中，PVB 为项目的效益现值；PVC 为项目的费用现值。

显然，以上两个指标在数值上相差一个 1，若计算结果为效益－费用比 $\geqslant 1$ 或净效益－费用比 $\geqslant 0$，则达到或超过经济效率要求的水平。

3. 经济内部收益率（EIRR）

EIRR 是反映建设项目对国民经济净贡献的相对指标，是建设项目在计算期内各年经济净效益的现值累计等于 0 时的折现率。

计算公式为：

$$\sum_{t=0}^{n}(B_t - C_t)(1+\text{EIRR})^{-t} = 0 \tag{8-10}$$

经济内部收益率等于或大于社会折现率，表示项目方案资源配置的效率达到或者超过要求的水平。

8.3 费用效果分析

有些项目的成本（如投资支出、运营费用等）表现为货币性成本，而其效益却不是货币性收益，不但缺乏市场价格，而且还由于哲学、伦理或技术性困难，难以将其产出或收益货币化，但它有明确的定量标准。通常采用度量效益和度量费用分开的做法：用货币指标度量费用，用物理指标度量效果（如可靠性、速度、命中率和完成某种使命的概率等），再比较分析得出最优选择。这就是费用效果分析。

在费用效果分析中,费用与效果的计量单位不同,不具有统一量纲,致使费用效果分析不能像费用效益分析那样用于项目方案的绝对效果评价,因此也无法给出评价准则。

在费用效果分析中,效益并不用货币单位来衡量,但费用是用货币单位来衡量的。这样就没有形式上的规则来决定某个项目是否可行,即它不能判定某一方案自身的经济性如何,不能判定单一方案是应该接受还是应该拒绝。例如,一个投资 5 000 万元、购买医疗设备的项目方案,我们既然无法将它所花的钱数(成本)与它能够诊治的病人数(收益)进行比较,也就不存在可行与否的判定准则。可以做的事情最多就是提供一些关于费用及效果的信息。如果关于一个项目实施的一些在先决策已制定,那么就可形成一定的规则。例如,如果已经决定要花费 A 元,通过改善健康保护措施,来挽救 H 个生命(或避免人员死亡),若有多种方法可达到这种保护目的,则具有最高 H/A 值(或最低 A/H 值)的方案将会被选中。诸如此类的决策是很常见的,所以费用效果分析方法在现实决策中发挥着重要作用。

费用效果分析方法不能告诉人们某一项目决策是否值得实施,如上例中将钱投向健康保护。然而,如果已从政治角度做出决策,则费用效果分析将是一种能确保有限资源得到合理使用的方法。而且,它还可以克服决策者对于将效益货币化这一观念的抵制。实际上,一旦决策者做出决定,支持或反对某项目提议,则意味着他们已暗示出其效益货币价值的大小,正如上面所显示的那样。费用效果分析可视为费用效益分析的一种变形,若把它视为在某种程度上优于或劣于费用效益分析方法则是混淆了它们之间的关系。在决策分析阶段,当对效益(或成本)货币化不合适或不允许时,这种方法便会被采用,但在决策制定阶段,已在逻辑上暗含了可用货币价值来衡量这些效益(或费用)的意思。它被更多地用于卫生保健、教育、国防项目的评价。卫生保健项目的目标是健康,费用效果分析就是分析某一医疗计划所产生的健康效果与资源耗费之间的关系。

使用费用效果分析要满足如下条件:
- 有共同的、明确的并可达到的目的或目标。
- 有达到这些目的或目标的各种措施方案。
- 待评价的项目方案数目不少于两个,且所有方案都是相互排斥的。
- 对问题有一个限制的范围。

费用效果分析的过程如下:

(1) 确定目的、目标或任务

项目的目标可能是单一的,也可能是多重的。单一目标的项目评价相对简单且容易,多目标的项目评价相对复杂且困难,应对项目的预期目标合理界定,防止目标追求过多过滥。进行费用效果分析时,首先要明确工程项目要求实现的效果。例如,交通信号指挥系统的目标是运行可靠;军事后勤运输系统的效果目标是在规定的时间内将一定数量的人员、装备运到指定地点等。当被评价的工程项目有多种效果目标时,可选择其基本效果目标作为费用效果分析的对象。

(2) 制定达到目标要求的任务要求

随着项目目标的确定,需要进一步对达到上述目标的要求做出描述,即说明哪些要求是达到目标的实质性内容。确定任务要求的过程,既是明确如何实现目标的过程,又是检验能否实现目标的过程,因此,目标对制定任务要求具有规定性,任务要求对目标的合理制定具有反馈调整作用。例如,一个病人紧急呼救项目,其总的目标可能是改善当地家庭和单位的突发性危急病人的抢救治疗效果,实现目标的关键是缩短抢救时间,为此制定的任务要求可能包括:

① 缩短医院从接到呼救电话到发出救护车的回应时间。
② 缩短救护车到达病人处并把病人(必要时)送回医院的时间。
③ 缩短医院的紧急诊治时间。

如果规定了回应和抢救时间的最低目标要求,那就要把它分解到上述具体任务中去,并通过这些任务要求的细致分析,对目标制定的适当与否做出评判。

(3) 形成各种可行的方案

供选方案的构想与提出,不仅取决于技术实现的可能性,而且取决于相关人员的知识、经验和创造性思维的发挥。例如,前面提到的病人紧急呼救项目,达到目标及完成各项任务要求的供选方案至少有以下几个:

① 各家医院各自为战,各自准备紧急救护车的方案。
② 多家医院在紧急呼救通信联网基础上,按就近原则派发救护车并可减少救护车总数的方案。
③ 建立全市紧急呼救中心。该中心的救护车按市区人口密度分布被分派在各区游弋待命,随时按紧急呼救中心的指令就近救护;该中心也可按及时原则,指定就近医院派发救护车,此方案可能会进一步减少医院自备救护车数,缩短抢救时间。

总之,不要在项目的初始阶段就把方案的构思限制在一个狭窄的思路上,要尽可能地发挥创新精神,集思广益,多提可供选择的方案,然后再通过分析比较进行筛选。

(4) 对项目方案的费用与收益(效果)予以正确的识别与计量

在费用效果分析中,成本是用货币单位计量的,效果是用非货币单位计量的,这样的效果是对项目目标的直接或间接性度量。有关费用与收益的识别与计量问题,本章前面已有论述,这里需着重指出的是,不同项目具有不同的目标,收益的性质千差万别,在效果计量单位的选择上,既要便于计量,又要能够切实度量项目目标的实现程度。

(5) 选择评价方法

要建立各方案达到规定要求和程度的估价度量指标,其基本做法是:计算各方案的效费比(费效比),并按效费比(费效比)最大(小)准则比选,即单位费用之效果越大(单位效果之费用越小)者相对越优。此方法通常适用于各供选方案的目标要求和(或)费用要求没有严格限制、允许有一定变动范围的情况。

这一比较原理及准则,在不同的项目目标要求和约束条件下,可以有不同的变通方式,通常有下述两种方法:

① 固定费用法。此法是在各方案具有相同费用的基础上,按效果最大准则进行方案比选。固定费用法通常适用于项目费用有严格限定的情况。

固定费用法是指被评价项目可利用的资金或费用开支是固定的、有限的,以一定的资金或费用为条件,根据效用高低来评选方案。

② 固定效果法。此法是指对被评价项目必须达到的最低效果水平做出规定后,以一定的效果水平为条件,根据费用高低来评选方案。固定效果法通常适用于有固定目标要求

的情况。

前述三种方法，在选用上应视项目的具体要求和特点而定。例如前述病人紧急呼救项目，如果在缩短救护时间的目标上有严格的限定要求，即在各方案具有相同效果的情况下，则可选用固定效果法，仅对各方案的投资费用与运营费用的大小进行比较，比较指标可采用费用现值或费用年值；如果项目资金紧张，只能在限定资金条件下进行方案比选，则可采用固定费用法，只对方案的效果大小（救护时间的长短）进行比较，效果大（救护时间短）者为优；如果对项目的效果（救护时间的缩短）要求和费用要求无严格限定，允许一定的变化范围，则可以采用最大效费比法。

在有些情况下，项目目标不是一个而是多个，且各目标的效果计量不具有同一物理量纲，无法使用同一计量单位度量效果。在这种情况下，可在专家调查的基础上，对项目的不同目标赋予不同权重（各目标的权重之和等于 1.0），对方案实现各自目标的满意程度赋以分值（主观效果），再将方案取得的各目标分值分别乘以各目标权重后求和，即为方案预期获得的总效果。之后，就可进行方案间的费用效果评价。这种多目标的项目方案评价，在主观效果（分值）的最终计量上，常用的方法有模糊矩阵法、层次分析法等，它们的基本思想都属于对目标实现的满意程度（分值）加权求和一类，只是处理手段不同，感兴趣的读者可以参阅有关书籍。

(6) 对各可行方案进行达标水平及费用分析

各供选方案经过上一步骤比较评价后，可以大致排出方案之间的优劣次序，淘汰那些明显较差的方案，保留两个或三个相对较优的方案，供进一步分析比较。这一阶段，可对项目的目标及其必要性进一步修正和认定，对保留下来的候选方案，进行必要的补充研究，加深对关键问题的研究，提高数据质量，然后进行方案比较评价。

(7) 敏感性分析

即分析各种假定或条件的变化对结果的影响。

(8) 做出结论

【例 8-4】 某城市为改善交通秩序，提高车辆通行效率，拟投资新建交通自动信号控制系统。系统以可靠度为效果计量指标，可靠度用预定期限和条件下系统不发生失误的概率来表示。已知这个项目的投资与运行费用限额为 24 万元，效果水平要求不低于 97%，备选方案有 4 个，有关数据如表 8-1 所列，试用费用效果分析法做出方案选择。

表 8-3 例 8-4 数据表

方　　案	投资与运行费用年值（万元）	系统可靠度
Ⅰ	24	0.99
Ⅱ	24	0.98
Ⅲ	20	0.98
Ⅳ	20	0.97

① 比较方案Ⅰ与方案Ⅱ。两方案费用相同（24 万元），但方案Ⅰ的效果大于方案Ⅱ（0.99＞0.98），故保留方案Ⅰ，舍去方案Ⅱ。

② 比较方案Ⅲ与方案Ⅳ。两方案费用相同（20 万元），但方案Ⅲ的效果大于方案

Ⅳ(0.98＞0.97)，故保留方案Ⅲ，舍去方案Ⅳ。

③ 比较方案Ⅰ与方案Ⅲ。两方案费用与效果、效用均不相同，故通过效费比进行比选。

方案Ⅰ：效果／费用 = 0.99/24 = 0.041

方案Ⅲ：效果／费用 = 0.98/20 = 0.049

上述一系列比较表明，方案Ⅲ是费用不超过限额条件且单位费用可获得最大效果的方案。

【例 8-5】 提高学生英语水平的方案有：补习班、购买专用学习材料自学、网络学习、同学间互相帮助，效果计量指标为英语 6 级考试成绩，各个方案的支出及所提高的考试成绩如表 8-2 所示，应用费用效果分析法进行比选。

表 8-4 例 8-5 数据表

方　案	考试成绩	费　用	费　效　比
补习班	20	300	15
自学	4	100	25
网络学习	15	150	10
互相帮助	10	50	5

计算各个方案的费效比，分析以上方案，互相帮助是费效比最小的方案，但分析人员不能就此认为互相帮助的方案最好。由于每种方案的费用和效果都不相同，其中补习班是效果最大的方法，互相帮助方案是最有效率的方案，有时人们并不选择最有效率的方案。如果学生认为效果是重要的，不惜任何代价，就会选择补习班方案。若认为网络教学多花 100 元，与互相帮助相比成绩增加 5 分是值得的，就会选择网络学习方案。

本章小结

财务分析和经济分析是工程项目分析的两个层次，它们的主要区别在于其评价角度和评价目标不同。

经济分析考虑的是项目对国民经济的贡献，经济分析的方法主要是费用效益分析，最关键的是对经济效益和经济费用的识别，应尽可能识别所有的效益和分析，注意不能重复计算。

经济分析中所采用的价格是影子价格，将货物分为外贸货物和非外贸货物。对于可外贸货物，以口岸价格为基础确定其影子价格；对于非外贸货物，原则上以"支付意愿"来确定影子价格。无形效果的度量方法主要是显示偏好法和陈述偏好法。

当效益不能用货币来衡量时，经济分析可采用费用效果分析方法。

习题 8

1. 简述工程项目经济分析的指标和方法。

2. 试述工程项目经济分析与财务分析的区别和联系。
3. 什么是社会折现率、影子汇率、影子价格?
4. 某种货物目前的国际市场总供应量为 10000 个单位,需求的价格弹性为 -0.45,离岸价格为 500 美元/单位,其中我国出口占 20%,现在一个新项目提供产出 2000 单位的出口,计算由此产生的实际国民经济效益。
5. 某供求平衡价的商品价格为 1 200 元/件,年销量为 30 万件,此时需求和供给的价格弹性分别为 -0.3 和 1.2,现在一个正在研究的项目生产同样的产品,生产能力为 3 万件/年,试估计该项目的财务效益和国民经济效益,以及投产后引起的分配效果。
6. 如果某新建收费公路已考虑了今后所有转移车辆的运行费用的节省、行车舒适和安全效益,那么还要考虑以下哪些效益和费用? 对要考虑的效益,如何计量?

表 8-5 新建 收费公路项目效益、费用列表

效 益	费 用
该项目的收费收入	公路建造费用
诱发交通量的效益	土地占用的社会费用
沿线农民利用公路运输所得的收入	路面维修保养支出
促进沿线旅游业的发展	对沿线居民的噪声影响
附近房屋出租价格升高而增加的收入	因土地占用而造成的农业减产
被转移原有道路交通事故的减少	被转移原有道路养路费收入的减少

7. 某项目建设期为 3 年,生产期为 15 年,占用水稻耕地 2 000 亩,占用前 3 年平均每年产量为 0.55 吨,每吨水稻收购价格为 900 元,出口离岸价格为 180 美元(含贸易费),假定该地区水稻年产量以 3% 的速度增长,社会贴现率为 10%,水稻生产成本按照收购价格的 50% 计算,人民币与美元的影子汇率为 8.7,贸易费按 6% 计算,计算土地的机会费用。
8. 某种产品的需求函数为 $X = 3 000 - 150P$,供求平衡时的需求量为 1 200 单位,现有新项目使该种产品的供应量增加了 300 单位。试求:
(1) 新项目的销售收入。
(2) 新增的消费者剩余。
(3) 新项目的国民经济效益。
(4) 原生产者收益的减少。

第 9 章

投资风险分析

学习要点

- 风险的含义、风险的识别
- 盈亏平衡点的计算
- 敏感性分析方法
- 按期望值决策，应用决策树进行风险分析投资风险分析是让参与项目的各方清楚地认识到有哪些风险及其风险的大小。投资风险分析的主要内容包括:对风险进行识别、估计和评价,并做出全面的综合分析。

9.1 决策中的风险和不确定性

9.1.1 风险的含义

若一种决策会产生多种可能的结果,则认为此决策有风险,但通常风险是指某种不利事件发生的可能性。对投资决策而言,风险是指实现的现金流量偏离预期的现金流量。投资会带来风险,这是因为投资决策时所采用的数据多数来自预测和估算,由于缺乏足够的信息,这种预测和估算往往无法做到精确无误,因此项目实施后的实际情况难免与预测情况有差异,使投资决策的依据存在不确定性。所以在决策前,要充分考虑各种不确定因素,确定风险程度,以调整投资决策模型,使之能够反映风险。

由于环境、条件及有关因素的变动和主观预测能力的局限,一个投资项目的实施结果(即其结局与经济效益)通常不符合人们原来所做的某种确定的预测和估计。

风险和不确定性是有区别的,决策者对未来的情况不能完全确定,但未来情况出现的可能性,即概率分布已知或可估计,这种事件称为风险事件。

决策者对未来情况不能确定,且对出现的概率(可能性)也不清楚,此种事件为不确定性事件。但随着记录的增多,不确定性事件将会转化为风险事件。

为了避免决策失误,需要进行风险和不确定性分析,明确哪些是主要的风险因素,这些因素发生变化对项目经济效果的影响程度,项目对各风险因素变化的承受能力等。进行风险与不确定性分析的主要模型有盈亏平衡分析模型、敏感性分析模型、概率分析模型等,以下分别介绍。

9.1.2 风险的识别

风险识别就是认识项目所有可能引起损失的风险因素,并对其性质进行鉴别和分类。根据造成风险的范围大小划分,投资风险可分为宏观风险和微观风险。所谓宏观风险,是指由于宏观环境因素,如国家的政治、经济、法律、金融等方面发生变化,对投资收益有可能带来的损害,通常是影响所有投资项目的那些风险因素。而微观风险则主要是指针对某一具体项目的风险因素,如技术的选择、投资规模的选择、目标市场的选择等。宏观环境带来的风险有:国际风险、政治政策风险、经济金融风险、法律风险、灾害风险;微观环境带来的风险有:技术风险、财务风险、市场风险、管理风险等。

1. 宏观风险

(1) 国际风险

国际环境变化对项目投资主体带来损失的风险。如世界经济衰退,世界战争,石油价格变动等。

(2) 政治政策风险

政府的行为、政策可能对项目投资主体造成损失的风险。如发生战争或动乱,政府频繁更换,政策连续性差,政府干涉过多,国际上信誉差,社会经济不稳定,与别国关系恶化,政府对某些工程项目采取限制态度等。

(3) 经济金融风险

国家经济、金融环境不完善或变动可能给项目投资主体造成损失的风险。如体制的改变,经济政策不连续和不稳定,经济不景气,金融市场不完善,通货膨胀严重,货币兑换困难,利率和汇率剧烈波动等。

(4) 法律风险

司法不健全及法律变更对项目投资主体带来损失的风险。如法制不健全,执法受人情因素干扰,司法程序复杂且效率低下,违约情况严重,对投资者或债权人保护不力,律师水平差,合同条款不利等。

(5) 灾害风险

自然灾害、人为事故等不可抗因素对项目投资主体带来损失的风险。如地震、洪水、台风等自然灾害、重大事故等。

2. 微观风险

(1) 技术风险

技术因素对项目投资主体带来损失的风险。如技术失败,新技术、新产品推出使得已有工艺、设备、产品陈旧过时,设计存在问题,技术人员缺乏等。

(2) 市场风险

市场的不确定性对项目投资主体带来损失的风险。如项目、产品或服务在市场上没有竞争力,市场价格低,消费者心理变化而使产品滞销等。

(3) 管理组织风险

管理者管理不当而可能造成投资主体损失的可能性。如管理者素质低,决策程序不科学,组织机构混乱,权责不明,与合作者关系不融洽等。

(4) 财务风险

融资不当使公司可能丧失偿债能力而给项目投资者带来损失的风险。如建设资金不到位,公司财务结构不合理等。

9.2 盈亏平衡分析及经营杠杆分析

9.2.1 盈亏平衡分析

投资方案的盈亏平衡分析,着眼于经营上的盈亏平衡点,在这一点上,经营活动既不赚钱也不赔钱,考察不确定性因素的变化(价格的升降、成本的增加或减少)对该点的影响,判断方案对不确定因素的承受能力。盈亏平衡分析是工程经济学非常重要和有用的分析工具,除了研究厂商的盈亏平衡产量以外,通常也用于衡量企业的决策所引起的产量、销售价格、固定成本和变动成本的变化对利润所产生的影响,评估投资方案所面临的风险水平。

如第2章所述,产品的成本可分为固定成本和可变成本两部分。如图9-1所示,TC

第 9 章 投资风险分析

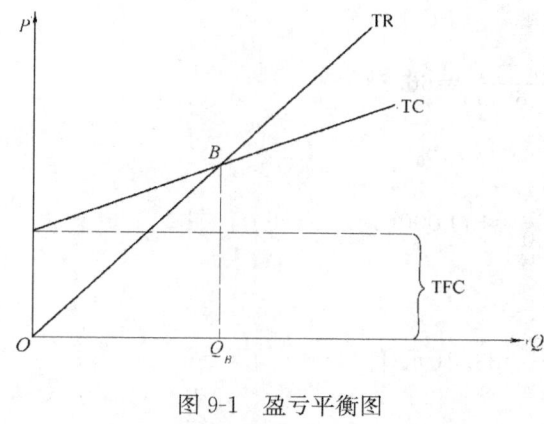

表示的总成本曲线与 TR 表示的总收益曲线交于一点 B，这一点称为盈亏平衡点。

假设产销量为 Q，产品价格为 P，则总收益 TR 为

$$TR = P \cdot Q \tag{9-1}$$

若固定成本为 TFC，平均可变成本为 AVC，则总成本为

$$TC = TFC + AVC \cdot Q \tag{9-2}$$

在盈亏平衡点，$TR = TC$，Q_B 为盈亏平衡点产量，可得

图 9-1 盈亏平衡图

$$P \cdot Q_B = TFC + AVC \cdot Q_B$$

$$Q_B = \frac{TFC}{P - AVC} \tag{9-3}$$

盈亏平衡点一般用产量（绝对值或相对值）表示，但也可用盈亏平衡的售价、销售收入、单位变动成本等表示。若 Q_0 表示达产时的产量，则有以下的盈亏平衡点计算公式。

以生产能力利用率表示盈亏平衡点 E_B：

$$E_B = \frac{Q_B}{Q_0} = \frac{TFC}{P \cdot Q_0 - AVC \cdot Q_0} \tag{9-4}$$

以销售收入表示盈亏平衡点 S_B：

$$S_B = P \frac{TFC}{P - AVC} \tag{9-5}$$

以达产时产品单价表示盈亏平衡点 P_B：

$$P_B = AVC + \frac{TFC}{Q_0} \tag{9-6}$$

有时，企业也希望知道为获取特定数额的利润所需生产和销售的产品数量。若 Q_T 表示目标产量（Target Output），π_T 表示企业的目标利润，有

$$Q_T = \frac{TFC + \pi_T}{P - AVC} \tag{9-7}$$

【例 9-1】 已知某项目设计生产能力为生产某种产品 6 000 件，单位产品售价 100 元，总固定成本费用为 200 000 元，单位变动成本费用为 50 元，求其盈亏平衡点；若企业定下目标利润为 100 000 元，求目标产量。

解：盈亏平衡产量为

$$Q_B = \frac{200\ 000}{100 - 50} = 4\ 000(件)$$

盈亏平衡生产能力利用率为

$$E_B = \frac{20\,000}{(100-50) \times 6\,000} = 66.7\%$$

盈亏平衡销售收入为

$$S_B = 100 \times \frac{20\,000}{100-50} = 400\,000(元)$$

盈亏平衡销售价格为

$$P_B = 50 + \frac{200\,000}{6\,000} = 83.3(元/件)$$

目标产量为

$$Q_T = \frac{200\,000 + 100\,000}{100-50} = 6\,000(件)$$

通过盈亏平衡点临界值的计算,可以大致估计投资方案对不确定因素的承受能力。该例子中,项目不发生亏损的条件是,年销售量不低于 4 000 件,生产能力利用率不低于 66.7%;按设计能力生产不发生亏损的条件是,产品价格不低于 83.3 元,目标利润为 100 000 元时,年销量不低于 6 000 件。

上述分析假定产品售价和单位变动成本不变,从而收益函数和成本函数均呈线性变化。实际上,这样的假定并不现实,因为某些产品成本函数并不呈直线变化,产品的销售也不呈线性变化,如产量、成本、收入为非线性关系时,可能出现几个盈亏平衡点,此时最大利润点是重要的,在最大利润点的左侧利润率上升,在最大利润点的右侧利润率下降。

盈亏平衡点过高表明企业风险比较大,有必要采取相应的措施降低盈亏平衡点,如提高售价、降低固定费用,或降低变动成本等。

上述盈亏平衡点基于利润为 0,也可以将其拓展到净现值为 0 或投资回收期＝基准回收期或内部收益率＝基准贴现率等。

以净现值为例,在盈亏平衡点处,有

净现值＝销售收入现值－投资现值－经营成本现值－所得税现值＝0

若设投资方案产品价格为 P,预计年销量为 Q,经营成本为 C,所得税率为 T,投资为 I,折旧近似估计为 I/N,那么

$$-I + \sum_{t=1}^{N} \left[P \cdot Q - C - T \cdot \left(P \cdot Q - C - \frac{I}{N} \right) \right] \cdot (1+i)^{-t} = 0$$

整理得

$$P = \frac{I + \sum_{t=1}^{N}\left[(1-T) \cdot C + T \cdot \frac{I}{N}\right] \cdot (1+i)^{-t}}{\sum_{t=1}^{N}(1-T) \cdot Q \cdot (1+i)^{-t}} \tag{9-8}$$

根据式(9-8)可以计算盈亏平衡时项目在市场竞争中的最低价格承受能力。

9.2.2 经营杠杆分析

固定成本大的项目,总成本的变化要小于产量的变化,利润的变化就会大于产量的变化;固定成本小或没有固定成本的项目,利润的变化与产量的变化接近。一般把这种现象称为经营杠杆作用,用经营杠杆度(Degree of Operating Leverage,DOL)来衡量。经营杠杆度体现利润对销售量变化的反应程度。其计算公式如下:

$$\mathrm{DOL}=\frac{\Delta \pi/\pi}{\Delta Q/Q} \qquad (9-9)$$

式中,π 是项目的利润;Q 是销售量。

项目的利润

$$\pi = P \cdot Q - \mathrm{AVC} \cdot Q - \mathrm{TFC}$$

而

$$\Delta \pi = P \cdot \Delta Q - \mathrm{AVC} \cdot \Delta Q$$

将它们代入式(9-9)得

$$\mathrm{DOL}=\frac{(P \cdot \Delta Q - \mathrm{AVC} \cdot \Delta Q)/(P \cdot Q - \mathrm{AVC} \cdot Q - \mathrm{TFC})}{\Delta Q/Q}$$

$$\mathrm{DOL}=\frac{Q \cdot (P-\mathrm{AVC})}{Q \cdot (P-\mathrm{AVC})-\mathrm{TFC}} \qquad (9-10)$$

【例 9-2】 假设有三个生产同类产品的项目:项目 A、项目 B 和项目 C,生产该产品的价格、单位变动成本和固定成本如表 9-1 所示,求经营杠杆度。

表 9-1 例 9-2 计算数据表

	项 目 A	项 目 B	项 目 C
价格	100	100	100
单位变动成本	30	40	50
固定成本	100 000	60 000	40 000

解:表 9-2 所示为经计算得到的三个项目的利润和经营杠杆度数据。可以得出,固定成本高的项目,经营杠杆度较高;产量较低时,杠杆作用较大;随着销售量的增加,杠杆作用减小,三个项目经营杠杆度差异缩小。

表 9-2 计算所得利润和经营杠杆度数据

销售量	项目 A 利润	项目 A 经营杠杆度	项目 B 利润	项目 B 经营杠杆度	项目 C 利润	项目 C 经营杠杆度
1 500	5 000	21.00	30 000	3.00	35 000	2.14
2 000	40 000	3.50	60 000	2.00	60 000	1.67
2 500	75 000	2.33	90 000	1.67	85 000	1.47
3 000	110 000	1.91	120 000	1.50	110 000	1.36
4 000	180 000	1.56	180 000	1.33	160 000	1.25
5 000	250 000	1.40	240 000	1.25	210 000	1.19
6 000	320 000	1.31	300 000	1.20	260 000	1.15

经营杠杆度衡量利润对销售量变化的反应程度,是项目经营风险的因素之一,可以用来测度项目所面临风险的程度。拥有大量固定成本的项目 A,在各个产量水平上,其经营杠杆度都大于其他项目,因此其风险较大。

9.3 敏感性分析

敏感性分析的目的是考察投资方案主要因素发生变化时,其方案净效益发生的相应变化,以判断这些因素对项目经济目标的影响程度。这些可能发生变化的因素称为敏感因素。若某因素值的较小变化能导致经济效益的较大变化,则称投资经济效益对该因素的敏感性大;反之,则称敏感性小。敏感性分析就是要找出项目的敏感因素,确定其敏感程度,以预测方案承担的风险。敏感性分析不仅可以使决策者了解敏感因素对评价指标的影响,还可以着重分析那些较为敏感的因素,以提高决策的准确性。

敏感性分析的一般步骤如下:
(1) 确定敏感性分析时要采用的经济效益评价指标

本书第 4 章讨论的各种经济效果评价指标,如净现值、内部收益率、投资回收期等,都可作为敏感性分析的指标。由于敏感性分析是在确定性经济分析的基础上进行的,就一般情况而言,敏感性分析指标应与确定性经济分析所使用的指标相一致,不应超出确定性分析所用指标的范围而另立指标。当确定性经济分析中使用的指标比较多时,敏感性分析可围绕其中一个或若干个最重要的指标进行。

(2) 选取不确定性因素

影响投资方案经济效果的不确定性因素有很多,严格来说,凡影响方案经济效果的因素都在某种程度上带有不确定性。但事实上,没有必要对所有的不确定性因素都进行敏感性分析,可以根据以下原则选择主要的不确定性因素加以分析:第一,预计在可能的变动范围内,该因素的变动将会比较强烈地影响方案的经济效果指标;第二,对该因素估计的准确性把握不大。一般进行敏感性分析所涉及的敏感因素有:产品产量、产品价格、主要原材料或动力价格、可变成本、固定资产投资、建设期及外汇汇率等。

(3) 设定各因素可能的变化范围和增减量

(4) 计算、分析因素的变化所引起的评价指标的变化

计算各种不确定性因素在可能的变动范围内发生不同幅度变动所导致的方案经济效果指标的变动结果,根据计算结果绘制敏感性分析图或敏感性分析表。

(5) 确定敏感因素,对方案的风险情况做出判断

找出强敏感性的因素,并提出决策建议。根据每次变动因素的数目不同,敏感性分析可以分为单因素敏感性分析和多因素敏感性分析。

单因素敏感性分析是指每次只变动一个因素,而其他因素保持不变时所进行的敏感性分析。

多因素敏感性分析是指多个因素同时发生变化所进行的敏感性分析。

【例 9-3】 根据 7.8 节案例方案,当固定资产投资、产品销售收入(即产品售价)、可变成本变化时,对现金流量内部收益率和净现值的影响进行敏感性分析,其结果如表 9-3 所示。

表 9-3 敏感性分析表

敏感性分析表(a)

建设投资	销售收入				
	80.0%	90.0%	100.0%	110.0%	120.0%
80.0%	3.2%	8.5%	13.2%	17.4%	21.3%
90.0%	2.7%	7.7%	12.1%	16.1%	19.7%
100.0%	2.3%	7.0%	11.2%	14.9%	18.4%
110.0%	2.0%	6.4%	10.3%	13.9%	17.2%
120.0%	1.7%	5.9%	9.6%	13.0%	16.1%

敏感性分析表(b)

经营成本	建设投资				
	80.0%	90.0%	100.0%	110.0%	120.0%
80.0%	19.1%	17.6%	16.4%	15.3%	14.3%
90.0%	16.2%	15.0%	13.9%	12.9%	12.1%
100.0%	13.2%	12.1%	11.2%	10.3%	9.6%
110.0%	9.9%	9.1%	8.3%	7.6%	7.0%
120.0%	6.4%	5.7%	5.1%	4.6%	4.2%

敏感性分析表(c)

销售收入	经营成本				
	80.0%	90.0%	100.0%	110.0%	120.0%
80.0%	8.8%	5.7%	2.3%	−1.4%	#NUM!
90.0%	12.8%	10.3%	7.0%	3.8%	0.2%
100.0%	16.4%	13.9%	11.2%	8.3%	5.1%
110.0%	19.7%	17.4%	14.9%	12.3%	9.5%
120.0%	22.8%	20.7%	18.4%	16.0%	13.4%

利用表 9-3 对内部收益率指标的敏感性变化数据,可绘制出单因素敏感性分析图(见图 9-2)。由图可知,其变化情况由三条曲线表示。

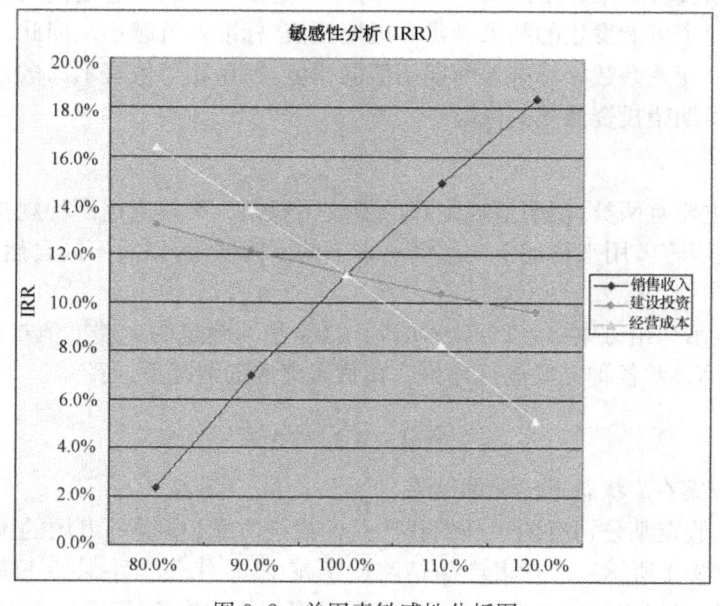

图 9-2 单因素敏感性分析图

从敏感性分析中可知，收入和可变成本均是敏感因素，而内部收益率对于建设投资则是不敏感的。

9.4 概率分析

该风险分析方法应用在给定方案所产生的结果不确定的情况下。其基本思想是，方案实施的结果不能确定地知道，具体地讲，方案的实施可能有多个结果，至多我们可以知道效益或费用发生的概率。而在最不利的情况下，可以得到效益或费用发生的范围，但却不可能知道其发生的概率。

1. 风险的度量

敏感性分析只能指出评价指标对敏感因素的变化程度，却不能表明敏感因素变化发生的可能性的大小，以及在这种可能性下对评价指标的影响程度。因此，应根据项目特点和实际需要进行概率分析，对风险进行衡量。

在统计学中，计量统计结果离散程度的统计量主要有标准差（也称方差）σ 和变差系数 v，计算标准差首先要计算期望值，如果已知一组结果和每个结果发生的概率 P_i，这些统计量的计算公式如下：

期望值为
$$\mu = \sum_{i=1}^{n} P_i \cdot X_i \tag{9-11}$$

标准差为
$$\sigma = \sqrt{\sum_{i=1}^{n} P_i \cdot (X_i - \mu)^2} \tag{9-12}$$

变差系数为
$$v = \frac{\sigma}{\mu} \tag{9-13}$$

标准差表示投资方案结果的离散程度，每个可能发生的结果越是偏离期望值，标准差就越大；反之，每个可能发生的结果越是靠近期望值，标准差就越小。因此，标准差可用于计量投资风险。变差系数是标准差与期望值的比值，使用相对值表示离散程度，可用于度量每一单位货币期望投资回报的风险。

2. 决策规则

决策规则主要有两类：期望值规则和期望效用规则。不管应用哪种规则，都需要首先构造一个"效益矩阵"，用来描述不同选择所带来的不同结果，以及不同自然状态下投资方案的净效益。

假设 X_j 表示一组方案（$j=1,2,\cdots,n$），其收益是不确定的。期望值规则是以可能结果的期望值 $E(X_j)$ 对各种方案进行评价。在状态离散的情况下，有

$$E(X_j) = \sum_{i=1}^{n} P_i X_{ij} \tag{9-14}$$

式中，X_{ij} 为 j 方案在 i 状态下出现的结果。

【例 9-4】 假定某公司有两个开发新产品的投资方案，根据对市场的预测，可能出现三种情况，如表 9-4 所示。A 代表产品销路逐年减少，B 代表销路保持不变，C 表示销路逐年增加。该公司规定的贴现率为 10%，采用净现值作为决策依据，比较两个方案。

表 9-4　投资方案预测数据表　　　　　　　　单位:万元

方案/年末	概率	A $P(A)=0.1$	B $P(B)=0.3$	C $P(C)=0.6$
方案 1	0	−3 000	−3 000	−3 000
	1	1 100	1 100	400
	2	1 000	1 100	700
	3	900	1 100	1 000
	4	800	1 100	1 300
方案 2	0	−4 000	−4 000	−4 000
	1	1 500	1 500	700
	2	1 400	1 500	1 100
	3	1 300	1 500	1 400
	4	1 200	1 500	1 700

解:方案 1 和方案 2 的期望值分别计算如下:

$$E_1 = 0.1 \times \text{NPA}_{A1} + 0.3 \times \text{NPA}_{B1} + 0.6 \times \text{NPV}_{C1}$$
$$= 0.1 \times 49.2 + 0.3 \times 487 + 0.6 \times (-418.5) = -100.1(万元)$$
$$E_2 = 0.1 \times \text{NPA}_{A2} + 0.3 \times \text{NPA}_{B2} + 0.6 \times \text{NPV}_{C1}$$
$$= 0.1 \times 288.2 + 0.3 \times 686.2 + 0.6 \times (-219.6) = 102.9(万元)$$

按照期望值进行决策,应选择方案 2。

按期望值决策是选择期望值大的方案,如果期望值比较接近,可以通过计算标准差来衡量风险程度,选择风险小的方案。若期望值差异较大就不能用标准差来衡量风险程度,这时可采用变差系数。如果期望值大的方案的变差系数小于期望值小的方案,则按期望值决策可以得出可靠的结论,即期望值大的方案较好。但在很多情况下,期望值大的方案其变差系数也大,期望值小的方案其变差系数也小,这就存在如何在风险和收益之间进行权衡的问题。按期望值决策实际上回避了风险问题。

经济学里的效用函数可用来解决这一问题,也就是按期望效用决策,其基本思想是观察决策者对承担风险的态度。例如,假设他是倾向于规避风险的,则赋予不利情况下的结果以较低的权值,即风险规避者的效用函数是非线性的,净效益增加引起的效用增加量越来越小。而风险偏好者的效用增量随着净效益的增加越来越大。如果决策者的风险承担态度为中性,他就认为相同的期望净效益增加量产生相同的效用,即它的效用函数是线性的。

与期望值准则不同,期望效用准则不是把方案的效用看成它的期望收益的效用,而是看成它的效用的期望值。

假设用 U 表示效用函数,则方案 X_j 的期望效用为

$$E(U_j) = \sum_{i=1}^{n} P_i \cdot U(X_{ij}) \tag{9-15}$$

若 $E(U_j) > U(E(X_j))$,即收益的期望效用大于期望收益的效用,则该决策者是风险偏好型的。

若 $E(U_j) < U(E(X_j))$,即收益的期望效用小于期望收益的效用,则该决策者是风险

厌恶型的。

若 $E(U_j)=U(E(X_j))$，即收益的期望效用等于期望收益的效用，则该决策者是风险中立型的。

【例 9-5】 假设某企业需要在两个投资方案之间做出选择，每个方案的净现值的概率分布如表 9-5 所示。决策者的效用函数为 $U=\sqrt{X}$，这里 X 为净现值。问：

（1）按期望值进行决策，应选哪个方案？

（2）计算每个方案的投资风险。

（3）按期望效用进行决策，应选哪个方案？

表 9-5　各方案净现值概率分布表

方　案	概率(P_i)	净现值(X_i)(万元)
方案 1	0.1	10
	0.5	40
	0.4	90
方案 2	0.2	40
	0.2	50
	0.6	60

解：

（1）每个方案的期望回报是

$$E_1=0.10\times10+0.5\times40+0.4\times90=57(万元)$$
$$E_2=0.2\times40+0.2\times50+0.6\times60=54(万元)$$

因为方案 1 的期望值大于方案 2，所以应选方案 1。

（2）两个方案的投资风险分别计算如下：

$$\sigma_1=\sqrt{0.1\times(10-57)^2+0.5\times(40-57)^2+0.4\times(90-57)^2}=28.3(万元)$$
$$v_1=\frac{\sigma_1}{E_1}=\frac{28.3}{57}=0.497$$
$$\sigma_2=\sqrt{0.2\times(40-54)^2+0.2\times(50-54)^2+0.6\times(60-54)^2}=8.0(万元)$$
$$v_2=\frac{\sigma_2}{E_2}=\frac{8.0}{54}=0.148$$

由结果可知，方案 1 的风险较大。

（3）各方案的效用计算如表 9-6 所示。

表 9-6　各方案效用计算表

方　案	概率(P_i)	效用($U(X_i)$)
方案 1	0.1	3.16
	0.5	6.32
	0.4	9.49
方案 2	0.2	6.32
	0.2	7.07
	0.6	7.75

期望效用分别为

$$U_1=0.1\times3.16+0.5\times6.32+0.4\times9.49=7.27$$
$$U_2=0.2\times6.32+0.2\times7.07+0.6\times7.75=7.34$$

第 9 章 投资风险分析

因此,按期望效用决策应选方案 2。

尽管期望效用理论的缺点是,难于确定效用函数,但一般认为期望效用准则比期望值准则好。由于企业决策者对待风险的态度直接关系到投资的成败,因此,在进行投资决策时,要对投资决策者的个人偏好进行讨论,以实现更科学的决策。

*9.5 决策树分析

在决策过程中,决策可能在一系列的点上进行。例如,究竟是投资还是不投资,就是决策过程中的第一个决策"节点"。而在投资决策做出后,可能会紧跟着要进行又一"层"决策,比如究竟在哪一特定地区及进行多少数目的投资等。在上述复杂情况下,可以采用决策树进行分析。决策树法是一种利用概率分析原理,并用树状图描述各阶段备选方案的内容、参数、状态及各阶段方案的相互关系,对方案进行系统分析和评价的方法。

其中,□代表决策点,表示决策者在此节点上必须对若干不同方案做出选择,从决策点画出的每一条直线代表一个方案,叫做方案枝。○代表机会点,表示各种可能的自然状态结果,从机会点画出的每一条直线代表一种自然状态,叫做概率枝。概率标在每个概率枝的旁边,结果标在每个分支的末尾处。为了便于计算,对决策树中的□和○都要进行编号,编号的顺序从左至右,从上到下。利用上述信息从后往前算出每个决策分支的期望值,从中选出具有最大值的一个分支。

【例 9-6】 资料同 7.8 节案例,加入该项目的主要风险因素有建设投资、销售收入和经营成本。经调查认为每个变量有三种状态,其概率分布见表 9-7,要求计算项目净现值的期望值。

表 9-7 各风险因素概率分布表

概率 变化值 不确定性因素	+20%	计算值	-20%
建设投资	60%	30%	10%
销售收入	50%	40%	10%
经营成本	50%	40%	10%

解:其概率树如图 9-3 所示,图中共有 27 个分支,其中每个分支都表示在上述不确定条件下可能发生的事件,圆圈内数字表示各种不确定因素发生变化的概率值,图中第一个分支表示建设投资、销售收入、经营成本同时增加 20% 的情况,以下将这种情况称为第一事件。

(1) 净现值期望值的计算

净现值期望值的计算步骤如下(以第一事件为例):

① 分别计算各种可能发生事件发生的概率。

第一事件发生的概率 = P_1(建设投资增加 20%) × P_2(销售收入增加 20%)
× P_3(经营成本增加 20%)
= 0.6 × 0.5 × 0.5 = 0.15

式中,P 为各种不确定因素发生变化的概率。

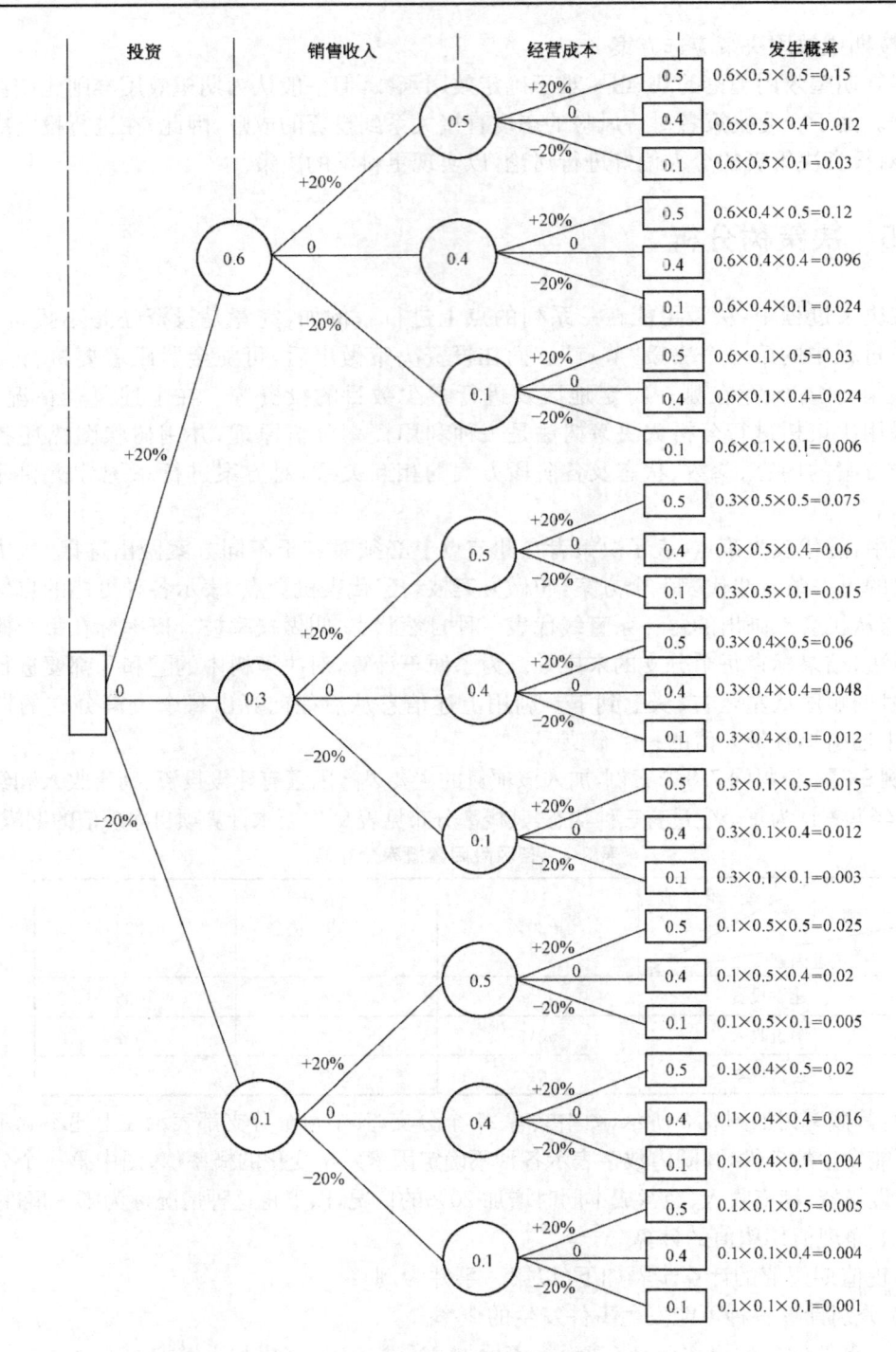

图 9-3 概率树

依次类推,计算出其他 26 个事件可能发生的概率,如图 9-3 中"发生概率"一列数字所示。该列数字的合计数应等于 1。

② 分别计算各种可能发生事件的净现值。这种计算一般根据总投资的现金流量表

进行。在项目原始数据的基础上,将产品销售收入、建设投资、经营成本各年数值分别增加20%,再按固定程序重新计算净现值,得净现值为2 604.9万元,依次类推,计算出其他26个可能发生事件的净现值,见表9-8中的"净现值"一列。

表9-8 净现值期望值的计算

事件	建设投资	销售收入	经营成本	概 率	净 现 值	加权净现值
1	20%	20%	20%	0.15	2 604.9	390.74
2	20%	20%	0%	0.12	6 990.2	838.82
3	20%	20%	−20%	0.03	11 375.5	341.27
4	20%	0%	20%	0.12	−3 580.2	−429.62
5	20%	0%	0%	0.096	805.1	77.29
6	20%	0%	−20%	0.024	5 190.5	124.57
7	20%	−20%	20%	0.03	−9 765.3	−292.96
8	20%	−20%	0%	0.024	−5 379.9	−129.12
9	20%	−20%	−20%	0.006	−994.6	−5.97
10	0%	20%	20%	0.075	3 699.7	277.48
11	0%	20%	0%	0.06	8 085.0	485.10
12	0%	20%	−20%	0.015	12 470.3	187.05
13	0%	0%	20%	0.06	−2 485.4	−149.12
14	0%	0%	0%	0.048	1 899.9	91.20
15	0%	0%	−20%	0.012	6 285.3	75.42
16	0%	−20%	20%	0.015	−8 670.5	−130.06
17	0%	−20%	0%	0.012	−4 285.1	−51.42
18	0%	−20%	−20%	0.003	100.2	0.30
19	−20%	20%	20%	0.025	4 794.5	119.86
20	−20%	20%	0%	0.02	9 179.8	183.60
21	−20%	20%	−20%	0.005	13 565.1	67.83
22	−20%	0%	20%	0.02	−1 390.2	−27.80
23	−20%	0%	0%	0.016	2 994.7	47.92
24	−20%	0%	−20%	0.004	7 380.1	29.52
25	−20%	−20%	20%	0.005	−7 575.7	−37.88
26	−20%	−20%	0%	0.004	−3 190.3	−12.76
27	−20%	−20%	−20%	0.001	1 195.0	1.20
合计				1.000		2 072.44

③ 将各种事件发生的可能性与其净现值分别相乘,得出加权净现值,如表9-9中最右一列数字所示。然后将各个加权净现值相加,求得净现值的期望值2 072.44万元。

(2) 净现值大于或等于零的概率计算

对单个项目的概率分析应求出净现值大于或等于零的概率,由该概率值的大小可以估计项目承受风险的程度。概率值越接近1,说明项目的风险越小;反之,项目的风险越大。

具体步骤为:将前面计算出的各种可能发生事件的净现值按从小到大的顺序排列起来;并将各种可能发生事件的概率按同样顺序累加起来,求得累计概率,见表9-9。

表9-9 净现值大于或等于零的概率的计算

事 件	净 现 值	概 率	累计概率	加权净现值
7	−9 765.3	0.03	0.03	−292.96
16	−8 670.5	0.015	0.045	−130.06
25	−7 575.7	0.005	0.050	−37.88
8	−5 379.9	0.024	0.074	−129.12
17	−4 285.1	0.012	0.086	−51.42
4	−3 580.2	0.12	0.206	−429.62
26	−3 190.2	0.004	0.210	−12.76
13	−2 485.4	0.06	0.270	−149.12
22	−1 390.2	0.02	0.290	−27.80
9	−994.6	0.006	0.296	−5.97
18	100.2	0.003	0.299	0.30
5	805.1	0.096	0.395	77.29
27	1 195.0	0.001	0.396	1.20
14	1 899.9	0.048	0.444	91.20
1	2 604.9	0.15	0.594	390.74
23	2 994.7	0.016	0.610	47.92
10	3 699.7	0.075	0.685	277.48
19	4 794.5	0.025	0.710	119.86
6	5 190.5	0.024	0.734	124.57
15	6 285.3	0.012	0.746	75.42
2	6 990.2	0.12	0.866	838.82
24	7 380.1	0.004	0.870	29.52
11	8 085.0	0.06	0.930	485.10
20	9 179.8	0.02	0.950	183.60
3	11 375.5	0.03	0.980	341.27
12	12 470.3	0.015	0.995	187.05
21	13 565.1	0.005	1.000	67.83
期望值				2 072.44

根据表9-7可求得净现值小于零的概率,为

$$P(NPV<0)=0.296+\frac{994.6}{994.6+100.2}\times(0.299-0.296)=0.299$$

即项目不可行的概率为0.299,净现值大于或等于零的累计概率按下式求得

$$P(NPV\geqslant 0)=1-P(NPV<0)=1-0.299=0.701$$

计算得出净现值大于或等于0的概率为70.1%,说明项目的风险不大。

【例9-7】 某企业对今后10年内产品销售量增长进行的不确定性估计如表9-10所示。该厂现有仓库容积不足,不能适应产量增长的需要。可供选择的解决方案有如下两个。

A方案:租赁仓库。据调查,企业附近地区可租到一个大仓库,年租金 23 000 元。要求租赁期必须在 10 年以上。仓库容积超过实需的部分可以转租,其租金收入视出租容积而定。

B方案:先自建一个小仓库。预计投资额为 110 000 元,10 年末残值为 40 000 元。若今后 3 年内销售量持续增长,则在第 3 年末做第二次决策分析;若无增长,则不再做决策分析。做第二次决策时,有扩建仓库与维持现状两个备选方案。如采取扩建方案,则预计投资额为50 000元,7 年后残值为 10 000 元。

表 9-10 产品销售量增长模式预测

销售量增长模式	概率符号	概率值
10 年内无增长	$P(C_{10})$	0.15
前 3 年无增长,后 7 年持续增长	$P(C_3 I_7)$	0.15
10 年内持续增长	$P(I_{10})$	0.56
前 3 年持续增长,后 7 年无增长	$P(I_3 C_7)$	0.14

据分析,无论采取上述哪一个方案,其收支情况均与销售量增减有直接关系。一般来说,在销售量不增或减少时,大仓库多余容积可以出租,取得租金收入,但大仓库的维修、保险等费用比小仓库大。若销售量持续增长,企业由于仓库容积小,就可能被迫压缩订货或采取其他解决措施,从而可能导致经济损失或费用增长。这些都将通过方案现金流量反映出来(有关数据见决策树图)。假设投资决策以 10 年为期,最低期望盈利率 $i=12\%$,试做最优方案选择。

解:

(1) 确定决策点、方案分支、状态点与状态分支,并作决策树图。这是一个多阶段投资分析问题,共包括 2 个决策点和 4 个状态点。根据各决策点与状态点的分支情况及相互关系所作决策树图如图 9-4 所示。

(2) 对各方案现金流量进行预测,并将预测结果标在决策树图上。为使图示清晰,可再绘制一张与图 9-4 相同的决策树图,如图 9-5 所示,将有关数据标在上面。

说明:

① 由图 9-5 可知,若采取建小仓库方案,未来可能情况之一是前 3 年销量持续增长,其概率以 $P(I_3)$ 表示,则根据表 9-10 中的数据可求得

$$P(I_3)=P(I_{10})+P(I_3 C_7)=0.56+0.14=0.7$$

② 图中决策点 D_2 处有两个方案分支,无论采取哪个方案分支,其后 7 年的销量都存在无增长或持续增长两种可能的状态。由于这两种状态是在前 3 年销量持续增长的情况下发生的,故应求其条件概率。

设 $P(I_3)$ 为前 3 年销量持续增长的概率;

$P(I_{10})$ 为前 3 年与后 7 年均持续增长的概率;

$P(I_7|I_3)$ 为在前 3 年持续增长的条件下,后 7 年持续增长的概率;

$P(I_3|I_7)$ 为前 3 年持续增长,后 7 年无增长的概率;

$P(C_7|I_3)$ 为在前 3 年持续增长的条件下,后 7 年无增长的概率。

可求得

$$P(I_7|I_3)=\frac{P(I_{10})}{P(I_3)}=\frac{0.56}{0.70}=0.80$$

$$P(C_7|I_3)=\frac{P(I_3C_7)}{P(I_3)}=\frac{0.14}{0.70}=0.20$$

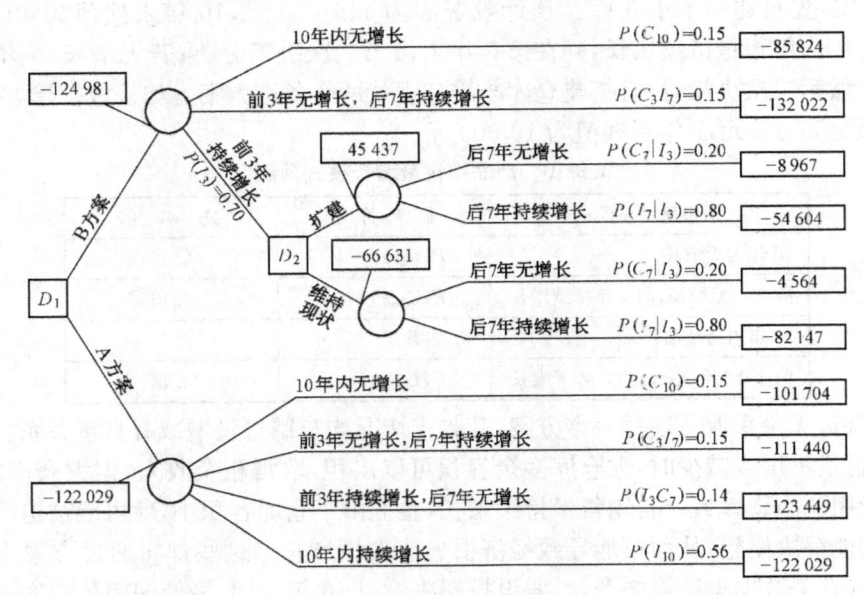

图 9-4　决策树(1)

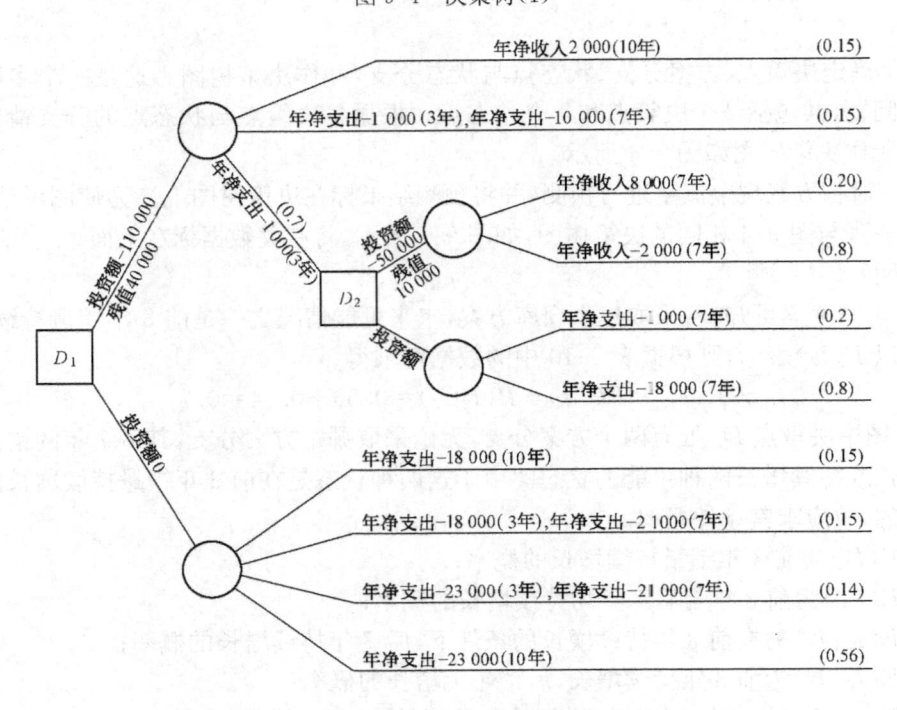

图 9-5　决策树(2)

(3) 根据决策树图与方案参数值,计算方案经济效益,评选最优方案。

① 计算、比较决策点 D_2 处各方案的经济效益

扩建仓库方案:先按两种状态分别计算其经济效益,然后综合计算方案的经济效益期望值。

销量后 7 年无增长状态下方案的经济效益:
$$-50\,000+10\,000\times(P/F12,7)+8\,000\times(P/A12,7)=-8\,966(元)$$

销量后 7 年持续增长状态下方案的经济效益:
$$-50\,000+10\,000\times(P/F12,7)-2\,000\times(P/A12,7)=-54\,603(元)$$

方案经济效益期望值:
$$-8\,967\times0.2-54\,604\times0.8=-45\,437(元)$$

销量后 7 年无增长状态下方案的经济效益:
$$-1\,000\times(P/A12,7)=-4\,564(元)$$

销量后 7 年持续增长状态下的方案经济效益:
$$-18\,000\times(P/A12,7)=-82\,147(元)$$

方案经济效益期望值:
$$-4\,564\times0.2-82\,147\times0.8=-66\,631(元)$$

由于扩建仓库方案的现值成本比维持现状方案低,故在决策点 D_2 处应选择扩建仓库方案。

② 计算比较决策点 D_1 处各方案的经济效益

a. 建造小仓库方案

销量 10 年无增长状态下方案的经济效益:
$$-110\,000+4\,000\times(P/F12,10)+2\,000\times(P/A12,10)=-85\,824(元)$$

销量前 3 年无增长,后 7 年持续增长状态下方案的经济效益:
$$-110\,000+4\,000\times(P/F12,10)-1\,000\times(P/A12,3)-10\,000\times(P/A12,7)\times(P/F12,3)=-132\,022(元)$$

销量前 3 年持续增长,后 7 年增长或无增长状态下方案的经济效益:
$$-110\,000+4\,000(P/F12,10)-1\,000(P/A12,3)-45\,437(P/F12,3)=-131\,863(元)$$

方案经济效益期望值:
$$-85.834\times0.15-132\,022\times0.15-131\,863\times0.70=-124\,981(元)$$

b. 租赁仓库方案

销量 10 年无增长状态下方案的经济效益:
$$-18\,000\times(P/A12,10)=-101\,704(元)$$

销量前 3 年无增长,后 7 年持续增长状态下的方案经济效益:
$$-18\,000\times(P/A12,3)-21\,000\times(P/A12,7)(P/F12,3)=-111\,440(元)$$

销量前 3 年持续增长,后 7 年增长或无增长状态下方案的经济效益:
$$-23\,000\times(P/A12,3)-21\,000\times(P/A12,7)(P/F12,3)=-123\,449(元)$$

销量 10 年持续增长状态下方案的经济效益:
$$-23\,000\times(P/A12,10)=-129\,955(元)$$

方案经济效益期望值：

$-101\,704\times0.15-111\,440\times0.15-123\,449\times0.14-129\,955\times0.56=-122\,029$（元）

由于租赁仓库方案现值成本比建造小仓库方案现值成本低，故在决策点 D_1 处应选择租赁仓库方案。

*9.6 风险条件下投资决策模型的调整

对风险条件下投资决策模型的调整主要有调整现金流量法或调整贴现率法。风险调整贴现率法的基本思路是将贴现率调高，成为有风险报酬的贴现率，再对原现金流量计算净现值。风险调整现金流量法的基本思路是将有风险的现金流量调整成无风险的现金流量，再用无风险贴现率计算净现值。

1. 按风险调整贴现率

特定项目按风险调整的贴现率为

$$i_j = r_f + b_j \cdot v_j \tag{9-16}$$

式中，i_j 为项目 j 按风险调整的贴现率；r_f 为无风险利率；b_j 为项目 j 的风险报酬系数；v_j 为项目的变差系数。

用风险报酬模型做调整，将与特定投资项目有关的风险报酬加入到资本成本或企业所要求的报酬率中，构成按风险调整的贴现率，并进行投资决策分析。

2. 按风险调整现金流量法

由于风险的存在，使得各年的现金流量变得不确定。按风险调整现金流量法，把不确定的各年现金流量，按约当系数折算成大约相当的现金流量的数量，并利用无风险贴现率，计算净现值，评价风险投资项目。于是有

$$\text{NPV} = \sum_{t=0}^{n} \frac{\alpha_t \cdot F_t}{(1+i)^t} \tag{9-17}$$

式中，α_t 为 t 年现金流量的约当系数；i 为无风险贴现率；F_t 为 t 年的净现金流量。

约当系数 α_t 为确定的现金流量与相当不确定的期望现金流量的比值：

$$\alpha = \frac{\text{等价的无风险的现金流量}}{\text{不确定的现金流量的期望值}} \tag{9-18}$$

约当系数的选取取决于对风险的态度，如果以变差系数表示现金流量的不确定性程度，则变差系数与约当系数的经验关系见表 9-11。

表 9-11 变差系数与约当系数的经验关系

变 差 系 数	约 当 系 数
0.01~0.07	1
0.08~0.15	0.9
0.16~0.23	0.8
0.24~0.32	0.7
0.33~0.42	0.6
0.43~0.54	0.5
0.55~0.70	0.4

【例 9-8】 某公司进行投资,无风险贴现率为 10%,各年的净现金流量和分析人员所确定的约当系数见表 9-12。

表 9-12 净现金流量与约当系数表

年 份	0	1	2	3	4
净现金流量(万元)	−20 000	8 000	8 000	8 000	8 000
α_t	1.0	0.95	0.9	0.8	0.8

净现值:

$$NPV = 0.95 \times 8\,000 \times \frac{1}{1+0.10} + 0.9 \times 8\,000 \frac{1}{(1+0.10)^2} +$$
$$0.80 \times 8\,000 \frac{1}{(1+0.10)^3} + 0.8 \times 8\,000 \frac{1}{(1+0.10)^4} - 20\,000 \times 1.0$$
$$= 7\,600 \times 0.909 + 7\,200 \times 0.826 + 6\,400 \times 0.751 +$$
$$6\,400 \times 0.683 - 2\,000 = 2\,033(万元)$$

在按风险程度对现金流量进行调整后,净现值为正,项目可以进行投资。

*9.7 应用蒙特卡洛模拟方法对项目进行不确定性分析

评价判据指标有时取决于多个随机变量。例如,净现值(或内部收益率)取决于投资、计算期、销售收入、经营成本、基准贴现率和期末余值等,当这些都是随机变量时,我们很难用分析的方法求得净现值的分布和特征值。即使每种变量取离散值,各种离散值和概率的赋值也很困难,最终的组合数量也很大。随着现代计算机及相关软件的发展,蒙特卡洛(Monte Carlo)模拟方法日益成为项目不确定性分析中的重要工具。对于一些复杂难解的问题,采用蒙特卡洛模拟方法,按照每种变量的分布和特征值,用计算机产生随机数,用这些随机数计算净现值的一个模拟样本值,当模拟次数足够多时,这些净现值样本分布就可以看做净现值的总体分布。

应用蒙特卡洛模拟对项目进行不确定性分析的步骤如下:
①建立用以模拟实际决策问题的分析模型。
②根据主观经验或历史数据,对模型中每个不确定因子建立概率分布。根据这些因子的概率分布情况,模拟系统会随机产生不同的样本输出,用于确定模型的实验结果。
③大量地重复进行这样的采样过程,即可得到实验结果的频数分布情况,例如盈利性指标净现值或内部收益率。频数分布情况可用于对原始问题进行概率估计。

【例 9-9】[①] 某工程投资项目的几个主要参数都具有不确定性,根据专家的意见和调查分析,这些参数的分布和特征值如下:
①初始投资:正态分布,期望值和标准差分别为 50 000 万美元和 1 000 美元。
②研究期(项目的寿命周期):均匀分布,最短 10 年,最长 14 年。

---

① 该例参考黄渝祥等编的《工程经济学》(第三版)217~218 页。

③年销售收入：离散分布，三种可能值如表9-13所示。

表9-13 年销售收入数据表

年销售收入（美元）	概 率
35 000	0.4
40 000	0.5
35 000	0.1

④年经营成本（包括税收等支出）：正态分布，期望值和标准差分别是30 000美元和2 000美元。

公司的管理层希望通过分析来判断这个项目的投资是否能够带来盈利。基准收益率为10%。为了解答这个问题，需要模拟该投资项目的净现值。

解：

蒙特卡洛模拟的核心是如何产生随机数。大部分电子表格软件包都包括随机数发生函数RAND()，该函数可返回0~1之间的随机数。其他一些高级统计函数，例如NORMSINV()，该函数可产生随机正态离差，可返回累积分布函数（本例中采用的是标准正态分布）的反函数。图9-6所示的电子表格模型使用了这些函数来实现对例9-9中被评价项目的蒙特卡洛模拟。该图给出了用电子表格进行模拟的前10轮的结果，净现值的平均值为6 792美元。这种模拟可以一直进行下去，经1 000次的模拟，其净现值的平均值7 949美元，应该说很接近期望值了。可以根据模拟输出的样本，进行统计拟合，按净现值的分布、估计的期望值和标准差给出净现值NPV<0的概率和置信区间。

图9-6第11行单元格（背景有阴影的行）中的函数和赋值如表9-14所示。

表9-14 图9-6第11行单元格（背景有阴影的行）中的函数和赋值

单 元 格	函数或赋值	说 明
B11	=NORMSINV(RAND())	产生标准正态分布的随机数
C11	=($D$3+$E$3*B11)	产生初始投资的随机数（正态）
D11	=RAND()	产生[0,1]均匀分布的随机数
E11	=ROUND($D$7+D11*($E$7-$D$7),0)	产生寿命期，10~14均匀分布，取整
F11	=RAND()	产生[0,1]均匀分布的随机数
G11	=IF(F11<=I$4,G$4,IF(F11<=I$5,G$5,G$6))	产生离散分布的经营成本随机数
H11	=NORMSINV(RAND())	产生标准正态分布的随机数
I11	=($D$4+$E$4*H11)	产生经营成本的随机数（正态）
J11	=-C11-PV($B$1,E11,G11-I11)	计算并输出净现值

如果模型正确，并恰当运用上述处理方法，那么就可以得到实际结果的近似值。然而，到底需要多少次模拟实验才能得到精确的近似结果（例如输出结果的平均值）呢？在通常情况下，实验次数越多，均值、标准差的近似程度就越高。这里有一种判断方法：判断连续平均值是否稳定，从而判断实验次数是否充足。在模拟的初期，每个实验的平均值之间会有很大的差别。随着实验次数的增加，连续平均值的变化量将会减小。最后，连续（累积）平均值将会稳定在某个数值上（精确的近似值）。

实践中，应用蒙特卡洛模拟来研究不确定性是非常普遍的。然而，值得注意的是，模拟结果的准确性取决于所选模型和概率分析。所有案例所采用的步骤和应遵循的原则都一样：认真研究问题，构建模型；尽量精确地估计相关概率；确保蒙特卡洛模拟中随机数的随机性;对结果认真地进行计算和分析。此外,蒙特卡洛模拟实验还要求足够的实验次数以确保将误差降低到可接受的限度内。

	A	B	C	D	E	F	G	H	I	J
1	MARR	10%								
2				期望值	标准差					
3			初始投资	$50 000	$1 000		年收入期望	概率	累计概率	
4			年经营成本	$30 000	$2 000		$35 000	0.4	0.4	
5							$40 000	0.5	0.9	
6				最短	最长		$45 000	0.1	1	
7			寿命周期	10	14					
8										
9										
10	模拟次序	标准正态1	初始投资	(0,1)均匀	研究期	(0,1)均匀	年收入	标准正态2	年经营成本	净现值PW
11	1	−1.454 3	48 546	0.5 247	12	0.162 2	35 000	0.564 3	31 129	−22 167
12	2	0.255 7	50 256	0.795 1	13	0.835 9	40 000	−1.029 3	27 941	35 402
13	3	0.363 2	50 363	0.897 4	14	0.589 6	40 000	1.237 0	32 474	5 078
14	4	−1.172 9	48 827	0.748 2	13	0.025 9	35 000	−1.161 8	27 676	3 195
15	5	1.312 1	51 312	0.800 9	13	0.310 8	35 000	0.622 9	31 246	−24 645
16	6	−0.637 3	49 363	0.052 1	10	0.009 1	35 000	0.778 3	31 557	−282 04
17	7	−0.810 3	49 190	0.529 1	12	0.686 6	40 000	−0.007 6	29 985	19 051
18	8	0.818 2	50 818	0.024 7	10	0.564 4	40 000	−0.819 1	28 362	20 693
19	9	1.869 2	51 869	0.778 8	13	0.842 1	40 000	−1.392 2	27 216	38 943
20	10	1.214 5	51 215	0.572 4	12	0.576 3	40 000	−0.268 2	29 464	20 578
21										
22										平均 6 792

图 9-6　例 9-9 的 10 次模拟结果

*9.8　实物期权

传统的项目投资评价方法,主要有折现现金流量法(DCF 法)、敏感性分析、决策树分析和蒙特卡洛模拟等方法。传统评价方法在短期、低风险、较低不确定性情形下有其独到之处,在实际应用中也很广泛。但是随着世界经济、科技的飞速发展,资本投资的风险和不确定性大大增加,传统的投资分析工具已经不能满足人们的需要。

例如,在传统评价方法中占据重要地位的折现现金流量法有较大的局限性。首先,不能体现投资所能创造的未来机会价值。DCF 法实际上考虑的仅是资金的时间价值问题,像 R&D 这种投资的直接成果并不表现在企业经营资金流上面,而在于能为企业将来带来资金流的新产品或新技术的项目,用 DCF 法评估显然会低估其价值。其次,不能正确反映投资活动所具有的不确定性。应用 DCF 法进行投资分析时,必定要选择一个贴现率。通常选较大的值,以反映其不确定性,这就会造成许多潜在战略价值的项目得不到应有的重视，从而导致投资不足。如果采用低贴现率的方法又容易使得投资投入过高。最后，DCF法将投资项目看成静态的和一次性的，而实际上随着市场因素条件的变化，当某些不确定因素成为确定性因素时，决策者会做出推迟生产经营、扩大或缩小生产经营规模等决策，而DCF法是无法反映这些因素的。

　　同样，敏感性分析、决策树分析和蒙特卡洛模拟等方法也存在对风险和不确定性难以度量的问题。比如，敏感性分析只分析单一变量，锁定其他变量以求此变量对项目的敏感系数的做法有其内在的局限，它忽略了较高不确定性条件下项目在不同时期有许多不同的主要影响变量，同一变量在项目的不同时期其影响作用也不相同，以及许多变量一起变化时会有相互影响和相互作用等问题。决策树是描绘公司所能采用的策略路径的一个好方法，决策树可以用图形方法展示管理层的策略方案及机遇随时间变化的决策路径图，但是图中的每个节点都需要主观概率，且每个节点都需要不同的折现率，这样，概率和折现率选取的困难和错误会随着时间而累加。蒙特卡洛模拟法虽然是在随机状态下进行的，它不断重复地随机产生不确定变量的数值，但模拟之前需要人为设定参数值和变化路径，显然模拟是在预先设定好的基础上进行的，且项目的预期不可能完全符合模拟的结果。

　　实物期权是指在不确定性条件下，与金融期权类似的实物资产投资的选择权。从本质上讲，实物期权是以期权概念定义的企业对投资的选择权，即企业在面对一个未来项目时，有权利而非义务去决定是否投资。实物期权法并不是在所有情况下都需要的。当不存在任何期权或虽存在期权但不确定性非常小时，传统工具的应用效果很好。NPV法适用于风险小或风险暴露小的投资项目；而实物期权法能够在一定程度上屏蔽投资项目的风险，并从风险中发现和创造价值，所以它更适用于高风险的项目。

　　一般地，根据实物期权的特点，我们可以将实物期权分为以下6种情形：推迟投资期权(the Option to Defer)、扩张投资期权(the Option to Change Scale)、收缩投资期权(the Option to Contract)、放弃期权(the Option to Abandon)、转换期权(the Option to Switch)和增长期权(the Option to Growth)，并且，不同投资项目含有不同的实物期权，有的投资项目同时包含有几种实物期权。

1. 推迟投资期权

　　项目的持有者有权推迟对项目的投资，以解决现在时刻投资项目所面临的一些不确定性。例如，投资者在投资一些不可回收的项目时，需要详细进行前期投资分析，因为一旦项目投入运行，再回收投资就会造成很大的损失。推迟期权在资源采掘业、农业、造纸业和房地产开发业特别有价值，因为这些行业具有较高的不确定性和较长的投资周期，并且这种类型的投资具有不可回收、投资大的特点。

2. 扩张投资期权

　　项目的持有者有权在未来的时间内增加项目的投资规模，即未来时间内，如果项目投资效果好，则投资者有权扩张投资项目的投资规模。例如，如果投资者在投资某一项目后，市场条件变得比较好(产品价格上涨或成本降低等)，则投资者通过扩张投资项目的规模，可以取得比开始预期较好的投资收益。

3. 收缩投资期权

收缩投资期权是与上述扩张投资期权相对应的实物期权,即项目的持有者有权在未来的时间内减少项目的投资规模,即未来时间内,如果项目投资效果不好,则投资者有权收缩投资规模。例如,如果投资者在投资某一项目后,市场条件变坏(产品价格降低或成本上升等),则投资者可以通过收缩投资项目的规模,降低投资的风险。

4. 放弃期权

如果项目的收益不足以弥补投入的成本或市场条件变坏,则投资者有权放弃对项目的继续投资。例如,我们可以将投资者从研发某一产品到产品推向市场分成若干个投资阶段,如果市场条件变坏,则投资者有权放弃对项目的继续投资,以控制继续投资的可能损失。这种类型的期权大多存在于研发密集型产业(特别是制药业),这些项目具有高度不确定、开发期长等特点。

5. 转换期权

在未来时间内,项目的持有者有权在多种决策之间进行转换。例如,投资者在从事石油冶炼的项目设计时,可以设计能够使用多种能源(如电力、油气等)进行石油冶炼的设备,投资者可以根据这几种能源价格的变化情况,选择合适的能源,以降低成本。

6. 增长期权

项目的投资者获得初始的投资成功后,在未来时间内,能够获得一些新的投资机会。例如,投资于第一代高技术产品类似于项目间的复合期权,尽管净现值为负值,但是在第一代产品开发过程中的基础设施、经验以及潜在的副产品,可能是开发低成本或高质量的下一代产品的基础,甚至是产生完全新的应用的基础。除非公司做出最初的投资,否则不可能获得接下来的产品或其他的投资机会,公司独有的基础设施和经验将使公司在激烈的市场上获得相对的竞争优势。增长期权存在于所有的基础设施投资项目、公司战略性的投资项目、跨国投资项目和战略性兼并的投资项目。

【例 9-10】 A 公司是一个颇具实力的计算机硬件制造商。20 世纪末,公司管理层估计微型移动存储设备可能有巨大发展,计划引进新型优盘的生产技术。考虑到市场的成长需要一定时间,该项目分两期进行。第一期 2009 年投产,生产能力为 100 万只;第二期 2012 年投产,生产能力为 200 万只。但是,计算结果没有达到公司 20% 的既定最低要求收益率,其净现值分别为 −39.87 万元(如表 9-15 所示)和 −118.09 万元(如表 9-16 所示)。

表 9-15 项目第一期计划　　　　单位:万元

时间(年末)	2008	2009	2010	2011	2012	2013
税后经营现金流量		200	300	400	400	400
折现率(20%)		0.833 3	0.694 4	0.578 7	0.482 3	0.401 9
各年经营现金流量现值		166.67	208.33	231.48	192.90	160.75
经营现金流量现值合计	960.13					
投资	1 000					
净现值	−39.87					

表 9-16　项目第二期计划　　　　　　　　　　　单位：万元

时间(年末)	2008	2011	2012	2013	2014	2015	2016
税后经营现金流量			800	800	800	800	800
折现率(20%)			0.833 3	0.694 4	0.578 7	0.482 3	0.401 9
各年经营现金流量现值			666.67	555.56	462.96	385.80	321.50
经营现金流量现值合计	1 384.54	2 392.49					
投资(10%)	1 502.63	2000					
净现值	−118.09						

上述表格采用传统的折现现金流量法，即没有考虑期权。实际上，可以在第一期项目投产后，根据市场发展的状况再决定是否上马第二期项目。计算实物期权价值的有关数据如下：

①假设第二期项目的决策必须在 2011 年年底决定，即这是一项到期时间为 3 年的期权。

②第二期项目的投资额为 2 000 万元(2011 年年底的数额)，为第一期项目的 2 倍，折算(以 10%作为折现率)到 2000 年为 1 502.63 万元。它是期权的执行价格。

③预计未来经营现金流量的现值为 2 392.49 万元(2011 年年底数额)，折算到 2008 年年底为 1 384.54 万元。这是期权标的资产的当前价格。

④如果经营现金流量超过投资，就选择执行(实施第二期项目计划)；如果投资超过现金流量流入，就选择放弃。因此，这是一个看涨期权问题。

⑤计算机行业风险巨大，未来现金流量不确定，假设公司的股票价格标准差为 35%，它可以作为项目现金流量的标准差。

⑥无风险收益率为 10%。

目前，最广泛的期权定价模型是布莱克-斯科尔斯(Black-Scholes)定价模型：

$$C = S_0 N(d_1) - PV(X) N(d_2)$$

$$d_1 = \frac{\operatorname{Ln}(S_0/PV(X))}{\sigma \sqrt{T}} + \frac{\sigma \sqrt{T}}{2}$$

$$d_2 = d_1 - \sigma \sqrt{T}$$

式中，S_0 为标的物现值。期权的价值附着于其标的物上，因此标的物价值的变动会影响到期权价值的变动。对于项目来说，即为扩张后运营期现金流量的净现值。

σ 为标准差。标准差代表了项目的不确定性，标准差越大所伴随的风险越大，相应的实物期权的价值就越大。

$PV(X)$ 为期权执行价格的现值。执行价格的高低是确定实物期权价值的关键，项目进行扩张的投资额可视为期权的执行价格。

T 为期权到期时间。期权有效期限越长，期权的价值会越大。这是因为期限越长，标的物价值波动的可能性越大，期权的价值相应就越大。

$N(d)$ 为标准正态分布中离差小于 d 的概率。

采用布莱克-斯科尔斯期权定价模型,计算结果如下:

$$d_1 = \frac{\text{Ln}(S_0/PV(X))}{\sigma\sqrt{T}} + \frac{\sigma\sqrt{T}}{2} = \frac{\text{Ln}(1\,384.54/1\,502.63)}{0.35 \times \sqrt{3}} + \frac{0.35 \times \sqrt{3}}{2}$$

$$= 0.168\,2$$

$$d_2 = d_1 - \sigma\sqrt{T} = 0.168\,2 - 0.606\,2$$

$$= -0.438$$

$$N(d_1) = 0.566\,7$$

$$N(d_2) = 0.330\,7$$

$$C = S_0 N(d_1) - PV(X)N(d_2) = 1\,384.54 \times 0.566\,7 - 1\,502.63 \times 9.330\,7$$

$$= 287.71(万元)$$

这里有三个问题需要说明:

①第一期项目不考虑期权的价值 -39.87 万元,它可以视为取得第二期开发选择权的成本。投资第一期项目使得公司有了是否开发第二期项目的扩张期权,该扩张期权的价值是 287.71 万元。考虑期权的第一期项目净现值为 247.84 万元(287.71 $-$ 39.87),投资第一期项目是有利的。

②因为项目的风险很大,计算净现值时经营现金流量使用 20% 作为折现率。第二期投资 2 000 万元折现到零时点,使用 10% 作为折现率,是因为它是确定的现金流量。

③根据 d 求 $N(d)$ 的数值时,可以查"正态分布下的累积概率[$N(d)$]"表(参见附表 8)。由于表格的数据是不连续的,有时需要使用插补法计算更准确的数值。当 d 为负值时,如例题中的 $d_2 = -0.438$,按其绝对值 0.438 查表,0.43 对应的 $N = 0.666\,4$,0.44 对应的 $N = 0.670\,0$,使用插补法得出 $(0.670\,0 - 0.666\,4) \times 0.8 + 0.666\,4 = 0.669\,3$,$N = 1 - 0.669\,3 = 0.330\,7$。

传统的项目投资评价方法由于本身具有的缺点,在适应不确定性时具有局限性。实物期权的思维方法可以帮助决策者很好地思考不确定性可能带来的损失和机会,因此实物期权方法在项目投资评价中的运用是非常有必要的。实物期权在项目投资评价中的应用框架开阔了决策者的眼界,增加了在策略生成中可以考虑的备选方案;将战略投资方案的值很好地进行估计,并将其转化为战术性投资方案;体现动态管理的基本思想,对项目进行动态的投资评价,因此提高了项目投资决策的科学性。

本章小结

本章介绍如何识别风险、如何衡量风险及在风险条件下如何决策的方法。

本书将风险区分为宏观风险和微观风险,这样的区分是相对的,关键是尽可能全面地识别工程项目所面临的风险因素,尽量避免遗漏,特别是重要的风险因素。

风险评估模型有盈亏平衡分析、敏感性分析、概率分析等。盈亏平衡分析是一种最简便的分析方法，所需要的数据量最少，当然也是最粗略的。

敏感性分析需要借助 Excel 电子表格来完成。在方案基础经济分析的基础上进行敏感性分析，是一种非常实用的做法。敏感性分析就各种不确定性因素的变动对经济效果的影响做出定量描述，有助于决策人员了解方案的风险大小。但敏感性分析没有考虑各种不确定因素发生的概率，有可能影响结论的准确性。

概率分析通过方差来估计风险，按期望值大小来选择方案。从理论上讲，它是最科学的方法。但概率的估计比较困难，这使这一方法的应用受到限制。此外，期望值决策规则存在一定的缺陷。在碰到复杂决策时，可以借助决策树进行分析。

估计出风险后可以采用风险调整贴现率或风险调整现金流量法进行决策。

不确定分析也可以采用蒙特卡洛方法，用计算机产生随机数。对于高风险的项目可以用实物期权法进行决策。

习题 9

1. 为什么要对投资项目进行不确定性分析？不确定性分析应包括哪些方面？
2. 投资项目一般有哪些风险？
3. 盈亏平衡分析的含义是什么？
4. 多数人面对风险是按什么样的准则决策的？是按拥有财富的期望值的大小，还是按财富效用的期望值的大小？
5. 根据估算，某拟建设项目的产品单位价格为 1 300 元。每月的生产成本为：固定成本为 145 万元，单位产品的变动成本为 930 万元，设计生产能力为月产 6 000 单位，销售税率为 5%。试计算该项目以产量、销售收入、生产能力利用率和销售价格等表示的盈亏平衡点。
6. 一家私立医院有病房 110 间，每个房间每月收住院费 620 元，在医院的开支中，每月固定费用 10 000 元，食物材料和其他供应物品费用 150 元/人月，护理费用 120 元/人月。试求：

   (1) 医院无盈亏住院率。
   (2) 若住院率为 75%，医院只求不亏损，每间房的收费至少要为多少？
   (3) 若住院率为 90%，该医院每月获得利润为多少？
   (4) 若营业税为 10%，所得税为 33%，前 3 个问题的结论又为多少？

7. 某企业设计能力为生产水泥 30 万吨/年，每吨水泥的价格为 650 元，单位产品可变成本为 400 元，总固定成本为 3 000 万元，其中折旧费用为 250 万元。试分析：

   (1) 以生产能力利用率表示盈亏平衡点。
   (2) 价格、固定成本和变动成本分别变动正负 10%，对生产能力利用率盈亏平衡点的影响，并指出敏感因素。

8. 某企业准备生产一种新产品，生产新产品需要 1 000 万元的投资，新产品的需求量估计有三种情况，三种需求量的年收益和出现概率如表 9-17 所示。

第 9 章　投资风险分析

表 9-17　不同需求情况的年收益和出现概率

	需求量大	需求量中	需求量小
年收益(万元)	410	330	170
概　率	0.6	0.3	0.1

基准贴现率为 10%，寿命为 5 年。问企业是否生产该新产品。

9. 某项目方案预计在计算期内的支出、收入如表 9-18 所示，基准收益率为 10%，试以净现值为分析指标对方案进行敏感性分析。

表 9-18　现金流量表　　　　　　　　　　　　　　　　单位：万元

指标/年份	0	1	2	3	4	5	6
投　资	100	200	80				
年经营成本				160	210	210	210
年销售收入				300	410	410	410

10. 某公司有一项短期投资 300 万元的机会，年内收回资金的可能性如表 9-19 所示。

表 9-19　不同情况下的概率

情　况	收益(万元)	概　率
A	380	0.2
B	250	0.5
C	170	0.3

公司在决策前可以向咨询公司咨询，根据提供给咨询公司的过去的预测记录，估计给出结果(好、中、差)的正确性如下：

$P(好/A) = 0.8$　　$P(中/A) = 0.1$　　$P(差/A) = 0.1$
$P(好/B) = 0.1$　　$P(中/B) = 0.9$　　$P(差/B) = 0.0$
$P(好/C) = 0.1$　　$P(中/C) = 0.2$　　$P(差/C) = 0.7$

由于时间短，货币的时间价值忽略不计。

试构造决策树，做出包括是否要咨询及投资的决策，评估该咨询公司提供的信息价值有多大？

11. 某企业生产的产品，售价为 20 元，单位产品变动成本为 15 元，固定成本总额为 24 万元，目前生产能力为 6 万件。

(1) 求盈亏平衡点产量和销售量为 6 万件的利润额。

(2) 该企业通过市场调查后发现，该产品需求量将超过目前的生产能力，因此准备扩大生产规模。扩大生产规模后，当产量不超过 10 万件时，固定成本将增加 8 万元，单位产品变动成本将降到 14.5 元，求此时的盈亏平衡点并作图比较。

(3) 又根据市场调查，预测销售量为 7 万件的概率为 0.5，销售量为 8 万件的概率为 0.3，销售量为 9 万件的概率为 0.2。试计算利润期望值并分析是否要扩大生产规模。

第10章 资产更新分析

学习要点

- 资产更新的原因
- 更新分析中必须考虑的因素
- 新设备经济寿命的确定
- 旧设备经济寿命的确定
- 以经济寿命为根据的更新分析
- 税后更新研究

资产更新问题的工程经济研究采用互斥方案比较的经济分析方法,但具体的决策环境是以不同的形式出现的。有时要考虑不更新而报废旧的资产(遗弃),还是放弃使用但仍保留该资产以备用,有时还要考虑是否能通过增加生产能力或者扩大现有资产生产能力满足变化的生产要求,但通常是决定是否需要用一个新的资产来取代现有(旧)的资产。由于竞争激烈,市场不断对企业提出更高的要求,要求生产和提供更优的质量或服务,企业因此不得不经常考虑资产更新问题。为了正确地进行资产更新分析,首先要了解资产更新的原因。

10.1 资产更新的原因

1. 有形磨损

有形磨损是指资产的物理状况发生变化。有形磨损的产生,一方面是由于资产在使用过程中存在着摩擦、振动、疲劳的经常作用以及由操作不当造成的损坏;另一方面是由于资产与自然环境存在着相互作用。有形磨损表现为资产实体尺寸形状的改变锈蚀、老化变质、精度下降、效率降低、功能衰退、故障增多等。与有形磨损伴随而来的是一系列费用的增加,如燃料、动力、工时消耗增加,维修保养费用上升、废品损失、产品修复费用增加,设备停工损失和无效工时增加,等等。资产使用时间越长,工作强度越大,维修保养越差,发生有形磨损的速度越快。一些偶然事件(如事故发生)也会影响资产物理状况,以及拥有和使用的经济性。

2. 无形磨损

无形磨损是指由技术进步引起的原有资产技术上的陈旧与贬值。无形磨损有两种形式,一是技术进步引起生产同样资产的社会必要劳动时间减少,价格下降,从而使原有资产发生贬值;二是由于技术进步,新型资产不断涌现,原有资产与之相比,技术经济指标相对落后,经济效益日益降低,甚至继续使用不再合算。这种新旧资产在技术上的差异所导致的经济效益的差异,通常反映在生产过程中材料、工时、能源消耗及废品损失、维修费用等成本开支的不同上,因此可以借助于资产使用成本的差异来反映资产的无形磨损。当然,新旧资产的经济效益差异也反映在,由于它们提供的产品品种、产量、质量不同而形成的销售收入或盈利的差异上。

3. 需求变化

资本资产用来生产用于满足人们需要的商品和服务。当商品或服务的需求量增加、减少,或者设计改变时,就会影响相应的资产使用经济性。例如,当需求增加,需要增加生产能力时,就需要考虑资产更新问题。备选方案为新增机器资产或对原有资产进行更新改造。

4. 出于财务的考虑

为了减少所得税的支出,企业可能更新资产或租赁资产,以增加折旧额。

以上四方面的因素不论单独出现还是同时出现,都会使企业面临资产更新问题。

10.2 更新分析考虑的因素

资产更新方案比较的基本原理和互斥方案的比较相同,但在实际比较时,因更新分析涉及新旧资产的比较,所以在对方案现金流量进行分析时会遇到某些特殊问题,应注意以下因素。

1. 过去的估计错误

"未来"是资产更新研究的焦点所在。任何以前研究产生的有关旧资产的估计错误与此是不相关的(除非存在影响所得税的因素)。比如,当一项资产的账面价值大于当前市场价值时,这个价差通常就记为估计错误。当资产的生产能力使用不足、维修费用超过原来预期等时,这种"错误"也会产生。出现这种情况是很难避免的,因为在大多数情况下这些价差的存在并不是出错造成的,而是由于在最初估计时无法更好地预测出未来情况。无论是否进行资产更新,损失现实存在。

2. 旧资产的沉没成本

在资产更新的研究中,只有现在的和未来的现金流量才应该纳入考虑的范畴。正在考虑更新的旧资产的任何未回收的价值,严格地讲都是过去决策——即当初购买资产的决策以及折旧方法和折旧年限的决策——的结果。在本章中,我们用"沉没成本"(Sunk Cost)这一概念来区分资产的账面价值和市场价值。账面价值与市场价值间的差额称为资产的沉没成本,假设5年前购置了一台机器,购置费为10 000元,寿命为10年,年折旧费为1 000元,现有账面价值为5 000元(10 000元－1 000元×5＝5 000元)。这台机器现在若在市场上出售,价值为3 000元。这里,账面价值与市场价值之差等于2 000元。这2 000元就称为待更新资产的沉没成本,即未收回的旧资产的投资损失。沉没成本与更新分析无关(除非达到影响所得税的程度),不应计入资产的现有价值之中。

当在工程经济研究中考虑所得税时,我们必须考虑沉没成本对所得税的影响问题。很明显,更新分析中对沉没成本的不正确处理将导致实务中的严重错误。

3. 旧资产的投资价值及外部视角

对旧资产(待更新资产)做更新分析,首先需要确定它的价值。与旧资产相关的有三个价值概念:过去的购买价值、账面价值和现在的实际价值(市场价值),旧资产的原有购买价值是过去的决策决定的,是与本次决策无关的成本。账面价值同样是过去的决策决定的,即购买者过去所采用的折旧政策,账面价值与其实际市场价值的不一致,体现的是过去的估计错误,旧资产的账面价值通常大于其市场价值,不论资产更新与否,这部分损失已成事实。①

清楚认识账面价值和沉没成本的非相关性,才能为更新研究应用正确的视角,来为旧资产赋予价值。在本章中,我们用所谓的"外部视角"来估计现有资产的投资额。特别地,外部视角提供了一个以独立第三方的角度确定旧资产公允市场价值的方案。该视角使得

---

① "外部视角"也被认为是确定防御资产价值的机会成本方法。

分析者在更新研究中关注于目前和未来的现金流,而不受过去已发生的沉没成本的影响。

在更新研究中,目前的实际市场价值是分配给现有资产的正确的资本投资额[①]。我们可以用机会成本或失去机会原则来很好地说明这一做法的正确性,即如果决定继续使用旧资产,那么就意味着放弃了那时获得实际净市场价值的机会。故这种情形代表了保留防御资产的"机会"成本。

对上述原理需要补充的一点是,为使现有资产在服务水平方面相对于新资产具有竞争力,需要一笔新的投资支出(如大修理费用)来升级现有资产,我们必须将这笔额外费用和现在的实际市场价值相加,以计算现有资产的总投资额,从而应用于资产更新的分析和决策。

【例 10-1】 你所在的公司打算现在购买一辆新汽车,价格为 210 000 元,公司现有的汽车目前在市场上可以卖 100 000 元。旧资产是在 3 年前买的,目前的账面价值为 120 000元。为了使得旧资产达到新资产的使用状况,需要对其进行维修,维修费用预计为15 000元。

根据以上信息,请回答:
① 采用外部视角,旧资产总的投资额为多少?
② 旧资产的未回收价值为多少?

解:
① 旧资产(如果继续使用)的投资额就是其现在的市场价值(机会成本)加上为达到新资产的使用状态而对汽车升级(维修)的费用。因此,旧资产的全部投资额为 100 000＋15 000＝115 000(美元)(从外部视角)。

② 旧资产的未摊销价值为处置该资产的账面价值的损失(如果存在)。给定目前旧资产的售价 10 000 美元,未摊销的价值(损失)为 12 000－10 000＝2 000(美元)。因此未摊销价值可以看做资产当前的市场价值与当前账面价值的差额。这个差额代表了旧资产的沉没成本,与更新决策无关,除非它可以影响所得税的变动。

4. **资产寿命**

关于资产的寿命需搞清以下几个概念:

①物理寿命。又称自然寿命,指从设备以全新状态投入使用开始到报废为止所延续的时间,它是由设备的有形磨损决定的。

②所有寿命(Ownership Life)指从所有者购置资产之日到处置之日所经历的时间长度。

③使用寿命(Useful Life)。指资产保持生产性服务状态(包括主要使用和备用)的时间(年数)。它是资产在生产经营中预计可以产生收入的总年限。

④折旧寿命。指生产设备按有关部门的规定,逐渐提取折旧额以至设备的账面残值减为估计残值的全部期限。

⑤经济寿命。指从设备以全新状态投入使用开始,到因继续使用不经济而提前更新

[①] 继续使用旧资产意味着放弃变卖旧资产可能导致的所得税增加或减少,在税后更新分析中,需要考虑到这一影响而对旧资产的税前市场价值进行调整。

所经历的时间,也就是一台设备从投入使用开始,到其年度费用最低的使用期限。经济寿命是从经济角度看设备最合理的使用期限,它是由有形磨损和无形磨损共同决定的,具体来说,是指能使一台设备的年平均使用成本最低的年数。在所有使用资产过程中年度费用最低的经济寿命,常常比它的有用寿命或物理寿命短。设备更新的时机,一般取决于设备的经济寿命,所以进行更新分析时应计算新旧资产的经济寿命。

5. 所得税影响的重要性

资产的更新行为经常会产生资产的出售损益。因此,为了进行正确的经济分析,必须将更新研究建立在"税后"的基础上。很明显,与资产更新行为相关的纳税损益的存在对工程经济研究结论有相当大的影响。根据研究中所使用所得税实际税率的大小,资产处置获得的可能收益甚至会减少 40%~50%。因此,处置还是保留现有资产的决策可能受所得税因素的影响。

10.3 资产的经济寿命

经济寿命被称做最低成本寿命或资产的最优更新年限。对于新资产来说,若其投资额、年度使用费以及使用过程中各年的市场价值已知或可以估算出来,那么它的年度费用就可以通过计算得出。

资产的年度费用一般包括两部分:资金恢复费用和年度使用费。年度使用费是指资产的年度运营费(人工、燃料、动力、刀具、机油等的消耗)和年度维修费。资金恢复费用是指资产的原始费用扣除资产弃置不用时的估计残值(净残值)后分摊到资产使用各年上的费用。

设 AC 代表年度费用,P 代表资产的原始费用,E 代表年度使用费,MV 代表估计残值,N 代表服务年限,分考虑时间价值和不考虑时间价值两种情况,计算公式分别如下:

$$\mathrm{AC}_N = \frac{P - \mathrm{MV}_N}{N} + \frac{\sum_{t=1}^{N} E_t}{N} \tag{10-1}$$

$$\mathrm{AC}_N = \left[P + \sum_{t=1}^{N} E_t(P/Fi, t) - \mathrm{MV}_N(P/Fi, N) \right](A/Pi, N) \tag{10-2}$$

在式(10-1)和式(10-2)中,如果使用年限为变量,那么通过计算年度费用,当年度费用为最小时的使用年限,即为经济寿命。

资产的资金恢复费用,随使用年限的增长而逐渐减小,而年度使用费一般随使用年限的增长而增大,资产的年度费用曲线如图 10-1 所示。

从图 10-1 中可以看出在第 n 年的年度费用最小(图中 n 点),这 n 年就是资产的经济寿命。使用年限超过资产的经济寿命,资产的年度费用将上升,所以资产使用到其经济寿命的年限更新最为经济。

【例 10-2】 某小卡车的购置费为 6 万元,年度使用费和年末估计残值如表 10-1 所示。试确定其经济寿命(基准收益率为 10%)。

第10章 资产更新分析

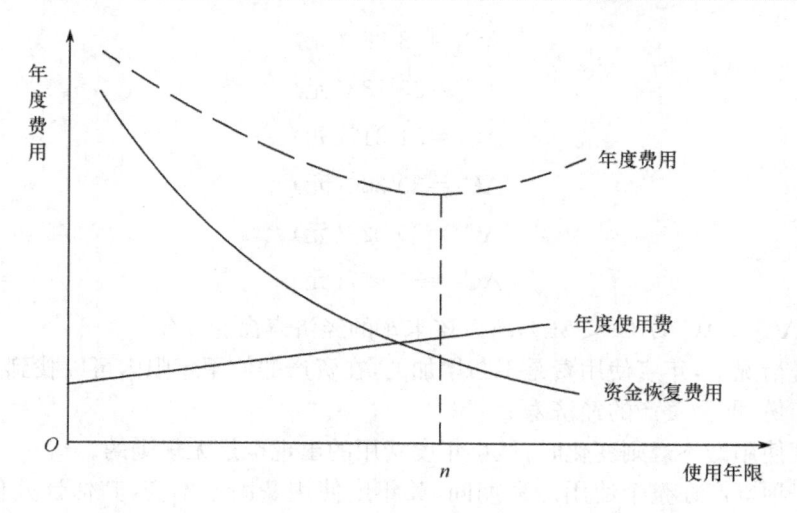

图 10-1 年度费用曲线

表 10-1 年度使用费和年末估计残值　　　　　　　　单位：元

年　　末	1	2	3	4	5	6	7
年度使用费	10 000	12 000	14 000	18 000	23 000	28 000	34 000
年末估计残值	30 000	15 000	7 500	3 750	2 000	2 000	2 000

解：
(1)静态计算

按照公式(10-1)计算,结果列于表 10-2。从表中可以看出第5年小卡车的年度费用最低,因此小卡车的经济寿命为5年。

表 10-2 静态计算小卡车经济寿命　　　　　　　　单位：元

年末 A	年末使用费 B	年末使用费之和 $\sum B$ C	年末平均使用费 C÷A D	年末估计残值 E	年末退出使用的资金恢复费用 (60 000−E)÷A F	该时间内年度费用 D+F G
1	10 000	10 000	10 000	30 000	30 000	40 000
2	12 000	22 000	11 000	15 000	22 500	33 500
3	14 000	38 000	12 000	7 500	17 500	29 500
4	18 000	54 000	13 500	3 750	14 063	27 563
5	23 000	77 000	15 400	2 000	11 600	27 000
6	28 000	105 000	17 500	2 000	9 667	27 167
7	34 000	139 000	19 857	2 000	8 286	28 143

(2)动态计算

根据公式(10-2),计算如下：

$$PC_1 = 60\ 000 - 30\ 000(P/F10,1) + 10\ 000(P/F10,1) = 41\ 818(元)$$

$$AC_1 = PC_1(A/P10,1) = 41\ 818(A/P101) = 46\ 000(元)$$

同理可求得

$$AC_2 = 38\ 382(元)$$

$$AC_3 = 33\ 733(元)$$

$$AC_4 = 31\ 317(元)$$

$$AC_5 = 30\ 300(元)$$

$$AC_6 = 30\ 027(元)$$

$$AC_7 = 30\ 467(元)$$

显然，$AC_6 < AC_5$，$AC_6 < AC_7$，所以该卡车的经济寿命为 6 年。

在通常情况下，年度使用费是不断增加的，在资产的使用年限内可以找到一个年度费用最小的年份，即为资产的经济寿命。

当年度使用费不规则变化时，最小年度费用的出现也是无规则的。

如果一项资产在整个使用寿命期间，其年度使用费固定不变，其估计残值也保持不变。这时，其使用的年限越长，年度费用越低。也就是说，它的经济寿命等于它的服务寿命。

在更新分析中我们同样需要确定最有利于旧资产的经济寿命（N_D^*），因为只要旧资产经济寿命时的最低年度费用低于新资产的最低年度费用，我们就要继续使用原有旧资产。当旧资产需要进行较大改装或进行大修导致支出大幅增加时，最低年度费用对应的经济寿命常为下次大的改装或大修之前的年限。而如果旧资产现在及以后的市场价值为 0（当然也就不存在改装或大修的情况），而且预计每年的运营费用将逐年增加，那么其最低等值年度费用对应的剩余经济寿命即为 1 年。

若旧资产的市场价值大于 0，并且预计其市场价值逐年降低，那么就有必要计算其剩余经济寿命。方法与例 10-2 中计算新资产经济寿命的方法相同。运用外部视角的观点，防御资产的投资价值为其现时可以实现的市场价值。

10.4 更新方案的比较

1. 运用净现值进行更新分析

【例 10-3】 某公司对其拥有的压力容器进行更新分析。现有压力容器每年的运营和维护费用为 60 000 美元，可继续使用 5 年。使用 5 年后其市场价值为 0。若现在在市场上变卖，可获得 30 000 美元。

买一个新的压力容器需要 120 000 美元，5 年后该压力容器的市场价值为 50 000 美元。新压力容器每年的运营和维护费用为 30 000 美元，最低要求收益率为 20%，现有压力容器是否应该更新？适合的研究期为 5 年。

解：

分析的第一步是确定旧资产（旧压力容器）投资额。以外部视角来看，旧压力容器的投资额为 30 000 美元，也就是其现在的市场价值。然后我们分别计算两个方案的净现值（或将来值、年度等值）。

旧资产：$NPV(20\%) = -30\ 000 - 60\ 000(P/A, 20, 5)$

$$=-209\ 436\text{ 美元}$$

新资产：$NPV(20\%) = -120\ 000 - 30\ 000(P/A,20,5) + 5\ 000(P/F,20,5)$

$$= -189\ 623\text{ 美元}$$

新资产的现金流量现值大于旧资产，因此旧压力容器应当立即进行更新。（旧资产的年度费用为 70 035 美元，新资产为 63 410 美元。）

2. 运用年度费用进行更新分析

【例 10-4】 假定某工厂在 4 年前以原始费用 2 200 万元买了机器 A，估计还可使用 6 年。第 6 年末估计市场价值为 200 万元，年度使用费为 700 万元。现在市场上出现了机器 B，原始费用为 2 400 万元，估计可以使用 10 年，第 10 年末市场价值为 300 万元，年度使用费为 400 万元。现有两个方案：方案甲为继续使用机器 A；方案乙为把机器 A 以 800 万元出售，然后购买机器 B。若最低要求收益率为 15%，比较方案甲和乙。

解：

（1）按照项目的直接现金流量，从旧资产所有者角度分析（见图 10-2），计算如下：

$$AC_\text{甲} = 700 - 200(A/F,15,6) = 700 - 200(0.114\ 2) = 677(\text{万元})$$

$$AC_\text{乙} = (2\ 400 - 800)(A/P,15,10) + 400 - 300(A/F,15\%,10) = 704(\text{万元})$$

按照这种算法，方案甲的年度费用低于方案乙，应继续使用机器 A。

（2）站在客观的立场上，从外部视角进行分析（见图 10-3），计算如下：

$$AC_\text{甲} = 800(A/P,15\%,6) + 700 - 200(A/F,15\%,6) = 889(\text{万元})$$

$$AC_\text{乙} = 2\ 400(A/P,15,10) + 400 - 300(A/F,15,10) = 864(\text{万元})$$

按照这种算法，方案乙较优，现有资产应该更新。

由上可见，资产 A 与 B 前后两次年成本比较的结果是不同的，其原因在于前后两次比较中旧设备重置价值 800 万元的处理不同。从外部视角分析时，这 800 万元是保留使用旧资产的机会成本，计算旧设备 A 的年度费用时，已将其按寿命 6 年换算为年值支出；但从旧设备所有者角度分析时，这 800 万元是采用新设备 B 的一项现金收入，在计算新设备 B 的年度费用时，将其按寿命 10 年换算成了年值收入。这样，就产生了不同的结果。很明显，第一种算法是错误的，把旧设备 A 的现有价值 800 万元按新设备寿命分摊到 10 年的处理是不恰当的，而实际上它只应该分摊到 6 年的期间。更新与不更新，实质上是互斥方案的比较问题，要以客观公正的立场形成继续使用老设备和更新使用新设备这两种方案的现金流，用 10.1 节的方法比较，得出正确的结论。

3. 以经济寿命为根据的更新分析

以经济寿命为依据的更新方案比较，使资产都使用到最有利的年限进行分析。在比较时应注意下列几点。

第一，不考虑沉没成本。

第二，求出各种资产的经济寿命。如果年度使用费固定不变，估计残值也固定不变，应选定尽可能长的寿命；如果年度使用费逐年增加，而目前残值和未来残值相等，应选定尽可能短的寿命。

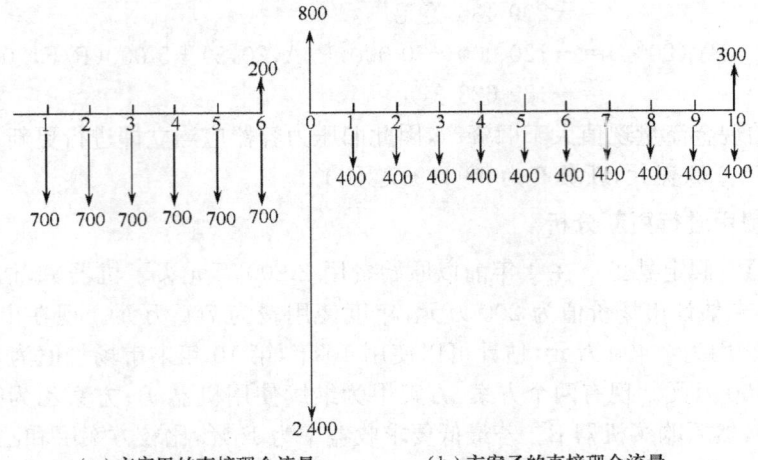

图 10-2 两种方案的直接现金流量图

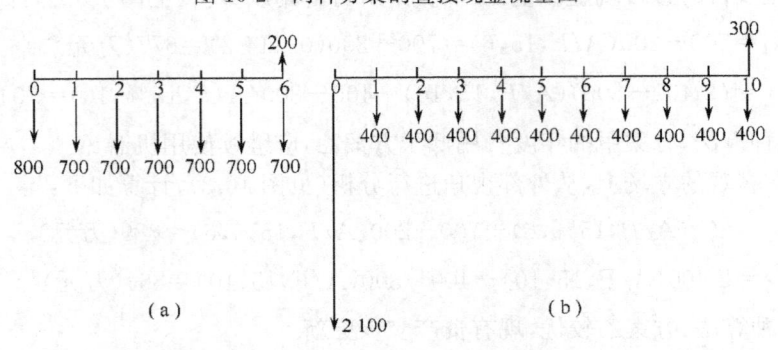

(a)　　　　　(b)

图 10-3 两种方案客观比较的现金流量图

第三，取经济寿命时，年度费用小者为优。

【例 10-5】 假定某工厂在 3 年前花 20 000 元安装了一套消除废水污染的设备，这套设备的年度使用费估计下一年度为 14 500 元，以后逐年增加 500 元。现在设计了一套新设备，其原始费用为 10 000 元，年度使用费估计第一年为 9 000 元，以后逐年增加 1 000 元。新设备的使用寿命估计为 12 年。由于这两套设备都是为这个工厂专门设计制造的，故任何时候的残值都等于零。如果最低要求收益率为 12%，那么该工厂对现有设备是否应进行更新？

解：

① 计算旧资产的经济寿命

旧资产由于目前的残值和未来的残值相等，都等于零，如果原设备再保留使用 N 年，那么

旧资产 $AC_N = [(P-MV)(A/P, 12\%, N) + MV(0.12)] + [14\ 500 + 500(A/G, 12\%, N)]$

从式中可以看出，旧资产的年度费用就等于年度使用费，由于旧资产的年度使用费逐年增加，因而年度费用也逐年增加。由此可见，为了使年度费用最小，经济寿命必须尽可能取短的时间，即 1 年。旧资产保留使用 1 年，年度费用为 13 000 元。

② 计算新资产的经济寿命

新资产的经济寿命求解如表 10-3 所列,从表中可以看出,新资产的经济寿命为 5 年。

表 10-3　新资产的经济寿命计算　　　单位:元

n	资金恢复费用	年度使用费	年度费用
1	11 200	9 000	20 200
2	5 917	9 470	15 387
3	4 764	9 920	14 084
4	3 292	10 360	13 652
5	2 774	10 770	13 544
6	2 432	11 170	13 602

③ 年度费用比较

旧资产经济寿命为 1 年,新资产经济寿命为 5 年时的年度费用如下。

旧资产:　　　　　　　$AC_1 = 14\ 500$ 元/年

新资产:　　　　　　　$AC_5 = 13\ 549$ 元/年

因此,现有设备应该更新。

【例 10-7】 假如某工厂已有某台设备,目前的残值为 7 000 元,估计还能使用 3 年。若保留使用旧机器 1,2,3 年,其年末残值和年使用费如表 10-4 所示。

表 10-4　保留使用旧机器的年末残值和年使用费　　　单位:元

保留使用年数	年末残值	年使用费
1	5 000	3 000
2	3 000	4 000
3	2 000	6 000

现有一种较好的设备,原始费用为 30 000 元,经济寿命为 12 年,12 年末的残值为 2 000元,年度使用费固定为 1 000 元。如果基准贴现率为 15%,问:①设备是否要马上更换?②如果旧设备不需要马上更换,那么何时更换最好?

解:

① 根据新旧设备经济寿命时的等值年度费用确定旧设备是否马上更换:

$AC(15\%)_{新} = (30\ 000 - 2000)(A/P15,12) + 2\ 000 \times 0.15 + 1\ 000 = 6\ 466$(元)

旧设备的经济寿命:

旧设备再保留使用 1 年

$AC(15\%) = (7\ 000 - 5\ 000)(A/P15,1) + 5\ 000 \times 0.15 + 3\ 000 = 6\ 050$(元)

旧设备再保留使用 2 年

$AC(15\%) = (7\ 000 - 3\ 000)(A/P15,12) + 3\ 000 \times 0.15 + [3\ 000(P/F\ 15,1) +$
　　　　　　$4\ 000(P/F\ 15,2)](A/P\ 15,2) = 6\ 383$(元)

旧设备再保留使用 3 年

$$AC(15\%) = 6\ 686 \text{ 元}$$

旧设备的经济寿命为 1 年,经济寿命时的等值年度费用 $AC(15\%)_{旧} = 6\ 050$ 元,而新设备经济寿命时等值年度费用 $AC(15\%)_{新}=6\ 466$ 元,可见旧设备不需要马上更换。

② 采用逐年比较确定旧设备何时更换为好

马上更换旧设备,现金流量见图 10-4(a)。
$$AC(15\%)=6\ 466\ 元$$

旧设备使用 1 年的情况,现金流量见图 10-4(b)。
$$AC(15\%)=6\ 050\ 元<6\ 466\ 元$$

旧设备使用 2 年的情况,第 2 年的现金流量见图 10-4(c)。第 2 年的年度费用:
$$AC(15\%)=(5\ 000-3\ 000)(A/P15,1)+3\ 000\times 0.15+4\ 000=6\ 750(元)>6\ 466(元)$$

因此旧设备使用 1 年后就应该更换。

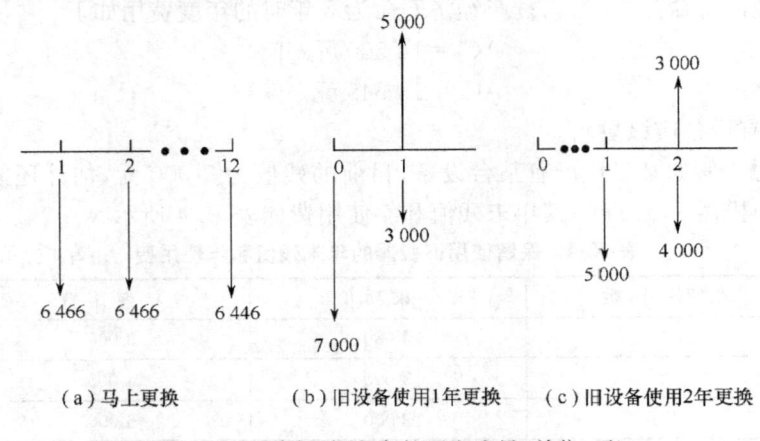

(a) 马上更换　　(b) 旧设备使用1年更换　　(c) 旧设备使用2年更换

图 10-4　不同更新方案的现金流量(单位:元)

10.5　税后更新分析

前面讨论的资产经济寿命的计算和更新分析没有考虑税收(指企业所得税,下同)对方案经济效益的影响,故均属税前分析,但是对资产更新仅仅做税前经济分析是不够的。对企业而言,所得税是一项重要的现金流出,因此必须研究所得税对更新决策的影响,计算新旧资产的税后现金流量。影响税后现金流量的因素通常有三个:一是日常使用费;二是资产折旧费(折旧费虽不属于现金流量,但折旧费是计算应纳税所得额的扣减项目,能带来税金的节约);三是旧资产市场价值与账面价值的差额。当市场价值大于账面价值时,其差额属于营业外收入,应计入应纳税所得额;当市场价值小于账面价值时,其差额属于营业外支出,应扣减应纳税所得额,因而能带来税金的节约。

在进行税后更新分析时应注意以下几点:

①更新与不更新是两个互斥方案,要客观地比较。不更新的所得税减少是一种机会费用。

②假定更新的纳税主体(企业)处于盈利状态,税率是比例税率。

③所讨论的税前现金流、应纳税所得额、所得税和税后现金流都是增量的概念。

第10章 资产更新分析

【例10-7】 某公司有一台设备，购于3年前，按直线法折旧，为保持生产能力，两年后须大修，大修成本为290 000元，现在考虑是否要更新，新设备按年数总和法折旧，该公司所得税率为33%，税后基准收益率为6%，其他有关资料如表10-5所示。

表10-5 用于税后分析的数据　　　　　　　　　　　单位：元

项　目	旧设备	新设备
原价	1 600 000	820 000
税法规定残值(10%)	160 000	82 000
折旧年限	6	4
已用年限	3	
年使用费用	84 000	30 000
目前变现价值	350 000	
期末残值	70 000	100 000

分别进行税前和税后更新比较。

解：都以计算期为4年比较净现值以决定方案的取舍。

(1)旧设备净现金流量计算

①折旧的计算。

$$年折旧额 = \frac{1\ 600\ 000 - 16\ 000}{6} = 240\ 000(元)$$

②0年末应纳税所得额(530 000)的计算。

旧设备处置收入(损失) = 目前变现价值 − 账面价值

账面价值 = 1 600 000 − 240 000 * 3 = 880 000(元)

故旧设备处置收入 = 350 000 − 880 000 = −530 000(元)

损失但是由于保留旧设备，因此放弃扣减所得税的机会，所以应纳税所得额增加530 000元，放弃了抵扣所得税174 900元的机会。

③第4年年末旧设备处置的所得税计算

第4年年末旧设备处置收入 = 70 000 − 160 000 = −90 000(元)

第4年年末所得税 = −90 000×33% = −29 700(元)(少交)

税后净现金流量等于税前净现金流量减去所得税。

旧设备的税前和税后净现金流量计算结果见表10-6。

表10-6 旧设备税前、税后净现金流量　　　　　　　　单位：元

年末	税前净现金流量	折旧	应纳税所得额	所得税	税后净现金流量
0	−350 000		530 000	174 900	−524 900
1	−84 000	240 000	−324 000	−106 920	22 920
2	−374 000	240 000	−614 000	−202 620	−171 380
3	−84 000	240 000	−324 000	−106 920	22 920
4	−84 000	0	−84 000	−27 720	−56 280
4	70 000		−90 000	−29 700	99 700

(2) 新设备净现金流量计算

①折旧的计算

第 1 年折旧额 $=(820\,000-82\,000)\times\dfrac{4}{1+2+3+4}=295\,200$(元)

第 2 年折旧额 $=(820\,000-82\,000)\times\dfrac{3}{1+2+3+4}=221\,400$(元)

第 3 年折旧额 $=(820\,000-82\,000)\times\dfrac{2}{1+2+3+4}=147\,600$(元)

第 4 年折旧额 $=(820\,000-82\,000)\times\dfrac{1}{1+2+3+4}=73\,800$(元)

②第 4 年年末新设备处置的所得税计算

第 4 年年末新设备处置收入 $=100\,000-82\,000=18\,000$(元)

第 4 年年末所得税 $=18\,000\times33\%=5\,940$(元)

税后净现金流量等于税前净现金流量减去所得税。

新设备税前和税后净现金流量计算见表 10-7。

表 10-7　新设备税前、税后净现金流量　　　　　　　　　单位：元

年末	税前净现金流量	折旧	应纳税所得额	所得税	税后净现金流量
0	−820 000		0	0	−820 000
1	−30 000	295 200	−325 200	−107 316	77 316
2	−30 000	221 400	−251 400	−82 962	52 962
3	−30 000	147 600	−177 600	−58 608	28 608
4	−30 000	73 800	−103 800	−34 254	4 254
4	100 000		18 000	5 940	94 060

(3) 费用现值比较

根据税前净现金流量计算的新旧设备的净现值如下：(单位：元)

$\text{NPV}(6\%)_{旧} = -350\,000 - 84\,000(P/A,6\%,4) - 290\,000(P/F,6\%,2) + 70\,000(P/F,6\%,4) = -843\,721$

$\text{NPV}(6\%)_{新} = -820\,000 - 300\,000(P/A,6\%,4) + 100\,000(P/F,6\%,4)$
$= -844\,744$

根据税后净现金流量计算的新旧设备的净现值如下：

$\text{NPV}(6\%)_{旧} = -524\,900 + 22\,920(P/F,6\%,1) - 171\,380(P/F,6\%,2) + 22\,920(P/F,6\%,3) + (-56\,280 + 99\,700)(P/F,6\%,4)$
$= -602\,168$

$\text{NPV}(6\%)_{新} = -820\,000 + 77\,316(P/F,6\%,1) + 52\,962(P/F,6\%,2) + 28\,608(P/F,6\%,3) + (4\,254 + 94\,060)(P/F,6\%,4)$
$= -598\,031$

税前计算得到继续使用旧设备的费用现值为 843 721 元，更新为新设备的费用现值为 844 744 元，所以应选择继续使用旧设备。但若考虑所得税的影响，结果就不同，根据税后计算，继续使用旧设备的费用现值为 602 168 元，更新为新设备的费用现值为 598 031 元，应选择更新，结论恰好相反。

本章小结

资产更新的原因有有形磨损、无形磨损、需求变化、出于财务的考虑等。关于旧资产,有如下几点需要注意:

"未来"是在资产更新研究中的焦点所在。任何以前研究产生的有关旧资产的估计错误与此是不相关的。应用正确的视角——外部视角给旧资产赋予价值,沉没成本同更新分析无关(除非达到影响所得税的程度),不应计入资产的现有价值之中。

经济寿命指设备从投入使用开始,到其年度费用最低的使用期限。

通常情况下,年度使用费是不断增加的,在资产的使用年限内可以找到一个年度费用最小的年份,即为资产的经济寿命。

当年度使用费不规则变化时,最小年度费用的出现也是无规则的。

如果一部资产在整个使用寿命期间,其年度使用费固定不变,其估计残值也保持不变,则它的经济寿命等于它的服务寿命。

当旧资产现在及以后的市场价值为 0,而且预计每年的运营费用将逐年增加时,那么其剩余经济寿命即为 1 年。

以经济寿命为依据的更新方案比较,取经济寿命时年度费用小者为优。

不能忽略所得税因素对更新决策的影响。

习题 10

1. 某工厂为处理污水,在 3 年前花 18 000 元买了一台抽水机,年度使用费为 10 000 元。估计还能使用 5 年,不计残值。现在,该厂又有一个机会,花 27 000 元可以购买一台新的抽水机,估计寿命为 5 年,也不计残值,年度使用费为 4 000 元。假如现在购买新抽水机,旧抽水机可以以 2 000 元出售,基准贴现率为 6%,不计所得税。

(1) 画出继续使用旧抽水机和现在出售旧抽水机买进新抽水机两个方案的直接现金流量图。如按直接现金流量来计算等值年度费用,结论是什么?

(2) 正确的做法是什么?

2. 某种机器,原始费用为 20 000 元,第一年年度使用费为 10 000 元,以后每年增加 2 000 元,任何时候都不计残值,不计利息,不计所得税,求机器的经济寿命,并用表格的形式表明年度费用。

3. 某医院正在考虑其人工肾机器的更新。这种机器是在 4 年前花 35 000 元购置的。假如将现有机器保留使用 1 年、2 年、3 年,其年度使用费分别为 25 000 元、27 000 元、29 000 元。机器的目前残值为 9 000 元,每保留使用 1 年贬值 2 000 元。当前新的人工肾机器的购置费为 42 000 元,年度使用费固定为 19 000 元,经济寿命为 5 年,5 年末的残值估计为 10 000 元。$i_0 = 12\%$,旧机器是否应该更换,如果应更换,何时更换最经济?

4. 两年前花 80 000 元购买了一台软饮料处理机,处理机在以后 5 年服务寿命中,其年度使用费分别为 2 000 元、10 000 元、18 000 元、26 000 元和 34 000 元,目前的残值为

40 000 元,以后各年的残值均为零。

市场上有一种新的处理机,原始费用为 70 000 元,在 5 年服务寿命中年度使用费固定为 8 000 元,任何时候的残值均为零。如果 $i_0=8\%$,列表计算两种处理机 5 年中的等值年度费用。并求出新、旧处理机的经济寿命。考虑 5 年研究期,应采用哪种处理机?

5. 有一台特殊效用的机器,原始费用为 20 000 元。表 10-8 列出了机器各年使用费和各服务年年末的残值。假如基准收益率为 10%,求这台机器的经济寿命。

表 10-8 机器各年使用费和年末残值

服 务 年 数	年度使用费(元)	年末残值(元)
1	2 200	10 000
2	3 300	9 000
3	4 400	8 000
4	5 500	7 000
5	6 600	6 000
6	7 700	5 000
7	8 800	4 000
8	9 900	3 000
9	11 000	2 000
10	12 100	1 000

6. 某厂 3 年前购买一台造型机,因经常使用费用较高,故拟做更新分析。该机购买费为 600 000 元,年使用成本为 70 000 元,预计在市场上出售的价值为 400 000 元,剩余寿命为 5 年,第 5 年年末残值为零。今可购到功能相同的新造型机,每台购置费为 1 200 000元,年使用成本为 15 000 元,寿命为 5 年,第 5 年年末残值为 200 000 元。假设均按直线法折旧,税率为 33%,基准贴现率为 10%,试分别进行税前和税后更新分析。

7. 某公司有一台设备,购于 3 年前,按直线法折旧,现在考虑是否要更新,新设备按年数总和法折旧,该公司所得税率为 33%,税后基准收益率为 6%,其他有关资料如表 10-9 所示。

表 10-9 第 7 题的数据资料   单位:元

项　　目	旧 设 备	新 设 备
原价	90 000	13 0000
税法规定残值(10%)	9 000	13 000
折旧年限	9	5
已用年限	4	
年使用费用	开始使用第一年为 3 000 元,以后每年增加 10%	开始使用第一年为 1 000 元,以后每年增加 10%
目前变现价值	100 000	
报废残值	0	30 000

分别进行税前和税后更新比较。

第11章

价值工程

学习要点

- 价值工程的定义
- 提高价值的基本途径
- 价值工程的工作程序
- 功能分析与评价的方法

11.1 概述

价值工程(Value Engineering,VE),也称为价值分析(Value Analysis,VA),是一种有效地降低成本、提高经济效益的技术经济分析方法,已广泛应用于产品设计与创新过程中。

作为一种现代化的管理手段,价值工程在 20 世纪 40 年代起源于美国,麦尔斯(L. D. Miles)是价值工程的创始人。第二次世界大战以后,由于原材料供应短缺,采购工作困难重重。麦尔斯发现一些不太短缺的材料能够有效地替代短缺材料。此后,麦尔斯逐渐总结出一套解决采购问题的行之有效的方法,并将这种方法推广应用到其他领域。例如,将技术与经济价值结合起来研究生产和管理问题,这就是早期的价值工程。1955年,这一方法传入日本,后又与全面质量管理相结合得到进一步的发展,成为一套成熟的提高产品价值、降低产品成本的价值分析方法。

所谓价值工程,就是指通过集体智慧和有组织的活动对产品或服务进行功能分析,目标是以最低的总成本,可靠地实现产品或服务的必要功能,从而提高产品或服务的价值。

价值工程的主要思想是,通过对选定研究对象的功能及费用分析,提高对象的价值。这里的价值,指的是反映费用支出与获得之间的比例,用数学比例式表达如下:

$$V = F/C$$

式中,V 为价值(Value Index);F 为功能评价值(Function Worthy);C 为总成本(Total Cost)。

从上述价值与功能、成本的关系中可知,提高价值的基本途径有 5 种,即

① 应用新技术,提高功能,降低成本,大幅度提高价值。
② 功能不变,降低成本,提高价值。
③ 功能有所提高,成本不变,提高价值。
④ 功能略有下降,成本大幅度降低,提高价值。
⑤ 提高功能,适当提高成本,大幅度提高功能,从而提高价值。

在长期的实践过程中,麦尔斯总结了一套开展价值工作的原则,这些原则包括:在思想上应打破现有框架,实事求是,勇于创新;在组织方法和技术方法方面,应尽可能收集一切可用的信息资料,重视专家意见,重视专业化与标准化;在价值分析中,要像花自己的钱一样做出分析判断。

进行一项价值分析,首先需要选定价值工程的对象。一般来说,价值工程对象的选择应考虑社会生产经营的需要及对象价值本身可被提高的潜力。例如,选择占成本比例大的原材料部分,如果能够通过价值分析降低费用并提高价值,那么这种价值分析对降低产品总成本的影响也会很大。当生产经营中的产品功能、原材料成本都需要改进时,研究者一般采取经验分析法、ABC 分析法及百分比分析法。选定分析对象后,需要收集对象的相关信息,包括用户需求、销售市场、技术进步状况、经济分析及本企业的实际能力等。价值分析中能够确定的方案的多少及实施成果的大小与信息的准确程度、及时程度、全面程度紧密相关。有了较为全面的信息之后,就可以进入价值工程的核心阶段——功能分析。

在这一阶段,要进行功能的定义、分类、整理与评价等步骤。经过分析和评价,分析人员可以提出多种方案,从中筛选出最优方案加以实施。在决定实施方案后,应该制定具体的实施计划,提出工作的内容、进度、质量、标准、责任等方面的要求,确保方案的实施质量。为了掌握价值工程实施的成果,还要组织成果评价。成果的鉴定一般以实施的经济效益、社会效益为主。作为一项技术经济的分析方法,价值工程实现了将技术与经济的紧密结合。此外,价值工程的独到之处还在于,它注重提高产品的价值,注重研制阶段开展工作,并且将功能分析作为自己独特的分析方法。

价值工程虽然起源于对材料及其代用品的研究,但其原理和方法很快扩散到其他领域,得到广泛应用。价值工程主要可应用于两大方面:一是在工程建设和生产发展方面。如它可应用于对一项工程建设或者一项成套技术项目的分析等大的方面,也可以应用于企业生产的每一件产品、每一部件、设备或原材料等小的方面。具体做法包括:工程价值分析、产品价值分析、技术价值分析、设备价值分析、原材料价值分析、工艺价值分析、零件价值分析和工序价值分析等。二是在组织经营管理方面。价值工程不仅是一种提高工程和产品价值的技术经济方法,而且是一项指导决策、提高管理水平的科学方法,体现了现代经营管理的思想,在工程施工和产品生产的组织管理中也可采用这种科学思想和技术。例如,对经营品种的价值分析、对施工方案的价值分析、质量价值分析、产品价值分析、管理方法价值分析、作业组织价值分析等。

11.2 价值、功能和成本

价值工程包括三个基本要素,即价值、功能和成本。

11.2.1 价值

价值工程中价值的含义既有别于政治经济学中所说的价值,即"凝结在商品中的一般人类劳动",又有别于统计学中用货币表示的价值。它更接近于人们日常生活常用的"值得不值得"的意思,是指事物的有益程度,它反映了功能和成本的关系,为分析与评价产品的价值提供了一种科学的标准。建立价值分析的观念就能在企业的生产经营中正确处理功能和成本的关系,生产适销对路的产品,不断提高产品的价值,满足消费者的需求,提高企业的竞争力。

11.2.2 功能

功能可解释为用途、效能、作用等。对于一件产品来说,功能就是产品的用途、产品所担负的职能或所起的作用。功能所回答的是"它的作用或用途是什么"。在价值工程中,功能含义很广。对产品来说,是有何效用,如电视机是看节目的。功能本身必须表达它的有用性。没有用的东西就没有什么价值,就谈不到价值分析了。以产品来说,人们在市场上购买商品的目的是购买它的功能,而非产品本身的结构。例如,人们买彩电,是因为彩电有"收看彩色电视节目"的功能,而不是买它的集成元件、显像管等元器件。功能是各种事物所共有的属性。价值工程自始至终都要围绕用户要求的功能,对事物本质进行思考。

功能包括多种属性，为分清它的性质，价值工程中一般将其分为以下几类：

（1）按重要程度标准分为基本功能和辅助功能

基本功能是指实现该事物的用途必不可少的功能，即主要功能。例如，钟表的基本功能是显示时间。基本功能改变了，产品的用途也将随之改变。确定基本功能应从用户需要的功能出发。可以从它的作用是否是必需的，主要用途是否真的是主要的，其作用改变后是否会使性质全部改变三方面来考虑。

辅助功能是指基本功能以外附加的功能。如石英钟的基本功能是显示时间，但有的附加了声音、日期等辅助功能。辅助功能可以依据用户需要进行改变。

（2）按满足要求性质的标准分为使用功能和美观功能

使用功能是指提供的使用价值或实际用途。使用功能通过基本功能和辅助功能反映出来，如带鸣音的石英钟，既要显示时间，又要按时发出声音。

美观功能是指外观装饰功能，如产品的造型、颜色。美观功能主要提供欣赏价值，可起到扩增价值的作用。有些产品纯属欣赏的，应追求美观功能，如美术工艺品、装饰品、衣着等。而有些产品不追求美观，如煤、油、地下管道等。

（3）按用户用途标准分为必要功能和不必要功能

必要功能是指用户要求的需要功能。如钟表的"走时"功能是必要功能。产品若无此功能，也就失去了价值。必要功能包括基本功能和辅助功能，但辅助功能不一定都是必要功能。

不必要功能是指用户可有可无的功能，包括过剩的、多余的功能。

区分上述功能，就可以抓住主要矛盾，尽量减少那些不必要的、次要的功能成本，从而提高其价值。

11.2.3 成本

价值工程中的"成本"，是指实现功能所支付的全部费用，即全寿命周期成本。对产品来说，是以功能为对象而进行的成本核算。一个产品往往包含许多零部件的功能，而各功能又不尽相同，就需要把零部件的成本变成功能成本，这与一般财会工作中的成本计算是有较大差别的。财会计算成本是零部件数量乘以成本单价，得出一个零部件的成本，然后把各种零部件成本额相加，求得总成本。而价值工程中的功能成本，是把每一零部件按不同功能的重要程度分组后计算的。计算功能成本过程中常见的问题有两类，一类是，一个功能由多个零件实现，对于这类问题，可将各零件成本相加得到功能成本；另一类是，一个零件具有多个功能，此时应根据该零件花费在各种功能上的实际成本的多少进行分摊。价值分析中成本的大小，是根据所研究的功能对象确定的。

11.3 价值工程的工作程序

价值工程的特点是有组织的活动，一是要按照工作程序去做，二是要有组织地展开集体活动。它需要集中企业中从事研究开发、设计、生产、采购、销售、成本核算、服务等各方面的专家，组成工作小组，并按照价值工程中规定的工作程序进行功能分析，运用集体的智慧提出更多、更好的多个改进方案,并从中选择出价值最高的实施方案。

价值工程以功能分析为核心,它有一套发现问题、分析问题和解决问题的系统的方法。归纳起来要解决如下7个问题:

① 它是什么?
② 它是干什么用的?
③ 它的成本是多少?
④ 它的价值是多少?
⑤ 有能实现这个功能的其他方法吗?
⑥ 新的方案成本是多少?
⑦ 新的方案能满足要求吗?

按顺序回答和解决这7个问题的过程,就是价值工程的工作程序和步骤,即选择价值工程对象→收集信息→进行功能分析→提出改进方案→分析与评价方案→实施方案→评价活动成果。

1. 选择价值工程对象

价值工程的主要途径是进行分析,选择对象是在总体中确定功能分析的对象。它是根据企业、市场的需要,从得到效益出发来分析确定的。对象选择的基本原则是:在生产经营上有迫切的必要性,在改进功能、降低成本上有取得较大成果的潜力。

2. 收集信息

通过收集信息,可以从信息中得到进行价值工程活动的依据、标准、对比对象,同时可以受到启发,打开思路,深入地发现问题,科学地确定问题的所在和问题的性质,以及设想改进方向、方针和方法。

3. 进行功能分析

功能分析也称功能研究,对新产品来讲,也叫功能设计,它是价值工程的核心。价值工程的活动就是围绕这个中心环节进行的。因为价值工程的目的是用最低的寿命周期成本,可靠地实现用户所需的必要功能。所以,价值工程师对产品的分析,首先不是分析产品的结构,而是分析产品的功能,亦即从传统的对产品结构的分析转移到对产品功能的分析。这样就为摆脱现存结构对设计思路的束缚,广泛应用技术创新的新成果,找出实现所需功能的最优方案,提供了一种有效方法。

功能分析包括功能定义、功能整理和功能评价。功能定义是指确定分析对象的功能。功能分类是指确定功能的类型和重要程度,如基本功能、辅助功能、使用功能、美观功能、必要功能、不必要功能等。功能整理是指制作功能系统图,用来表示功能间的"目的"和"手段"关系,确定和去除不必要的功能。

(1) 确定功能定义

功能定义所回答的是"它是做什么用的"。对功能要给予科学的定义并进行分类整理,理顺功能之间的逻辑关系,为功能分析提供系统资料。

(2) 功能整理

功能整理的目的是确切地定义功能,正确地划分功能类别,科学地确定功能系统,发现和提出不必要的功能和不正确的或可以简化的功能。

（3）功能评价

评价功能所解答的是"成本是多少"和"价值是多少"的问题。其目的是寻求功能最低的成本。它是用量化手段来描述功能的重要程度和价值，以找出低价值区域，明确实施价值工程的目标、重点和大致的经济效果。功能评价的主要尺度是价值系数，可由功能和费用来求得。此时，要将功能用成本来表示，以此将功能量化，并可确定与功能的重要程度相对应的功能成本。

进行功能评价的一般步骤是：① 确定零件或功能的现实成本；② 采用一定的方式使功能定量化；③ 计算零件或功能的价值；④ 确定改善幅度；⑤ 按价值从小到大的顺序排队，确定价值工程活动的首选对象。

4. 提出改进方案

改进方案解决的是"有没有实现同样功能的新方案"的问题。为了改进设计，就必须提出改进方案，麦尔斯曾说过，要得到价值高的设计，必须有 20~50 个可选方案。提出实现某一功能的各种各样的设想，逐步使其完善和具体化，形成若干个在技术上和经济上比较完善的方案。

提出改进方案是一个创造性的过程，应注意以下几点：

① 要敢于打破框架，不受原设计的束缚，应完全根据功能定义从各种不同角度来设想实现功能的手段。

② 要发动大家参加这一工作，组织不同专业、不同经验的人在一起提出改进方案，互相启发。

③ 将不同想法集中，发展成方案，逐步使其完善。

5. 分析与评价方案

分析与评价方案回答"新方案的成本是多少"的问题。在提出设想阶段形成的若干个改进新方案，不可能十分完善，也必然有好有坏。因此，一方面，要使方案具体化；另一方面，要分析其优缺点，进行评价，最后选出最佳方案。

方案评价要从两方面进行：一方面，要从满足需要、保证功能等方面进行评价；另一方面，要从降低费用、减少成本等经济方面进行评价。总之，要看是否增加了价值，提高了经济效益。

6. 实施与验证方案

为了确保选用的方案是先进可行的，必须对选出的最优方案进行验证。验证的内容有方案的规格和条件是否合理、恰当，方案的优缺点是否确切，存在的问题有无进一步解决的措施。它主要回答"新方案能否满足要求"的问题。

7. 评价活动成果

在最优方案实施过程中，还会有这样或那样的问题，需要对实施情况进行检查，随时发现问题，解决问题，使其更加完善并能顺利地进行。

11.4 价值工程中的技术方法

价值工程的每一项程序都必须采用一定的技术方法,主要包括:价值分析对象选择的方法、功能评价的方法、方案创造的方法及方案评价与选优的方法。

11.4.1 价值分析对象选择的方法

1. ABC 分析法

ABC 分析法(或称成本比重分析法或 Pareto 分析法),是价值工程对象选择的常用方法之一。

意大利经济学家 Pareto 在研究资本主义国民财富的分配状况时发现这样一个规律,即少数人占据社会的大部分财富,而多数人却只占有社会财富的小部分。后来,人们把这种不均匀分布的规律,用于成本分析、库存管理等经济管理问题的分析。例如,通过成本分析可以发现,占零件数量 10% 左右的零件,其成本往往占整个产品的 60%～70%,把这类零件划为 A 类;占零件数量 20% 左右的零件,其成本也占总成本的 20% 左右,把这类零件划为 B 类;占零件数量 70% 左右的零件,其成本占总成本的 10%～20%,把这类零件划为 C 类。人们利用这种分类方法,可以实现对零件成本的分类控制。

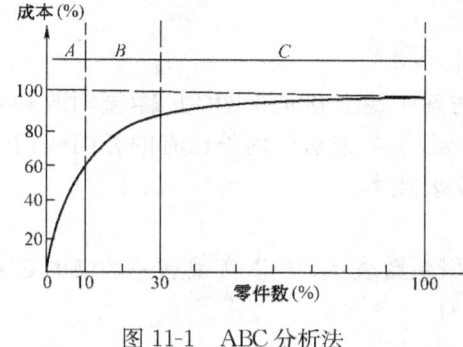

在利用 ABC 分析法进行对象选择时,首先将零件按其成本大小进行排队,优先选择成本大的少数零件作为价值分析的对象(见图 11-1)。

ABC 分析法的优点是能抓住重点,把数量少而成本大的零部件选为价值分析对象,利于集中精力,突破重点,取得较大成果。

图 11-1 ABC 分析法

2. 百分比法

这是一种按某项费用或某种资源,在不同产品、作业中或某一产品、作业的不同组成部分中,所占的比重大小来选择对象的方法。例如,某厂生产用的动力消耗大大超过同类企业的一般水平,为了进行价值工程活动,首先,分析各产品动力消耗的比重(如表 11-1 所示)。其次,与各产品的产值比重进行比较,如发现 A,C 两种产品动力消耗比重超过产值比重,就确定 A,C 两种产品为价值工程活动对象,设法降低其动力消耗和成本。

表 11-1 各产品动力消耗的比重

产品	A	B	C	D	E	F	G	合计
动力消耗比重(%)	34	29	17	10	5	3	2	100

3. 产品寿命周期法

产品从试制到被淘汰的整个过程称为产品的寿命周期。产品一般会经过 4 个阶段:投产期、成长期、成熟期和衰退期。

处在投产期的新产品是价值工程的对象。在设计新产品的过程中,应大力进行价值工程活动,使产品有较大的价值,使它一进入市场就能扩大市场份额,取得较高的利润。处于成熟期的产品,如企业决定再增加较少投资,提高它的功能或降低成本和售价,也应选为价值工程对象;或者产品销售额已下降,但还有可能对购买力低的用户打开销路,这样的产品也可选为价值工程的对象。

11.4.2 功能评价的方法

1. 功能成本法

功能成本法的特点是以功能的必要(最低)费用来计量功能,其步骤如下:

(1) 确定一个产品(或部件)的全部零件的现实成本。

(2) 将零件成本换算成功能成本。

在实际产品中,常常有下列情况,即实现一个功能要由几个零件来完成,或者一个零件有几个功能。因此,零件的成本不等于功能的成本,要把零件成本换算成功能成本。换算的方法是:一个零件有一个功能,则零件的成本就是功能的成本;一个零件有两个或两个以上功能,就把零件成本按功能的重要程度分摊给各个功能;上位功能的成本是下位功能的成本的合计。

(3) 确定功能的必要成本(最低成本,也称目标成本)

确定的方法是:从实现每个功能的初步改进方案中找出成本最低的方案(要对改进方案的成本进行估算),以此方案的成本为功能的必要成本;或从厂内外已有的相同或相似零件的成本中找出最低成本,以此来确定功能的必要成本。

(4) 计算各功能的价值

计算公式仍采用 $V=F/C$,但这里的 V 以价值系数表示,F 以实现这一功能的必要成本来计量,C 表示实现这一功能的现实成本,即有

$$价值系数 = \frac{实现功能的必要成本}{实现功能的现实成本}$$

通过计算,就可知道每种功能的现实价值的大小,计算出的功能价值(即价值系数)一般都小于1,即现实成本高于必要成本。现实成本和必要成本之差($C-F$)就是改善的幅度,也称期望值。

(5) 按价值系数排序

按价值系数从小到大的顺序排队,确定价值工程对象、重点、顺序和目标。

2. 强制确定法

强制确定法(Forced Decision method)是一种目前流行较广的功能评价法,简称 FD 法。它的基本思想是:产品的每一个零部件成本应该与该零部件功能的重要性对称,它以功能重要程度作为选择价值工程对象的决策指标。如果其零部件的成本很高,但它的功能在产品中却处于次要地位,这说明功能与成本的匹配不合理。通过求算功能评价系数和成本系数,得出价值系数,根据价值系数判断功能与成本的匹配程度,并明确价值工程改进的方向。

将产品或组成产品部件的重要程度代替功能,再以这种重要性与相关的产品或部件成本来确定价值工程对象。强制确定法的应用步骤如下。

①将构成产品的零部件按顺序排列出来。

②将各零部件逐一进行比较,打分,重要的多得分,不重要的少得分或不得分。

③将每个零部件所得的分数除以各零部件的总和分数,求出每个零部件的功能评价系数。

④将每个零部件的目前成本除以全部零部件的总成本数,求出每个零部件的成本系数。

⑤将每个零部件功能评价系数除以成本系数,得出各零部件的价值系数。

⑥当零部件价值系数小于1,即功能评价系数小于成本系数时,说明该零部件不太重要,却占用了较多的目前成本;当零部件价值系数大于1,即功能评价系数大于成本系数时,说明该零部件功能较为重要,花费的成本却并不多。对前者可考虑降低其成本,对后者可考虑提高其功能。而当价值系数等于1的时候,则表示该零部件的功能和成本匹配恰当。

在将各零部件逐一进行比较和打分时,通常采用0-1打分法和0-4打分法。

(1)0-1打分法

它是指将零部件排列起来后,就其功能的重要性逐一进行比较,重要的得1分,不重要的得0分。然后用每个零部件所得的分数乘以各零部件得分总和,求得各自的功能评价系数,如表11-2所示。

表11-2 0-1打分法功能评价系数计算表

零部件名称	A	B	C	D	E	F	G	H	得分	功能评价系数
A	×	1	1	0	1	1	1	1	6	0.214
B		×	1	0	1	1	1	1	5	0.179
C			×	0	1	1	1	0	3	0.107
D	1	1	1	×	1	1	1	1	7	0.250
E					×	0	1	0	1	0.036
F					1	×	1	0	2	0.071
G							×	0	0	0
H					1	1	1	×	4	0.143
总分									28	1.000

$$功能评价系数 = \frac{零部件的功能得分}{全部零部件功能总分} \tag{11-1}$$

功能评价系数的大小,说明该零部件在全部零部件中的重要程度。功能评价系数越大越重要。在对功能进行打分时应有10个人左右参加,这样可以减少个体误差,使评出的结果更符合实际情况。用求得的功能评价系数除以成本系数可得出价值系数,如表11-3所示。

表 11-3　价值系数计算表

零部件名称	功能评价系数	目前成本	成本系数	价值系数
A	0.214	1 828	0.253	0.85
B	0.179	3 000	0.416	0.43
C	0.107	285	0.040	2.68
D	0.250	284	0.039	6.41
E	0.036	612	0.085	0.42
F	0.071	407	0.056	1.28
G	0	82	0.011	0
H	0.143	720	0.100	1.43
合计	1.000	7 218	1.000	

$$成本系数 = \frac{各零部件的目前成本}{全部零部件的目前成本之和} \tag{11-2}$$

$$价值系数 = \frac{功能评价系数}{成本系数} \tag{11-3}$$

根据价值系数的概念可知：对于价值系数小于 1 的对象，应该考虑降低其成本；而对价值系数大于 1 的对象，则应考虑提高其功能。0-1 打分法为我们提供了零部件改进的努力方向及大致程度。此法简单、易行、实用，应用的范围很广。但由于 0-1 打分法在做零部件重要性比较时只能给出 0,1 两种结果，而在实际中往往并不是非此即彼；同时，0-1 打分法中总有一个零部件的得分为 0，而这个零部件并不一定是没有存在的必要。为了克服这些缺点，有时候可采用 0-4 打分法。

(2) 0-4 打分法

此法的使用规则与 0-1 打分法基本相同，只是在进行零部件的逐一比较时，将比较打分的距离拉大，即将重要程度融入了重要性比较中。若两个零部件的重要性相差很大，则重要的打 4 分，不重要的打 0 分；若两个零部件的重要性相差不是很大，则重要的打 3 分，不重要的打 1 分；若两个零部件的重要性无甚差别，则可分别打 2 分。不论怎样比较，对两个零部件打分的分数总和都是 4 分，如表 11-4 所示。

表 11-4　0-4 打分法功能系数计算表

	A	B	C	D	E	得分	功能系数
A	×	4	2	3	0	9	0.225
B	0	×	1	2	2	5	0.125
C	2	3	×	0	3	8	0.200
D	1	2	4	×	4	11	0.275
E	4	2	1	0	×	7	0.175
合计	7	11	8	5	9	40	1.000

0-4 打分法避免了 0-1 打分法造成的非此即彼、无法表示程度的不足，使得不确定度零部件的功能系数及其价值系数等能够更加接近实际。对于更加复杂的零部件功能系数和价值系数的求取，有时可依 0-4 打分法的规则加以扩充，采用多比例打分法。

11.4.3 方案创造与改进的方法

1. "头脑风暴法(Brain Storming)"

这种方法以开小组会的方式进行,人数不宜过多,以 5~10 人为宜。人们的关系要非常融洽,会中的气氛要轻松愉快。会议有 4 个原则:
① 不评论好坏。
② 鼓励自由开放地提出想法。
③ 要求提出大量方案。
④ 相互启发,要求结合别人的意见提出设想。

经验证明,采用这种方法提方案比同样的人数单独提方案的方案数量要大 65%~90%,因而应用很多。

2. 哥顿法

这是美国人哥顿(Gordon)在 1964 年提出的方法。这种方法的指导思想是,把要研究的问题适当抽象,以利于开拓思路。会议主持者并不把要解决的问题全部摊开,只把问题抽象地介绍给大家,要求海阔天空地提出各种设想。例如,要研究一种新型收割机,则只提出如何把东西割断和分开,大家围绕这一问题提方案。会议主持者要善于引导,步步深入,等到适当时机,再把问题讲明,以做进一步研究。

11.4.4 方案评价与选择的方法

1. 优缺点列举法

优缺点列举法是从质量、性能、成本等各个方面详细列出各方案的优缺点,根据方案的优缺点对比,评价选择最优方案。这种方法灵活简便,也便于全面地考虑问题,但评价比较粗糙,缺乏定量依据。

2. 定量评价法

该方法又分两类。第一类是直接打分法。这种方法是根据各种方案能够达到各项功能要求的程度,按十分制进行打分,然后算出每个方案达到功能要求的总分。比较各方案的总分,初步分出不用、保留、采纳的方案。然后再算出保留、采纳方案的成本,进行成本比较,决定最优方案。

第二类是加权打分法。这种方法的特点是把成本、功能等各种因素,根据要求的不同予以加权计算,然后算出综合分数,再加以选择。

本章小结

价值工程(也称价值分析)是一种有效地降低成本、提高经济效益的技术经济分析方法。它通过集体智慧和有组织的活动对产品或服务进行功能分析,使目标以最低的总成本,可靠地实现产品或服务的必要功能,从而提高产品或服务的价值。

价值工程的主要思想是,通过对选定研究对象的功能及费用分析,提高对象的价值。

其基本途径包括5种：应用新技术，提高功能，降低成本，大幅度提高价值；功能不变，降低成本，提高价值；功能有所提高，成本不变，提高价值；功能略有下降，成本大幅度降低，提高价值；提高功能，适当提高成本，大幅度提高功能，从而提高价值等。

价值工程的基本工作程序和步骤为：选择价值工程对象→收集信息→进行功能分析→提出改进方案→分析与评价方案→实施方案→评价活动成果。其中，功能分析是价值工程的核心。

习题 11

1. 什么是价值工程？价值工程有何特点？
2. 价值工程的实施步骤如何？
3. 选择价值分析对象的一般原则是什么？常用哪些方法？
4. 功能分析是价值工程活动的一个重要环节，它包括哪些内容？
5. 方案创造是价值工程活动成败的关键，在价值工程中常用的方法有哪些？

附录 A

计算用附表

- 附表1　$(F/Pi,N)$表
- 附表2　$(P/Fi,N)$表
- 附表3　$(F/Ai,N)$表
- 附表4　$(A/Fi,N)$表
- 附表5　$(P/Ai,N)$表
- 附表6　$(A/Pi,N)$表
- 附表7　$(A/Gi,N)$表
- 附表8　正态分布下的累积概率$[N(d)]$

附表1 　(F/Pi,N)表

N \ i	0.75%	1%	1.5%	2%	2.5%	3%	4%	5%	6%
1	1.0075	1.0100	1.0150	1.0200	1.0250	1.0300	1.0400	1.0500	1.0600
2	1.0151	1.0201	1.0302	1.0404	1.0506	1.0609	1.0816	1.1025	1.1236
3	1.0227	1.0303	1.0457	1.0612	1.0769	1.0927	1.1249	1.1576	1.1910
4	1.0303	1.0406	1.0614	1.0824	1.1038	1.1255	1.1699	1.2155	1.2625
5	1.0381	1.0510	1.0773	1.1041	1.1314	1.1593	1.2167	1.2763	1.3382
6	1.0459	1.0615	1.0934	1.1262	1.1597	1.1941	1.2653	1.3401	1.4185
7	1.0537	1.0721	1.1098	1.1487	1.1887	1.2299	1.3159	1.4071	1.5036
8	1.0616	1.0829	1.1265	1.1717	1.2184	1.2668	1.3686	1.4775	1.5938
9	1.0696	1.0937	1.1434	1.1951	1.2489	1.3048	1.4233	1.5513	1.6895
10	1.0776	1.1046	1.1605	1.2190	1.2801	1.3439	1.4802	1.6289	1.7908
11	1.0857	1.1157	1.1779	1.2434	1.3121	1.3842	1.5395	1.7103	1.8983
12	1.0938	1.1268	1.1956	1.2682	1.3449	1.4258	1.6010	1.7959	2.0122
13	1.1020	1.1381	1.2136	1.2936	1.3785	1.4685	1.6651	1.8856	2.1329
14	1.1103	1.1495	1.2318	1.3195	1.4130	1.5126	1.7317	1.9799	2.2609
15	1.1186	1.1610	1.2502	1.3459	1.4483	1.5580	1.8009	2.0789	2.3966
16	1.1270	1.1726	1.2690	1.3728	1.4845	1.6047	1.8730	2.1829	2.5404
17	1.1354	1.1843	1.2880	1.4002	1.5216	1.6528	1.9479	2.2920	2.6928
18	1.1440	1.1961	1.3073	1.4282	1.5597	1.7024	2.0258	2.4066	2.8543
19	1.1525	1.2081	1.3270	1.4568	1.5987	1.7535	2.1068	2.5270	3.0256
20	1.1612	1.2202	1.3469	1.4859	1.6386	1.8061	2.1911	2.6533	3.2071
21	1.1699	1.2324	1.3671	1.5157	1.6796	1.8603	2.2788	2.7860	3.3996
22	1.1787	1.2447	1.3876	1.5460	1.7216	1.9161	2.3699	2.9253	3.6035
23	1.1875	1.2572	1.4086	1.5769	1.7646	1.9736	2.4647	3.0715	3.8197
24	1.1964	1.2697	1.4295	1.6084	1.8087	2.0328	2.5633	3.2251	4.0489
25	1.2054	1.2824	1.4509	1.6406	1.8539	2.0938	2.6658	3.3864	4.2919
26	1.2144	1.2953	1.4727	1.6734	1.9003	2.1566	2.7725	3.5557	4.5494
27	1.2235	1.3082	1.4948	1.7069	1.9478	2.2213	2.8834	3.7335	4.8223
28	1.2327	1.3213	1.5172	1.7410	1.9965	2.2879	2.9987	3.9201	5.1117
29	1.2420	1.3345	1.5400	1.7758	2.0464	2.3566	3.1187	4.1161	5.4184
30	1.2513	1.3478	1.5631	1.8114	2.0976	2.4273	3.2434	4.3219	5.7435
31	1.2607	1.3613	1.5865	1.8476	2.1500	2.5001	3.3731	4.5380	6.0881
32	1.2701	1.3749	1.6103	1.8845	2.2038	2.5751	3.5081	4.7649	6.4534
33	1.2796	1.3887	1.6345	1.9222	2.2589	2.6523	3.6484	5.0032	6.8406
34	1.2892	1.4026	1.6590	1.9607	2.3153	2.7319	3.7943	5.2533	7.2510
35	1.2989	1.4166	1.6839	1.9999	2.3732	2.8139	3.9461	5.5160	7.6861
40	1.3483	1.4889	1.8140	2.2080	2.6851	3.2620	4.8010	7.0400	10.2857
45	1.3997	1.5648	1.9542	2.4379	3.0379	3.7816	5.8412	8.9850	13.7646
50	1.4530	1.6446	2.1052	2.6916	3.4371	4.3839	7.1067	11.4674	18.4202
55	1.5083	1.7285	2.2679	2.9717	3.8888	5.0821	8.6464	14.6356	24.6503
60	1.5657	1.8167	2.4432	3.2810	4.3998	5.8916	10.5196	18.6792	32.9877
65	1.6253	1.9094	2.6320	3.6225	4.9780	6.8300	12.7987	23.8399	44.1450
70	1.6872	2.0068	2.8355	3.9996	5.6321	7.9178	15.5716	30.4264	59.0759
75	1.7514	2.1091	3.0548	4.4158	6.3722	9.1789	18.9453	38.8327	79.0569
80	1.8180	2.2167	3.2907	4.8754	7.2096	10.6409	23.0498	49.5614	105.7960
85	1.8873	2.3298	3.5450	5.3829	8.1570	12.3357	28.0363	63.2544	141.5789
90	1.9591	2.4486	3.8189	5.9431	9.2289	14.3005	34.1196	80.7304	189.4645
95	2.0337	2.5735	4.1141	6.5617	10.4416	16.5782	41.5114	103.0347	253.5463
100	2.1111	2.7048	4.4320	7.2446	11.8137	19.2186	50.5049	131.5013	339.3021

附录 A 计算用附表

(续表)

7%	8%	9%	10%	12%	15%	20%	25%	30%
1.0700	1.0800	1.0900	1.1000	1.1200	1.1500	1.2000	1.2500	1.3000
1.1449	1.1664	1.1881	1.2100	1.2544	1.3225	1.4400	1.5625	1.6900
1.2250	1.2597	1.2950	1.3310	1.4049	1.5209	1.7280	1.9531	2.1970
1.3108	1.3605	1.4116	1.4641	1.5735	1.7490	2.0736	2.4414	2.8561
1.4026	1.4693	1.5386	1.6105	1.7623	2.0114	2.4883	3.0518	3.7129
1.5007	1.5869	1.6771	1.7716	1.9738	2.3131	2.9860	3.8147	4.8268
1.6058	1.7138	1.8280	1.9487	2.2107	2.6600	3.5832	4.7884	6.2749
1.7182	1.8509	1.9926	2.1436	2.4760	3.0590	4.2998	5.9605	8.1573
1.8385	1.9990	2.1719	2.3579	2.7731	3.5179	5.1598	7.4506	10.6045
1.9672	2.1589	2.3674	2.5937	3.1058	4.0456	6.1917	9.3132	13.7858
2.1049	2.3316	2.5804	2.8531	3.4785	4.6524	7.4301	11.6415	17.9216
2.2522	2.5182	2.8127	3.1384	3.8960	5.3503	8.9161	14.5519	23.2981
2.4098	2.7196	3.0658	3.4523	4.3635	6.1528	10.6993	18.1899	30.2875
2.5785	2.9372	3.3417	3.7975	4.8871	7.0757	12.8392	22.7374	39.3738
2.7590	3.1722	3.6425	4.1772	5.4736	8.1371	15.4070	28.4217	51.1859
2.9522	3.4259	3.9703	4.5950	6.1304	9.3576	18.4884	35.5271	66.5417
3.1588	3.7000	4.3276	5.0545	6.8660	10.7613	22.1861	44.4089	86.5042
3.3799	3.9960	4.7171	5.5599	7.6900	12.3755	26.6233	55.5112	112.4554
3.6165	4.3157	5.1417	6.1159	8.6128	14.2318	31.8480	69.3889	146.1920
3.8697	4.6610	5.6044	6.7275	9.6463	16.3665	38.3376	86.7362	190.0496
4.1406	5.0338	8.1088	7.4002	10.8038	18.8215	46.0051	108.4202	247.0645
4.4304	5.4365	6.6586	8.1403	12.1003	21.6447	55.2061	135.5253	321.1839
4.7405	5.8715	7.2579	8.9543	13.5523	24.8915	66.2474	169.4066	417.5391
5.0724	6.3412	7.9111	9.8497	15.1786	28.6252	79.4968	211.7582	542.8008
5.4274	6.8485	8.6231	10.8347	17.0001	32.9190	95.3962	264.6978	705.6410
5.8074	7.3964	9.3992	11.9182	19.0401	37.8568	114.4755	330.8722	917.3333
6.2139	7.9881	10.2451	13.1100	21.3249	43.5353	137.3706	413.5903	1192.5333
6.6488	8.6271	11.1671	14.4210	23.8839	50.0656	164.8447	516.9879	1550.2933
7.1143	9.3173	12.1722	15.8631	26.7499	57.5755	197.8136	646.2349	2015.3813
7.6123	10.0627	13.2677	17.4494	29.9599	66.2118	237.3763	807.7936	2619.9956
8.1451	10.8677	14.4618	19.1943	33.5551	76.1435	284.8516	1009.7420	3405.9943
8.7153	11.7371	15.7633	21.1138	37.5817	87.5651	341.8219	1262.1774	4427.7926
9.3253	12.6760	17.1820	23.2252	42.0915	100.6998	410.1863	1577.7218	5756.1304
9.9781	13.6901	18.7284	25.5477	47.1425	115.8048	492.2235	1972.1523	7482.9696
10.6766	14.7853	20.4140	28.1024	52.7996	133.1775	590.6682	2465.1903	9727.8604
14.9745	21.7245	31.4094	45.2593	93.0510	267.8635	1469.7716		
21.0025	31.9204	48.3273	72.8905	163.9876	538.7693	3657.2620		
29.4570	48.9016	74.3575	117.3909	289.0022	1083.6574	9100.4382		
41.3150	88.9139	114.4083	189.0591					
57.9464	101.2571	176.0313	304.4816					
81.2729	148.7798	270.8460	490.3707					
113.9894	218.6064	416.7301	789.7470					
159.8760	321.2045	641.1909	1271.8954					
224.2344	471.9548	986.5517	2048.4002					
314.5003	693.4565	1517.9320	3298.8690					
441.1030	1018.9151	2335.5268	5313.0226					
618.8697	1497.1205	3593.4971	8556.6760					
867.7163	2199.7613	5529.0408	13780.6123					

附表2　($P/Fi,N$)表

N \ i	0.75%	1%	1.5%	2%	2.5%	3%	4%	5%	6%
1	0.9926	0.9901	0.9852	0.9804	0.9756	0.9709	0.9615	0.9524	0.9434
2	0.9852	0.9803	0.9707	0.9612	0.9518	0.9426	0.9246	0.9070	0.8900
3	0.9778	0.9706	0.9563	0.9423	0.9286	0.9151	0.8890	0.8638	0.8396
4	0.9706	0.9610	0.9422	0.9238	0.9060	0.8885	0.8548	0.8227	0.7921
5	0.9633	0.9515	0.9283	0.9057	0.8839	0.8626	0.8219	0.7835	0.7473
6	0.9562	0.9420	0.9145	0.8880	0.8623	0.8375	0.7903	0.7462	0.7050
7	0.9490	0.9327	0.9010	0.8706	0.8413	0.8131	0.7599	0.7107	0.6651
8	0.9420	0.9235	0.8877	0.8535	0.8207	0.7894	0.7307	0.6768	0.6274
9	0.9350	0.9143	0.8746	0.8368	0.8007	0.7664	0.7026	0.6446	0.5919
10	0.9280	0.9053	0.8617	0.8203	0.7812	0.7441	0.6756	0.6139	0.5584
11	0.9211	0.8963	0.8489	0.8043	0.7621	0.7224	0.6496	0.5847	0.5268
12	0.9142	0.8874	0.8364	0.7885	0.7436	0.7014	0.6246	0.5568	0.4970
13	0.9074	0.8787	0.8240	0.7730	0.7254	0.6810	0.6006	0.5303	0.4688
14	0.9007	0.8700	0.8118	0.7579	0.7077	0.6611	0.5775	0.5051	0.4423
15	0.8940	0.8613	0.7999	0.7430	0.6905	0.6419	0.5553	0.4810	0.4173
16	0.8873	0.8528	0.7880	0.7284	0.6736	0.6232	0.5339	0.4581	0.3936
17	0.8307	0.8444	0.7764	0.7142	0.6572	0.6050	0.5134	0.4363	0.3714
18	0.8742	0.8360	0.7649	0.7002	0.6412	0.5874	0.4936	0.4155	0.3503
19	0.8676	0.8277	0.7536	0.6864	0.6255	0.5703	0.4746	0.3957	0.3305
20	0.8612	0.8195	0.7425	0.6730	0.6103	0.5537	0.4564	0.3769	0.3118
21	0.8548	0.8114	0.7315	0.6598	0.5954	0.5375	0.4388	0.3589	0.2942
22	0.8484	0.8034	0.7207	0.6468	0.5809	0.5219	0.4220	0.3418	0.2775
23	0.8421	0.7954	0.7100	0.6342	0.5667	0.5067	0.4057	0.3256	0.2618
24	0.8358	0.7876	0.6995	0.6217	0.5529	0.4919	0.3901	0.3101	0.2470
25	0.8298	0.7798	0.6892	0.6095	0.5394	0.4776	0.3751	0.2953	0.2330
26	0.8234	0.7720	0.6790	0.5976	0.5262	0.4637	0.3607	0.2812	0.2198
27	0.8173	0.7644	0.6690	0.5859	0.5134	0.4502	0.3468	0.2678	0.2074
28	0.8112	0.7568	0.6591	0.5744	0.5009	0.4371	0.3335	0.2551	0.1956
29	0.8052	0.7493	0.6494	0.5631	0.4887	0.4243	0.3207	0.2429	0.1846
30	0.7992	0.7419	0.6398	0.5521	0.4767	0.4120	0.3083	0.2314	0.1741
31	0.7932	0.7346	0.6303	0.5412	0.4651	0.4000	0.2965	0.2204	0.1643
32	0.7873	0.7273	0.6210	0.5306	0.4538	0.3883	0.2851	0.2099	0.1550
33	0.7815	0.7201	0.6118	0.5202	0.4427	0.3770	0.2741	0.1999	0.1462
34	0.7757	0.7130	0.6028	0.5100	0.4319	0.3660	0.2636	0.1904	0.1379
35	0.7699	0.7059	0.5939	0.5000	0.4214	0.3554	0.2534	0.1813	0.1301
40	0.7416	0.6717	0.5513	0.4529	0.3724	0.3066	0.2083	0.1420	0.0972
45	0.7145	0.6391	0.5117	0.4102	0.3292	0.2644	0.1712	0.1113	0.0727
50	0.6883	0.6080	0.4750	0.3715	0.2809	0.2281	0.1407	0.0872	0.0543
55	0.6630	0.5785	0.4409	0.3365	0.2572	0.1968	0.1157	0.0683	0.0408
60	0.6387	0.5504	0.4093	0.3048	0.2273	0.1697	0.0951	0.0535	0.0303
65	0.6153	0.5237	0.3799	0.2761	0.2009	0.1464	0.0781	0.0419	0.0227
70	0.5927	0.4933	0.3527	0.2500	0.1776	0.1263	0.0642	0.0329	0.0169
75	0.5710	0.4741	0.3274	0.2265	0.1569	0.1089	0.0528	0.0258	0.0126
80	0.5500	0.4511	0.3039	0.2051	0.1387	0.0940	0.0434	0.0202	0.0095
85	0.5299	0.4292	0.2821	0.1858	0.1226	0.0811	0.0357	0.0158	0.0071
90	0.5104	0.4084	0.2619	0.1683	0.1084	0.0699	0.0293	0.0124	0.0053
95	0.4917	0.3886	0.2431	0.1524	0.0958	0.0603	0.0241	0.0097	0.0039
100	0.4737	0.3697	0.2256	0.1380	0.0846	0.0520	0.0198	0.0078	0.0029

附录 A 计算用附表

(续表)

7%	8%	9%	10%	12%	15%	20%	25%	30%
0.9346	0.9259	0.9174	0.9091	0.8929	0.8696	0.8333	0.8000	0.7692
0.8734	0.8573	0.8417	0.8264	0.7972	0.7561	0.6944	0.6400	0.5917
0.8163	0.7938	0.7722	0.7513	0.7118	0.6575	0.5787	0.5120	0.4552
0.7629	0.7350	0.7084	0.6830	0.6355	0.5718	0.4823	0.4096	0.3501
0.7130	0.6806	0.6499	0.6209	0.5674	0.4972	0.4019	0.3277	0.2693
0.6663	0.6302	0.5963	0.5645	0.5066	0.4323	0.3349	0.2621	0.2072
0.6227	0.5835	0.5470	0.5132	0.4523	0.3759	0.2791	0.2097	0.1594
0.5820	0.5403	0.5019	0.4665	0.4039	0.3269	0.2326	0.1678	0.1226
0.5439	0.5002	0.4604	0.4241	0.3808	0.2843	0.1938	0.1342	0.0943
0.5083	0.4632	0.4224	0.3855	0.3220	0.2472	0.1615	0.1074	0.0725
0.4751	0.4289	0.3875	0.3505	0.2875	0.2149	0.1346	0.0859	0.0558
0.4440	0.3971	0.3555	0.3186	0.2567	0.1869	0.1122	0.0687	0.0429
0.4150	0.3677	0.3262	0.2897	0.2292	0.1625	0.0935	0.0550	0.0330
0.3878	0.3405	0.2992	0.2633	0.2048	0.1413	0.0779	0.0440	0.0254
0.3624	0.3152	0.2745	0.2394	0.1827	0.1229	0.0649	0.0352	0.0195
0.3387	0.2919	0.2519	0.2176	0.1631	0.1069	0.0541	0.0281	0.0150
0.3166	0.2703	0.2311	0.1978	0.1456	0.0929	0.0451	0.0225	0.0116
0.2959	0.2502	0.2120	0.1799	0.1300	0.0808	0.0376	0.0180	0.0088
0.2765	0.2317	0.1945	0.1635	0.1161	0.0703	0.0313	0.0144	0.0068
0.2584	0.2145	0.1784	0.1488	0.1037	0.0611	0.0261	0.0115	0.0053
0.2415	0.1987	0.1637	0.1351	0.0926	0.0531	0.0217	0.0092	0.0040
0.2257	0.1839	0.1502	0.1228	0.0826	0.0462	0.0181	0.0074	0.0031
0.2109	0.1703	0.1378	0.1117	0.0738	0.0402	0.0151	0.0059	0.0024
0.1971	0.1577	0.1264	0.1015	0.0659	0.0349	0.0126	0.0047	0.0018
0.1842	0.1460	0.1160	0.0923	0.0588	0.0304	0.0105	0.0038	0.0014
0.1722	0.1352	0.1064	0.0839	0.0525	0.0264	0.0087	0.0030	0.0011
0.1609	0.1252	0.0976	0.0763	0.0489	0.0230	0.0073	0.0024	0.0008
0.1504	0.1159	0.0895	0.0693	0.0419	0.0200	0.0061	0.0019	0.0006
0.1406	0.1073	0.0822	0.0630	0.0374	0.0174	0.0051	0.0015	0.0005
0.1314	0.0994	0.0754	0.0573	0.0334	0.0151	0.0042	0.0012	0.0004
0.1228	0.0920	0.0691	0.0521	0.0298	0.0131	0.0035	0.0010	0.0003
0.1147	0.0852	0.0634	0.0474	0.0266	0.0114	0.0029	0.0008	0.0002
0.1072	0.0789	0.0582	0.0431	0.0238	0.0099	0.0024	0.0006	0.0002
0.1002	0.0730	0.0534	0.0391	0.0212	0.0086	0.0020	0.0005	0.0001
0.0937	0.0676	0.0490	0.0356	0.0189	0.0075	0.0017	0.0004	0.0001
0.0668	0.0460	0.0318	0.0221	0.0107	0.0037	0.0007		
0.0476	0.0313	0.0207	0.0137	0.0061	0.0019	0.0003		
0.0339	0.0213	0.0134	0.0085	0.0035	0.0009	0.0001		
0.0242	0.0145	0.0087	0.0053					
0.0173	0.0099	0.0057	0.0033					
0.0123	0.0067	0.0037	0.0020					
0.0088	0.0046	0.0024	0.0013					
0.0063	0.0031	0.0016	0.0008					
0.0045	0.0021	0.0010	0.0005					
0.0032	0.0014	0.0007	0.0003					
0.0023	0.0010	0.0004	0.0002					
0.0016	0.0007	0.0003	0.0001					
0.0012	0.0005	0.0002	0.0001					

附表3 $(F/Ai, N)$表

N \ i	0.75%	1%	1.5%	2%	2.5%	3%	4%	5%	6%
1	1.0000	1.0000	1.0000	1.0000	1.0000	1.0000	1.0000	1.0000	1.0000
2	2.0075	2.0100	2.0150	2.0200	2.0250	2.0300	2.0400	2.0500	2.0600
3	3.0226	3.0301	3.0452	3.0604	3.0756	3.0909	3.1216	3.1525	3.1836
4	4.0452	4.0604	4.0909	4.1216	4.1525	4.1836	4.2465	4.3101	4.3746
5	5.0756	5.1010	5.1523	5.2040	5.2563	5.3091	5.4163	5.5256	5.6371
6	6.1136	6.1520	6.2296	6.3081	6.3877	6.4684	6.6330	6.8019	6.9753
7	7.1595	7.2135	7.3230	7.4343	7.5474	7.6625	7.8983	8.1420	8.3938
8	8.2132	8.2857	8.4328	8.5830	8.7361	8.8923	9.2142	9.5491	9.8975
9	9.2748	9.3685	9.5593	9.7546	9.9545	10.1591	10.5828	11.0266	11.4913
10	10.3443	10.4622	10.7027	10.9497	11.2034	11.4639	12.0061	12.5779	13.1808
11	11.4219	11.5668	11.8633	12.1687	12.4835	12.8078	13.4864	14.2068	14.9716
12	12.5076	12.6825	13.0412	13.4121	13.7956	14.1920	15.0258	15.9171	16.8699
13	13.6014	13.8093	14.2368	14.6803	15.1404	15.6178	16.6268	17.7130	18.8821
14	14.7034	14.9474	15.4504	15.9739	16.5190	17.0863	18.2919	19.5986	21.0151
15	15.8137	16.0969	16.6821	17.2934	17.9319	18.5989	20.0236	21.5786	23.2760
16	16.9323	17.2579	17.9324	18.6393	19.3802	20.1569	21.8245	23.8575	25.6725
17	18.0593	18.4304	19.2014	20.0121	20.8647	21.7616	23.6975	25.8404	28.2129
18	19.1947	19.6147	20.4894	21.4123	22.3863	23.4144	25.6454	28.1324	30.9057
19	20.3387	20.8109	21.7967	22.8406	23.9460	25.1169	27.6712	30.5390	33.7600
20	21.4912	22.0190	23.1237	24.2974	25.5447	26.8704	29.7781	33.0660	36.7856
21	22.6524	23.2392	24.4705	25.7833	27.1833	28.6765	31.9692	35.7193	39.9927
22	23.8223	24.4716	25.8376	27.2990	28.8629	30.5368	34.2480	38.5052	43.3923
23	25.0010	25.7163	27.2251	28.8450	30.5844	32.4529	36.6179	41.4305	46.9958
24	26.1885	26.9735	28.6335	30.4219	32.3490	34.4265	39.0826	44.5020	50.8156
25	27.3849	28.2432	30.0630	32.0303	34.1578	36.4593	41.6459	47.7271	54.8645
26	28.5903	29.5256	31.5140	33.6709	36.0117	38.5530	44.3117	51.1135	59.1564
27	29.8047	30.8209	32.9867	35.3443	37.9120	40.7096	47.0842	54.6691	63.7058
28	31.0282	32.1291	34.4815	37.0512	39.8598	42.9309	49.9676	58.4026	68.5281
29	32.2609	33.4504	35.9987	38.7922	41.8563	45.2189	52.9663	62.3227	73.6398
30	33.5029	34.7849	37.5387	40.5681	43.9027	47.5754	56.0849	66.4388	79.0582
31	34.7542	36.1327	39.1018	42.3794	46.0003	50.0027	59.3283	70.7608	84.8017
32	36.0148	37.4941	40.6883	44.2270	48.1503	52.5028	62.7015	75.2988	90.8898
33	37.2849	38.8690	42.2986	46.1118	50.3540	55.0778	66.2095	80.0638	97.3432
34	38.5646	40.2577	43.9331	48.0338	52.6129	57.7302	69.8579	85.0670	104.1838
35	39.8538	41.6603	45.5921	49.9945	54.9282	60.4621	73.6522	90.3203	111.4348
40	46.4465	48.8864	54.2679	60.4020	67.4026	75.4013	95.0255	120.7998	154.7620
45	53.2901	56.4811	63.6142	71.8927	81.5161	92.7199	121.0294	159.7002	212.7435
50	60.3943	64.4632	73.6828	84.5794	97.4843	112.7969	152.6671	209.3480	290.3359
55	67.7688	72.8525	84.5296	98.5885	115.5509	136.0716	191.1592	272.7126	394.1720
60	75.4241	81.6697	96.2147	114.0515	135.9916	163.0534	237.9907	353.5837	533.1282
65	83.3709	90.9366	108.8028	131.1262	159.1183	194.3328	294.9684	458.7980	719.0829
70	91.6201	100.6763	122.3638	149.9779	185.2841	230.5941	364.2905	588.5285	987.9322
75	100.1833	110.9128	136.9728	170.7918	214.8883	272.6309	448.6314	756.6537	1300.9487
80	109.0725	121.8715	152.7109	193.7720	248.3827	321.3630	551.2450	971.2288	1748.5999
85	118.3001	132.9790	169.6652	219.1439	286.2786	377.8570	676.0901	1245.0871	2342.9817
90	127.8790	144.8633	187.9299	247.1567	329.1543	443.3489	827.9833	1594.6073	3141.0752
95	137.8225	157.3538	207.6061	278.0850	377.6642	518.2720	1012.7846	2040.6935	4209.1042
100	148.1445	170.4814	228.8030	312.2323	432.5487	607.2877	1237.6237	2610.0252	5638.3681

附录 A 计算用附表

(续表)

7%	8%	9%	10%	12%	15%	20%	25%	30%
1.0000	1.0000	1.0000	1.0000	1.0000	1.0000	1.0000	1.0000	1.0000
2.0700	2.0800	2.0900	2.1000	2.1200	2.1500	2.2000	2.2500	2.3000
3.2149	3.2464	3.2781	3.3100	3.3744	3.4725	3.6400	3.8125	3.9900
4.4399	4.5061	4.5731	4.6410	4.7793	4.9934	5.3680	5.7656	6.1870
5.7507	5.8666	5.9847	6.1051	6.3528	6.7424	7.4416	8.2070	9.0431
7.1533	7.3359	7.5233	7.7156	8.1152	8.7537	9.9299	11.2588	12.7560
8.6540	8.9228	9.2004	9.4872	10.0890	11.0668	12.9159	15.0735	17.5828
10.2598	10.6366	11.0285	11.4359	12.2997	13.7268	16.4991	19.8419	23.8577
11.9780	12.4876	13.0210	13.5795	14.7757	16.7858	20.7989	25.8023	32.0150
13.8164	14.4866	15.1929	15.9374	17.5487	20.3037	25.9587	33.2529	42.6195
15.7836	16.6455	17.5603	18.5312	20.6546	24.3493	32.1504	42.5661	56.4053
17.8885	18.9771	20.1407	21.3843	24.1331	29.0017	39.5805	54.2077	74.3270
20.1406	21.4953	22.9534	24.5227	28.0291	34.3519	48.4966	68.7598	97.6250
22.5505	24.2149	26.0192	27.9750	32.3926	40.5047	59.1959	86.9495	127.9125
25.1290	27.1521	29.3609	31.7752	37.2797	47.5804	72.0351	109.8868	167.2863
27.8881	30.3243	33.0034	35.9497	42.7533	55.7175	87.4421	138.1085	218.4722
30.8402	33.7502	36.9737	40.5447	48.8837	65.0751	105.9306	173.6357	285.0139
33.9990	37.4502	41.3013	45.5992	55.7497	75.8364	128.1167	218.0446	371.5180
37.3790	41.4463	46.0185	51.1591	63.4397	88.2118	154.7400	273.5558	483.9734
40.9955	45.7620	51.1601	57.2750	72.0524	102.4438	186.6880	342.9447	630.1655
44.8652	50.4229	56.7645	64.0025	81.6987	118.8101	225.0256	429.6809	820.2151
49.0057	55.4568	62.8733	71.4027	92.5026	137.6316	271.0307	538.1011	1067.2796
53.4361	60.8933	69.5319	79.5430	104.6029	159.2764	326.2369	673.6264	1388.4635
58.1767	66.7648	76.7898	88.4973	118.1552	184.1678	392.4842	843.0329	1806.0026
63.2490	73.1059	84.7009	98.3471	133.3339	212.7930	471.9811	1054.7912	2348.8033
68.6765	79.9544	93.324	109.1818	150.3339	245.7120	567.3773	1319.4890	3054.4443
74.4838	87.3508	102.7231	121.0999	169.3740	283.5688	681.8528	1650.3812	3971.7776
80.6977	95.3388	112.9682	134.2099	190.6989	327.1041	819.2233	2063.9515	5164.3109
87.3465	103.9659	124.1354	148.6309	214.5828	377.1697	984.0680	2580.9394	6714.6042
94.4608	113.2832	136.3075	164.4940	241.3327	434.7451	1181.8816	3227.1743	8729.9855
102.0730	123.3459	149.5752	181.9434	271.2926	500.9569	1419.2578	4034.9678	11349.9811
110.2182	134.2135	164.0370	201.1378	304.8477	577.1005	1704.1095	5044.7098	14755.9755
118.9334	145.9506	178.8003	222.2515	342.4294	664.6655	2045.9314	6306.8872	19183.7681
128.2588	158.6267	196.9823	245.4767	384.5210	765.3654	2456.1176	7884.6091	24939.8985
138.2369	172.3168	215.7108	271.0244	431.6635	881.1702	2948.3411	9856.7613	32422.8681
199.6351	259.0565	337.8824	442.5926	767.0914	1779.0903	7343.8578		
285.7493	386.5056	525.8587	718.8048	1358.2300	3585.1285	18281.3098		
406.5289	573.7702	815.0836	1163.9085	2400.0182	7217.7163	45497.1908		
575.9286	848.9232	1260.0918	1880.5914					
813.5204	1253.2133	1944.7921	3034.8164					
1146.7552	1847.2481	2998.2885	4893.7073					
1614.1342	2720.0801	4619.2232	7887.4696					
2269.6574	4002.5566	7113.2321	12708.9537					
3189.0627	5886.9354	10950.5741	20474.0021					
4478.5761	8655.7061	16854.8003	32979.6903					
6287.1854	12723.9386	25939.1842	53120.2261					
8823.8535	18701.5069	39916.6350	85556.7605					
12381.6618	27484.5157	61422.6755	137796.1234					

附表4 (A/Fi,N)表

N \ i	0.75%	1%	1.5%	2%	2.5%	3%	4%	5%	6%
1	1.0000	1.0000	1.0000	1.0000	1.0000	1.0000	1.0000	1.0000	1.0000
2	0.4981	0.4975	0.4963	0.4950	0.4938	0.4926	0.4902	0.4878	0.4854
3	0.3308	0.3300	0.3264	0.3268	0.3251	0.3235	0.3203	0.3172	0.3141
4	0.2472	0.2463	0.2444	0.2426	0.2408	0.2390	0.2355	0.2320	0.2286
5	0.1970	0.1960	0.1941	0.1922	0.1902	0.1884	0.1848	0.1810	0.1774
6	0.1636	0.1625	0.1605	0.1585	0.1565	0.1546	0.1508	0.1470	0.1434
7	0.1397	0.1388	0.1366	0.1345	0.1325	0.1305	0.1266	0.1228	0.1191
8	0.1218	0.1207	0.1188	0.1165	0.1145	0.1125	0.1085	0.1047	0.1010
9	0.1078	0.1067	0.1046	0.1025	0.1005	0.0984	0.0945	0.0907	0.0870
10	0.0967	0.0956	0.0934	0.0913	0.0893	0.0872	0.0833	0.0795	0.0759
11	0.0876	0.0865	0.0843	0.0822	0.0801	0.0781	0.0741	0.0704	0.0668
12	0.0800	0.0788	0.0767	0.0746	0.0725	0.0705	0.0666	0.0628	0.0593
13	0.0735	0.0724	0.0702	0.0681	0.0660	0.0640	0.0601	0.0565	0.0530
14	0.0680	0.0669	0.0647	0.0626	0.0605	0.0585	0.0547	0.0510	0.0476
15	0.0632	0.0621	0.0599	0.0578	0.0558	0.0538	0.0499	0.0463	0.0430
16	0.0591	0.0579	0.0558	0.0537	0.0516	0.0496	0.0458	0.0423	0.0390
17	0.0554	0.0543	0.0521	0.0500	0.0479	0.0460	0.0422	0.0387	0.0354
18	0.0521	0.0510	0.0488	0.0467	0.0447	0.0427	0.0390	0.0355	0.0324
19	0.0492	0.0481	0.0459	0.0438	0.0418	0.0398	0.0361	0.0327	0.0296
20	0.0465	0.0454	0.0432	0.0412	0.0391	0.0372	0.0336	0.0302	0.0272
21	0.0441	0.0430	0.0409	0.0388	0.0368	0.0349	0.0313	0.0280	0.0250
22	0.0420	0.0409	0.0387	0.0366	0.0346	0.0327	0.0292	0.0260	0.0230
23	0.0400	0.0389	0.0367	0.0347	0.0327	0.0308	0.0273	0.0241	0.0213
24	0.0382	0.0371	0.0349	0.0329	0.0309	0.0290	0.0256	0.0225	0.0197
25	0.0385	0.0354	0.0333	0.0312	0.0293	0.0274	0.0240	0.0210	0.0182
26	0.0350	0.0339	0.0317	0.0297	0.0278	0.0259	0.0226	0.0196	0.0169
27	0.0336	0.0324	0.0303	0.0283	0.0264	0.0246	0.0212	0.0183	0.0157
28	0.0322	0.0311	0.0290	0.0270	0.0251	0.0233	0.0200	0.0171	0.0146
29	0.0310	0.0299	0.0278	0.0258	0.0239	0.0221	0.0189	0.0160	0.0136
30	0.0298	0.0287	0.0268	0.0246	0.0228	0.0210	0.0178	0.0151	0.0126
31	0.0288	0.0277	0.0256	0.0236	0.0217	0.0200	0.0169	0.0141	0.0118
32	0.0278	0.0267	0.0246	0.0226	0.0208	0.0190	0.0159	0.0133	0.0110
33	0.0268	0.0257	0.0236	0.0217	0.0199	0.0182	0.0151	0.0125	0.0103
34	0.0259	0.0248	0.0228	0.0208	0.0190	0.0173	0.0143	0.0118	0.0096
35	0.0251	0.0240	0.0219	0.0200	0.0182	0.0165	0.0136	0.0111	0.0090
40	0.0215	0.0205	0.0184	0.0166	0.0148	0.0133	0.0105	0.0083	0.0065
45	0.0188	0.0177	0.0157	0.0139	0.0123	0.0108	0.0083	0.0063	0.0047
50	0.0166	0.0155	0.0136	0.0118	0.0103	0.0089	0.0066	0.0048	0.0034
55	0.0148	0.0137	0.0118	0.0101	0.0087	0.0073	0.0052	0.0037	0.0025
60	0.0133	0.0122	0.0104	0.0088	0.0074	0.0061	0.0042	0.0028	0.0019
65	0.0120	0.0110	0.0092	0.0076	0.0063	0.0051	0.0034	0.0022	0.0014
70	0.0109	0.0099	0.0082	0.0067	0.0054	0.0043	0.0027	0.0017	0.0010
75	0.0100	0.0090	0.0073	0.0059	0.0047	0.0037	0.0022	0.0013	0.0008
80	0.0092	0.0082	0.0065	0.0052	0.0040	0.0031	0.0018	0.0010	0.0006
85	0.0085	0.0075	0.0059	0.0048	0.0035	0.0026	0.0015	0.0008	0.0004
90	0.0078	0.0069	0.0053	0.0040	0.0030	0.0023	0.0012	0.0006	0.0003
95	0.0073	0.0064	0.0048	0.0036	0.0026	0.0019	0.0010	0.0005	0.0002
100	0.0068	0.0059	0.0044	0.0032	0.0023	0.0016	0.0008	0.0004	0.0002

附录 A　计算用附表

(续表)

7%	8%	9%	10%	12%	15%	20%	25%	30%
1.0000	1.0000	1.0000	1.0000	1.0000	1.0000	1.0000	1.0000	1.0000
0.4831	0.4808	0.4785	0.4762	0.4717	0.4651	0.4545	0.4444	0.4348
0.3111	0.3080	0.3051	0.3021	0.2963	0.2880	0.2747	0.2623	0.2506
0.2252	0.2219	0.2187	0.2155	0.2092	0.2003	0.1863	0.1734	0.1616
0.1739	0.1705	0.1671	0.1638	0.1574	0.1483	0.1344	0.1218	0.1106
0.1398	0.1363	0.1329	0.1296	0.1232	0.1142	0.1007	0.0888	0.0784
0.1156	0.1121	0.1087	0.1054	0.0991	0.0904	0.0774	0.0663	0.0569
0.0975	0.0940	0.0907	0.0874	0.0813	0.0729	0.0606	0.0504	0.0419
0.0835	0.0801	0.0768	0.0736	0.0677	0.0596	0.0481	0.0388	0.0312
0.0724	0.0690	0.0658	0.0627	0.0570	0.0493	0.0385	0.0301	0.0235
0.0634	0.0601	0.0569	0.0540	0.0484	0.0411	0.0311	0.0235	0.0177
0.0559	0.0527	0.0497	0.0468	0.0414	0.0345	0.0253	0.0184	0.0135
0.0497	0.0465	0.0436	0.0408	0.0357	0.0291	0.0206	0.0145	0.0102
0.0443	0.0413	0.0384	0.0357	0.0309	0.0247	0.0169	0.0115	0.0078
0.0398	0.0368	0.0341	0.0315	0.0268	0.0210	0.0139	0.0091	0.0060
0.0359	0.0330	0.0303	0.0278	0.0234	0.0179	0.0114	0.0072	0.0046
0.0324	0.0296	0.0270	0.0247	0.0205	0.0154	0.0094	0.0058	0.0035
0.0294	0.0267	0.0242	0.0219	0.0179	0.0132	0.0078	0.0046	0.0027
0.0268	0.0241	0.0217	0.0195	0.0158	0.0113	0.0065	0.0037	0.0021
0.0244	0.0219	0.0195	0.0175	0.0139	0.0098	0.0054	0.0029	0.0016
0.0223	0.0198	0.0176	0.0156	0.0122	0.0084	0.0044	0.0023	0.0012
0.0204	0.0180	0.0159	0.0140	0.0108	0.0073	0.0037	0.0019	0.0009
0.0187	0.0164	0.0114	0.0126	0.0096	0.0063	0.0031	0.0015	0.0007
0.0172	0.0150	0.0130	0.0113	0.0085	0.0054	0.0025	0.0012	0.0006
0.0158	0.0137	0.0118	0.0102	0.0075	0.0047	0.0021	0.0009	0.0004
0.0146	0.0125	0.0107	0.0092	0.0067	0.0041	0.0018	0.0008	0.0003
0.0134	0.0114	0.0097	0.0083	0.0059	0.0035	0.0015	0.0006	0.0003
0.0124	0.0105	0.0089	0.0075	0.0052	0.0031	0.0012	0.0005	0.0002
0.0114	0.0096	0.0081	0.0067	0.0047	0.0027	0.0010	0.0004	0.0001
0.0106	0.0088	0.0073	0.0061	0.0041	0.0023	0.0008	0.0003	0.0001
0.0098	0.0081	0.0067	0.0055	0.0037	0.0020	0.0007	0.0002	0.0001
0.0091	0.0075	0.0061	0.0050	0.0033	0.0017	0.0006	0.0002	0.0001
0.0084	0.0069	0.0056	0.0045	0.0029	0.0015	0.0005	0.0002	0.0001
0.0078	0.0063	0.0051	0.0041	0.0026	0.0013	0.0004	0.0001	0.0000
0.0072	0.0058	0.0046	0.0037	0.0023	0.0011	0.0003	0.0001	0.0000
0.0050	0.0039	0.0030	0.0023	0.0013	0.0006	0.0001		
0.0035	0.0026	0.0019	0.0014	0.0007	0.0003	0.0001		
0.0025	0.0017	0.0012	0.0009	0.0004	0.0001	0.0000		
0.0017	0.0012	0.0008	0.0005					
0.0012	0.0008	0.0005	0.0003					
0.0009	0.0005	0.0003	0.0002					
0.0006	0.0004	0.0002	0.0001					
0.0004	0.0002	0.0001	0.0001					
0.0003	0.0002	0.0001	0.0000					
0.0002	0.0001	0.0001	0.0000					
0.0002	0.0001	0.0000	0.0000					
0.0001	0.0001	0.0000	0.0000					
0.0001	0.0000	0.0000	0.0000					

附表5 $(P/Ai, N)$ 表

N \ i	0.75%	1%	1.5%	2%	2.5%	3%	4%	5%	6%
1	0.9926	0.9901	0.9852	0.9804	0.9758	0.9709	0.9615	0.9524	0.9434
2	1.9777	1.9704	1.9559	1.9416	1.9274	1.9135	1.8861	1.8594	1.8334
3	2.9556	2.9410	2.9122	2.8839	2.8560	2.8286	2.7751	2.7232	2.6730
4	3.9261	3.9020	3.8544	3.8077	3.7620	3.7171	3.6299	3.5460	3.4651
5	4.8894	4.8534	4.7828	4.7135	4.6458	4.5797	4.4518	4.3295	4.2124
6	5.8456	5.7955	5.6972	5.6014	5.5081	5.4172	5.2421	5.0757	4.9173
7	6.7946	6.7282	6.5982	6.4720	6.3494	6.2303	6.0021	5.7864	5.5824
8	7.7366	7.6517	7.4859	7.3255	7.1701	7.0197	6.7327	6.4632	6.2098
9	8.6716	8.5660	8.3605	8.1622	7.9709	7.7861	7.4353	7.1078	6.8017
10	9.5996	9.4713	9.2222	8.9826	8.7521	8.5302	8.1109	7.7217	7.3601
11	10.5027	10.3676	10.0711	9.7868	9.5142	9.2526	8.7605	8.3064	7.8869
12	11.4349	11.2551	10.9075	10.5753	10.2578	9.9540	9.3851	8.8633	8.3838
13	12.3423	12.1337	11.7315	11.3484	10.9832	10.6350	9.9856	9.3936	8.8527
14	13.2430	13.0037	12.5434	12.1062	11.6909	11.2881	10.5631	9.8986	9.2950
15	14.1370	13.8651	13.3432	12.8493	12.3814	11.9379	11.1184	10.3797	9.7122
16	15.0243	14.7179	14.1313	13.5777	13.0550	12.5611	11.6523	10.8378	10.1059
17	15.9050	15.5623	14.9076	14.2919	13.7122	13.1661	12.1657	11.2741	10.4773
18	16.7792	16.3983	15.6726	14.9920	14.3534	13.7535	12.6593	11.6896	10.8276
19	17.6468	17.2260	16.4262	15.6785	14.9789	14.3238	13.1339	12.0853	11.1581
20	18.5080	18.0456	17.1686	16.3514	15.5892	14.8775	13.5903	12.4622	11.4699
21	19.3628	18.8570	17.9001	17.0112	16.1845	15.4150	14.0292	12.8212	11.7641
22	20.2112	19.6604	18.6208	17.6580	16.7654	15.9369	14.4511	13.1630	12.0416
23	21.0533	20.4558	19.3309	18.2922	17.3321	16.4436	14.8568	13.4886	12.3034
24	21.8891	21.2434	20.0304	18.9139	17.8850	16.9355	15.2470	13.7986	12.5504
25	22.7188	22.0232	20.7196	19.5235	18.4244	17.4131	15.6221	14.0939	12.7834
26	23.5422	22.7952	21.3986	20.1210	18.9506	17.8768	15.9828	14.3752	13.0032
27	24.3595	23.5596	22.0676	20.7069	19.4640	18.3270	16.3296	14.6430	13.2105
28	25.1707	24.3164	22.7267	21.2813	19.9649	18.7641	16.6631	14.8981	13.4062
29	25.9759	25.0658	23.3761	21.8444	20.4535	19.1885	16.9837	15.1411	13.5907
30	26.7751	25.8077	24.0158	22.3965	20.9303	19.6004	17.2920	15.3725	13.7648
31	27.5883	26.5423	24.6461	22.9377	21.3954	20.0004	17.5885	15.5928	13.9291
32	28.3557	27.2696	25.2671	23.4683	21.8492	20.3888	17.8736	15.8027	14.0840
33	29.1371	27.9897	25.8790	23.9886	22.2919	20.7658	18.1476	16.0025	14.2302
34	29.9128	28.7027	26.4817	24.4986	22.7238	21.1318	18.4112	16.1929	14.3681
35	30.6827	29.4086	27.0756	24.9986	23.1452	21.4872	18.6646	16.3742	14.4982
40	34.4469	32.8347	29.9158	27.3555	25.1028	23.1148	19.7928	17.1591	15.0463
45	38.0732	36.0945	32.5523	29.4902	26.8330	24.5187	20.7200	17.7741	15.4558
50	41.5664	39.1961	34.9997	31.4236	28.3623	25.7298	21.4822	18.2559	15.7619
55	44.9316	42.1472	37.2715	33.1748	29.7140	26.7744	22.1086	18.6335	15.9905
60	48.1734	44.9550	39.3803	34.7609	30.9087	27.6756	22.6235	18.9293	16.1614
65	51.2963	47.6266	41.3378	36.1975	31.9646	28.4529	23.0467	19.1611	16.2891
70	54.3046	50.1685	43.1549	37.4986	32.8979	29.1234	23.3945	19.3427	16.3845
75	57.2027	52.5871	44.8416	38.6771	33.7227	29.7018	23.6804	19.4850	16.4558
80	59.9944	54.8882	46.4073	39.7445	34.4518	30.2008	23.9154	19.5965	16.5091
85	62.6838	57.0777	47.8607	40.7113	35.0962	30.6312	24.1085	19.6838	16.5489
90	65.2746	59.1609	49.2099	41.5869	35.6658	31.0024	24.2673	19.7523	16.5787
95	67.7704	61.1430	50.4622	42.3800	36.1692	31.3227	24.3978	19.8059	16.6009
100	70.1746	63.0289	51.6247	43.0984	36.6141	31.5989	24.5050	19.8479	16.6175

附录 A 计算用附表

(续表)

7%	8%	9%	10%	12%	15%	20%	25%	30%
0.9346	0.9259	0.9174	0.9091	0.8929	0.8696	0.8333	0.8000	0.7692
1.8080	1.7833	1.7591	1.7355	1.6901	1.6257	1.5278	1.4400	1.3609
2.6243	2.5771	2.5313	2.4869	2.4016	2.2832	2.1065	1.9520	1.8161
3.3872	3.3121	3.2397	3.1699	3.0373	2.8550	2.5887	2.3616	2.1662
4.1002	3.9927	3.8897	3.7908	3.6048	3.3522	2.9906	2.6893	2.4356
4.7665	4.6229	4.4859	4.3553	4.1114	3.7845	3.3255	2.9514	2.6427
5.3893	5.2064	5.0330	4.8684	4.6638	4.1604	3.6046	3.1611	2.8021
5.9713	5.7466	5.5348	5.3349	4.9676	4.4873	3.8372	3.3289	2.9247
6.5152	6.2469	5.9952	5.7590	5.3282	4.7716	4.0310	3.4631	3.0190
7.0236	6.7101	6.4177	6.1446	5.6502	5.0188	4.1925	3.5705	3.0915
7.4987	7.1390	6.8052	6.4951	5.9377	5.2337	4.3271	3.6564	3.1473
7.8427	7.5361	7.1607	6.8137	6.1944	5.4206	4.4392	3.7251	3.1903
8.3577	7.9038	7.4869	7.1034	6.4235	5.5831	4.5327	3.7801	3.2233
8.7455	8.2442	7.7882	7.3667	6.6282	5.7245	4.6106	3.8241	3.2487
9.1079	8.5595	8.0607	7.6061	6.8109	5.8474	4.6755	3.8593	3.2682
9.4486	8.8514	8.3126	7.8237	6.9740	5.9542	4.7296	3.8874	3.2832
9.7632	9.1216	8.5436	8.0216	7.1198	6.0472	4.7746	3.9099	3.2948
10.0591	9.3719	8.7556	8.2014	7.2497	6.1280	4.8122	3.9279	3.3037
10.3356	9.6036	8.9501	8.3649	7.3658	6.1982	4.8435	3.9424	3.3105
10.6940	9.8181	9.1285	8.5136	7.4694	6.2593	4.8698	3.9539	3.3158
10.8355	10.0168	9.2922	8.6487	7.5620	6.3125	4.8913	3.9631	3.3198
11.0612	10.2007	9.4424	8.7715	7.6446	6.3587	4.9094	3.9705	3.3230
11.2722	10.8711	9.5802	8.8832	7.7184	6.3988	4.9245	3.9764	3.3254
11.4693	10.5288	9.7066	8.9847	7.7843	6.4338	4.9371	3.9811	3.3272
11.6536	10.6748	9.8226	8.0770	7.8431	6.4641	4.9478	3.9849	3.3286
11.8258	10.8100	9.8280	8.1609	7.8957	6.4908	4.9563	3.9879	3.3297
11.9867	10.9352	10.0266	9.2372	7.9426	6.5135	4.9636	3.9903	3.3305
12.1371	11.0511	10.1161	9.3086	7.9244	6.5335	4.9697	3.9923	3.3312
12.2777	11.1584	10.1983	9.3696	8.0218	6.5509	4.9747	3.9938	3.3317
12.4090	11.2578	10.2737	9.4289	8.0552	6.5660	4.9789	3.9950	3.3321
12.5378	11.3498	10.3428	9.4790	8.0850	6.5791	4.9824	3.9960	3.3324
12.6466	11.4350	10.4062	9.5264	8.1116	6.5905	4.9854	3.9968	3.3326
12.7538	11.5139	10.4644	9.5694	8.1354	6.6005	4.9878	3.9975	3.3328
12.8540	11.5889	10.5178	9.6086	8.1566	6.6091	4.9898	3.9980	3.3329
12.9477	11.6546	10.5668	9.8442	8.1755	6.6166	4.9915	3.9984	3.3330
13.3317	11.9246	10.7574	9.7791	8.2438	6.6418	4.9986		
13.6055	12.1024	10.8812	9.8628	8.2825	6.6543	4.9986		
13.8007	12.2335	10.9617	9.9148	8.3045	6.6605	4.9995		
13.9399	12.3186	11.0149	9.9471					
14.0392	12.3788	11.0480	9.9872					
14.1099	12.4160	11.0701	9.9796					
14.1804	12.4428	11.0844	9.9873					
14.1864	12.4611	11.0938	9.9921					
14.2220	12.4735	11.0998	9.9951					
14.2403	12.4820	11.1031	9.9970					
14.2533	12.4877	11.1064	9.9981					
14.2626	12.4917	11.1080	9.9988					
14.2693	12.4943	11.1091	9.9993					

附表6 $(A/Pi,N)$表

N\i	0.75%	1%	1.5%	2%	2.5%	3%	4%	5%	6%
1	1.0075	1.0100	1.0150	1.0200	1.0250	1.0300	1.0400	1.0500	1.0600
2	0.5056	0.5075	0.5113	0.5150	0.5188	0.5226	0.5302	0.5378	0.5454
3	0.3383	0.3400	0.3434	0.3468	0.3501	0.3535	0.3603	0.3672	0.3741
4	0.2547	0.2563	0.2594	0.2626	0.2658	0.2690	0.2755	0.2820	0.2886
5	0.2045	0.2060	0.2091	0.2122	0.2152	0.2184	0.2246	0.2310	0.2374
6	0.1711	0.1725	0.1755	0.1785	0.1815	0.1846	0.1908	0.1970	0.2034
7	0.1472	0.1486	0.1516	0.1545	0.1575	0.1605	0.1666	0.1728	0.1791
8	0.1293	0.1307	0.1336	0.1365	0.1395	0.1425	0.1485	0.1547	0.1610
9	0.1153	0.1167	0.1196	0.1225	0.1255	0.1284	0.1345	0.1407	0.1470
10	0.1042	0.1056	0.1084	0.1113	0.1143	0.1172	0.1233	0.1295	0.1359
11	0.0951	0.0965	0.0993	0.1022	0.1051	0.1081	0.1141	0.1204	0.1268
12	0.0875	0.0888	0.0917	0.0946	0.0975	0.1005	0.1066	0.1128	0.1193
13	0.0810	0.0824	0.0852	0.0881	0.0910	0.0940	0.1001	0.1065	0.1130
14	0.0755	0.0769	0.0797	0.0826	0.0855	0.0885	0.0947	0.1010	0.1076
15	0.0707	0.0721	0.0749	0.0778	0.0808	0.0838	0.0899	0.0963	0.1030
16	0.0666	0.0679	0.0708	0.0737	0.0766	0.0796	0.0858	0.0923	0.0990
17	0.0629	0.0643	0.0671	0.0700	0.0729	0.0760	0.0822	0.0887	0.0954
18	0.0596	0.0610	0.0638	0.0667	0.0697	0.0727	0.0790	0.0855	0.0924
19	0.0567	0.0581	0.0609	0.0638	0.0668	0.0698	0.0761	0.0827	0.0896
20	0.0540	0.0554	0.0582	0.0612	0.0641	0.0672	0.0736	0.0802	0.0872
21	0.0516	0.0530	0.0559	0.0588	0.0618	0.0649	0.0713	0.0780	0.0850
22	0.0495	0.0509	0.0537	0.0566	0.0596	0.0627	0.0692	0.0760	0.0830
23	0.0475	0.0489	0.0517	0.0547	0.0577	0.0608	0.0673	0.0741	0.0813
24	0.0457	0.0471	0.0499	0.0529	0.0559	0.0590	0.0656	0.0725	0.0797
25	0.0440	0.0454	0.0483	0.0512	0.0543	0.0574	0.0640	0.0710	0.0782
26	0.0425	0.0439	0.0467	0.0497	0.0528	0.0559	0.0626	0.0696	0.0769
27	0.0411	0.0424	0.0453	0.0483	0.0514	0.0546	0.0612	0.0683	0.0757
28	0.0397	0.0411	0.0440	0.0470	0.0501	0.0533	0.0600	0.0671	0.0746
29	0.0385	0.0399	0.0428	0.0458	0.0489	0.0521	0.0589	0.0660	0.0736
30	0.0373	0.0387	0.0416	0.0446	0.0478	0.0510	0.0578	0.0651	0.0726
31	0.0363	0.0377	0.0406	0.0436	0.0467	0.0500	0.0569	0.0641	0.0718
32	0.0353	0.0367	0.0396	0.0426	0.0458	0.0490	0.0559	0.0633	0.0710
33	0.0343	0.0357	0.0386	0.0417	0.0449	0.0482	0.0551	0.0625	0.0703
34	0.0334	0.0348	0.0378	0.0408	0.0440	0.0473	0.0543	0.0618	0.0696
35	0.0326	0.0340	0.0369	0.0400	0.0432	0.0465	0.0536	0.0611	0.0690
40	0.0290	0.0305	0.0334	0.0366	0.0398	0.0433	0.0505	0.0583	0.0665
45	0.0263	0.0277	0.0307	0.0339	0.0373	0.0408	0.0483	0.0563	0.0647
50	0.0241	0.0255	0.0286	0.0318	0.0353	0.0389	0.0466	0.0548	0.0634
55	0.0223	0.0237	0.0268	0.0301	0.0337	0.0373	0.0452	0.0537	0.0625
60	0.0208	0.0222	0.0254	0.0288	0.0324	0.0361	0.0442	0.0528	0.0619
65	0.0195	0.0210	0.0242	0.0276	0.0313	0.0351	0.0434	0.0522	0.0614
70	0.0184	0.0199	0.0232	0.0267	0.0304	0.0343	0.0427	0.0517	0.0610
75	0.0175	0.0190	0.0223	0.0259	0.0297	0.0337	0.0422	0.0513	0.0608
80	0.0167	0.0182	0.0215	0.0252	0.0290	0.0331	0.0418	0.0510	0.0606
85	0.0160	0.0175	0.0209	0.0246	0.0285	0.0326	0.0415	0.0508	0.0604
90	0.0153	0.0169	0.0203	0.0240	0.0280	0.0323	0.0412	0.0506	0.0603
95	0.0148	0.0164	0.0198	0.0236	0.0276	0.0319	0.0410	0.0505	0.0602
100	0.0143	0.0159	0.0194	0.0232	0.0273	0.0316	0.0408	0.0504	0.0602

附录 A 计算用附表

（续表）

7%	8%	9%	10%	12%	15%	20%	25%	30%
1.0700	1.0800	1.0900	1.100	1.1200	1.1500	1.2000	1.2500	1.3000
0.5531	0.5608	0.5685	0.5762	0.5917	0.6151	0.6545	0.6944	0.7348
0.3811	0.3880	0.3951	0.4021	0.4163	0.4380	0.4747	0.5123	0.5506
0.2952	0.3019	0.3087	0.3155	0.3292	0.3503	0.3863	0.4234	0.4616
0.2439	0.2505	0.2571	0.2638	0.2774	0.2983	0.3344	0.3718	0.4106
0.2098	0.2163	0.2229	0.2296	0.2432	0.2642	0.3007	0.3388	0.3784
0.1856	0.1921	0.1987	0.2054	0.2191	0.2404	0.2774	0.3163	0.3569
0.1675	0.1740	0.1807	0.1874	0.2013	0.2229	0.2606	0.3004	0.3419
0.1535	0.1601	0.1668	0.1736	0.1877	0.2096	0.2481	0.2888	0.3312
0.1424	0.1490	0.1558	0.1627	0.1770	0.1993	0.2385	0.2801	0.3235
0.1334	0.1401	0.1469	0.1540	0.1684	0.1911	0.2311	0.2735	0.3177
0.1259	0.1327	0.1397	0.1468	0.1614	0.1845	0.2253	0.2684	0.3135
0.1197	0.1265	0.1336	0.1408	0.1557	0.1791	0.2206	0.2645	0.3102
0.1143	0.1213	0.1284	0.1357	0.1509	0.1747	0.2169	0.2615	0.3078
0.1098	0.1168	0.1241	0.1315	0.1468	0.1710	0.2139	0.2591	0.3060
0.1059	0.1130	0.1203	0.1278	0.1434	0.1679	0.2114	0.2572	0.3046
0.1024	0.1096	0.1170	0.1247	0.1405	0.1654	0.2094	0.2558	0.3035
0.0994	0.1067	0.1142	0.1219	0.1379	0.1632	0.2078	0.2546	0.3027
0.0968	0.1041	0.1117	0.1195	0.1358	0.1613	0.2065	0.2537	0.3021
0.0944	0.0019	0.1095	0.1175	0.1339	0.1598	0.2054	0.2529	0.3016
0.0923	0.0998	0.1076	0.1156	0.1322	0.1584	0.2044	0.2523	0.3012
0.0904	0.0980	0.1059	0.1140	0.1308	0.1573	0.2037	0.2519	0.3009
0.0887	0.0964	0.1044	0.1126	0.1296	0.1563	0.2031	0.2515	0.3007
0.0872	0.0950	0.1030	0.1113	0.1285	0.1554	0.2025	0.2512	0.3006
0.0858	0.0937	0.1018	0.1102	0.1275	0.1547	0.2021	0.2509	0.3004
0.0846	0.0925	0.1007	0.1092	0.1267	0.1541	0.2018	0.2508	0.3003
0.0834	0.0914	0.0997	0.1083	0.1259	0.1535	0.2015	0.2506	0.3003
0.0824	0.0905	0.0989	0.1075	0.1252	0.1531	0.2012	0.2505	0.3002
0.0814	0.0896	0.0981	0.1067	0.1247	0.1527	0.2010	0.2504	0.3001
0.0806	0.0888	0.0973	0.1061	0.1241	0.1523	0.2008	0.2503	0.3001
0.0798	0.0881	0.0967	0.1055	0.1237	0.1520	0.2007	0.2502	0.3001
0.0791	0.0875	0.0961	0.1050	0.1233	0.1517	0.2006	0.2502	0.3001
0.0784	0.0869	0.0956	0.1045	0.1229	0.1515	0.2005	0.2502	0.3001
0.0778	0.0863	0.0951	0.1041	0.1226	0.1513	0.2004	0.2501	0.3000
0.0772	0.0858	0.0946	0.1037	0.1223	0.1511	0.2003	0.2501	0.3000
0.0750	0.0839	0.0930	0.1023	0.1213	0.1506	0.2001		
0.0735	0.0826	0.0919	0.1014	0.1207	0.1503	0.2001		
0.0725	0.0817	0.0912	0.1009	0.1204	0.1501	0.2000		
0.0717	0.0812	0.0908	0.1005					
0.0712	0.0808	0.0905	0.1003					
0.0709	0.0805	0.0903	0.1002					
0.0706	0.0804	0.0902	0.1001					
0.0704	0.0802	0.0901	0.1001					
0.0703	0.0802	0.0901	0.1000					
0.0702	0.0801	0.0901	0.1000					
0.0702	0.0801	0.0900	0.1000					
0.0701	0.0801	0.0900	0.1000					
0.0701	0.0800	0.0900	0.1000					

附表 7 　(A/Gi,N)表

N\i	0.75%	1%	1.5%	2%	2.5%	3%	4%	5%	6%
1	0.0000	0.0000	0.0000	0.0000	0.0000	0.0000	0.0000	0.0000	0.0000
2	0.4981	0.4975	0.4963	0.4950	0.4938	0.4926	0.4902	0.4878	0.4854
3	0.9950	0.9934	0.9901	0.9868	0.9835	0.9803	0.9739	0.9675	0.9612
4	1.4907	1.4876	1.4814	1.4752	1.4691	1.4631	1.4510	1.4391	1.4272
5	1.9851	1.9801	1.9702	1.9604	1.9506	1.9409	1.9216	1.9025	1.8836
6	2.4732	2.4710	2.4566	2.4423	2.4280	2.4138	2.3857	2.3579	2.3304
7	2.9701	2.9602	2.9405	2.9208	2.9013	2.8819	2.8433	2.8052	2.7676
8	3.4608	3.4478	3.4219	3.3961	3.3704	3.3450	3.2944	3.2445	3.1952
9	3.9502	3.9337	3.9008	3.8681	3.8355	3.8032	3.7391	3.6758	3.6133
10	4.4384	4.4179	4.3772	4.3367	4.2965	4.2565	4.1773	4.0991	4.0220
11	4.9253	4.9005	4.8512	4.8021	4.7534	4.7049	4.6090	4.5144	4.4213
12	5.4110	5.3815	5.3227	5.2642	5.2062	5.1485	5.0343	4.9219	4.8113
13	5.8954	5.8607	5.7917	5.7231	5.6549	5.5872	5.4533	5.3215	5.1920
14	6.3786	6.3384	6.2582	6.1786	6.0995	6.0210	5.8659	5.7133	5.5635
15	6.8606	6.8143	6.7223	6.6309	6.5401	6.4500	6.2721	6.0973	5.9260
16	7.3413	7.2886	7.1839	7.0799	6.9766	6.8742	6.6720	6.4736	6.2794
17	7.8207	7.7613	7.6431	7.5256	7.4091	7.2936	7.0656	6.8423	6.6240
18	8.2989	8.2323	8.0997	7.9681	7.8375	7.7081	7.4530	7.2034	6.9597
19	8.7759	8.7017	8.5539	8.4073	8.2619	8.1179	7.8342	7.5569	7.2867
20	9.2516	9.1694	9.0057	8.8433	8.6823	8.5229	8.2091	7.9030	7.6051
21	9.7261	9.6354	9.4550	9.2760	9.0986	8.9231	8.5779	8.2416	7.9151
22	10.1994	10.0998	9.9018	9.7055	9.5110	9.3186	8.9407	8.5730	8.2166
23	10.6714	10.5626	10.3462	10.1317	9.9193	9.7093	9.2973	8.8971	8.5099
24	11.1422	11.0237	10.7881	10.5547	10.3237	10.0954	9.6479	9.2140	8.7951
25	11.6117	11.4831	11.2276	10.9745	10.7241	10.4768	9.9925	9.5238	9.0722
26	12.0800	11.9409	11.6646	11.3910	11.1205	10.8535	10.3312	9.8266	9.3414
27	12.5470	12.3971	12.0392	11.8043	11.5130	11.2255	10.6640	10.1224	9.6029
28	13.0128	12.8516	12.5313	12.2145	11.9015	11.5930	10.9909	10.4114	9.8568
29	13.4774	13.3044	12.9610	12.6214	12.2861	11.9558	11.3120	10.6936	10.1032
30	13.9407	13.7557	13.3883	13.0251	12.6668	12.3141	11.6274	10.9691	10.3422
31	14.4028	14.2052	13.8131	13.4257	13.0436	12.6678	11.9371	11.2381	10.5740
32	14.8636	14.6532	14.2355	13.8230	13.4166	13.0169	12.2411	11.5005	10.7988
33	15.3232	15.0995	14.6555	14.2172	13.7856	13.3616	12.5396	11.7566	11.0166
34	15.7816	15.5441	15.0731	14.6083	14.1508	13.7018	12.8324	12.0083	11.2276
35	16.2387	15.9871	15.4882	14.9961	14.5122	14.0375	13.1198	12.2498	11.4319
40	18.5058	18.1778	17.5277	16.8885	16.2620	15.6502	14.4765	13.3775	12.3590
45	20.7421	20.3273	19.5074	18.7034	17.9185	17.1556	15.7047	14.3844	13.1413
50	22.9476	22.4363	21.4277	20.4420	19.4839	18.5575	16.8122	15.2233	13.7964
55	25.1223	24.5069	23.2894	22.1057	20.9608	19.8600	17.8070	15.9664	14.3411
60	27.2665	26.5333	25.0930	23.6961	22.3518	21.0674	18.6972	16.6062	14.7909
65	29.3801	28.5217	26.8393	25.2147	23.6600	22.1841	19.4909	17.1541	15.1601
70	31.4634	30.4703	28.5290	26.6632	24.8881	23.2145	20.1961	17.6212	15.4613
75	33.5163	32.3793	30.1631	28.0434	26.0393	24.1634	20.8206	18.0176	15.7058
80	35.5391	34.2492	31.7423	29.3572	27.1167	25.0353	21.3718	18.3526	15.9033
85	37.5318	36.0801	33.2676	30.6064	28.1235	25.8349	21.8569	18.6346	16.0620
90	39.4946	37.8724	34.7399	31.7929	29.0629	26.5667	22.2826	18.8712	16.1891
95	41.4277	39.6265	36.1602	32.9189	29.9382	27.2351	22.6550	19.0689	16.2905
100	43.3311	41.3426	37.5295	33.9863	30.7252	27.8444	22.9800	19.2337	16.3711

附录 A 计算用附表

（续表）

7%	8%	9%	10%	12%	15%	20%	25%	30%
0.0000	0.0000	0.0000	0.0000	0.0000	0.0000	0.0000	0.0000	0.0000
0.4831	0.4808	0.4785	0.4762	0.4717	0.4651	0.4545	0.4444	0.4348
0.9549	0.9487	0.9426	0.9366	0.9246	0.9071	0.8791	0.8525	0.8271
1.4155	1.4040	1.3925	1.3812	1.3589	1.3263	1.2742	1.2249	1.1783
1.8650	1.8465	1.8282	1.8101	1.7746	1.7228	1.6405	1.5631	1.4903
2.3032	2.2763	2.2498	2.2236	2.1720	2.0972	2.9788	1.8683	1.7654
2.7304	2.6937	2.6574	2.6216	2.5516	2.4498	2.2902	2.1424	2.0063
3.1465	3.0985	3.0512	3.0045	2.9131	2.7813	2.5756	2.3872	2.2156
3.5517	3.4910	3.4312	3.3724	3.2574	3.0922	2.8364	2.6048	2.3963
3.9461	3.8713	3.7978	3.7255	3.5847	3.3832	3.0739	2.7971	2.5512
4.3296	4.2395	4.1510	4.0641	3.8953	3.6549	3.2893	2.9663	2.6833
4.7025	4.5957	4.4910	4.3884	4.1897	3.9082	3.4841	3.1145	2.7952
5.0648	4.9402	4.8182	4.6988	4.4683	4.1438	3.6597	3.2437	2.8895
5.4167	5.2731	5.1326	4.9955	4.7317	4.3624	3.8175	3.3559	2.9685
5.7583	5.5945	5.4346	5.2789	4.9803	4.5650	3.9588	3.4530	3.0344
6.0897	5.9046	5.7245	5.5493	5.2147	4.7522	4.0851	3.5366	3.0892
6.4110	6.2037	6.0024	5.8071	5.4353	4.9251	4.1976	3.6084	3.1345
6.7225	6.4920	6.2687	6.0526	5.6427	5.0843	4.2975	3.6698	3.1718
7.0242	6.7697	6.5236	6.2861	5.8375	5.2307	4.3861	3.7222	3.2025
7.3163	7.0369	6.7674	6.5081	6.0202	5.3651	4.4643	3.7667	3.2275
7.5990	7.2940	7.0006	6.7189	6.1913	5.4883	4.5334	3.8045	3.2480
7.8725	7.5412	7.2232	6.9189	6.3514	5.6010	4.5941	3.8365	3.2646
8.1369	7.7786	7.4357	7.1085	6.5010	5.7040	4.6475	3.8634	3.2781
8.3923	8.0066	7.6384	7.2881	6.6406	5.7979	4.6943	3.8861	3.2890
8.6391	8.2254	7.8316	7.4580	6.7708	5.8834	4.7352	3.9052	3.2979
8.8773	8.4352	8.0156	7.6186	6.8921	5.9612	4.7709	3.9212	3.3050
9.1072	8.6363	8.1906	7.7704	7.0049	6.0319	4.8020	3.9346	3.3107
9.3289	8.8289	8.3571	7.9137	7.1098	6.0906	4.8291	3.9457	3.3153
9.5427	9.0133	8.5154	8.0489	7.2071	6.1541	4.8527	3.9551	3.3189
9.7487	9.1897	8.6657	8.1762	7.2974	6.2066	4.8731	3.9628	3.3219
9.9471	9.3584	8.8083	8.2962	7.3811	6.2541	4.8908	3.9693	3.3242
10.1381	9.6197	8.9436	8.4091	7.4586	6.2970	4.9061	3.9746	3.3261
10.3219	9.6737	9.0718	8.5152	7.5302	6.3357	4.9194	3.9791	3.3276
10.4987	9.8208	9.1933	8.6149	7.5985	6.3705	4.9308	3.9828	3.3288
10.6687	9.9611	9.3083	8.7086	7.6577	6.4019	4.9406	3.9858	3.3297
11.4233	10.5699	9.7957	9.0962	7.8988	6.5168	4.9728		
12.0360	11.0447	10.1603	9.3740	8.0572	6.5830	4.9877		
12.5287	11.4107	10.4295	9.5704	8.1597	6.6205	4.9945		
12.9215	11.6902	10.6261	9.7075					
13.2321	11.9015	10.7683	9.8023					
13.4760	12.0602	10.8702	9.8672					
13.6662	12.1783	10.9427	9.9113					
13.8136	12.2658	10.9940	9.9410					
13.9273	12.3301	11.0299	9.9609					
14.0146	12.3772	11.0551	9.9742					
14.0812	12.4116	11.0726	9.9831					
14.1319	12.4365	11.0847	9.9889					
14.1703	12.4545	11.0930	9.9927					

附表8　正态分布下的累积概率[$N(d)$]
（即变量取值小于其均值与 d 个标准差之和的概率）

X/σ	0.00	0.01	0.02	0.03	0.04	0.05	0.06	0.07	0.08	0.09
0.0	0.5000	0.5040	0.5080	0.5120	0.5160	0.5199	0.5239	0.5279	0.5319	0.5359
0.1	0.5398	0.5438	0.5478	0.5517	0.5557	0.5596	0.5536	0.5675	0.5714	0.5753
0.2	0.5793	0.5832	0.5871	0.5910	0.5948	0.5987	0.6026	0.6064	0.6103	0.6141
0.3	0.6179	0.6217	0.6255	0.6293	0.6331	0.6368	0.6406	0.6443	0.6480	0.6517
0.4	0.6554	0.6591	0.6628	0.6664	0.6700	0.6736	0.6772	0.6808	0.6844	0.6879
0.5	0.6915	0.6950	0.6985	0.7019	0.7054	0.7088	0.7123	0.7157	0.7190	0.7224
0.6	0.7257	0.7291	0.7324	0.7357	0.7389	0.7422	0.7454	0.7486	0.7517	0.7549
0.7	0.7580	0.7611	0.7642	0.7673	0.7704	0.7734	0.7764	0.7794	0.7823	0.7852
0.8	0.7881	0.7910	0.7939	0.7967	0.7995	0.8023	0.8051	0.8078	0.8106	0.8133
0.9	0.8159	0.8186	0.8212	0.8238	0.8264	0.8289	0.8315	0.8340	0.8365	0.8389
1.0	0.8413	0.8438	0.8461	0.8485	0.8508	0.8531	0.8554	0.8577	0.8599	0.8621
1.1	0.8643	0.8665	0.8686	0.8708	0.8729	0.8749	0.8770	0.8790	0.8810	0.8830
1.2	0.8849	0.8869	0.8888	0.8907	0.8925	0.8944	0.8962	0.8980	0.8997	0.9015
1.3	0.9032	0.9049	0.9066	0.9082	0.9099	0.9115	0.9131	0.9147	0.9162	0.9177
1.4	0.9192	0.9207	0.9222	0.9236	0.9251	0.9265	0.9279	0.9292	0.9306	0.9319
1.5	0.9332	0.9345	0.9357	0.9370	0.9382	0.9394	0.9406	0.9418	0.9429	0.9441
1.6	0.9452	0.9463	0.9474	0.9484	0.9495	0.9505	0.9515	0.9525	0.9535	0.9545
1.7	0.9554	0.9564	0.9573	0.9582	0.9591	0.9599	0.9608	0.9616	0.9625	0.9633
1.8	0.9641	0.9649	0.9656	0.9664	0.9671	0.9678	0.9686	0.9693	0.9699	0.9706
1.9	0.9713	0.9719	0.9726	0.9732	0.9738	0.9744	0.9750	0.9756	0.9761	0.9767
2.0	0.9772	0.9778	0.9783	0.9788	0.9793	0.9798	0.9803	0.9808	0.9812	0.9817
2.1	0.9821	0.9826	0.9830	0.9834	0.9838	0.9842	0.9846	0.9850	0.9854	0.9857
2.2	0.9861	0.9864	0.9868	0.9871	0.9875	0.9878	0.9881	0.9884	0.9887	0.9890
2.3	0.9893	0.9896	0.9898	0.9901	0.9904	0.9906	0.9909	0.9911	0.9913	0.9916
2.4	0.9918	0.9920	0.9922	0.9925	0.9927	0.9929	0.9931	0.9932	0.9934	0.9936
2.5	0.9938	0.9940	0.9941	0.9943	0.9945	0.9946	0.9948	0.9949	0.9951	0.9952
2.6	0.9953	0.9955	0.9956	0.9957	0.9959	0.9960	0.9961	0.9962	0.9963	0.9664
2.7	0.9965	0.9966	0.9967	0.9968	0.9969	0.9970	0.9971	0.9972	0.9973	0.9974
2.8	0.9974	0.9975	0.9976	0.9977	0.9977	0.9978	0.9979	0.9979	0.9980	0.9981
2.9	0.9981	0.9982	0.9982	0.9983	0.9984	0.9984	0.9985	0.9985	0.9986	0.9986
3.0	0.9987	0.9987	0.9987	0.9988	0.9988	0.9989	0.9989	0.9989	0.9990	0.9990
4.0	1.0000	1.0000	1.0000	1.0000	1.0000	1.0000	1.0000	1.0000	1.0000	1.0000
5.0	1.0000	1.0000	1.0000	1.0000	1.0000	1.0000	1.0000	1.0000	1.0000	1.0000

注：例如，$d=0.22$，则 $N(d)=0.5871$，即正态分布变量有 0.5871 的可能取值小于其均值与 0.22 个标准差之和。

附录 B

部分计算习题答案

- 习题3
- 习题4
- 习题5
- 习题6
- 习题7
- 习题8
- 习题9

习题3

4. (1) 12 956.3元；(2)11 083.5元
5. (1) 3 535.4元；(2)778.7元
6. (1) 18 725.1元；(2)193 887.6元
7. (1) 164.2元；(2)61.5元；(3) 882元
8. (1) 5 935元；(2) 7 273.4元；(3) 1 722.6元
9. (1) 30 982.3元；(2) 44 277.2元；(3)62 502.7元
10. (1)3 561元；(2)4 283元；(3)8 479元
11. (1) $P=(F_2-A(P/A,i,6))(P/F,i,4)+F_1(P/F,i,10)$
12. 20 240元
14. (1)145万美元；(2)1 201万美元
15. 5 607元
16.

单位：万元

年 还款方式	1	2	3	4	5
还本付息	138.7	138.7	138.7	138.7	138.7
当年还本	78.7	88.1	98.7	110.6	123.8
当年付息	60.0	50.6	40.0	28.1	14.9

17. (1)

单位：万元

年次	年初尚未归还本金	本年利息	本年归还本金	年末支付金额	年末尚未归还本金
1	80	6.4	20	26.4	60
2	60	4.8	20	24.8	40
3	40	3.2	20	23.2	20
4	20	1.6	20	21.6	0
合计		16	80	96	

(2)

单位：万元

年次	年初尚未归还本金	本年利息	本年归还本金	年末支付金额	年末尚未归还本金
1	80	6.4	0	6.4	80
2	80	6.4	0	6.4	80
3	80	6.4	0	6.4	80
4	80	6.4	80	86.4	0
合计		25.6	80	105.6	

(3)

单位:万元

年次	年初尚未归还本金	本年利息	本年归还本金	年末支付金额	年末尚未归还本金
1	80	6.4	17.752	24.152	62.248
2	62.248	4.979 84	19.172 16	24.152	43.075 84
3	43.075 84	3.446 07	20.705 93	24.152	22.369 91
4	22.369 91	1.789 59	22.369 91	24.152	0
合计		6.61	80	96.61	

(4)

单位:万元

年次	年初尚未归还本金	本年利息	本年归还本金	年末支付金额	年末尚未归还本金
1	80	6.4	0	0	86.4
2	86.4	6.912	0	0	93.312
3	93.312	7.465	0	0	100.777
4	100.777	8.062	100.777	108.84	0
合计		8.062	100.777	108.84	

18. (1) 1 366.50 元;(2) 5 528.31 元

21. 3 133 元

22. 3 382.5 万元

24. 85.9 万元

习题 4

5. 531 万元

6. (1) 净现值:A 为 58.5 万元,B 为 55.47 万元;(2) 将来值:A 为 85.6 万元,B 为 81.2 万元;(3) 年度等值:A 为 18.45 万元,B 为 17.5 万元

8. 6%;4.07%

9. 8.9%;2.95 万元

习题 5

4. (2) 选择方案 D

(3) 用净现值选择应根据互斥组合法计算,答案如下:

a. 当无资金限制时,选择项目 A,B,C,D

b. 资金限制为 2000 万元时,选择项目 C,A

c. 资金限制为 3000 万元时,选择项目 C,D

d. 资金限制为 4000 万元时,选择项目 A,C,D

e. 资金限制为 5000 万元时,选择项目 B,C,D

5. 基准收益率大于 4.72%
7. 选择方案 A
8. B
9. A

习题 6
3. 10.09%
4. (1) 11.09%; (2) 14.8%; (3) 11.43%
5. 6.61%

习题 7
8. (1) 直线折旧法：各年折旧额为 181.875 万元

(2) 年数总和法：

年 限	折 旧 率	年折旧额(万元)
1	8/36	323.33
2	7/36	282.92
3	6/36	242.5
4	5/36	202.08
5	4/36	161.67
6	3/36	121.25
7	2/36	80.83
8	1/36	40.42

(3) 双倍余额递减法：

年 限	折 旧 率	年折旧额(万元)
1	25%	375
2	25%	281.25
3	25%	210.94
4	25%	158.20
5	25%	118.65
6	25%	88.99
7	25%	110.98
8	25%	110.98

9.

年 限	直线折旧法 折 旧 率	直线折旧法 年折旧额(万元)	年数总和法 折 旧 率	年数总和法 年折旧额(万元)	双倍余额递减法 折 旧 率	双倍余额递减法 年折旧额(万元)
1	9.5%	237.5	10/55	431.82	20%	500
2	9.5%	237.5	9/55	388.64	20%	400
3	9.5%	237.5	8/55	345.45	20%	320

(续表)

年限	直线折旧法 折旧率	直线折旧法 年折旧额(万元)	年数总和法 折旧率	年数总和法 年折旧额(万元)	双倍余额递减法 折旧率	双倍余额递减法 年折旧额(万元)
4	9.5%	237.5	7/55	302.27	20%	256
5	9.5%	237.5	6/55	259.09	20%	204.8
6	9.5%	237.5	5/55	215.91	20%	163.84
7	9.5%	237.5	4/55	172.73	20%	131.07
8	9.5%	237.5	3/55	129.55	20%	104.86
9	9.5%	237.5	2/55	86.36	20%	147.21
10	9.5%	237.5	1/55	43.18	20%	147.21

10. 36.75万元

11. 18 027.12万元

12. 全部投资的内部收益率为22.35%；权益投资的内部收益率为32.33%

习题8

4. 111 111美元

5. 财务效益为3 360万元/年，国民经济效益为3 480万元/年

7. 土地的机会费用为4 788.98元

8. (1)3 000单位；(2)2 700单位；(3)3 300单位；(4)2 400单位

习题9

5. 以产量表示的盈亏平衡点为4 754单位；以销售收入表示的盈亏平衡点为6 180 200元；以生产能力利用率表示的盈亏平衡点为79.2%；以销售价格表示的盈亏平衡点为1 233.29元

6. (1)25.97%；(2)391.2元；(3)24 650元；(4)31.6%；434.68元；12 403.04元

7. (1)40%；(2)敏感因素为价格

8. 生产新产品

9. 最强敏感因素为销售收入，其次为经营成本，建设投资的敏感性最弱

10. (1)应该咨询；(2)若咨询结果为好，则投资；若咨询结果为中或差，则不投资；(3)信息价值为6.4万元

11. (1)盈亏平衡点产量为4.8万件，利润额为6万元；(2)盈亏平衡点为5.82万件；(3)利润期望值为12.35万元，应该扩大生产规模

参 考 文 献

[1] 国家发展改革委员会,建设部.建设项目经济评价方法与参数(第三版).北京:中国计划出版社,2005
[2] 邵颖红,等译.工程经济学.北京:清华大学出版社,2007
[3] 傅家骥,仝允桓.工业技术经济学(第二版).北京:清华大学出版社,1996
[4] 黄渝祥,邢爱芳.工程经济学(第三版).上海:同济大学出版社,1995
[5] 黄渝祥.费用效益分析.上海:同济大学出版社,1987
[6] J.L.里格斯.工程经济学.北京:中国财政经济出版社.1989
[7] 杨思远.简明工程经济学.上海:华东理工大学出版社.1998
[8] 刘亚臣.工程经济学.大连:大连理工大学出版社.1999
[9] Pearce,D.,et al. (2006),Cost-Benefit Analysis and Environment—Recent Development,OECD
[10] the Asian Development Bank(ADB,1997),Guidelines for the Economic Analysis of Projects